Verlorene Mitte – Feindselige Zustände

Andreas Zick · Beate Küpper · Wilhelm Berghan

Verlorene Mitte – Feindselige Zustände

Rechtsextreme Einstellungen in Deutschland 2018/19

Mit Beiträgen von
Wilhelm Berghan · Frank Faulbaum · Alexander Häusler
Daniela Krause · Beate Küpper · Pia Lamberty · Nico Mokros
Jonas H. Rees · Franziska Schröter · Andreas Zick

Herausgegeben für die Friedrich-Ebert-Stiftung
von Franziska Schröter

DIETZ

Bibliografische Information der Deutschen Nationalbibliothek

Die Deutsche Nationalbibliothek verzeichnet
diese Publikation in der Deutschen Nationalbibliografie;
detaillierte bibliografische Daten sind im Internet
über http://dnb.dnb.de abrufbar.

ISBN 978-3-8012-0544-7

Dreizehnmorgenweg 24, 53175 Bonn
Umschlaggestaltung: Jens Vogelsang, Aachen
Satz: Kempken DTP-Service | Satztechnik · Druckvorstufe · Mediengestaltung, Marburg
Druck und Verarbeitung: CPI books, Leck

Printed in Germany 2019

FRIEDRICH EBERT STIFTUNG
Forum Berlin

FES Projekt GEGEN RECHTS EXTREMISMUS

Inhalt

Anhang

Vorwort der Herausgeberin

Als die Friedrich-Ebert-Stiftung (FES) im Jahr 2006 zum ersten Mal die Mitte-Studie herausgab, war das Ziel, auf der Grundlage von empirischen Methoden und im Querschnitt der Bevölkerung zu erforschen, was bereits ein gesellschaftliches Gefühl und eine ernst zu nehmende Realität angesichts von rechtsextremen Gruppen, Parteien und Taten war, nämlich dass Rechtsextremismus auch in der Mitte unserer Gesellschaft stattfindet, nicht ignoriert werden kann, weil er irgendwo am Rand der Gesellschaft zu verorten sei. Damals war die Debatte um die Mitte-Studie heftig und heiß umkämpft. Die Mitte? Rechtsextrem? Das kann nicht sein, denn Extremismus definiert sich doch als etwas am Rande, im Extremen, im Abweichenden. Die ersten Erhebungen in 2006 und in den folgenden Jahren zeichneten ein anderes Bild. Einstellungen, die vielleicht von rechtsextremen Gruppen entwickelt werden, auf jeden Fall aber von ihnen vertreten werden, wurden nachweislich auch von Menschen geteilt, die sich selbst als Mitte einstufen, oder nach ökonomischen Kriterien dazugehören.

Wir können mit der aktuell vorliegenden Mitte-Studie 2018/19 konstatieren, dass diese – mittlerweile belegte und fundierte – These nicht mehr so umstritten ist, in ernsthaften wissenschaftlichen Diskussionen anerkannt und in der Öffentlichkeit breit diskutiert wird. Dies ist u. a. ein Verdienst der Mitte-Studien, die wir seit 2014 mit dem Institut für interdisziplinäre Konflikt- und Gewaltforschung der Universität Bielefeld, vorher mit den Kolleg_innen der Universität Leipzig, herausgeben dürfen.

Leider müssen wir anhand dieser wissenschaftlichen Auseinandersetzung mit rechtsextremen und menschenfeindlichen Einstellungen in unserer Gesellschaft auch festhalten, dass rechtsextreme, -populistische und demokratiefeindliche Einstellungen und Tendenzen in der Mitte tief verwurzelt sind und die Normalisierung rechter Einstellungen sich immer mehr in der Mitte festschreibt und verfestigt. Der viel zitierte Rechtsruck zeigt sich deutlich, wenn wir zum Beispiel anhand der neuen Mitte-Daten auf die Anschlussfähigkeit neurechter Themen schauen, auf die Radikalisierung von rechtspopulistischen Gruppierungen oder auch auf die Verbreitung von Verschwörungsmythen und damit einhergehender kompletter Ablehnung vorher anerkannter Wissensquellen, sei es Wissenschaft, öffentliche Bildung oder die etablierten Medien. Die Gleichzeitigkeit von Demokratiebefürwortung und dem Anwachsen antidemokratischer und autoritärer Orientierungen, die Spaltung und Polarisierung, die wir in der vorliegenden Mitte-Studie beschreiben – zwischen Demokratiemisstrauischen und Engagierten, zwischen Ost und West, Alt und Jung, sind nicht nur ein theoretisches Problem, sondern greifen ganz praktisch in unser aller Zusammenleben ein. Wie erreichen wir diese Menschen, die Demokratie wollen, aber dies in der Praxis anders leben? Haben wir alle die gleiche Idee davon, was Demokratie ist? Gerade die FES als gemeinnützige Institution der politischen Bildung muss darauf mit Sorge und Mahnung reagieren, mit Aufklärung, Bildung, Empowerment von Zivilgesellschaft und eben mit Forschung – und die Mitte-Studien sind Teil dieses Versuches, öffentliche Diskurse und Debattenkultur faktengestützt und vernunftgeleitet mit zu gestalten.

In einem Jahr, in dem die Zukunft der europäischen Idee auf dem Prüfstand steht, in dem in drei ostdeutschen Bundesländern, aber auch in Bremen und bei zahlreichen Kommunalwahlen die Bürgerinnen und Bürger darüber entscheiden, welchen Weg die Demokratie nimmt und wie viel Raum antidemokratischen Tendenzen in dieser Demokratie eingeräumt werden soll, in einem Jahr, in dem weiterhin Millionen von Menschen weltweit fliehen müssen vor Kriegen, Armut und Umweltkatastrophen, in einem solchem Jahr wird entscheidend sein, wie stark unsere Demokratie ist und auch, wie wehrhaft. In solch aufgeheizten Zeiten besonnen zu debattieren über den richtigen Weg, Politik für die Menschen aktiv zu gestalten und auch eine Debattenkultur zu pflegen (online wie offline), die sich nicht von Hass und Falschnachrichten treiben und anheizen lässt, sondern ausgleicht, mitnimmt, zusammenbindet, dazu möchten wir mit den Ergebnissen der Mitte-Studie 2018/19 einen Anteil leisten. Dieses Buch ist nicht das Ende eines Arbeitsprozesses, sondern der Beginn einer Debatte, die wir in zahlreichen Veranstaltungen, über die Medien und in persönlichen Gesprächen führen und mitgestalten möchten.

Differenziert auf Befunde und Erkenntnisse schauen und Handlungsempfehlungen daraus ableiten, die einen statt spalten, die Demokratie fördern und wieder mehr Menschen dazu bewegen, diese aus Überzeugung mitzutragen – das ist Aufgabe von politischer Bildung, von Demokratieförderung und Dialogangeboten. Dies bedeutet aber auch, klare Kante zu zeigen an den Stellen, an denen der Diskurs den Boden des demokratischen Miteinanders zu verlassen droht und nicht still zu sein bei Grenzüberschreitungen, Tabubrüchen, Diskriminierung und antidemokratischen Entwicklungen.

Der vorliegende Band ist der siebte Band in der Reihe der Mitte-Studien und beruht auf einer repräsentativen Befragung, die die FES im Zweijahresrhythmus herausgibt. Darin werden die Langzeitergebnisse aus der Kooperation 2006–2012 der FES mit der Universität Leipzig verknüpft mit den Ergebnissen der Langzeitstudie Gruppenbezogene Menschenfeindlichkeit (GMF; bekannt als »Deutsche Zustände« 2002–2011) der Universität Bielefeld. An dieser Stelle sei vonseiten der Herausgeberin herzlich dem »Mitte-Team« gedankt. Beate Küpper und Andreas Zick haben erneut ein wissenschaftliches Team zusammengestellt und dafür gesorgt, dass auch diese Mitte-Studie erscheinen konnte. Vor allem Wilhelm Berghan gilt eine besondere Anerkennung für seine besonnene Projektkoordinierung und darüber hinaus geht der Dank natürlich an alle Autorinnen und Autoren des vorliegenden Bandes.

Für die wie immer geduldige, kompetente und freundliche Zusammenarbeit sei auch den Kolleginnen und Kollegen des Verlags J. H. W. Dietz Nachf. in Bonn gedankt. Ohne Alexander Behrens, seine Gelassenheit und sein Team wäre diese Veröffentlichung nicht möglich gewesen.

Mit dem Titel »Verlorene Mitte« möchten wir eher motivieren zum demokratischen Handeln als Abgesänge starten zum Untergang unseres demokratischen Miteinanders. Lassen Sie uns in die Debatte gehen und gemeinsam diskutieren, wie wir gemeinsam leben möchten. Dieses Buch mag dabei vielleicht hilfreich sein.

Berlin im Frühjahr 2019

Franziska Schröter
Verantwortlich für das Projekt gegen Rechtsextremismus
im Forum Berlin der Friedrich-Ebert-Stiftung

1 Zerreißproben und Normalitätsverluste der Gesellschaft – eine Hinführung zur Mitte-Studie

Andreas Zick · Beate Küpper · Wilhelm Berghan

1.1 Von der Fragilität zum Verlust der Mitte

Wie ist es um den Zustand des Landes bestellt? Hält noch zusammen, was zusammengehört, oder wird zerrissen, was nach Meinung einiger sowieso eher getrennt sein sollte? Werden die Werte, Normen und Ziele der demokratisch verfassten Gemeinschaft erreicht, so wie sie das Grundgesetz vor 70 Jahren als rechtliche und politische Grundordnung vorgesehen hatte? Ist die Würde aller Menschen unantastbar, oder wird sie angetastet, und warum? Werden Menschenrechte, Frieden und Gerechtigkeit eingehalten, so wie es in den ersten Artikeln des Grundgesetzes vorgesehen ist? Wie ist es um die Inklusion aller Menschen bestellt, auch und gerade jener, die Unterstützung benötigen? Wie steht es um die Einheit von Ost und West, die vor 30 Jahren zum wichtigsten Programm der Republik einsetzte? Spalten sich Ost und West in Extremismus und Populismus? Wie sehr prägen Zerrbilder und Mythen alternativer Deutungswelten im Internet und den sozialen Medien eine neue Normalität, die einen demokratischen Minimalkonsens infrage stellt? Diese Fragen drängen und dringen in die Öffentlichkeit. Sie werden medial in Talkshows und Debatten entweder explizit oder implizit verhandelt, oder selbst dort durch Überspitzungen von Gefahren und Risiken zur Grundlage weiterer Normalitätsverschiebungen. Sie werden politisch angesprochen, wie auch erzeugt. Sie werden ausgeschlachtet von Agitatoren, und sie werden vor allem in populistischen Zerrbildern zwischen Untergangsszenarien und Bedrohungsmythen von einem »Austausch des Volkes« und einem »Kulturkampf« verpackt.

Angst und Vorurteile sind mächtige Instrumente der Einschüchterung und Ohnmacht geworden. Seit der Wirtschafts- und Finanzkrise sind radikale Stimmen und Kräfte lauter und einflussreicher. Der Rechtspopulismus scheint die

Themen politischer und öffentlicher Diskurse mehr zu prägen als die vormaligen Volksparteien, die für sich die Repräsentation der politischen und sozialen Mitte in Anspruch nahmen und nehmen. Spätestens mit der Immigration von Geflüchteten ist die Republik an vielen Stellen nahezu in einen Ausnahmezustand geraten, nicht etwa, weil die Migration so katastrophal verlief, wie wir heute wissen[1], sondern weil die Belastungen, die mit ihr verbunden waren, von nicht mehr übersehbarem Hass und Wut auf Migrant_innen und ihre Unterstützer_innen begleitet wurden. Ebenso traf der Hass auch die Administrationen, Amts- und Würdenträger_innen wie etwa Bürgermeister_innen, professionell oder ehrenamtlich Tätige in der Erstaufnahme von Geflüchteten, wie auch viele andere, die nicht der Meinung waren, die Aufnahme der fliehenden und asylsuchenden Menschen sei eine Katastrophe und sofort zu stoppen. Der Hass und die Wut richteten sich ebenso auf alle Gruppen, die mit den »Fremden« verbunden wurden. Jüdinnen und Juden, Menschen mit scheinbarem Migrationshintergrund, sichtbare Muslime und Musliminnen gerieten in den Fokus von Hass und Wut, ebenso wie »Linke«, deren Meinung zur Migration, Integration und Vielfalt als linksextrem eingestuft wurde. Und selbst der Journalismus oder jene Forschung, die nicht negativ über eine »Flüchtlingskrise« berichtete, geriet in das Fadenkreuz rechtspopulistischer und rechtsextremer Angriffe.

In vielen kommunalen, städtischen und ländlichen Räumen eskalierten die Auseinandersetzungen um die richtigen politischen und sozialen Maßnahmen, vor allem eskalierten Konflikte um die Frage der Öffnung oder Schließung der Gesellschaft sowie Fragen der Unterstützung von Neuhinzugezogenen oder jener der Alteingesessenen. Die Eskalation der scheinbar unvereinbaren und nicht mehr nach Ausgleich suchenden Konflikte kippte in Kommunen, Städten, Dörfern, Nachbarschaften und insbesondere in der Umgebung von Unterkünften für Asylsuchende in Gewalt. Clausnitz, Köthen, Kandel, Chemnitz und viele andere Ortsnamen avancierten zu Menetekeln von Konflikten, die Demokratie und Zusammenhalt stärker gefährden können als erwartet. Proteste und Demonstrationen mündeten in Gewalt zwischen »Rechts« und »Links«. Auch Politiker_innen und Einrichtungen der AfD, insbesondere jene, die sich öffentlich provokativ gegen die Zuwanderung, Integration und Linke ausgesprochen

1 Das zeigen z. B. aktuelle Studien des IAB in Bezug auf den Arbeitsmarkt (Sirries & Vallizadeh 2017).

haben, wurden vermehrt gewalttätig angegriffen. Die Auseinandersetzungen darum, wer die eigentlichen »Opfer« sind, wird bis heute beflügelt. Das Land war gereizt und wurde gereizt. An vielen Stellen sind die Positionen in Polarisationen und gegenseitige Angriffe gekippt. Das alles prägte die letzten Jahre und es läuft weiter. Das alte Leitbild einer ausgleichenden und integrierenden Mitte der Gesellschaft, an die man appellieren kann, scheint nicht mehr zu greifen. Je lauter über Zusammenhalt debattiert wird, umso klarer wird, wie sehr die herkömmlichen Normalitäten nicht mehr binden. Hass und Gewalt dringen dort tiefer ein, wo die Mitte schon vorher anfällig war, insbesondere da, wo sie Meinungen und Interpretationen jener, die Hass schüren, teilt.

Dabei ist die Gesellschaft schon vor Jahren an vielen Stellen fragil geworden, wird die Zerbrechlichkeit gemessen an politischen Angriffen, Hass, Wut und einem menschenfeindlichen Klima sowie der Propaganda, die sie schafft. Darauf verweisen viele Studien und Forschungen, nicht nur die Mitte-Studien. Das Land ist zerbrechlicher geworden, was sich an einer immer stärkeren Polarisation von politischen Orientierungen wie auch sozialen Milieus gezeigt hat. Das fiel nicht vom Himmel und ist alles auch keine Erfindung des Rechtspopulismus. Schon nach der Wirtschafts- und Finanzkrise deutete sich eine »Verrohung« an. Wir haben sie in der Langzeitstudie Gruppenbezogene Menschenfeindlichkeit (GMF) empirisch schon zwischen 2009 und 2011 in einer erhöhten Gewaltbereitschaft und Gewaltbilligung unter Personen beobachtet, die in der Mitte der Gesellschaft rechtspopulistische Meinungen befürworteten, auch wenn sie nicht rechtspopulistisch oder rechtsextrem gebunden waren (Klein, Küpper & Zick 2009). Im Jahr 2014, also vor der hohen Zuwanderung von Geflüchteten und Asylsuchenden und den damit einhergehenden massiven Protesten und politischen Konflikten, haben wir diesen Trend weiter beobachtet und daher das Buch zur Studie »Fragile Mitte« betitelt (Zick & Klein 2014b). Die Zerbrechlichkeit der Mitte erwies sich damals zum Beispiel in einem Anstieg der Befürwortung einer rechtsautoritären Diktatur unter Befragten aus der Mitte. Sie ging zudem statistisch signifikant mit einem höheren Ausmaß an Gewaltbilligung und -bereitschaft gegen Andere einher, verglichen zu jenen, die eine Diktatur ablehnten. Sie erwies sich in einem stabilen Antisemitismus, einem hohen Ausmaß an menschenfeindlichen Meinungen gegenüber Langzeitarbeitslosen, Asylsuchenden, Sinti und Roma wie anderen Gruppen, die fast durchweg im Osten der Republik stärker befürwortet wurden. Die Mitte-Studien waren nicht die einzigen Studien und Analysen, die zu ähnlichen Beobachtungen kamen. Die These einer Dekonsolidierung der Demokratie, die schleichend wie offensiv und aversiv in die Gesellschaft vordrang, wurde von anderen Studien unterstützt. Einerseits meinten die meisten Menschen, die Demokratie sei die beste aller Staatsformen und sie gingen davon aus, dass sie selbstverständlich gegeben sei, aber sie unterliefen selbst die Kriterien einer starken Demokratie, indem sie autoritären Führungen wie auch feindseligen Meinungen gegen gesellschaftliche Minderheiten zustimmten. Mounks (2018) Diagnose des fortschreitenden Zerfalls vieler Demokratien ist nicht nur durch empirische Analysen gesättigt, sondern zugleich anschlussfähig an Analysen des sozialen Wandels der Gesellschaft. Sie steht im Zusammenhang zur Beobachtung einer stärker marktförmigen, also einer alles vermessenden wie bewertenden (Mau 2017) und individualistischen Gesellschaft (vgl. Reckwitz 2017), die gerade durch ihren sozialdarwinistischen Charakter umso anfälliger geworden ist für Ideologien von Vorrechten vermeintlich Alteingesessener. Wir beobachten Ansprüche an die Besitzstandswahrung und vor allem Gefühle der Deprivation, also des gefühlten Mangels, der Einschätzung, der eigenen nationalen Bezugsgruppen ginge es immer schlechter, während angeblich andere ohne Leistung alles bekämen. Die Frage, ob die Gesellschaft nun insgesamt immer besser oder schlechter wird, ob es vorwärts oder rückwärts geht, die Gesellschaft zu weit links oder rechts rückt, ist irreführender denn je, denn die Gesellschaft selbst ist mehr von inneren Widersprüchen und Konflikten geprägt als je zuvor. Dies bekommen insbesondere jene zu spüren, die an den Rand der Gesellschaft gedrängt werden, oder über die das Vorurteil kursiert, sie seien »minderwertiger«. Das drückte und drückt sich durch Stereotype, Vorurteile und rassistische Bilder von Gruppenmerkmalen aus, die nicht veränderbar sind, und die wiederum durch die Einbindung in Mythen und Geschichten von Terror, Kriminalität und Überlastung gerechtfertigt werden. Dass Asylsuchende den Terror ins Land bringen, Juden und Jüdinnen Israels Gewaltpolitik unterstützen, »Flüchtlinge« Wohnungen wegnehmen, Obdachlose arbeitsscheu sind, oder Muslime die Kultur überfremden, wird zum Urteil über unveränderliche Merkmale einer Gruppe. Das Vorurteil wird nicht mehr hinterfragt und als »Kritik« bezeichnet, vergessend, dass all diese Sätze mit Antipathien, Zustimmungen zu weiteren negativen Urteilen, sogar Gewaltbilligung und dem Motiv, die anderen auf Distanz zu halten und sich selbst zu überhöhen, verbunden sind. Wir kennen ja schließlich mindestens einen Obdachlosen oder Juden, auf den es zutrifft. Das Vorurteil nistete sich ein in die Mitte und mit ihm die Ignoranz.

Es ließ sich auch immer weiterverbreiten, schließlich bietet zum Beispiel das Internet die Möglichkeit, sich gegen Fakten und durch manipulative Interpretationen der Wirklichkeit abzuschotten. Rechtspopulismus und Rechtsextremismus sind nicht »als« Gegenmodell zur ökonomischen Leistungsgesellschaft en vogue geworden, sondern auch »deshalb«, wie sich früh in unserer Langzeitstudie (GMF-Studie; Ergebnisse publiziert v. a. bei Heitmeyer 2002–2011) und in den Mitte-Studien der Friedrich-Ebert-Stiftung zeigte. Die Versprechung, dass nationale Identität und exklusive Heimaten einen Vorteil und Vorsprung verschaffen, obgleich dies einer globalen und offenen Ökonomisierung widerspricht, die vorgibt, Menschen nur noch nach Leistung und Vermögen, aber eben nicht nach Abstammung zu bewerten, wird im modernen Rechtspopulismus nicht mehr als Ambivalenz oder Dissonanz verstanden. Stattdessen wird das Nationale als Leistungsvorteil umgedeutet. Dies umso mehr, als die Betonung des Nationalen als übereinstimmend mit demokratischen Grundwerten und -normen erklärt wird, und die Parole »Wir sind das Volk« zum einzig wahren Volkswillen verklärt wird. Und wo der Rechtspopulismus die Leistungsprinzipien unterlief, hielten sich in den konfliktären Jahren 2014 und 2015 die etablierte und regierende Politik gegenseitig vor, nicht genügend zu liefern. Der Mythos des Kontrollverlustes, der weit in der Mitte geteilt wurde und an die Konflikte der Eliten anknüpfen konnte, koppelte sich an Sorgen der Bürger_innen. Dies beförderte die Meinung beziehungsweise das Vorurteil, »die Eliten« hätten illegal Menschen ins Land gelassen, die das Sozialsystem nur ausnutzen würden. Die Mitte-Studie 2016 zeichnete dieses Wechselspiel zwischen Sorgen und Propaganda nach (Küpper, Rees & Zick 2016). An eine Kritik der demokratischen Eliten koppelte sich zudem das Vorurteil gegen »Fremde«, um Bilder von Gefahren und Bedrohung zu erzeugen, und ließ so die Kritik an der Demokratie in Misstrauen und Distanz münden. Ein Prozess der Radikalisierung mitten in der Gesellschaft setzte ein, den die Mitte-Studien in Teilen auf der Grundlage ihrer repräsentativen Meinungsumfragen nachzeichnen konnten, der aber in der Mitte als solcher nicht erkannt wurde. Vorurteile oder Radikalisierung lässt sich »die Mitte« ungern vorhalten, weil die Akzeptanz dieser der eigenen

Identität zuwiderlaufen würde. Zudem entwickelten sich doch auch zahlreiche zivilgesellschaftlich engagierte Gruppen, die gegen Rassismus und Extremismus protestierten und es gab tausende von Menschen, die sich ehrenamtlich für Geflüchtete und Asylsuchende engagierten. Rechtsextremismus ist dann eben ein Randphänomen der Mitte, eine Meinung, die die Mitte schon immer geschwächt hat, denn sie wurde selbst immer stärker in den Konflikt zwischen Populist_innen, Extremist_innen und »den Eliten« gezogen.

An einigen fragilen Stellen wurde die Gesellschaft noch viel stärker angegriffen als es die Jahre vorher der Fall war. Sie ist nach inneren Konflikten und Zerreißproben um Kernthemen der Demokratie tief gespalten. Diese Spaltung wurde insbesondere von rechtspopulistischen Gruppen und Parteien gezielt und strategisch gesucht. Im Jahr 2016 meinte fast ein Drittel der Befragten: »Die regierenden Parteien betrügen das Volk« (28 %) und stimmten dem Appell zu: »Es ist Zeit, mehr Widerstand gegen die aktuelle Politik zu zeigen« (29 %). Mitten in dem schweren Konflikt um die Migration und Integration, die politischen Krisen, stiegen die vorurteilsbasierten Hasstaten gegen schutzlose Menschen und Gruppen, die als »volksfremd« deklariert wurden, massiv an. Sie beförderten innergesellschaftliche Zerreißproben und wurden von relevanten Institutionen kaum als ein Warnzeichen zur Mäßigung verstanden. Allein fast 1.400 Angriffe auf Unterkünfte von Geflüchteten zählten Nichtregierungsorganisationen im Jahr 2016, mehr als 1.800 Hasstaten gegen Amts- und Würdenträger_innen und unzählige Beleidigungen, Bedrohungen und Tatankündigungen prägten das Jahr 2016. Es bildeten sich rechtsterroristische Gruppen wie auch Bürgerwehren und die Gruppe der »Reichsbürger_innen« wurde aktiver und sichtbarer. Auch der organisierte und moderne Rechtsextremismus zeigte sich wieder, marschierte mit offenem Visier auf rechtspopulistischen Demonstrationen mit und veranstaltete seine Konzerte und Kulturveranstaltungen provokativ. Er ist mit circa 24.000 Mitgliedern, die der Verfassungsschutz dem Spektrum des organisierten Rechtsextremismus zuordnet, gut aufgestellt. Die Mitglieder haben ihre Netzwerke, die weit in den Rechtspopulismus reichen, was im August 2018 in Chemnitz stolz zur Schau gestellt wurde. Immer deutlicher und lauter äußerten sich auch Personen und Gruppen der heute in allen Landesparlamenten und dem Bundestag vertretenen AfD rassistisch. Leugnen ließ sich dies nicht mehr, bei allen Versuchen der Rechtfertigung und der Kampagnen, die betonten, man sei selbst Opfer.

Dies alles fand mitten in der Gesellschaft statt und nicht an den Rändern der Gesellschaft, auch wenn ländliche Regionen oder gar »der Osten« von vielen leicht als Ränder etikettiert werden. Die Angriffe, die den Konflikt schüren und für einen neuen imaginierten nationalen Zusammenhalt sorgen sollten, stammten aus der Mitte und drangen in die Mitte der Gesellschaft, und dies umso mehr, je offener, toleranter und, mit dem Blick auf die Fluchtmigration, integrativer sich die sogenannte Zivilgesellschaft zeigte. Es waren auch wieder verfassungsfeindliche Rechtsextreme, die für viele Gewalttaten verantwortlich waren, aber es wurde immer unübersehbarer, wie viele Hasstaten nicht durch Rechtsextreme erfolgten, und wie viele Hasstaten von rechtsextremen Demonstrationen und Kampagnen aus der rechtspopulistischen Mitte erfolgten. Die neue Allianz des »Widerstands gegen Eliten«, das unterstellte »Meinungsdiktat« und andere Verschwörungen erweisen sich im Nachhinein aber nicht nur als neue Bewegung. Sie erweisen sich auch als ein Widerstand gegen den sozialen Wandel der Gesellschaft, der ganz grundsätzlich zur Demokratie gehört. Denn demokratische Gesellschaften sind sich wandelnde Gebilde und nicht starr, aber der Wandel schien sich kaum vermitteln zu lassen.

Im Jahr 2016 haben wir die Ergebnisse der repräsentativen Mitte-Studie daher mit dem Bild der »Gespaltenen Mitte« betitelt (Zick, Küpper & Krause 2016; Zick & Küpper 2015). Diese Spaltungen waren deutlich sichtbar in einer Radikalisierung der menschenfeindlichen Vorurteile in der Mitte. Sie waren nachweisbar unter rechtspopulistisch orientierten Befragten aus der Mitte, vor allem aber in einer nicht geringen Zustimmung zu neuen rechten Einstellungen. Damit sind Einstellungen gemeint, die aus intellektuellen rechtsextremen Zirkeln stammen und von der Idee getragen sind, mehr Widerstand gegen Eliten zu zeigen. Sie sind getragen von einer Ideologie der Unterwanderung durch den Islam und dem Leitbild einer homogenen deutschen Volkskultur (Küpper, Häusler & Zick 2016). Gerade das Eindringen neuer rechter Einstellungen in die Mitte der Gesellschaft schien im Rückblick ein sichtbares Zeichen der Spaltungen, die sich aus den vormaligen Rissen ergaben. Sie wurden in der Mitte-Studie 2016 mit gut 28 % noch stärker geteilt als rechtsextreme und rechtspopulistische Meinungen, eben weil sie weniger von einem leicht erkennbaren Rassismus oder einem einfachen Angriff auf die Demokratie geprägt sind, sondern durch Ideologien einer national-einheitlichen Volksidentität, um die es zu kämpfen gelte, angesichts einer imaginierten Unterwanderung. Sie sind geprägt von einem Aufruf zum Widerstand gegen eine breite Kategorie an Eliten (vgl. auch Zick & Küpper 2018). Das allein wäre als Ideologie weniger gefährlich, hätte sich diese neurechte Ideologie nicht mit einer Gewaltbereitschaft und -billigung gegen andere verbunden. Es wäre weniger bedrohlich, hätte sich die Gewalt nicht in massiven Hasstaten und Hassreden geäußert und hätten nicht immer stärker Menschen, die sich selbst für tolerant und »normal« hielten und als Mitte definierten, die Meinungen zunehmend geteilt. Und nun?

1.2 Verlorene Mitte?

Die Fragilität der Gesellschaft, jene Spaltungen, die durch ein Auseinanderdriften von Gruppen, Milieus und politischen Positionen, wie auch eine Schwäche des Zusammenhalts und Konsensus über Grundwerte und Normen minimaler Zivilität zustande kommen, haben die Mitte der Gesellschaft nicht nur erreicht und verschoben, sondern sie sich auch verlieren lassen. In der turbulent anmutenden Zeit innergesellschaftlicher Krisen und Konflikte in den vergangenen Jahren ist die Demokratiefestigkeit der Mitte gewissermaßen geschrumpft. Sie war eh schon ökonomisch geschwächt und scheint rein zahlenmäßig an Mitgliedern zu verlieren (Krause, Franz & Fratzscher 2017). Das alleine aber könnte sie jedoch als Garant der Stabilität in demokratischen Werten und Normen zum Teil sogar noch stärker machen und motivieren, um sich ihrer Normalität zu erinnern. Eine erodierende ökonomische Mitte könnte ja geradezu motiviert sein, stark zu bleiben. Die Mitte ist allerdings mehr als ein schrumpfendes ökonomisches Gebilde.

Die deutsche Mitte ist eine historisch einigende Größe in einem föderalen Staat und sie hat sich als Garant der republikanischen Demokratie gebildet wie aufrechterhalten (Borchmeyer 2017). Sie geht verloren, wenn ihre sie einigende Qualität verloren geht und sie sich so auf antidemokratische Ränder zubewegt, dass sie deren Meinungen, Werte, Einstellungen, Ideologien, Identitäten und Affektkulturen aufnimmt und ihr gemeinsamer Referenzrahmen des Zusammenhalts leidet. Eine Mitte, die nicht als Bezugsgruppe für nationale Identitäten und Großmachtfantasien dient, gerade weil sie nicht einheitliche Ideologien teilen muss, sondern plurale Werte und Normen, verliert sich und verliert ihre Bindekraft in dem Moment, wo sie das, was sie selbst zusammenhält, infrage stellt. Dies ist gerade dann der Fall, wenn sie sich selbst einredet, in Krisensituationen könnte ja eine Zeit lang autoritäre Ordnung und Regulation von oben herrschen, um Ruhe wiederherzustellen. Die Suggestion, extremistische Meinungen in der Mitte selbst repräsentieren zu müssen, damit der Zusammenhalt erhalten bleiben kann, könnte eher ein Zeichen des Verlustes und der Aufgabe sein, denn ein Zeichen demokratischer Stärke.

In Krisen- wie in Friedenszeiten ist es daher umso wichtiger, zu wissen, wie die Mitte eingestellt ist, wie weit sie stabil ist in ihren Grundfesten, wie sie die Lage des Landes betrachtet und welche Erwartungen sie hat. Insbesondere ist es für den demokratischen Zusammenhalt wichtig, inwieweit die Mitte vor einfachen populistischen und extremistischen Weltbildern gefeit ist, oder sich feindseligen und extremistischen Positionen zuwendet, mithin menschenfeindliche Vorurteile gegenüber Gruppen vertritt oder extremistische politische Positionen teilt, die destruktive innergesellschaftliche Konflikte auslösen können. Genau dies versuchen die Mitte-Studien mit den wissenschaftlichen Mitteln einer repräsentativen Studie unter der »Normalbevölkerung«. Verluste in der demokratischen Mitte, die auf eine verlorene Mitte hinweisen, konstatieren wir vor allem, wenn folgende sieben Hinweise vorliegen:

1. Eine Mitte verliert an ausgleichender und nach Gleichwertigkeit strebender Kraft mit der Zustimmung zu sozialen Vorurteilen gegenüber Gruppen: Antisemitismus, Muslimfeindlichkeit, Rassismus, Antiziganismus, die Abwertung arbeitsloser Menschen und andere Elemente der sogenannten Gruppenbezogenen Menschenfeindlichkeit (GMF) bilden die Grundlage politisch radikaler und extremistischer Positionen und Identitäten. Sie gefährden die demokratische Konstitution der gesellschaftlichen Mitte, je stärker sie akzeptiert oder geleugnet und gerechtfertigt werden. Vorurteile gegen Gruppen gibt es immer, aber das erklärt nichts und blendet ihren Charakter aus. Menschenfeindliche Vorurteile drücken generalisierte negative und ausschließende Urteile über andere Gruppen oder deren Mitglieder aus, die sie abwerten und als nicht gleichwertig markieren, also Ungleichwertigkeit herstellen. GMF ist die Grundlage aller folgenden antidemokratischen Orientierungen, die Vorurteile mit politischen Meinungen verbinden.

2. Wenn rechtsextreme Einstellungen in der Mitte geteilt werden, geht der historisch gewachsene demokratische Kern der Mitte verloren. Ein Rechtsextremismus in der Mitte ist die stärkste Gefährdung der Demokratie. Die Mitte-Studien haben den Rechtsextremismus der Mitte seit 2002 in den Mittelpunkt gestellt. Er ist gewissermaßen das Kernkonzept der Mitte-Studien. Das Rechtsextremismuskonzept umfasst dabei menschenfeindliche Einstellungen der Fremdenfeindlichkeit und des Antisemitismus, die Befürwortung einer rechtsgerichteten Diktatur, die Verharmlosung des Nationalsozialismus, einen nationalen Chauvinismus, sowie einen nationalen Sozialdarwinismus.
3. Weniger extremistisch, aber nichtsdestoweniger antidemokratisch sind rechtspopulistische Orientierungen, die unabhängig von Parteizugehörigkeiten oder -präferenzen ebenso auf feindseligen Vorurteilen v. a. gegenüber Muslim_innen und Immigrant_innen, aber auch Juden und Jüdinnen, Sinti und Roma, Wohnungslosen und anderen Gruppen, basieren. Diese gehen einher mit einem auf Strafe und Ordnung gegen angebliche »Außenseiter« und »Unruhestifter« gerichteten Autoritarismus und einem Demokratiemisstrauen, welches der herkömmlichen Politik unter anderem Kompromissfähigkeit abspricht. Rechtspopulistische Orientierungen in der Mitte sind in dem Maße exklusiv und antidemokratisch, wie sie Ungleichwertigkeit zwischen sozialen Gruppen proklamieren und zugleich eine Dominanz für die eigene nationale Bezugsgruppe durchsetzen möchten. Sie haben eine lange Tradition in Deutschland und knüpfen an eine lange Geschichte des Nationalismus an, ebenso wie ein modernisierter Rechtsextremismus es tut (Frei et al. 2019).
4. Rechtspopulistische Orientierungen hängen eng mit neuen rechten Einstellungen zusammen, in denen sich der alte Rechtsextremismus in modernisierter Variante zeigt.[2] Werden sie in der Mitte geteilt, dann untergraben diese den demokratischen Charakter und die demokratische Identität der Mitte bei allen Konflikten und unterschiedlichen politischen Positionen. Im Jahr 2016 haben wir erstmals in den Mitte-Studien neue rechte Orientierungen messen können. Dabei zeigte sich, dass die neuen rechten Einstellungen

2 Mit neuen rechten beziehungsweise »neurechten« Einstellungen bezeichnen wir Einstellungen, die in Gruppen, Publikationen und Reden der Neuen Rechten so oder ähnlich zu finden sind. Die Mitte-Studie misst die Zustimmung zu diesen Einstellungen in der Mitte der Gesellschaft. Sie misst nicht, ob damit Befragte der Neuen Rechten angehören.

sich auszeichnen durch die Facetten von Anti-Establishment-Haltungen, den Glauben, es gäbe ein Meinungsdiktat und eine Islamverschwörung, die Forderung nationaler Rückbesinnung gegen die EU und einen Aufruf zum Widerstand gegen die aktuelle Politik. In 2018/19 werden auch antifeministische Meinungen und die Ideologie des Ethnopluralismus berücksichtigt.

5. Neben den politischen Orientierungen muss eine demokratische Mitte es als Verlust ausweisen, wenn sie ihre aufklärerischen und rationalen Orientierungen verliert und sie an Verschwörungs- und Konspirationsmythen und -ideologien glaubt. Sie hängen eng mit rechtspopulistischen und -extremistischen Glaubenswelten zusammen und werden von dort aus produziert, um die eigenen politischen Ideologien zu unterstützen und zu rechtfertigen. Verschwörungsmythen und Untergangsszenarien machen die Mitte instabil – nicht nur, weil sie in der Regel Unsicherheiten und unrealistische Bedrohungsgefühle anzeigen, sondern auch, weil sie eine auf wissenschaftlicher und reflektierter Evidenz basierende Einschätzung von Realitäten infrage stellen und für populistische und extremistische Einflüsse öffnen. Durch webbasierte Kommunikation ist das Ausmaß der möglichen Manipulation und Erzeugung von solchen Mythen eine noch weitaus größere Gefahr geworden als früher. Bewusste Falschnachrichten (Fake News oder auch klassisch Lügen), die teilweise Kommunikationsblasen und neue Glaubensgemeinschaften kreieren, werden in parallelen Wahrheitswelten erzeugt und binden Teile der Mitte an neue Glaubensgemeinschaften, die sich in Distanz zum »System« setzen, weil sie »dem System« Lüge und Manipulation unterstellt.
6. Definieren wir die Mitte nach ihren Möglichkeiten, Zusammenhalt durch den Zuspruch zur Demokratie herzustellen – und zwar einen Zusammenhalt, der sich trotz und gerade angesichts aller politischen und sozialen Differenzen herstellen lässt –, dann wäre es ebenso ein Verlusthinweis, wenn das System der Demokratie an sich infrage gestellt wird. Eine Befürwortung der Diktatur, oder das Demokratiemisstrauen wurden schon als Elemente rechtsextremer oder rechtspopulistischer Orientierungen genannt. Eine illiberale Ablehnung der Demokratie, die sich im Demokratiemisstrauen ausdrückt, aber ebenso in einer Ablehnung einer pluralen Demokratie, sind weitere Elemente. Eine starke Demokratie basiert auch auf zivilgesellschaftlichen Tugenden, zu denen Zivilcourage gehört, ebenso wie eine klare Einschätzung, dass Rechtsextremismus eine Gefahr darstellt. Brechen klare

Positionen zur Zivilcourage ein und wird der Rechtsextremismus verharmlost, dann schwächt das die Mitte.

7. Die Mitte geht nicht zuletzt aber auch verloren, wenn sich historisch eigentlich zu überbrückende Spaltungen in der Gesellschaft erneut auftun. Ein Auseinanderdriften von neuen und alten Bundesländern gehört zum Beispiel dazu. Mit dem Blick auf die in der Mitte fokussierten Orientierungen gehört eine Spaltung von Ost und West durch menschenfeindliche, rechtsextreme oder -populistische wie neue rechte Einstellungen ganz besonders dazu. Entorf und Harm (2019) haben kürzlich in einer Analyse von Hasstaten im Zeitraum von 2013 bis 2015 empirisch aufgezeigt, dass das Risiko für Asylsuchende, Opfer von Hasskriminalität zu werden, in den neuen Bundesländern circa zehnmal höher ist als in Westdeutschland. Die Studie zeigt: weniger ökonomische Faktoren erklären die Ost-West-Unterschiede in den Hasstaten, als vielmehr Vorurteile, die bereits auf signifikante Unterschiede in den 1990er-Jahren und davor zurückzuführen sind. Ist der Osten anfälliger, dann führt auch das dazu, dass die Mitte, die eigentlich zwischen Ost und West eine Brücke hätte bieten können, verloren geht.

Diese sieben Indikatoren für antidemokratische Orientierungen bilden die Grundlage der empirischen Analysen der vorliegenden Mitte-Studie. Sie drückten sich aus in innergesellschaftlichen Krisen, Hasstaten und Angriffen auf Gruppen und Personen, dem Einzug rechtspopulistischer Kräfte in die Parlamente, Konflikten, die aus Protesten und Demonstrationen hervorgingen und den vielen medialen Wutbildern in den digitalen und analogen Lebenswelten. Wie weit sie jedoch in der Mitte geteilt werden und zusammenhängen, inwieweit anhand der Entwicklungen ihrer Verbreitung in den letzten Jahren von einer »verlorenen Mitte« die Rede sein kann, das ist Gegenstand der empirischen Analysen, die im Folgenden präsentiert werden. Der Hauptteil der empirischen Analysen besteht erstens in der Entwicklung und Prüfung von Indikatoren für die oben genannten Konzepte und Fragen. Zweitens besteht er in der Dokumentation der Verteilungen und der statistischen Zusammenhänge zwischen den genannten Konzepten. Die Studie gibt Auskunft, wie stark oder schwach die Zustimmungen in der Bevölkerung sind und wie sehr menschenfeindliche mit rechtsextremen, rechtspopulistischen, neuen rechten und illiberalen Demokratieeinstellungen einhergehen. Dabei werden auch wieder Zusammenhänge zur Billigung von Gewalt und zur Bereitschaft, unter Umständen Gewalt auszuüben, in die Analysen aufgenommen; schließlich weisen enge Zusammenhänge zur Gewalt auch und gerade auf, dass es um mehr geht als nur Affekte oder subjektive Einschätzungen.

1.3 Erklärungen und Gründe für antidemokratische Einstellungen

Die Darstellung von Ausmaßen antidemokratischer Einstellungen ist eine wichtige Grundlage für die Diskussion über den Zustand und die demokratische Verfasstheit der Gesellschaft. Nehmen bestimmte menschenfeindliche Meinungen zu, dann weist das auf eine Schwäche hin. Nimmt der Rechtsextremismus in der Mitte zu, dann können wir auch davon ausgehen, dass die Hasstaten zunehmen und sich neue gewaltbereite Gruppen und Milieus bilden, sodass die Spaltung weiter vorangetrieben wird (vgl. Zick & Küpper 2016).

Die Orientierungen haben vielschichtige und komplexe Ursachen, denen Umfragestudien wie die Mitte-Studie in begrenztem Umfang nachgehen können. Über die Frage, warum in der Mitte rechtsextreme und andere antidemokratische Einstellungen geteilt werden, wird nicht nur in medialen, politischen oder öffentlichen Debatten gestritten. Verschiedene Thesen sind dabei prominenter geworden. Weit geteilt wird die These, dass die Sorgen von Menschen über mögliche Verluste, die durch die Zuwanderung oder anderen ökonomischen Belastungen entstünden, den Zuwachs radikaler Parteien oder die Hasstaten erklärten. Die These einer Dekonsolidierung der Demokratie, die letztendlich zu tief eingreifenden Veränderungen führe, wurde oben bereits genannt. Auch ein wachsender Autoritarismus, der aus ökonomischen und kulturellen Krisen und Desintegrationsgefahren oder -prozessen resultiere, wird diskutiert, wie auch die These, es mangele an politischer Bildung. Diese Annahme wird wiederum in Zusammenhang zu neuen Entwicklungen von digitalen Medien und neuen Möglichkeiten der Meinungsmanipulation gestellt (zu einigen Erklärungsansätzen vgl. z. B. Brömmel, König & Sicking 2017; Jörke & Selk 2017)[3].

3 Es liegen zahlreiche Überblickspublikationen vor. Für die Vorurteilsforschung, die relevant zum Verständnis von GMF ist (z. B. Kite & Whitley 2016), und den Rechtsextremismus (z. B. Virchow, Häusler & Langebach 2016) liegen allerdings genauere Zusammenstellungen einschlägiger Theorien vor als für den Rechtspopulismus und neurechte Einstellungen (vgl. Übersicht bei Küpper 2019).

Sozialpsychologische, soziologische, politikwissenschaftliche und historische Erklärungsansätze haben unterschiedliche Blickwinkel auf die Phänomene, mit denen sich die Mitte-Studien beschäftigen. Sie kommen zu diversen Annahmen und betonen unterschiedliche Facetten der einzelnen Phänomene. Die Mitte-Studien erfassen kollektive Einstellungen und Orientierungen, die Meinungssysteme umfassen. Sie untersuchen diese in soziodemografischen und politischen Gruppierungen. Erklärungen für Rechtsextremismus, Gruppenbezogene Menschenfeindlichkeit und antidemokratische Tendenzen lassen sich vereinfachend drei Ebenen zuordnen. Erklärungen auf der Mikroebene analysieren Ursachen, die bei den Individuen ansetzen, wie z. B. der Persönlichkeit, Bildung, der Wahrnehmung und dem Erleben der sozialen Situation, wie anderen personenbezogenen Faktoren. Erklärungen auf der Mesoebene sehen Ursachen eher in dem sozialen Kontext von Personen sowie Beziehungen innerhalb und zwischen Gruppen, wie z. B. dem Einfluss von Bezugsgruppen, den Kontakten zu Gruppen und zwischen Gruppen, sowie sozialen Identifikationen, wie z. B. mit rechtsextremen Gruppen oder imaginierten Gruppen. Erklärungen auf der Makroebene sehen Ursachen auf der Ebene von Gesellschaft, Kultur und sozioökonomischen Entwicklungen, z. B. historisch-kulturelle und/oder -politische Prägungen eines ganzen Landes oder regionale Strukturschwäche.[4] Diese Faktoren können grob drei inhaltlichen Erklärungslinien zugeordnet werden, in denen in der Regel Faktoren der Makro-, Meso- und Mikroebene zusammenwirken und miteinander in Wechselwirkung stehen bzw. sich beeinflussen: (1) Sozioökonomische bzw. sozialstrukturelle Ansätze, (2) soziokulturelle Ansätze sowie (3) Erfahrungen mit und Grundorientierungen zu gesellschaftspolitischen Systemen. Darüber hinaus werden (4) soziodemografische Faktoren diskutiert, die weniger für sich genommen eine Erklärung bieten sollen, sondern als Indikator für dahinterliegende Fähigkeiten, Prägungen, Erfahrungen und Rollen usw. stehen. In einer Meinungsumfrage können diese Erklärungsansätze nur sehr begrenzt in Bezug auf Einstellungen geprüft werden. Bei etlichen der jeweils unter diesen Linien verhandelten Erklärungsfaktoren (z. B. Strukturschwäche einer Region) wird zudem kein unmittelbarer Einfluss auf die Einstellungen der Menschen vermutet, sondern ein mittelbarer, d. h. es spielen

---

4 Vgl. auch Zick & Küpper (2016) zu den verschiedenen Theorien, die hier zugeordnet werden können.

jeweils immer auch vermittelnde Faktoren eine Rolle (z. B. die individuelle Wahrnehmung, Interpretation und Umgangsweise mit der Strukturschwäche; salopp gesagt, wer freiwillig in die Einsamkeit zieht, wird diese eher schätzen als Personen, die eigentlich Anbindung wünschen). Wichtig ist zu bedenken: In einer Meinungsumfrage können alle möglichen Faktoren lediglich als Auskunft der Befragten selbst erhoben und interpretiert werden, es geht also letztlich immer um die subjektive Einschätzung der Befragten. Darüber hinaus stehen einige externe Variablen zur Verfügung (z. B. das Bundesland, in dem Befragte leben). Weitere externe Variablen der Makroebene (z. B. Information über die regionale Strukturstärke oder -schwäche) können theoretisch hinzugespielt werden, was aber in der vorliegenden Studie aus zeitlichen Gründen schlicht nicht möglich war. Die in der vorliegenden Mitte-Studie 2018/19 mit erfassten möglichen Erklärungsfaktoren begrenzen sich also auf die Einstellungsebene (mit der entsprechenden Begrenztheit der Reichweite).

1. Sozioökonomische und sozialstrukturelle Faktoren beschreiben die sozialen und ökonomischen Lebensumstände von Menschen, die, so die Annahme, auch ihre Einstellungen prägen. So erklärt beispielsweise das Ausmaß an sozialer und v. a. ökonomischer Deprivation und Desintegration, warum sozial schwächer gestellte Menschen andere abwerten und ausgrenzen. Soziodemografische Indikatoren, wie das Einkommen, die Lebensumstände strukturschwacher oder -starker Regionen und andere Faktoren sozialer Ungleichheit werden in den Mitte-Studien erhoben und können für die Vorhersage herangezogen werden. Ebenso ist die Herkunft aus Ost- und Westdeutschland ein Hinweis auf sozialstrukturelle Differenzen und könnte erklären, warum Menschen aus der Mitte antidemokratischen Orientierungen zustimmen und sich populistischen und/oder extremistischen Gruppen anschließen. Auch die eigene subjektive Einschätzung der Lebensumstände weist auf den Einfluss sozialstruktureller Faktoren hin. Nicht allein die realen strukturellen Faktoren wie Armut und Reichtum, oder die ökonomische Stärke einer Region, sind v. a. laut soziologischer Theorien relevant, sondern auch die subjektive Einschätzung der Lebensumstände. Die Beurteilung der wirtschaftlichen Lage des Landes und der eigenen Bezugsgruppe sowie die Relative Deprivation, die sich aus dem Vergleich der eigenen Bezugsgruppe (»wir Deutsche«) mit anderen Gruppen (»die Ausländer«)

ergibt und Gefühle von Mangel erzeugt, kann möglicherweise antidemokratische Einstellungen erklären.

2. Soziokulturelle Ansätze gehen davon aus, dass kulturelle Erfahrungen und Prägungen Einstellungen formen, etwa auch, dass die Bindung von Menschen an Gruppen, die sich von anderen abgrenzen, relevant ist. Hier könnten sozialpsychologische Theorien der Erklärung von antidemokratischen Einstellungen relevant werden. Eine soziale Identität, die sich vor allem aus einer nationalen oder gar völkischen Identifikation ergibt, ist laut einiger Erklärungsansätze maßgeblicher als andere Faktoren. In dem Zusammenhang spielen Kontakte zu anderen als einer realen oder nur imaginierten nationalen Gruppe eine Rolle. Eine starke europäische Identität und Europaorientierung könnte mit einer Ablehnung von rechtsextremen Einstellungen, Normen und Werten einhergehen, während eine Ablehnung sich in Misstrauen gegen den Einfluss von Europa und der »Brüsseler Regierung« äußert, was ein wichtiges Element für rechtsextreme Gruppen ist. Ferner zeigt die Forschung, dass interkulturelle Kontakte, Kontakte zu heterogenen statt homogenen Gruppen, mit weniger vorurteilsvollen Einstellungen einhergehen. Auch die Weite oder Enge sozialer Netzwerke, insbesondere kulturell heterogener oder homogener Netzwerke, könnten hierbei entscheidend sein. Neben Identitäten und den Bezugsgruppen spielen kollektive Überzeugungen, die Menschen mit ihren Bezugsgruppen teilen, eine Rolle. Modernisierungsängste und subjektiv hoch eingeschätzte Globalisierungsgefahren, in denen sich auch ökonomische wie identitätsbezogene Sorgen spiegeln, werden als Erklärungen für den Anstieg rechtspopulistischer und rechtsextremer Orientierungen genannt. Auch die Religion und der Konservatismus, der aus einer politischen Selbstpositionierung oder der Identifikation mit einer Partei resultiert, könnten eine Rolle dafür spielen, dass Menschen populistischen wie extremistischen Meinungen zustimmen. Auch ein Konservatismus kann mit stärkeren Ressentiments gegenüber Minderheiten einhergehen. Ein zentraler Erklärungsfaktor ist natürlich die Identifikation mit Parteien. Dass eine Bindung an eine Partei wie die AfD oder die Zustimmung zu ihren Überzeugungen überzufällig und besonders auffällig mit höheren antidemokratischen Einstellungen einhergeht, ergibt sich nicht nur durchgängig und besonders auffällig aus den Analysen der Mitte-Studien. Ob dies aber auch der Fall ist, nachdem selbst in dieser

Partei einzelne Flügel das Problem der antidemokratischen Orientierungen erkannt haben (oder vorgeben dies zu tun), ist eine empirische Frage.

3. Ansätze, die Erfahrungen und Grundhaltungen zu gesellschaftspolitischen bzw. ökonomischen Systemen (z. B. zur Demokratie, zum Sozialismus, zum Neoliberalismus) in den Fokus stellen, nehmen an, dass diese wiederum politische Einstellungen beeinflussen. Dazu gehört u. a. auch die Überzeugung und Bindung an grunddemokratische Orientierungen, die oben auch als Indikatoren für eine Bindung der Mitte oder deren Verlust genannt wurden und die zugleich Erklärungskraft für spezifische menschenfeindliche, rechtspopulistische wie rechtsradikale Einstellungen haben können. Zentral hierfür ist die politische Bildung wie sozial geteilte Überzeugungen und Dispositionen, die wie Weltsichten zu verstehen sind. Politische Bildung spielt nicht per se eine Rolle für das Ausmaß demokratischer Orientierung, sondern es kommt darauf an, welche Kompetenzen damit einhergehen. Die Überzeugung politischer Machtlosigkeit oder Entfremdung öffnet für antidemokratische Orientierungen. Mit dem Blick auf individuelle Überzeugungen und Dispositionen, die sich aus der sozialen und politischen Sozialisation entwickelt haben, können auch sozial geteilte Wertorientierungen und verallgemeinerte normative politische Überzeugungen antidemokratische Einstellungen erklären. Auch eine rechtsgerichtete autoritäre Orientierung, die sich in einer Befürwortung von autoritärem Konformismus und Unterwürfigkeit unter die (nationalen) Regeln sowie einer aggressiven Straforientierung gegenüber vermeintlichen »Abweichlern« und »Unruhestiftern« äußert, kann antidemokratische Einstellungen erklären. Sie prägte schließlich auch die politischen Kampagnen von Sicherheit, Überfremdung, Terror und Kriminalität durch Ausländer_innen und anderen immer wieder akzentuierten und inszenierten Botschaften rechtsradikaler Gruppen (vgl. auch Heitmeyer 2018). Hierzu gehört auch der Glaube an Konspirationsmythen und Verschwörungstheorien, die eng mit autoritären Überzeugungen verbunden sind. Anders als autoritär orientierte Personen, die eher daran glauben, ihre Lebensumstände seien unsicher und gefährlich und daher durch harte Regeln und Ausgrenzungen von »Fremden«, »Unbekannten« und v. a. von den eigenen Normen »Abweichenden« Sicherheit suggerieren wollen, kann auch die Überzeugung, die Gesellschaft sei geprägt von Wettbewerb und Verdrängungskampf, antidemokratische Reflexe auslösen.

Wir hatten schon gezeigt, dass ein marktförmiger Extremismus mit antidemokratischen Orientierungen einhergeht. Ebenso können soziale Dominanzorientierungen mit antidemokratischen Einstellungen einhergehen. Dominanzorientierungen behaupten, die Gesellschaft ordne sich nach höher- und minderwertigen Gruppen, in jene, die nach »oben« oder »unten« gehören, und das sei zu akzeptieren. Dominanzorientierte hoffen, dabei Vorrechte zu sichern, weil sie sich als jene verstehen, die nach oben gehören. Sie akzeptieren daher Ungleichwertigkeitsideologien, zu denen vor allem menschenfeindliche Einstellungen gehören. Personen mit rechtspopulistischer und rechtsextremer Orientierung wären demnach nicht nur autoritär gehorsame Menschen, sondern je nach ihren Umständen und ihrer Sozialisation macht- und herrschaftsorientiert. Sie möchten oben in der Hierarchie stehen und glauben daher umso mehr an eine natürliche Ordnung, die durch die nationale Herkunft, die wiederum durch Blutsbande oder Aufwachsen in der Nation von ihnen definiert wird, ihre Dominanz rechtfertigt. In diesem Zusammenhang spielen auf der Ebene individueller politischer und verallgemeinerter Überzeugungen auch Orientierungen zu kultureller Vielfalt oder Einheitlichkeit, eben Diversitätsüberzeugungen, eine wichtige Rolle für die Erklärung von rechtsradikalen Orientierungen. Es ist evident, dass insbesondere Vorurteile weniger mit der Überzeugung, dass ein kulturelles, ethnisches oder wie immer definiertes Land, welches durch Vielfalt gewinnt und nicht bedroht wird, zusammenhängen können.

4. Indikatoren der Beschreibung von Personen, also soziodemografische Faktoren, werden in Studien einerseits zur Klassifikation von Personen wie zur Beschreibung von Einstellungen herangezogen, andererseits dienen sie der Kontrolle von Zusammenhängen zwischen Erklärungsfaktoren und antidemokratischen Einstellungen. Dazu gehören die ost-/westdeutsche Herkunft, die Zugehörigkeit zu einer Geschlechtsgruppe, die Zugehörigkeit zu einer jüngeren oder älteren Altersgruppe, einer Einkommensgruppe oder die Zugehörigkeit zu einer Gewerkschaft, die Erwerbstätigkeit oder Arbeitslosigkeit, wie auch die Zugehörigkeit zu einer Gruppe mit oder ohne eigener oder familiärer Migrationsgeschichte. Auch das Bildungsniveau spielt eine wichtige Rolle. Dazu kann das formale Bildungsniveau gehören, welches mit kognitiven Fähigkeiten, vor allem aber auch mit dem Wissen, dem Inhalt von Bildung und ihrer Vermittlung sowie auch Erfahrungen mit demokra-

tischen Abläufen verbunden ist. Mit Blick auf demokratische Einstellungen könnten Personen mit höherem Bildungsniveau mehr Möglichkeiten und Zeiten der Vermittlung von Demokratie erfahren haben als andere.

5. Das gilt in den vorliegenden Analysen vor allem mit Blick auf ost-/westdeutsche Unterschiede. Die berichteten und feststellbaren Verdichtungen und Verankerungen vorurteilsbasierter Hasstaten, rechtspopulistischer Parteien und Zirkel sowie zum Teil auch rechtsextremer Gruppen in den neuen Bundesländern wird eingehender analysiert (➞ Kap. 9, S. 243 ff.). Andere Zusammenhänge zwischen demografischen Faktoren und antidemokratischen Faktoren berichten wir und werden sie teils auch statistisch im Kontext der anderen genannten möglichen Einflussfaktoren prüfen.

1.4 Gliederung des Bandes

Alle genannten Faktoren können, müssen aber keinen Einfluss auf die Zustimmung oder Ablehnung zu menschenfeindlichen, rechtsextremen wie rechtspopulistischen oder neuen rechten Orientierungen haben. Insbesondere die demografischen Faktoren dienen einerseits zur deskriptiven Beschreibung von Ausmaßen und Verteilungen der antidemokratischen Einstellungen. Sie dienen dazu, Verluste an demokratischer Bindungskraft zu identifizieren. Sie können aber auch zur Erklärung herangezogen werden. Ob ihr Einfluss statistisch geprüft wird, hängt allerdings davon ab, ob sich theoretisch schlüssige Annahmen über ihre Vorhersagekraft treffen lassen und ob es den Fragestellungen der einzelnen Kapitel dient. Die Mitte-Studien versuchen nicht, »alle möglichen« Faktoren zu prüfen, um dann post factum Erklärungen abzugeben. Sie orientieren sich an vorliegenden Erklärungsansätzen und Forschungsergebnissen. Zum anderen greifen sie aktuelle gesellschaftliche Beobachtungen und Debatten auf, wie zum Beispiel die Frage, inwieweit Verschwörungsmythen, die im Internet eine kaum übersehbare Attraktivität gewonnen haben, die Mitte so erreichen, dass sie in ihrer demokratischen Orientierung tangiert wird. Bei der Messung der erklärenden und zu erklärenden Konzepte greifen wir nicht auf einzelne Zustimmungen, sondern in der Regel auf mehrere Aussagesätze zurück, die wiederum in geprüften Skalen zusammengefasst werden.

Die herausgestellten Indikatoren, die einen Verlust der Mitte anzeigen, gliedern den vorliegenden Band. Die Mitte-Studien sind empirische Umfragen unter einer nach den Kriterien der Repräsentativität ausgewählten Stichprobe an deutschen Staatsbürger_innen. Die Methodik der Untersuchung, also die Datenerhebung, die Stichprobenziehung und die Merkmale der Stichprobe der Mitte-Studie 2018/19 werden im anschließenden Kapitel 2 (→ S. 41 ff.) erläutert. Die Mitte-Studien wurden von der Friedrich-Ebert-Stiftung seit dem Jahr 2006 herausgegeben. Sie konzentrierten sich bis zum Jahr 2014 vor allem auf die Beobachtung rechtsextremer Orientierungen in der Mitte der Gesellschaft. Bis dahin wurden die Daten der Mitte-Studien mit einer sogenannten Papier-Bleistift-Methode erfasst. Dazu wurden Haushalte aufgesucht und Fragebögen dort hinterlassen, die dann von den Befragten ausgefüllt wurden. Im Jahr 2002 setzte parallel die Langzeitstudie Gruppenbezogene Menschenfeindlichkeit (GMF-Studie) einer Forschungsgruppe ein, die ihre Ergebnisse in der Reihe »Deutsche Zustände« im Suhrkamp Verlag publizierte und von einem Konsortium unter der Leitung der VolkswagenStiftung gefördert wurde. Nach Ende der Fördergrenze wurde im Jahr 2014 die Mitte-Studie der Friedrich-Ebert-Stiftung mit der GMF-Studie verbunden, sodass wir menschenfeindliche sowie rechtsextreme Mentalitäten nun über 16 Jahre dokumentieren können. Dabei wurde das Erhebungsverfahren der Mitte-Studie von einem Fragebogenverfahren auf eine computergestützte Telefonumfrage umgestellt. Diesen Methodenwechsel haben wir im ersten Band der damals neuen Mitte-Studie »Fragile Mitte« (2014, Verlag Dietz) und dem folgenden Band »Gespaltene Mitte« (2016, Verlag Dietz) diskutiert.

Der vorliegende Band ist der dritte Band, den die Forschungsgruppe, die vom Institut für interdisziplinäre Konflikt- und Gewaltforschung der Universität Bielefeld (IKG) organisiert wird, verantwortet.[5] Eine bedeutsame Neuerung der aktuellen Mitte-Studie ist dabei neben einigen neuen Instrumenten der Beobachtung ihr Erhebungszeitpunkt. Die aktuelle Mitte-Studie wurde Ende 2018 und Anfang 2019 erhoben und weicht damit von den bisherigen Erhebungszeitpunkten der Mitte-Studien im Sommer des jeweiligen Jahres ab. Dieser Wech-

5 Bis zum Jahr 2014 haben Kolleg_innen der Universität Leipzig, vor allem Elmar Brähler und Oliver Decker, die Mitte-Studie der Friedrich-Ebert-Stiftung durchgeführt. Sie führen nun die Leipziger Autoritarismusstudien durch, die einen interessanten und wichtigen Vergleich bieten, da auch dort rechtsextreme und rechtspopulistische Einstellungen erfasst werden und auch das Konzept der Gruppenbezogenen Menschenfeindlichkeit Beachtung findet.

sel des Zeitpunktes vom Sommer auf den Winter hatte mehrere Gründe. Wir wollten bei der Erhebung berücksichtigen, dass die Bundestagswahl 2017 im September stattfand. Bundestagswahlen und vor allem der Wahlkampf sind möglicherweise signifikante politische Ereignisse, die die Meinungen beeinflussen. Es hat u. E. auch Sinn gemacht, die Erhebung angesichts des Einzuges der AfD in den Bundestag erst nach einer gewissen Zeit der Konsolidierung des neuen Parlaments durchzuführen. Zweitens wollten wir in der aktuellen Erhebung näher an die Europawahl 2019 heranrücken, um das Meinungsklima vor dieser bedeutsamen Wahl zu berücksichtigen und zu dokumentieren. Nicht zuletzt hat die Verschiebung einen kommunikativen Vorteil. Zwischen 2014 und heute gab es die Mitte-Studien der Friedrich-Ebert-Stiftung und die Mitte-Studien der Universität Leipzig, die nun als Leipziger Autoritarismusstudien fortgeführt werden (Decker & Brähler 2018). Sie wurden nahezu zeitgleich erhoben, was zwar für unsere statistischen Prüfungen den Vorteil hatte, dass wir Abweichungen wie Übereinstimmungen abgleichen können und mehr Indikatoren für die Zuverlässigkeit der Ergebnisse vorliegen, aber in der öffentlichen Wahrnehmung auch zu Irritationen geführt hat.

Das Zentrum der Mitte-Studien ist weiterhin die empirische Ermittlung der Ausmaße und Verteilungen der Gruppenbezogenen Menschenfeindlichkeit (GMF), also der Zustimmungen zu Rassismus, Sexismus, Fremdenfeindlichkeit, Antisemitismus, Muslimfeindlichkeit, Antiziganismus, Vorurteilen gegenüber Asylsuchenden, Menschen mit homosexueller Orientierung, Trans*Menschen, wohnungslosen Menschen, Menschen mit Behinderungen, langzeitarbeitslosen Menschen sowie einem verallgemeinerten Vorbehalt gegenüber allen Neuhinzugezogenen, also der Zustimmung zu Etabliertenvorrechten. Die verschiedenen Elemente von GMF in der Mitte werden in Kapitel 3 (➡ S. 53 ff.) ausführlich vorgestellt. Dabei werden, wie in den nachfolgenden Kapiteln auch, Verteilungen in den Unterschieden in demografischen Kernfaktoren vorgestellt, wie zum Beispiel Ost-West-Unterschiede, oder Unterschiede zwischen weiblichen und männlichen Befragten. Erstmalig haben wir dabei auch eine Variation der Erhebungsmethode von GMF vorgenommen, indem wir in einer Unterstichprobe »teils/teils«-Antworten zuließen (➡ Kap. 2, S. 41 ff.). Wir berichten, inwieweit wir zu unterschiedlichen Verteilungen kommen.

Im anschließenden Kapitel 4 (→ S. 117 ff.) berichten wir über den zweiten Kern der Studien, der vor allem die Mitte-Studien seit 2006 prägt. Es werden Ausmaße und Verteilungen von rechtsextremen Orientierungen in der Mitte der Gesellschaft berichtet. Dabei werden die Messinstrumente, die Rechtsextremismus-Skala, vorgestellt und Unterschiede in demografischen Gruppen aufgezeigt. Damit liegt eine Dokumentation der Entwicklung rechtsextremer Orientierungen von 2006 bis 2018/19 vor.[6] In dem Kapitel prüfen wir die zentrale Frage, inwieweit eindeutige rechtsextreme Einstellungen von der Mitte der Gesellschaft geteilt werden und welche demografischen Gruppen eher anfällig sind für diesen wesentlichen Indikator antidemokratischer bzw. demokratiefeindlicher Einstellungen.

Anschließend werden im Kapitel 5 (→ S. 147 ff.) die Verteilungen und Ausmaße neuer rechter Orientierungen vorgestellt. Erstmalig im Jahr 2016 haben wir ein Messinstrument für diese modernisierte Facette rechtsextremer Orientierungen entwickelt und ihre Verbreitung in der Mitte der Gesellschaft berichtet. Neue rechte Einstellungen werden von intellektuellen Zirkeln und Gruppen wie der jugendkulturell anmutenden »Identitären Bewegung« vertreten, die mittlerweile vom Verfassungsschutz beobachtet wird. Sie sind in den sozialen Netzwerken aktiv und stellen auch deshalb eine modernisierte Version des Rechtsextremismus dar, weil sie weniger aktiv gewaltsuchend und -legitimierend erscheinen und auch keinen offenen Rassismus predigen, sondern dies verklausuliert über Konzepte wie »Ethnopluralismus« tun und eine völkische Identität propagieren. Im Jahr 2016 konnten wir berichten, dass immerhin 28 Prozent der damaligen repräsentativen Stichprobe Einstellungen neuer rechter Gruppen teilten. Das sind stärkere Zustimmungen als wir sie im rechtsextremen oder rechtspopulistischen Spektrum der Mitte berichten konnten.

Die rechtspopulistischen Orientierungen, für die wir seit 2014 zuverlässige Messungen vornehmen können, berichten wir im anschließenden Kapitel 6 (→ S. 173 ff.). Dabei prüfen wir einerseits Entwicklungen, wie andererseits Unterschiede in demografischen Gruppen und Zusammenhänge zu rechtsextremen und menschenfeindlichen Einstellungen. Zudem gehen wir der Fra-

6 Es liegen darüber hinaus Daten seit 2002 aus Vorläuferumfragen vor.

ge nach, wie eng der Rechtspopulismus mit politischen Selbstverortungen zusammenhängt.

Neu in der Mitte-Studie ist die Analyse von Verschwörungsmythen und Untergangsszenarien. Wir gehen darauf näher in Kapitel 7 (➟ Kap. 7, S. 203 ff.) ein. Es lässt sich kaum ignorieren, wie sehr aktuelle rechtsextreme wie -populistische Gruppen Mythen und Szenarien von Bedrohungen erzeugen und verbreiten, zumal diese Angstregime bedienen (Biess 2019). Wie sehr verbreitet sind Verschwörungsmythen und Bilder, wie Narrative eines drohenden Untergangs der Gesellschaft und Kultur in der Mitte, und wie sehr öffnet sich damit die Mitte den Einflüssen populistischer und extremistischer Propaganda und Agitation?

Eine Öffnung für den sozialen Einfluss antidemokratischer Propaganda und eine Normalitätsverschiebung ist auch dann gegeben, wenn Mitglieder der Mitte der Gesellschaft Einstellungen zur Demokratie teilen, die von demokratischen Grundwerten abweichen. Ein Misstrauen in die Demokratie, die Meinung, die Demokratie sei in Teilen gar nicht liberal und sie sei ungerecht, gehören wie die Ablehnung von Pluralität und der Eindruck politischer Machtlosigkeit dazu. Auch eine ablehnende Einstellung zur Zivilcourage gegenüber Hass und Hetze sowie eine Ablehnung von Vielfalt sind Indikatoren negativer Demokratieüberzeugungen und werden berichtet. Wenn diese mit menschenfeindlichen Vorurteilen zusammenhängen, was wir prüfen, dann verdichten sich die Hinweise auf Normalitätsverschiebungen deutlich, wie wir in Kapitel 8 (➟ S. 223 ff.) argumentieren.

In Debatten wie auch Forschungsansätzen wird angenommen, in den neuen Bundesländern wären solche illiberalen Demokratieeinstellungen weiter verbreitet als in den alten Bundesländern. Die Mitte-Studien setzen in Kapitel 9 (➟ S. 243 ff.) einen besonderen Fokus auf die Frage, ob Ost-West-Unterschiede in rechtsradikalen wie menschenfeindlichen Orientierungen vorliegen, vor allem aber auch, worin eigentlich Ost-West-Unterschiede bestehen könnten. Die Debatte um die Einheit ist nach 30 Jahren wieder neu entfacht. Sie wird dann entfacht, wenn menschenfeindliche und oftmals rechtsextrem motivierte Hasstaten in vielen ostdeutschen Städten, Dörfern und Gemeinden geschehen, oder eine Radikalisierung der AfD in den neuen Bundesländern kaum noch zu übersehen ist. Die Unterschiede sind augenscheinlich, und auch die Mitte-Studien weisen signifikant höhere Ausschläge bei einer Reihe antidemokratischer Einstellungen unter ostdeutschen Befragten nach. Halten diese Entwicklungen an und wie sind diese zu erklären? Fehlt vielleicht vielen Analysen ein Verständnis der ostdeutschen Perspektive auf den Zustand der Gesellschaft, der die Ost-West-Spaltung in den Einstellungen erklären kann? Warum können sich rechtspopulistische Milieus in den neuen Bundesländern so gut etablieren, sodass sie dort nicht nur parlamentarisch eine feste Größe geworden sind, sondern konservative Kreise bereits Koalitionen mit der AfD eingehen oder präferieren? Hierzu werden einige Annahmen diskutiert und empirische Hinweise berichtet.

Wir beenden den vorliegenden Band mit einem Blick auf die Frage nach der Gestalt der demokratischen Mitte, die notwendig ist, um einigen der hier empirisch aufgezeigten Entwicklungen antidemokratischer Einstellungen begegnen zu können. Darüber hinaus haben wir vor zwei Jahren bereits Leitmotive politischer Bildung auf der Grundlage der damaligen empirischen Beobachtungen der Zusammenhänge antidemokratischer Orientierungen formuliert (Zick 2016), die auch in diesem Jahr wieder aufgegriffen werden. Dabei wurde die Anerkennung des zivilgesellschaftlichen Engagements gegen antidemokratische Einstellungen und Handlungen betont, ebenso wie eine neue zivilgesellschaftliche Bildung, eine Kultur der Gleichwertigkeit und die Kompetenz, die Mechanismen und Einflussmöglichkeiten antidemokratischer Einstellungen zu verstehen und sich gegen sie zu schützen.

1.5 Zum Gebrauch der Studie

Antidemokratische Meinungen und Ideologien muss eine Gesellschaft, muss die Mitte bis weit an die Ränder aushalten. Sie hat dies lange getan und ist so weit gegangen, dass sie rechtsextreme Strukturen und viele Hasstaten teilweise gar nicht als solche erkannt hat, manchmal auch ignoriert hat oder nicht beim Namen nennen wollte. Um die Toleranz für Abweichung geht es beim Blick auf die Verluste in der Mitte nicht. Es geht darum, die Abweichungen zu erkennen. Die Mitte-Studien werden in ihren Fragestellungen leicht oder motiviert falsch verstanden. Die empirische Beobachtung von menschenfeindlichen, rechtsextremen wie rechtspopulistischen und neuen rechten Meinungen in der Mitte sind schnell mit dem Reflex verbunden, diese als Vorwurf, Vorurteil oder Kampagne umzudeuten. Wer lässt sich schon gerne Vorurteile, Hass oder antidemokratische Haltungen vorhalten? Wären sie als moralische Anklage gedacht, wäre die Zurückweisung verständlich, auch wenn die Demokratie niemanden von moralischen Verpflichtungen freisprechen wird. Wir haben dies selbst zum Thema der Analysen gemacht. Die Dokumentation von antidemokratischen Meinungen und Wahrnehmungen sind eine Gelegenheit zur Selbstreflexion. Wir berichten umfangreich über Einstellungen in der Bevölkerung. Wir interpretieren Befunde vor allem aus dem Blick der Forschung. Leser_innen mögen andere Befunde interessanter finden. Menschen, die in der Praxis der politischen Bildung oder Präventionsprojekten tätig sind, mögen andere Befunde wichtig finden als Menschen, die in der Politik arbeiten oder Politik betreiben. Die Mitte-Studien berichten und sollen zur politischen (Selbst-)Bildung und -reflexion dienen. Sie sind eine Möglichkeit, anhand von empirischen Analysen und statistischen Beobachtungen von Querschnittsmeinungen klüger und mündiger auf die Herausforderungen zu reagieren, und sich eine begründete Meinung zu bilden, selbst wenn diese den Annahmen oder Interpretationen der Studie widersprechen. Es gibt natürlich viele andere Möglichkeiten. Dies gelingt in gereizten Zeiten weniger gut als in Friedenszeiten, aber Gesellschaften, die sich erst gar nicht den Spiegel vorhalten, sind schon im Märchen zerbrechlicher als jene, die sich bemühen, Zusammenhänge und Dynamiken zu verstehen und sie an Fakten angemessen zu interpretieren. Die Mitte-Studien haben eine repräsentative Stichprobe an Bürger_innen befragt und nicht sich selbst oder ausgewählte Gruppen. Sie machen ihre Methodik mitsamt den Grenzen einer solchen Studie transparent. Im Gegensatz zu einer ideologisch orientierten Studie prüfen sie nicht Wahrheiten, sondern Ausmaße und Zusammenhänge.

2 Methodik und Design der Mitte-Studie 2018/19

Wilhelm Berghan · Frank Faulbaum

Die Analysen und Ergebnisse des vorliegenden Bandes basieren auf einer repräsentativen Erhebung im Herbst/Winter 2018/19. Um die Entwicklungen insbesondere der rechtsextremen Einstellungen und Gruppenbezogenen Menschenfeindlichkeit (GMF) im Querschnitt der deutschen Bevölkerung über einen Zeitraum von nunmehr rund 16 Jahren zu analysieren, werden ergänzend die Datensätze der Umfragestudien aus den Vorjahren einbezogen. Die Datengrundlage, das Studiendesign sowie die Zusammensetzung der Stichprobe im Jahr 2018/19 werden im Folgenden skizziert. Sie sind Basis der empirischen Analysen in den nachfolgenden Kapiteln.

2.1 Umfragedesign 2018/19

Wie bereits in den Jahren 2014 und 2016 wurden die Daten für die aktuelle Studie vom Sozialwissenschaftlichen Umfragezentrum Duisburg (SUZ) zwischen September 2018 und Februar 2019 mittels telefonischer Interviews unter Leitung von Prof. Dr. Frank Faulbaum erhoben. Hierzu hat das für das Projekt verantwortliche Forschungsteam am Institut für interdisziplinäre Konflikt- und Gewaltforschung (IKG) der Universität Bielefeld einen standardisierten Fragebogen entwickelt. In diesem Bogen sind sowohl Messinstrumente der Mitte-Studien der Friedrich-Ebert-Stiftung als auch Instrumente der GMF-Langzeitstudie berücksichtigt (➟ siehe Kap. 1, S. 15 ff.).

Daneben enthält der Fragebogen demografische Angaben zu Alter, Geschlecht, Bildung, Beruf und ökonomischem Status der Befragten sowie Messinstrumente zu politischen Meinungen einschließlich rechtspopulistischen, neurechten und weiteren verwandten Einstellungsmustern. Unter anderem werden auch Einstellungen zur Demokratie, zum gesellschaftlichen Zusammenhalt sowie verschwörungstheoretische Meinungen erfasst. Zum größten Teil beinhaltet der Fragebogen bewährte Messinstrumente aus früheren Untersuchungen. Daneben hat das Projektteam neue Messinstrumente entwickelt, um aktuellen gesellschaftlichen Entwicklungen und Debatten sowie Kenntnissen aus wissenschaftlichen Studien nachgehen zu können. Diese wurden, soweit möglich und notwendig, vorgetestet, um die Qualität der Messinstrumente zu gewährleisten. Der gesamte Fragebogen wurde vom SUZ vor der Haupterhebung unter Feldbedingungen mit 22 Befragten vorgetestet. Dadurch sollten vor allem Erkenntnisse über die Teilnahmebereitschaft und Probleme des Antwortverhaltens gesammelt werden. Einige wenige Items (Fragen bzw. Aussagesätze; ➞ siehe Glossar, S. 305) wurden nach Analyse dieses Pretests noch einmal optimiert. Insgesamt sollte durch die Prüfung der Messinstrumente eine größtmögliche Reliabilität und Validität (➞ siehe Glossar, S. 306 f., S. 309) der erhobenen Daten sichergestellt werden.

Als Erhebungsmodus wurde wie bereits für die Studie im Jahr 2016 die Computerunterstützte Telefonumfrage (Computer-Assisted Telephone Interview, kurz CATI) (➞ siehe Glossar, S. 304) gewählt. Eigens für diese Studie geschulte Interviewerinnen und Interviewer führten die Telefonbefragung durch. Dabei wiesen sie die Befragten auf die Anonymität und den wissenschaftlichen Zweck des Interviews hin. Befragt wurden insgesamt 2.005 Bürger_innen. Die Interviewdauer in der Haupterhebung betrug durchschnittlich 30,7 Minuten. Die Stichprobenziehung fand dabei in zwei Schritten statt. In einem ersten Schritt wurden Privathaushalte mit Telefonanschluss ausgewählt. Um eine hohe Qualität zu gewährleisten, erfolgte die Auswahl der Zielperson im jeweiligen Haushalt in einem zweiten Schritt mit der sogenannten Last-Birthday-Methode. Dabei wird diejenige Person im Haushalt ermittelt und befragt, die zuletzt Geburtstag hatte. So findet letztlich eine zufällige Auswahl von Befragungspersonen statt und es werden nicht nur Personen befragt, die zum jeweiligen Zeitpunkt des Interviews anwesend sind oder zuerst an das Telefon gehen. Für eine Zufallsauswahl müssen folgende Bedingungen erfüllt sein: (1) Die Auswahlgrundlage, aus der die Telefonnummern gezogen werden, muss vollständig sein; (2) jedes Element der Grundgesamtheit muss eine positive Wahrscheinlichkeit besitzen, in die Stichprobe zu kommen; (3) die Wahrscheinlichkeit für die Auswahl einer Stichprobe muss berechenbar sein. Um eine Vollständigkeit der Auswahlgrundlage zu erreichen, ist es notwendig, sowohl die im Telefonbuch nicht eingetragenen Festnetznummern, als auch Mobilfunknummern mit in die Stichprobenauswahl einzubeziehen. Dies wird mittels des von Gabler und Häder weiterentwickelten

RDD-Verfahren (Random-Digit-Dialing-Verfahren) gewährleistet, bei dem Festnetz- und Mobilfunknummern zufällig generiert werden (vgl. Gabler & Häder 1997). Dieses Verfahren bildet auch die Grundlage für das ADM-Stichprobendesign für Telefonstichproben (vgl. ADM 2013). Der Anteil der Mobilfunknummern beträgt in der vorliegenden Studie 30 %. Die finale Stichprobe wird darüber hinaus mit einer Anpassungsgewichtung unter Einbeziehung der soziodemografischen Hilfsvariablen Alter und Bildungsstand gewichtet, um die Repräsentativität und die Schätzungen der Populationswerte zu verbessern.

Eine Neuerung im Design der Umfrage 2018/19 ergibt sich durch die Durchführung von Splits, in die der Fragebogen aufgeteilt ist. Wie bereits in den Jahren 2014 und 2016 wurden auch in der vorliegenden Studie die Befragten zufällig in zwei Gruppen (Splits) aufgeteilt und bekamen inhaltlich unterschiedliche Fragen vorgelegt, um eine größere Anzahl an Messinstrumenten und damit thematischen Schwerpunkten erfassen zu können. Darüber hinaus wurden jedoch erstmalig auch methodische Splits in den Fragebogen eingefügt. Durch die zufällige Zuteilung der Befragten in die jeweiligen Splits wird die Repräsentativität weiter gewährleistet. Da diese methodischen Splits große Relevanz bei der Interpretation der Ergebnisse in einzelnen Kapiteln haben, soll das Vorgehen genauer beschrieben werden.

Bei dem Großteil der Fragen besteht für die Befragten die Möglichkeit, ihre Zustimmung oder Ablehnung mittels in Umfragestudien bewährten Likert-Antwortskalen anzugeben. Diese Antwortskalen haben in der Mitte-Studie vier Ausprägungen, in der Regel (1) »stimme überhaupt nicht zu«, (2) »stimme eher nicht zu«, (3) »stimme eher zu« und (4) »stimme voll und ganz zu« oder fünf Ausprägungen und damit eine mittlere Antwortkategorie, beispielsweise (1) »trifft überhaupt nicht zu«, (2) »trifft eher nicht zu« (3) »teils/teils« (4) »trifft eher zu« und (5) »triff voll und ganz zu«. Bei einem Teil der Messinstrumente sind alle Antwortkategorien in der Frageinstruktion verbalisiert, andere sind nur endpunktverbalisiert, d. h. nur Antwortkategorie (1) und (5) sind benannt. Um die Vergleichbarkeit mit den Vorjahren zu gewährleisten, wurde in den bisherigen Mitte-Studien die Skalierung zu den Vorjahren über alle Befragten hinweg beibehalten. So wurde beispielsweise die Gruppenbezogene Menschenfeindlichkeit wie in den GMF-Surveys seit 2002 4-stufig ohne Mittelkategorie erhoben, während rechtsextreme Einstellungen wie in den Vorjahren 5-stufig und damit inklusive einer Mittelkategorie erhoben wurden. In der vorliegenden Studie wurde nun ein methodischer Split eingeführt, der die Befragten hinsichtlich der Antwortskala zufällig in zwei Gruppen einteilt. In diesem Split wurden der einen Hälfte der Befragten alle Messinstrumente (dazu zählen insbesondere alle zur Erfassung der GMF-Elemente), welche in den Vorjahren 4-stufig erhoben wurden, unverändert mit 4-stufiger Antwortskala vorgelegt. Hierdurch konnte eine größtmögliche Vergleichbarkeit mit den vorangegangenen Erhebungen sichergestellt werden. Die andere Hälfte der Befragten erhielt die gleichen Messinstrumente, aber mit 5-stufiger Antwortskala, die eine Mittelkategorie aufwies. Die Formulierung der Fragen blieb dabei unverändert. Durch dieses Vorgehen eröffnet sich zum einen erstmals die Möglichkeit des direkten Vergleichs der Antwortmuster über unterschiedliche Antwortskalen. Zum anderen wird das Antwortformat bei GMF-Items und weiterer verwandter Konzepte dem bereits für die Messung rechtsextremer Einstellungen verwendeten und zumeist für die Erhebung von Einstellungen empfohlenen 5-stufigen Antwortformat angepasst (vgl. Groves et al. 2009; Likert 1932).

5-stufige Antwortskalen können in statistischen Analysen wie metrische Variablen behandelt werden (sogenannte quasimetrische Antwortskalen). Simulationsstudien haben gezeigt, dass Korrelationen zwischen ordinalen kategorialen Variablen ab fünf Kategorien die tatsächlichen Korrelationen zwischen normalverteilten kontinuierlichen Variablen widerspiegeln und die Güte der Skalen steigt (vgl. Bollen & Barb 1981; Lozano et al. 2008; Lubke & Muthén 2009). Sollen multivariate Modelle mit weniger Kategorien durchgeführt werden, empfehlen sich andere Arten von Korrelationen (vgl. hierzu die Ausführungen in Reinecke 2014). Zentral ist daneben ein weiterer Aspekt von 5-stufigen Skalen: Antwortskalen mit Mittelkategorie haben den Vorteil, dass sie den Befragten die Möglichkeit geben, mittlere oder ambivalentere Einstellungen ausdrücken zu können, ohne gezwungen zu werden, ihre Einstellungen eher als offene Zustimmung oder Ablehnung angeben zu müssen. Unter Hinzunahme einer Mittelkategorie reduzieren sich daher mögliche Messfehler, wie insbesondere ein Zufallsfehler in den Daten und die Reliabilität wird erhöht (vgl. O'Muircheartaigh et al. 1999). Die Bereitstellung einer Mittelkategorie kann damit zu weniger verzerrten und damit genaueren Antwortmustern führen. Für unsere Fragestellungen ist von Interesse, dass die Mittelkategorie auch den Ausdruck von Ambivalenzen ermöglicht, die aus der Verarbeitung sowohl negativer als auch positiver Stereotype, Informationen und Evaluationen resultieren können (vgl. Costarelli & Gerlowska 2015, Fiske 2012, Fiske et al. 1999, Jonas et al. 2000, Katz & Hass 1988).

Ein Nachteil bei der Bereitstellung einer Mittelkategorie ist allerdings, dass diese insbesondere bei endpunktverbalisierten Antwortskalen nicht immer eindeutig interpretiert werden kann, und es gewissermaßen auch Aufgabe der Forschenden ist, zu interpretieren, welche Antworten beispielsweise in den Zustimmungsbereich fallen. So kann die Wahl der mittleren Antwortkategorie »teils/teils« bedeuten, dass jemand einer Aussage mittel stark zustimmt bzw. sie mittel stark ablehnt, aber auch eine ambivalente Einstellung im Sinne von sowohl als auch ausdrücken. Insbesondere bei vollverbalisierten Antwortskalen kann es gerade bei politisch oder gesellschaftlich schwierigen Themen der Fall sein, dass Befragte auch dann zu einer mit »teils/teils« benannten Mittelkategorie neigen, wenn sie sich nicht eindeutig positionieren wollen und weniger Gefahr laufen wollen, sozial unerwünschte Antworten zu geben. Des Weiteren kann die Wahl der Mittelkategorie ein Effekt des sogenannten »Satisficing« sein (Faulbaum, Prüfer, Rexroth 2009; Krosnick 1991; Krosnick, Narajan & Smith 1996). Satisficing entsteht, wenn nicht alle Schritte des für die korrekte Beantwortung notwendigen Antwortprozesses (vgl. Tourangeau, Rips & Rasinski 2000) durchlaufen werden (➟ siehe Abb. 2.1, S. 46). Der Antwortprozess beginnt mit der Wahrnehmung des Fragetextes, verläuft über das Verstehen des Textes, die Gewinnung von Information, deren Beurteilung und endet schließlich mit der Formatierung der Antwort, in diesem Fall der Übertragung in ein vorgegebenes abgestuftes Antwortformat, und dem Antworten. Werden nicht alle diese Schritte durchlaufen, kann dies zu rein zufälligen Antworten, zu einer erhöhten Zahl von »Weiß nicht«-Antworten oder überhaupt zu stereotypem Antwortverhalten führen. Dies kann auch bedeuten, dass Befragte, welche eigentlich »keine Angabe« machen können oder wollen oder die Antwort auf die Frage nicht wissen (»weiß nicht«), zur Mittelkategorie neigen, um die kognitive Anstrengung bei der Beantwortung der Frage zu reduzieren und eine subjektiv zufriedenstellende Antwort zu geben. Trotz dieser Einschränkungen empfehlen sich Antwortskalen mit Mittelkategorie, um zu verhindern, dass Antwortverzerrungen dahingehend auftauchen, dass Befragte mit tatsächlich mittlerer Einstellung zu inhaltlich weniger passenden Antworten gezwungen werden (vgl. Krosnick & Presser 2010; Menold & Bogner 2014). Um eine größtmögliche Differenziertheit in den Einstellungen der Befragten abbilden zu können, wurde in der Mitte-Studie 2018/19 bei einem Teil der Befragten daher erstmalig für bisher 4-stufig erhobene Fragen ebenfalls eine 5-stufige Erhebung durchgeführt.

Der Antwortprozess in enger Anlehnung an Tourangeau et al. (2000)
(eigene Darstellung) **Abb. 2.1**

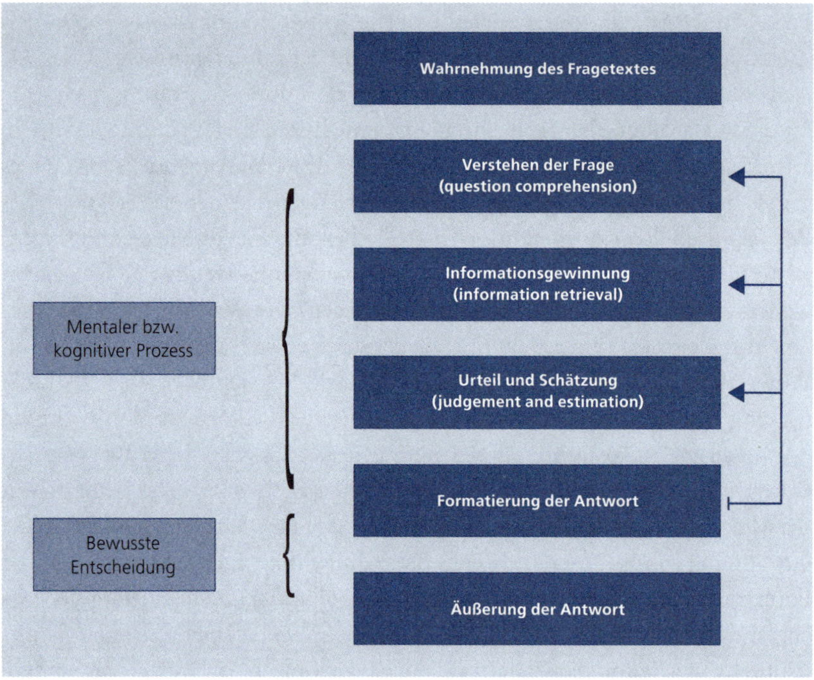

Aus diesen Gründen wurden für Zusammenhangsanalysen die Daten basierend auf den 5-stufigen Antwortformaten bevorzugt. Da dieses Vorgehen jedoch aufgrund des Splits zwangsläufig zu einer Reduktion der Befragtenzahl führt, wurden an einigen Stellen (z. B. für Vergleiche in den Ausprägungen der verschiedenen Einstellungen über soziodemografische Gruppen) die Daten der 4- und 5-stufigen Antwortformate zusammengespielt. So fällt auch in Untergruppen, die nur in geringem Umfang im Datensatz vorhanden sind, die Anzahl der Befragten ausreichend groß aus. Für die empirischen Analysen werden bei diesem Vorgehen ordinale Verfahren, insbesondere Chi^2-Tests (➡ siehe Glossar, S. 304), verwendet. Dafür wird zuvor eine Dummy-Variable mit den beiden Ausprägungen »Zustimmung« und »Ablehnung« gebildet. Zur »Zustimmung« werden alle offenen Zustimmungen auf 4- bzw. 5-stufiger Antwortskala (»trifft/stimme eher zu« und »trifft/stimme voll und ganz zu«) gerechnet, die offene Ablehnung auf 4- und 5-stufiger Antwortskala gemeinsam mit der Mittelkategorie (»teils/teils«) werden als »Ablehnung« gewertet. Die Ergebnisse werden daher eher konservativ berichtet, da, obwohl in der Mittelkategorie neben beispielsweise teils ablehnenden und ambivalenten Urteilen auch teils zustimmende Anteile enthalten sein können, diese nicht zur *offenen Zustimmung* gerechnet werden. Die Robustheit dieser Ergebnisse wurde geprüft und an entsprechender Stelle in den Kapiteln transparent gemacht: Auch wenn nur mit 4- oder 5-stufiger Skala gerechnet wird oder wenn auch die Mittelkategorie zur Zustimmung gezählt wird, ändert sich das Muster der Zusammenhänge in der Regel nicht substanziell. Diese zur Kontrolle berechneten Ergebnisse werden daher nicht näher berichtet.

Für die Darstellung der Entwicklungen über die Zeit ist die Vergleichbarkeit wichtig. Daher wurden hierfür lediglich die Angaben der Befragten herangezogen, die die Fragen mit dem alten, 4-stufigen Antwortformat erhalten haben (das gilt insbesondere für die GMF-Elemente im Zeitverlauf). Das Vorgehen wird an den jeweiligen Stellen in den Kapiteln transparent gemacht.

Für die Interpretation der Ergebnisse in den einzelnen Kapiteln sei darauf hingewiesen, dass immer die gültigen Prozente berichtet werden. Befragte, die keine inhaltliche Antwort z. B. in der Form von Zustimmung oder Ablehnung gegeben haben, sind nicht Teil der Basis von 100 Prozent. Mit wenigen Ausnahmen, auf die in den jeweiligen Kapiteln hingewiesen wird, bewegt sich der Anteil der Befragten, die »weiß nicht« oder »keine Angabe« angegeben haben, jedoch im einstelligen Prozentbereich.

Die Aufbereitung der Daten wurde durch die Projektgruppe des IKG in Zusammenarbeit mit dem SUZ durchgeführt. Dazu zählt die Kontrolle der Daten sowie die Zusammenfassung einzelner Einstellungsmessungen nach statistischer Überprüfung. Jedes Thema (konkreter: jedes Konstrukt), z. B. jede Subdimension rechtsextremer Einstellungen bzw. jedes GMF-Element, wurde über mehrere einzelne Fragen erhoben. Die einzelnen Fragen zu einem Themenkomplex (zu einem Konstrukt) wurden anschließend zu Mittelwertskalen (➞ siehe Glossar, S. 306) zusammengefasst, um eine zuverlässigere Einschätzung des dahinterliegenden Einstellungsmusters zu erhalten. Unsicherheiten bezüglich des Antwortverhaltens können durch die Kontrolle, ob die Einstellungsurteile einzelner Fragen in die gleiche Richtung (Zustimmung oder Ablehnung) gehen, kontrolliert werden. Um eine Vergleichbarkeit mit den Vorjahren zu gewährleisten, werden einzig die rechtsextremen Einstellungen in Form von Summenindizes zusammengefasst (➞ siehe Glossar, S. 308).

2.2 Zusammensetzung der Stichprobe

Die wesentlichen soziodemografischen Merkmale der Stichprobe sind in Tabelle 2.1 aufgeführt. In die Auswertungen wurden alle Befragten mit deutscher Staatsangehörigkeit einbezogen (n = 1.890). Das Durchschnittsalter dieser Befragten beträgt 51,4 Jahre (die/der jüngste Befragte war 18 Jahre, die/der älteste 97 Jahre alt; Standardabweichung: 18,7 Jahre). Es sind etwas mehr weibliche Befragte (52,2 %) als männliche Befragte (47,8 %) (➞ siehe Tab. 2.1).

2.3 Beschreibung der Datenbasis für die Nachzeichnung von Entwicklungen über die Zeit

Für die Nachzeichnung der Entwicklung des Meinungsbildes zu rechtsextremen Einstellungen und GMF in der deutschen Gesellschaft über 16 Jahre hinweg werden neben dem beschriebenen Datensatz der aktuellen Studie Ergebnisse aus früheren Studien mit hinzugenommen. Dazu gehören zunächst die Mitte-Studien 2014 (Zick & Klein 2014b) und 2016 (Zick, Küpper, Krause 2016), welche ein im Vergleich zu 2018/19 sehr ähnliches Umfragedesign aufweisen.

Für Zeitvergleiche insbesondere für rechtsextreme Einstellungen werden darüber hinaus die Datensätze der ebenfalls von der Friedrich-Ebert-Stiftung herausgegebenen Mitte-Studien der Jahre 2006 bis 2012 herangezogen. Für die Befragungen der Jahre vor 2006, welche im Rahmen eines medizinsoziologischen Forschungsprojekts an der Universität Leipzig durchgeführt wurden, liegen

Soziodemografische Beschreibung der Stichprobe (gewichtet mit einem kombinierten Gewicht aus Alter und Bildung, nur deutsche Staatsangehörige; n = 1.890)
(Angaben absolut und in Prozent) **Tabelle 2.1**

		absolut	gültige %
Altersgruppen	18–24 Jahre	154	8,2
	25–34 Jahre	266	14,3
	35–44 Jahre	281	15,1
	45–54 Jahre	327	17,5
	55–64 Jahre	350	18,8
	65–74 Jahre	231	12,4
	Ab 75 Jahre	255	13,7
Geschlecht	Männlich	904	47,8
	Weiblich	986	52,2
	Anderes	–	–
Familienstand	Verheiratet	944	50,1
	Verheiratet/getrennt lebend	31	1,6
	Ledig	525	27,9
	Geschieden (oder aufgelöste eingetragene Partnerschaft)	148	7,8
	Verwitwet	217	11,5
	Eingetragene Lebenspartnerschaft/zusammenlebend	9	0,5
	Eingetragene Lebenspartnerschaft/getrennt lebend	10	0,5
Schulabschluss	Ohne Abschluss	45	2,4
	Hauptschule/8. Klasse	621	33,5
	Mittlere Reife/Realschule	484	26,1
	POS 10. Klasse	79	4,3
	Fachhochschul- oder Hochschulreife	606	32,7
	Schüler/in einer allgemeinbildenden Schule	18	1,0

		absolut	gültige %
Berufs-tätigkeit	Voll erwerbstätig	786	41,9
	Teilzeitbeschäftigt	290	15,5
	In Altersteilzeit	50	2,6
	Mutterschutz/Elternzeit	30	1,6
	Geringfügig erwerbstätig (Minijob, 400 €-Basis)	41	2,2
	Gelegentlich oder unregelmäßig beschäftigt	15	0,8
	Nicht erwerbstätig	662	35,3
Nicht (volle) Berufstätigkeit (n = 979)	Hausfrau oder Hausmann	220	22,4
	In Umschulung	7	0,7
	Student oder Studentin	59	6,0
	Schüler oder Schülerin	36	3,7
	Arbeitslos bzw. arbeitssuchend	38	3,9
	Altersruhestand	541	55,3
	Auszubildende oder Auszubildender	18	1,8
	Ohne bestimmten Grund teilzeiterwerbstätig	61	6,2
Haushalts-einkommen	Einkommensschwächere Menschen (< 70 % des Medians des Äquivalenzeinkommens; bis 1.225 €)	259	17,2
	Einkommensmitte (70 % bis < 150 % des Medians des Äquivalenzeinkommens; zwischen 1.225,01 und 2.625 €)	947	62,9
	Einkommensstärkere Menschen (≥ 150 % des Medians des Äquivalenzeinkommens; ab 2.625,01 €)	299	19,9
Zugehörigkeit zu Religions-gemeinschaft	Nein	623	33,1
	Ja	1.260	66,9
Ostdeutsche	Überwiegend in Ostdeutschland aufgewachsen	359	19,7
Westdeutsche	Überwiegend in Westdeutschland aufgewachsen	1.468	80,3

Anmerkung Fehlende Werte auf 1.890 ergeben sich durch »weiß nicht« und »keine Angabe«.

keine eigenen Datensätze zu rechtsextremen Einstellungen vor, allerdings kann für diesen Zeitraum auf anderweitig publizierte Ergebnisse Bezug genommen werden (Decker, Kiess & Brähler 2012). Bei den Befragungen von 2006 bis 2012 handelt es sich um aufsuchende Umfragen, deren Stichproben auf Grundlage des ADM-Stichprobendesigns für Face-to-Face-Umfragen gezogen wurden. Für die entscheidenden Fragen zu rechtsextremen Einstellungen wurden den Befragten in diesen Befragungen schriftliche Fragebögen vorgelegt, die anonym selbst ausgefüllt wurden. Entsprechend etwas leichter fallen dabei zustimmende Antworten auch zu harten Aussagen im Vergleich zum hier gewählten Vorgehen der telefonischen Befragung, in denen eine direkte Interaktion zwischen Interviewtem und Interviewern stattfindet, was eher zu sozial angepassteren Antworten führen kann. Die Antworten, die durch diese unterschiedlichen Methoden gewonnen werden, sind nicht wahrer oder weniger wahr, sondern spiegeln wider, dass Einstellungen immer auch von der sozialen Situation mitbestimmt werden, in der sie erhoben werden.

In dieser Studie wurde zudem anders als in der Mitte-Studie seit 2014 ein Design gewählt, das nach Bundesländern, Regierungsbezirken, Kreisen und Gemeinden geschichtet mehrstufig ist. Die Zielgruppe war die deutschsprachige Bevölkerung ab 14 Jahren. Es wurden in der Regel 2.500 Personen befragt (in 2006 waren es 5.036 Personen). Zur Erfassung rechtsextremer Einstellungen wurden jeweils die gleichen Fragen verwendet.

Für Zeitvergleiche der GMF-Elemente werden die Datensätze der GMF-Surveys des Instituts für interdisziplinäre Konflikt- und Gewaltforschung an der Universität Bielefeld herangezogen. Im Rahmen eines Langzeitprojekts wurden zwischen 2002 bis 2011 für die deutsche Wohnbevölkerung ab 16 Jahren repräsentative Umfragen durchgeführt. Die Datenerhebung erfolgte durch TNS Infratest anhand von Telefoninterviews unter Anwendung des CATI-Verfahrens. Hierbei wurden in der Regel jährlich rund 2.000 Personen (2002 bis 2004 waren es 3.000 Personen) interviewt.

3 Gruppenbezogene Menschenfeindlichkeit in Deutschland 2002–2018/19

Andreas Zick · Wilhelm Berghan · Nico Mokros

Mit einem Exkurs zum Neuen Antisemitismus von Beate Küpper · Andreas Zick

Einleitung

Die Behauptung der Ungleichwertigkeit von Gruppen in einer Gesellschaft ist das Fundament antidemokratischer Orientierungen und politischer Ideologien, die die Grundfeste der Demokratie erschüttern. Sie manifestiert sich auch oder insbesondere in einer Gruppenbezogenen Menschenfeindlichkeit (GMF). Wir erfassen in der Mitte-Studie das Ausmaß von GMF, indem wir vorurteilsvolle, rassistische und auch diskriminierende Einstellungen gegenüber bestimmten Gruppen messen. Diese hängen über eine Ideologie der Ungleichwertigkeit zusammen und bilden nicht zuletzt ein Scharnier zu Rechtspopulismus, Rechtsextremismus und neurechten Einstellungen. Der Ausschluss bzw. die Abwertung von Menschen sind Lebenselixier solch antidemokratischer Orientierungen, die sich und ihre Machtansprüche durch Feindbilder aufrechterhalten und begründen.

In Umfragestudien messen wir Ausdrucksformen von GMF als Vorurteile gegenüber den »Fremdgruppen«. Wenn Menschen Vorurteile gegenüber anderen haben, dann steuern die Vorurteile die Wahrnehmung der Realität und die Art und Weise, wie Menschen mit ihrer Umwelt interagieren und kommunizieren. »Das Vorurteil ist das Kind der Ignoranz«, schreibt William Hazlitt schon 1830 (hier zit. n. Hazlitt 2017, S. 33). Es erschafft im Voraus eine eigene Realität über »die Anderen«, sodass diese schlechter, fremder, andersartiger, boshafter und gefährlicher erscheinen. Vorurteile verallgemeinern über andere. Als negative Vorurteile schreiben sie ihnen negative Merkmale zu, die im äußersten Fall scheinbar unveränderlich sind und sich gegen Gegenargumente oder Fakten abschotten, auf jeden Fall aber andere abwerten und ausschließen. Um Vorurteile zu verstehen, ist es wesentlich, hinter die »Vorausurteile« zu sehen und zu fragen, was sie eigentlich ausdrücken. Dabei ist zu erkennen, dass sie zunächst Ausdruck einer feindlichen Haltung sind, die die Anderen oder den Anderen als minderwertig darstellt, auf Distanz hält, ausschließt oder deren Vernichtung rechtfertigt. Zweitens sind sie in der Regel Urteile, die sich häufig in Einstellungen ausdrücken, die gesellschaftlich geteilt werden. Sie drücken eine kollektive Feindseligkeit aus, die nach Diskriminierung »der Anderen« strebt.

Die deutsche Nachkriegsgesellschaft sollte aufgrund ihrer Geschichte des Nationalsozialismus, der Rassismus zur Staatsdoktrin erhob und die Verfolgung von willkürlich konstruierten »Rassen«, »minderwertigen« und »weniger lebenswerten« Gruppen per Gesetz legitimierte, besonders sensibel für Vorurteile, Rassismus und Diskriminierungen sein. Menschenfeindliche Meinungen verletzen die Würde derjenigen, die damit markiert werden. Sie sprechen Gleichwertigkeit ab und behindern damit das Prinzip der Teilhabe für alle Menschen und Gruppen. Das sollen sie ganz bewusst aus Sicht derjenigen, die Vorurteile oder rassistische Meinungen vertreten, selbst dann, wenn diese sich mit dem Argument abschotten, dies wären keine Vorurteile, rassistischen Äußerungen oder Diskriminierungen, sie wären nicht so gemeint und eigentlich sei alles als objektive Kritik gedacht. Die Macht des Vorurteils besteht genau darin, sich selbst zu erhalten und abzuschotten gegen Kritik, Argumente oder auch tradierte Normen und Wertvorstellungen.

Im Folgenden erläutern wir noch einmal, was genau unter dem Syndrom Gruppenbezogener Menschenfeindlichkeit (GMF-Syndrom) zu verstehen ist. Dazu erläutern wir jene Elemente des Syndroms (GMF-Elemente), die wir empirisch im Rahmen der Langzeitstudie in repräsentativen Bevölkerungsstichproben messen. Im Anschluss berichten wir die Ergebnisse zum Ausmaß der menschenfeindlichen Einstellungen im Jahr 2018/19 und gehen auf die Zusammenhänge der unterschiedlichen Abwertungsmuster ein. Zum Ende des Kapitels zeigen wir Trends und Entwicklungen seit der ersten Erhebung im Jahr 2002 auf und beschreiben aktuelle Unterschiede in der Zustimmung zu GMF in verschiedenen Bevölkerungsgruppen.

3.1 GMF – Gruppenbezogene Menschenfeindlichkeit

Seit mehr als 16 Jahren untersuchen wir das Syndrom der Gruppenbezogenen Menschenfeindlichkeit. Wir analysieren die offenen und subtilen Einstellungen, Stereotypisierungen, Ressentiments, Feindseligkeiten und Abwertungen von Gruppen in der Gesellschaft. Sie können emotional in Antipathien oder Hass, kognitiv in Form von Überzeugungen über andere Gruppen und ganzen Weltbildern oder in diskriminierenden Verhaltensabsichten erscheinen. Dabei geht es um Antisemitismus, Rassismus, Muslimfeindlichkeit und viele andere Ausdrucksformen, die als GMF-Elemente bezeichnet werden. Bei aller Unterschiedlichkeit in den Elementen ist ihr Kern identisch. GMF drückt die Zuschreibung der Ungleichwertigkeit gegenüber bestimmten Gruppen aus. Die Ungleichwertigkeit ist wesentliches Kernelement und Scharnier zu politischen Orientierungen, vor allem von rechtsextremen (➞ s. Kap. 4, S. 117 ff.), rechtspopulistischen (➞ s. Kap. 6, S. 173 ff.) und neurechten Orientierungen (➞ s. Kap. 5, S. 147 ff.). Menschenfeindlichkeit und ihre unterschiedlichen Elemente selbst können als antidemokratische Einstellungen und Orientierungen aufgefasst werden, eben weil sie eine Ungleichwertigkeit behaupten, die sich mit dem Grundsatz der Gleichwertigkeit aller Menschen in Demokratien nicht verträgt (➞ s. Kap. 8, S. 223 ff.). Wir halten daher die Analyse und empirische Beobachtung der offensichtlichen und versteckten Ausprägungen und Entwicklungen von GMF für sehr relevant.

Das GMF-Syndrom wurde bereits vielfach ausführlich beschrieben und empirisch analysiert (vgl. u. a. Heitmeyer 2002–2011; Zick et al. 2008; Zick & Küpper 2018). Es ist mittlerweile ein öffentliches Konzept geworden und wird von vielen Projekten als theoretische Grundlage von Präventions- sowie Interventionsansätzen verwendet, zumal auch Bundesförderprogramme wie »Demokratie leben« oder der Nationale Aktionsplan gegen Rassismus der Bundesregierung mit dem Konzept operieren.

GMF ist als ein Syndrom der Abwertung und Ausgrenzung verschiedener sozialer Gruppen definiert. Diesen Gruppen wird aufgrund von zugewiesenen und sozial konstruierten Merkmalen der kulturellen, ethnischen oder nationalen Herkunft, der Religion, des Geschlechts, der sexuellen Identität, sozialen Lebenslage oder aufgrund einer Behinderung Gleichwertigkeit, Partizipation und Zugehörigkeit versagt. Sie werden als ungleich markiert, weil sie als abweichend von der jeweils eigenen Gruppe wahrgenommen werden. Aus der Markierung als »ungleich« folgt die »Ungleichwertigkeit«, d. h. die Adressierten werden mit Ignoranz, Abwertung, Ausgrenzung, Boshaftigkeit, Perversität, Diskriminierung und auch mit Gewalt konfrontiert. Gruppenbezogen ist dies, da es sich nicht um ein Feindschaftsverhältnis zwischen Einzelnen handelt, sondern um ein Verhältnis zwischen Gruppen, d. h. die Abwertung fußt auf sozial geteilten Urteilen über Gruppen oder Personen aufgrund ihrer zugewiesenen Zugehörigkeit zu einer Gruppe. Individuen vertreten menschenfeindliche Meinungen, weil sie diese tatsächlich oder vermutet mit anderen teilen, die ihre Bezugsgruppe darstellen.

Die Feindseligkeit kann sich dabei in Einstellungen und Verhaltensweisen, in Haltungen und Handlungen bzw. der Befürwortung von Handlungen gegenüber diesen marginalisierten Gruppen und ihren Mitgliedern ausdrücken. Damit verbunden sind Kognitionen (z. B. stereotype Vorstellungen davon, wie Personen einer Gruppe typischerweise sind), Emotionen (z. B. Wut, Ärger, Hass, Angst, Neid) und diskriminierende Verhaltensweisen. Im Antisemitismus spiegeln sich diese Komponenten beispielsweise in Überzeugungen einer Weltverschwörung, Judenhass, Boykottaufrufen oder direkten körperlichen Angriffen wider. Im Rahmen einer Einstellungsuntersuchung wie der Mitte-Studie wird das GMF-Syndrom begrenzt auf der Ebene einstellungsbasierter Vorurteile erfasst. Allerdings sind diese nicht »nur Einstellungen«, denn erstens bilden diese ein Syndrom; zweitens können wir auch den Zusammenhang zur Gewalt messen; drittens umfassen sie Verhaltensabsichten und viertens zeigt die Forschung recht gut, dass Vorurteile notwendig sind, um manifeste Verhaltensweisen vorzubereiten (Zick & Küpper 2016). Und schließlich ist die Menschenfeindlichkeit ein bindendes und verbindendes Element rechtspopulistischer und rechtsextremer Orientierungen.

Wir sprechen von einem GMF-Syndrom mit unterschiedlichen Elementen, die zusammenhängen und von einem Kern zusammengehalten werden (Zick et al. 2008). Dieser ist die Ideologie der Ungleichwertigkeit bzw. einer Überzeugung, einige Gruppen seien minderwertiger als andere. Die Zuschreibung der Ungleichwertigkeit einer Gruppe geht dabei mit der Zuschreibung der Ungleichwertigkeit anderer Gruppen einher und verbindet verschiedenste Formen der Abwertung miteinander. Eine Gruppe oder Person, die negative Vorurteile gegenüber einer bestimmten Gruppe äußert, wertet mit einer höheren Wahrscheinlichkeit auch andere Gruppen ab. Die verschiedenen Vorurteile sind also Elemente eines GMF-Syndroms.

GMF erfüllt jedoch nicht nur die Funktion der Produktion von Ungleichwertigkeit und rechtfertigt bzw. reproduziert damit gesellschaftliche Hierarchien, sondern durch die Abwertung werden viele andere soziale Motive bedient (vgl. Zick et al. 2011). Die Abwertung der Anderen trägt dazu bei, den Selbstwert, der aus der Zugehörigkeit zu einer Bezugsgruppe »Wir« resultiert, zu stärken (vgl. Tajfel & Turner 1986). Vorurteile sind sozial geteilte Wirklichkeiten und deshalb können sie die Gruppenzugehörigkeit und den Zusammenhalt stärken. Die Abwertung markiert zugleich, wer dazugehört und wer nicht. GMF bzw. das Vorurteil dient ebenso dazu, Informationen zu reduzieren und über einfache Weltbilder Sicherheit und Kontrolle über die soziale Wirklichkeit zu erhalten. Sachverhalte müssen nicht mehr geprüft werden, weil das Vorurteil alles erklärt. Weil die anderen kriminell sind, erklärt sich der einzelne Fall und fällt es leicht, ein Urteil über alle zu fällen. Die Verzerrung der Wirklichkeit wird nicht mehr hinterfragt. So ist es beispielsweise deutlich einfacher, für einen wahrgenommenen Verlust »deutscher Kultur« »die Muslime« oder »den Islam« verantwortlich zu machen, anstatt genauer zu fragen, ob es »den Islam« überhaupt gibt, was »deutsche Kultur« ist, was dagegen sprechen würde oder inwieweit der Wandel von Gesellschaften nicht ein wesentlicher Bestandteil ebendieser ist. Das Vorurteil wird zur Kritik erklärt und veredelt. Sätze wie »die Ausländer nehmen uns die Arbeitsplätze weg« oder »Juden regieren die Welt« erklären alles, indem sie nichts mehr erklären müssen. Gerade weil Vorurteile jedoch scheinbar die Welt erklären und sie sich in Ideologien einnisten, sind sie schwer veränderbar, wenn sie einmal geglaubt werden. In dem Maße, wie Vorurteile sich abschotten und Abwertungen rechtfertigen, können sie Normen verschieben. Umso wesentlicher ist es für die Gesellschaft, sie zu analysieren.

Dies war auch Ausgangspunkt der GMF-Langzeitstudie. In der Dekade von 2002 bis 2011 haben wir zunächst Messverfahren für sieben Elemente des GMF-Syndroms entwickelt und deren Ausmaße, Verteilungen, Zusammenhänge wie

Ursachen untersucht (➟ s. Kap. 1, S. 15 ff.). Das Syndrom wurde im Verlauf immer weiter ausdifferenziert und in den Mitte-Studien fortgeführt, sodass seit dem Jahr 2016 dreizehn GMF-Elemente in Kurzskalen erfasst und analysiert werden können. In Grafik 3.1. ist das GMF-Syndrom so abgebildet, wie es im Jahr 2018/19 beobachtet wird, also auf der Grundlage der empirischen Querschnittsbefragung messbar gemacht wurde.

Das Syndrom Gruppenbezogener Menschenfeindlichkeit 2018/19 **Abb. 3.1**

Rassismus definieren und messen wir in der Form von generalisierenden Einstellungen und Ideologien, welche die Abwertung durch eine vermeintlich biologische und ideologisch konstruierte »natürliche« Höherwertigkeit der Eigengruppe ausdrückt wie rechtfertigt. Wir messen dabei einen traditionellen ethnisch-biologischen Rassismus. Rassismus kann sich auch in den anderen GMF-Elementen zeigen, wie z. B. in antimuslimischem Rassismus oder rassistischer Fremdenfeindlichkeit. Dabei kommt allerdings eher ein kultureller Rassismus zum Ausdruck. Mit Blick auf eine Differenzierung unterschiedlicher

Elemente von GMF bezeichnen wir die anderen Elemente nicht per se als rassistisch, zumal es auch Zuschreibungen von Ungleichwertigkeit ohne rassistischen Reflex gibt (vgl. auch Zick 1997).[1]

Fremdenfeindlichkeit[2] meint die Abwertung von Menschen, die aufgrund eines unmittelbaren oder mittelbaren Migrationshintergrundes als »Fremde«, »Andere« oder »Ausländer« kategorisiert und ausgegrenzt werden und/oder denen unabhängig von einem tatsächlich vorhandenen Migrationshintergrund eine kulturelle Andersartigkeit zugeschrieben wird. Die Feindseligkeit gegenüber den als »Fremde« markierten Gruppen drückt eine wahrgenommene Bedrohung von Ressourcen (wie z. B. Arbeitsplätze, Wohnraum oder Sozialleistungen) und Identitäten (wie z. B. den Verlust der »deutschen Kultur«) aus.

Antisemitismus lässt sich zum einen als Judenhass und einer Feindlichkeit gegenüber Juden, »weil sie Juden sind«, verstehen. Allerdings kann sich der Antisemitismus auch von der unmittelbaren Feindlichkeit gegenüber Jüdinnen und Juden lösen und ohne unmittelbaren Bezug auf Juden als »Welterklärung« dienen (u. a. Rensmann 2018). In seiner ersten Facette kann Antisemitismus als ein zentrales GMF-Element konzipiert werden, geht aber in seiner zweiten weit darüber hinaus. Ebenso wie die Fremdenfeindlichkeit ist der Antisemitismus zentraler Bestandteil rechtsextremer Einstellungen (➞ s. Kap. 4, S. 117 ff.). Um diesem Verständnis gerecht zu werden, analysieren wir im Folgenden auch Antisemitismus im Kontext der anderen GMF-Elemente, gehen jedoch unten in einem Exkurs noch einmal etwas ausführlicher auf ihn ein, in dem wir in

1 Uns ist bewusst, dass es andere Rassismusbegriffe gibt, welche eine breite Definition postulieren und Rassismus nicht in erster Linie auf Einstellungsebene verstehen möchten, sondern als »gesellschaftliches Verhältnis« (Rommelspacher 2009, 29). Wir legen hier keinen Fokus auf damit verbundene diskurs- oder subjektivierungstheoretische Ansätze, sondern legen auf der Grundlage der empirischen Konflikt- und Vorurteilsforschung einen Fokus auf die soziale Bedeutung von Zugehörigkeitsordnungen sowie sozial geteilten, aber dennoch individuell vorhandenen Einstellungsmustern. Wir denken nicht, dass sich diese verschiedenen Rassismusdefinitionen grundsätzlich ausschließen und gehen nicht davon aus, dass sich Vorurteils- und Rassismuskritik ausschließen müssen.

2 Der Begriff der »Fremdenfeindlichkeit« ist insofern unglücklich als er suggeriert, Gruppen wie z. B. Immigrant_innen wären fremd (Zick 1997). Wir gehen davon aus, dass kritische Leser_innen dies nicht meinen, da wir per Definition das Konzept als Vorurteil verstehen.

aller Kürze die aktuellen Debatten um Antisemitismus und die Bedeutung des Themas für die aktuellen politischen Entwicklungen ansprechen.

Wir erfassen Antisemitismus in drei wesentlichen Ausdrucksformen (Näheres dazu im Exkurs zu Antisemitismus am Ende dieses Kapitels, → s. S. 102 ff.): *klassischer Antisemitismus*, in den auch die für Verschwörungsmythen sehr anschlussfähige Aussage »Juden haben zu viel Einfluss« eingeht; *sekundärer Antisemitismus*, der sich an den Holocaust koppelt, u. a. ausgedrückt in dem Vorwurf seiner Vorteilsnahme durch Juden; *israelbezogener Antisemitismus*, der sich in einer durch Vergleiche mit dem Nationalsozialismus und antisemitische Stereotype aufgeladenen Verurteilung israelischer Politik als »typisch jüdische Politik« zeigt. Außerdem operationalisieren wir Antisemitismus im Rahmen rechtsextremer Einstellungen über antijüdische Stereotype (→ s. Kap. 4, S. 117 ff.).

Muslimfeindlichkeit beschreibt im Kern die Abwertung von Menschen, weil sie Muslime sind, bzw. wie bei allen anderen Elementen auch, eine Abwertung von Menschen, die als Mitglieder einer bestimmten Gruppe, des Islams, kategorisiert werden. Die Muslimfeindlichkeit ist blind gegenüber den unterschiedlichen islamischen und muslimischen Gruppen. Das Vorurteil zeigt sich insbesondere in einer unterstellten Bedrohung durch den Islam, durch Kultur bzw. durch öffentliche, politische oder auch private Verhaltensweisen, die unhinterfragt der Religion zugeschrieben werden bzw. über alle Muslime so generalisiert werden, als wenn dies ihre Natur sei. In der Muslimfeindlichkeit verbirgt sich auch ein kultureller Rassismus, der über eine Abwertung des Islams und bestimmter kultureller Praktiken der pauschalen Abwertung von Muslimen dient (vgl. Zick 2017). Sowohl die Muslimfeindlichkeit, wie auch die im Folgenden beschriebene Abwertung von Sinti und Roma sowie Asylsuchenden sind zentrale Elemente rechtspopulistischer Orientierungen (→ s. Kap. 6, S. 173 ff.).

Die *Abwertung von Sinti und Roma* bzw. der Antiziganismus ist definiert als feindselige Einstellung gegenüber Menschen aufgrund ihrer tatsächlichen oder wahrgenommenen Zugehörigkeit zur verallgemeinerten Gruppe der Sinti und Roma bzw. der »Zigeuner«, wie die Gruppen im Alltag herablassend bezeichnet werden. Das Vorurteil drückt sich insbesondere über die Zuschreibung von Kriminalität, fehlender Anpassung und des Sozialstaatsmissbrauchs aus. Obwohl sich diejenigen, welche mit diesen Vorurteilen konfrontiert sind, nicht unbedingt als Angehörige der gleichen Gruppe verstehen, spielt das für die Vorurteile und Diskriminierungspraxis aufseiten der Mehrheitsbevölkerung keine Rolle. Aus diesem Grund findet sich in unseren Erhebungsmethoden die gemeinsame Bezeichnung als »Sinti und Roma«.

Die *Abwertung asylsuchender Menschen* beschreibt im Kern eine feindselige Haltung gegenüber Menschen, die vertrieben wurden und/oder geflüchtet sind und in Deutschland Schutz und Asyl suchen. Vorurteile gegenüber diesen Menschen drücken sich häufig in der Unterstellung aus, sie würden das Sozialsystem lediglich ausnutzen und Notlagen seien in der Regel nur vorgetäuscht, also der Illegitimität von Asyl- und Fluchtgründen.

Die drei folgenden GMF-Elemente können als Heterosexismus oder »sexuelles Vorurteil« (Herek 2000) verstanden werden. Theoretisch wie empirisch hängen die Abwertung von Frauen, Homosexuellen und Trans*Menschen überzufällig zusammen und drücken die Abwehr von Gruppen aus, die traditionellen Geschlechterbildern und heterosexuellen Normen nicht entsprechen. Wir benennen und analysieren die Abwertungen der unterschiedlichen Gruppen allerdings getrennt, um Unterschiede in den Abwertungsmustern und Ursachen zu erforschen. Die Begriffe der Homophobie oder Transphobie, welche in Alltagssprache und wissenschaftlicher Literatur teilweise zu finden sind, halten wir zudem für ungenau und verzichten darauf, da es sich bei GMF nicht um psychopathologische Phänomene handelt, wie eben Phobien, die klinisch gut definiert sind.

Sexismus entspricht im GMF-Konzept einer Zuschreibung der Ungleichwertigkeit von Frauen im Vergleich zu Männern. Er wird von uns als traditioneller Sexismus mit Varianten eines modernen benevolenten Sexismus untersucht. Das Absprechen einer Gleichwertigkeit von Frauen drückt sich dabei in erster Linie über die Reproduktion einer Überlegenheit des Mannes, beispielsweise über die Zuweisung der häuslichen und erziehenden Rolle an Frauen, aus.

Über die *Abwertung homosexueller Menschen* wird die Abwertung aufgrund sexueller – genauer: nicht heterosexueller – Orientierung gefasst. Wir erfassen dies in den Studien, die sich in den Grenzen ihrer zeitlichen Schranken und mit dem Fokus an die Mehrheitsgesellschaft richten, vor allem über ablehnende Gefühle wie Ekel oder die Unterstellung der moralischen Falschheit von Homosexualität.

Die *Abwertung von Trans*Menschen* beschreibt Vorurteile gegenüber Menschen, die sich unabhängig von ihrem Aussehen als das jeweils andere Geschlecht verstehen und fühlen, sowie Vorurteile gegenüber Menschen, die sich nicht als eindeutig männlich oder weiblich erleben und sich dementsprechend nicht in ein binäres Geschlechterverständnis von Mann-Frau einordnen. Im Rahmen der Mitte-Studien wurde dieses GMF-Element erstmals 2016 definiert und analysiert, und über den in der Öffentlichkeit oft wahrnehmbaren Vorwurf der »Albernheit«[3] und einer Forderung nach mehr Zurückhaltung erfasst.

Die *Abwertung wohnungsloser Menschen* bezeichnet die Feindseligkeit gegenüber Menschen, welche aufgrund eines fehlenden festen Wohnsitzes und fehlender finanzieller Mittel bestimmten Normalitätsvorstellungen der Mehrheitsgesellschaft nicht entsprechen. Sie drückt sich über den Vorwurf der angeblichen Arbeitsscheue von Obdachlosen und insbesondere in der Wahrnehmung dieser Menschen als störend für das öffentliche Erscheinungsbild aus. Dies geht einher mit der Forderung, diese Menschen aus dem öffentlichen Raum zu verdrängen.

Die *Abwertung langzeitarbeitsloser Menschen* drückt Vorurteile über Menschen aus, die länger keiner Erwerbstätigkeit nachgingen und deshalb abgewertet werden. Ihnen wird vorgeworfen, sich auf (den ihnen gesetzlich zustehenden) Transferleistungen auszuruhen, Sozialleistungen zu missbrauchen sowie aufgrund von Faulheit oder fehlender Motivation nichts gegen ihre Arbeitslosigkeit zu tun.

---

3 Das manifestiert sich derzeit oft auch in einer Diskreditierung des sog. Gender-Mainstreaming. Während der Endfassung des Kapitels in der ersten Märzwoche 2019 zeigte sich das z. B. in einem karnevalistischen Lächerlichmachen von Unisextoiletten durch die neue Bundesvorsitzende der CDU, was zu keiner Entschuldigung führte, sondern in eine Debatte um überzogene Gleichstellungsforderungen, wobei uralte und stereotype Bilder über vermeintliche Spielpräferenzen von »Jungen« und »Mädchen« zitiert wurden, die angeblich von Genderdebatten bedroht seien.

Die *Abwertung von Menschen mit Behinderungen* wird im Rahmen der Mitte-Studie als Vorurteil im Sinne einer offenen Abwertung von Personen aufgrund von körperlichen oder seelischen Beeinträchtigungen analysiert. Die Ungleichwertigkeit der Gruppe wird auch durch eine Zuschreibung von Belastungen für die Gesellschaft gemessen sowie der Meinung, Menschen mit Behinderungen würden angeblich schon zu viel Solidarität erfahren. In der Mitte-Studie 2018/19 wurde erstmalig die Erfassung dieses Elements geändert, um auch die Abwertung von Integration und Inklusion dieser Menschen erheben zu können.

Etabliertenvorrechte beschreiben negative Urteile über »Neuhinzukommende« in einer Gesellschaft. Die Anderen werden als Außenseiter markiert. Elias und Scotson (1990), die das Konzept entwickelt haben, bezeichnen es als Prototyp des Vorurteils, denn mit der Abwertung der Außenseiter wird das Vorrecht der Etablierten zugleich erhalten. In unseren Studien analysieren wir Etabliertenvorrechte als negative Einstellungen, die eine Abwertung aller Neuhinzukommenden ausdrücken. In den Fokus dieser Feindlichkeit können alle Menschen geraten, die neu in einem bestimmten sozialen Raum sind. Dies können beispielsweise Immigrantinnen und Immigranten sein, aber auch Menschen, die beispielsweise in eine neue Gemeinde ziehen und dort mit Vorbehalten und sozialer Distanz konfrontiert sind, eben nicht zu den Alteingesessenen und Etablierten gehören. In den GMF-Studien wird dieses Element durch die Befürwortung der Vorrang- und Vormachtstellung von Alteingesessenen gegenüber Neuankömmlingen oder Neuhinzugezogenen operationalisiert.

Für das Verständnis des Konzeptes der Gruppenbezogenen Menschenfeindlichkeit sollte die Frage, welches Element gerade in einer Studie wie der Mitte-Studie erfasst wird, getrennt werden von der Frage, welche Gruppen von GMF adressiert werden. Empirische Studien müssen sich beschränken. Die Abwertung von Menschen aufgrund des Lebensalters, die Stigmatisierung von drogenabhängigen oder übergewichtigen Menschen wie von vielen anderen Gruppen ist ebenso ein Ausdruck von GMF. Allerdings muss die Frage, welche Elemente in welchem Kontext ein Syndrom bilden, gut begründet werden. Mit Blick auf eine Analyse von GMF in der Mitte der Gesellschaft und vor dem Hintergrund der Analyse von rechtspopulistischen und -extremistischen Orientierungen schlagen wir vor, dass die oben genannten Facetten der Abwertung relevant und weit verbreitet sind. Eine weitere Restriktion ergibt sich aus dem Versuch, eine Langzeitbeobachtung zu gewährleisten. Wir versuchen, möglichst jene Abwertungsmuster weiter zu beobachten, die es schon 2002 gab, als die Langzeitstudie GMF einsetzte.

Zu diesen Verteilungen und Entwicklungen berichten wir nun und wenden uns damit der Frage zu: Wie verbreitet sind die negativen Vorurteile gegenüber Gruppen in der Mitte der Gesellschaft der Jahre 2018/19? Wie eng hängen die Abwertungsmuster zusammen? – Schließlich konstatieren wir ein Syndrom der Abwertung. Haben sie zu- oder abgenommen bzw. sind sie stabil? Welche demografischen Gruppen in der Gesellschaft sind mehr oder weniger anfällig für die Zustimmung zu einer Ungleichwertigkeit von Gruppen? Antworten hierzu können Hinweise auf eine Normalitätsverschiebung und Verluste in der Mitte geben (➡ s. Kap. 1, S. 15 ff.).

Zusätzlich berichten wir besonders über antisemitische Feindseligkeiten und hier unterscheiden wir genauer zwischen traditionellen und modernen Facetten des Antisemitismus, insbesondere dem sogenannten israelbezogenen Antisemitismus (Heyder, Iser & Schmidt 2005; vgl. auch Zick & Küpper 2005). Die Zunahme antisemitischer Hasstaten in den letzten Monaten wie auch die Frage, inwieweit gerade moderne Formen des Antisemitismus, die einer Täter-Opfer-Umkehr mit Blick auf die jüdischen Opfer des Nationalsozialismus zustimmen (sekundärer Antisemitismus) und von rechtspopulistischen Politikerinnen und Politikern postuliert wurden, oder inwieweit eine antisemitisch begründete Kritik an israelischer Politik in der Gesellschaft verbreitet ist, erscheint uns besonders wichtig.

3.2 Messung und Verbreitung von GMF in der Mitte-Studie 2018/19

Im Folgenden berichten wir zunächst, wie in den Mitte-Studien GMF gemessen wird und wie verbreitet die Zustimmung oder Ablehnung von menschenfeindlichen Meinungen ist. Da eine Reihe möglichst unterschiedlicher GMF-Elemente erfasst werden soll, werden Kurzskalen verwendet, d. h. den Befragten werden mehrere, in der Regel zwei negative, Aussagen – Vorurteile – über eine Gruppe präsentiert und sie werden gebeten, ihre Zustimmung oder Ablehnung anzugeben.

Anders als in den Vorjahren wurden in der aktuellen Mitte-Studie erstmalig sowohl 4- als auch 5-stufige Antwortskalen vorgegeben. Die Befragten wurden zufällig zu gleichen Teilen in zwei Splits (gleich große Teile der Stichprobe) aufgeteilt. Die eine Hälfte erhielt die Aussagen zu GMF mit vier Antwortmöglichkeiten: »voll und ganz«, »eher«, »eher nicht« oder »überhaupt nicht«; neben der Möglichkeit, gar nicht zu antworten. Die andere Hälfte erhielt mit einer 5-stufigen Antwortskala zusätzlich die Möglichkeit, mit »teils/teils« zu antworten, hatte also eine Mittelkategorie. Die Repräsentativität der Ergebnisse bleibt hierdurch unberührt. Grund für dieses Vorgehen ist eine Anpassung an die in der Umfrageforschung derzeit eher übliche 5-stufige Skalierung. Eine solche Skalierung ermöglicht es, eine mittlere oder ambivalente Einstellung auszudrücken, wobei dies dann nicht eindeutig als Mitte oder Ambivalenz interpretierbar ist. Eine 4-stufige Antwortskalierung zwingt die Befragten, sich für eine zumindest tendenziell offene Zustimmung oder Ablehnung zu entscheiden. Beide Vorgehensweisen haben methodische Vor- und Nachteile, die in Kapitel 2 diskutiert werden. Um mit den Vorjahren vergleichen zu können, wurden die Langzeitvergleiche im Querschnitt von 2002 bis 2018/19 mit den bisher genutzten 4-stufigen Antwortskalen berechnet. Bei allen weiteren Berechnungen wurden entweder nur die 5-stufig erhobenen Items – Aussagesätze – verwendet (z. B. bei der Berechnung von Zusammenhängen bzw. Interkorrelationen) oder die Zustimmungen aus 4- und 5-stufig erhobenen Items zusammengefasst, wie z. B. bei Unterschieden zwischen nach demografischen Merkmalen wie Alter oder Bildung unterteilen Subgruppen. Das Vorgehen wird an geeigneter Stelle jeweils transparent gemacht.

In Tabelle 3.1. sind die Zustimmungen bzw. Ablehnungen zu den einzelnen Aussagen in den zwei Splits aufgeführt. Dort finden sich auch die deskriptiven Ergebnisse des arithmetischen Mittelwerts (M), der Standardabweichung (SD), der Anzahl der Befragten (n) sowie des Cronbachs Alpha (α) zu den Mittelwertskalen (➟ s. Glossar, S. 306), die aus den jeweils zwei zusammengefassten Aussagen bestehen, die zur Erfassung jedes GMF-Elements verwendet wurden (im Folgenden auch als »Konstrukt- bzw. Skalenebene« bezeichnet). Zunächst beschreiben wir die Zustimmungen zu den einzelnen Aussagen der jeweiligen GMF-Elemente. Dabei fassen wir die Antwortkategorien »stimme eher zu« und »stimme voll und ganz zu« zusammen. Danach vergleichen wir die Ergebnisse auf der Konstruktebene, also anhand eines Skalenwertes, mit den Vorjahren.

Rassistische Einstellungen, welche Minderwertigkeit über die Abstammung von Menschen anführen, werden von 20,9–15 %[4] eher oder voll und ganz geteilt, je nachdem, ob die Befragten die Möglichkeit hatten, auf eine Mittelkategorie auszuweichen oder nicht. Dass »weiße Menschen zurecht führend in der Welt« seien, finden rund 10,6–9,7 %. Bekommen die Befragten die Möglichkeit, auch die Mittelkategorie zu nutzen, drücken je nach Item rund 18,8 bzw. 8,6 % aus, dass sie den Aussagen teils zustimmen.

Je nachdem, ob sie die Möglichkeit hatten, die Mittelkategorie zu wählen, stimmen rund 18,7–10,5 % eher oder voll und ganz zu: »Ausländer sollten in ihre Heimat zurückgeschickt werden, wenn Arbeitsplätze knapp werden«, und 35–24,9 % finden, dass insgesamt »zu viele Ausländer in Deutschland le-

4 Wir berichten im Folgenden die Zustimmungen auf Itemebene sowohl auf der 4- als auch 5-stufigen Antwortskala. Die erstgenannte Prozentzahl (vor dem »-«) basiert auf den zusammengenommenen Zustimmungen auf 4-stufiger Skala, die zweitgenannte auf 5-stufiger Skala. Zusätzlich benennen wir den Anteil derjenigen, die auf den 5-stufigen Antwortskalen die »teils/teils«-Antwortkategorie gewählt hat und weisen auf einzelne Auffälligkeiten hin. Im Vergleich aller 5-stufig gegenüber 4-stufig erhobenen Aussagen, liegt der durchschnittliche Anteil derjenigen Befragten, die mit Mittelkategorie befragt wurden und im Zustimmungsbereich bleiben bei rund 60–95 %, während im Ablehnungsbereich rund 80–90 % verbleiben. Die Tendenz die Mittelkategorie (»teils/teils«) zu wählen, geht also etwas mehr von Befragten aus, die sonst eher noch Zustimmung als Ablehnung äußern.

ben«. Rund ein Fünftel der Befragten weicht auf die Mittelkategorie aus und stimmt der letzten Aussage teils zu, wenn dies möglich war.

Der generalisierenden und negativen Aussage, dass »Juden zu viel Einfluss in Deutschland haben«, stimmen 8,1–4,3 % der Befragten »eher« oder »voll und ganz« zu, je nachdem, ob sie die Möglichkeit hatten, auf der Mittelkategorie zu antworten oder nicht. 7,5–4 % weisen zudem Juden eine »Mitschuld an ihren Verfolgungen« zu. Den modernen und subtileren Formen des sekundären und israelbezogenen Antisemitismus stimmen deutlich mehr Befragte zu. Wird der Antisemitismus über Umwege kommuniziert, sind 21,6–12,5 % der Meinung, Juden wollten die Vergangenheit zu ihrem Vorteil nutzen. 26,6–16,3 % geben an, aufgrund von politischen Handlungen des Staates Israel gut verstehen zu können, wenn man etwas gegen Juden hat und 39,4–27,3 % der Deutschen setzen die Verbrechen des Nationalsozialismus mit den Handlungen des Staates Israel im israelisch-palästinensischen Konflikt gleich. Jede zehnte befragte Person stimmt den Aussagen zum klassischen Antisemitismus zu. Rund ein Viertel der Befragten stimmt vor allem dem israelbezogenen Antisemitismus zu und lehnt die Aussagen demnach nicht deutlich ab.

Je nachdem, ob die Befragten die Möglichkeit hatten, auf die Mittelkategorie auszuweichen, fühlen sich zwischen 34,9–30,3 % aufgrund von Muslimen fremd in Deutschland und 17,6–11,2 % sind der Meinung, dass »Muslimen die Zuwanderung nach Deutschland« untersagt werden sollte. Auch hier stimmt rund ein Fünftel der Deutschen teils/teils den muslimfeindlichen Aussagen zu.

Die Abwertung von Sinti und Roma wird über die Zuschreibung des Jahrhunderte alten Vorurteils, diese Bevölkerungsgruppe würde zur Kriminalität neigen, gemessen. Zwischen 36,7–26,3 % der Bevölkerung stimmen dem zu. 28,6–16,5 % hätten Probleme damit, wenn sich Sinti und Roma in ihrer Gegenwart aufhalten würden. Zwischen rund einem Viertel und einem Drittel der Bevölkerung weicht auf die Mittelkategorie aus, wenn sie dazu die Möglichkeit bekommt, und drückt keine klare Zustimmung, aber auch keine klare Ablehnung aus.

Noch stärker geteilt sind negative Vorurteile, wenn es um Asylsuchende geht. Zwischen 44,2–28,2 % stimmen zu, dass »die meisten Asylbewerber in ihrem Heimatland gar nicht verfolgt werden« und zwischen 74,5–62,4 % der Befragten lehnen es ab, dass der Staat bei der Prüfung von Asylanträgen großzügig sein sollte. Rund ein Viertel bis ein Drittel der Bevölkerung teilt diese Einstellungen »teils/teils«.

Einem traditionellen Sexismus, der sich durch die Ablehnung einer eigenständigen Karriere von Frauen ausdrückt, wird von 8,5–5,3 % zugestimmt. Rund 12,1–9,6 % sind »eher« oder »voll und ganz« der Meinung, Frauen sollten sich »wieder mehr auf die traditionelle Rolle der Ehefrau und Mutter« besinnen. Der Anteil der Befragten, die sexistischen Aussagen »teils/teils« zustimmen, ist mit 9–13 % in etwa so groß wie der Anteil derjenigen, die den Aussagen offen zustimmen.

Eine Abwertung von homosexuellen Menschen wird in den Mitte-Studien durch Affekte und die Moralzuschreibungen gemessen. Gefühle des Ekels gegenüber der Gruppe der Homosexuellen verspüren nach eigenen Angaben 14,8–16 % der Deutschen und 6,6–8,5 % sind darüber hinaus der Ansicht, Homosexualität sei unmoralisch. Die beiden Items zur Abwertung homosexueller Menschen sind die einzigen Aussagen, bei der auf 5-stufiger verglichen mit 4-stufiger Antwortskala überraschenderweise tendenziell mehr Befragte im Zustimmungsbereich liegen, obwohl sie die Möglichkeit haben, eine Mittelkategorie zu wählen. Bis zu 10 % der Befragten tendieren zur Mittelkategorie bei der Abwertung von homosexuellen Menschen.

Eine Zustimmung zur Abwertung von Trans*Menschen zeigt bis zu ein Fünftel der Bevölkerung. 20–16,2 % der Befragten sind der Meinung, dass sie nicht so auffallen sollten und 12,6–11,9 % findet es albern, wenn sich jemand nicht mit dem bei der Geburt zugewiesenen Geschlecht identifiziert. Rund 12 % der Bevölkerung stimmt den Aussagen teils zu.

Von 11,7–9,2 % der Befragten wird die Meinung geteilt, die meisten Obdachlosen seien arbeitsscheu und 24,4–21,3 % zeigen eine offen diskriminierende Handlungsorientierung, indem sie sich dafür aussprechen, Obdachlose aus den

Fußgängerzonen zu entfernen. Bei den Aussagen zur Abwertung von obdachlosen Menschen wählt rund ein Fünftel die Antwortmöglichkeit »teils/teils«.

Der Abwertung von langzeitarbeitslosen Menschen stimmt ein Großteil der Befragten zu. 50,6–38,1 % der Deutschen ist »eher« oder »voll und ganz« der Meinung, dass diese kein Interesse daran hätten, einen Job zu finden, und 63,8–50 % empören sich über Langzeitarbeitslose. Rund ein Viertel der Befragten weicht, wenn möglich, auf die Mittelkategorie aus.

Die Abwertung von Menschen mit Behinderung ist wie in den Vorjahren sehr gering verbreitet. Rund 3,2–2,2 % meinen, dass Behinderte zu viele Vergünstigungen erhalten und 3,3–2,0 % stellen sich gegen den Grundgedanken von Inklusion und meinen, dass behinderte Menschen besser unter sich bleiben sollten. Mit bis zu 7,5 % neigen etwas mehr Befragte dazu, der Abwertung von Menschen mit Behinderung zum Teil zuzustimmen. Der überwiegende Großteil der Befragten stimmt der Abwertung von Menschen mit Behinderung überhaupt nicht zu.

Auch die Forderung von Etabliertenvorrechten ist weit verbreitet. Je nachdem, ob die Möglichkeit gegeben war, mit »teils/teils« zu antworten, denken 37,5–27,5 %, neu hinzugekommenen Menschen sollten weniger Rechte zustehen und 65,3–49,9 % meinen, sie sollten sich dementsprechend mit weniger zufrieden geben. Bis zu einem Viertel der Deutschen äußern teilweise Zustimmung zu den Etabliertenvorrechten (➞ s. Tab. 3.1, S. 70-75).

3.3 Zusammenhänge der unterschiedlichen Abwertungen

Nach Konzeption des GMF-Syndroms wie auch Befunden der Forschung sollten die unterschiedlichen GMF-Elemente bzw. die Vorurteilsmuster, die wir in der Mitte-Studie erfasst haben, zusammenhängen. Das macht auch die besondere Schwere und Änderungsresistenz von Abwertungen aus: Je stärker einem Vorurteil gegenüber einer Gruppe zugestimmt wird, desto höher ist die Wahrscheinlichkeit, auch andere Gruppen abzuwerten; die Abwertung und Behauptung der Ungleichwertigkeit ist »syndromatisch«. Das heißt nicht, dass ein Element mit einem anderen identisch ist. Der Antisemitismus hat eine eigene Geschichte, drückt sich anders aus und hat anderes zur Konsequenz als die Mus-

Zustimmung und Ablehnung von Aussagen zu Gruppenbezogener Menschenfeindlichkeit im Jahr 2018/19 (Angaben in Prozent) **Tabelle 3.1**

Ich stimme … →	(4er-Split)	(5er-Split)
Rassismus (**4er-Split:** M = 1,54; SD = ,70; n = 911; α = ,42 | **5er-Split:** M = 1,87; SD = 1,08; n = 970; α = ,61)		
Aussiedler sollten besser gestellt sein als Ausländer, da sie deutscher Abstammung sind.		
Die Weißen sind zu Recht führend in der Welt.		
Fremdenfeindlichkeit (**4er-Split:** M = 1,86; SD = ,94; n = 910; α = ,76 | **5er-Split:** M = 2,19; SD = 1,19; n = 972; α = ,74)		
Es leben zu viele Ausländer in Deutschland.		
Wenn Arbeitsplätze knapp werden, sollte man die in Deutschland lebenden Ausländer wieder in ihre Heimat zurückschicken.		
Antisemitismus – klassisch (**4er-Split:** M = 1,31; SD = ,65; n = 877; α = ,76 | **5er-Split:** M = 1,46; SD = ,85; n = 939; α = ,78)		
Juden haben in Deutschland zu viel Einfluss.		
Durch ihr Verhalten sind Juden an ihren Verfolgungen mitschuldig.		
Antisemitismus – sekundär[a]		
Viele Juden versuchen, aus der Vergangenheit des Dritten Reiches heute ihren Vorteil zu ziehen.		
Antisemitismus – israelbezogen (**4er-Split:** M = 1,31; SD = ,65; n = 877; α = ,68 | **5er-Split:** M = 2,40; SD = 1,19; n = 905; α = ,65)		
Bei der Politik, die Israel macht, kann ich gut verstehen, dass man etwas gegen Juden hat.		
Was der Staat Israel heute mit den Palästinensern macht, ist im Prinzip auch nichts Anderes als das, was die Nazis im Dritten Reich mit den Juden gemacht haben.		
Muslimfeindlichkeit (**4er-Split:** M = 1,87; SD = ,92; n = 904; α = ,68 | **5er-Split:** M = 2,30; SD = 1,26; n = 958; α = ,74)		
Durch die vielen Muslime hier fühle ich mich manchmal wie ein Fremder im eigenen Land.		

Tabelle 3.1

… überhaupt nicht zu	… eher nicht zu	… eher zu	… voll und ganz zu	
… überhaupt nicht zu	… eher nicht zu	teils/teils	… eher zu	… voll und ganz zu
57,4	21,7	13,7	7,2	
52,6	13,6	18,8	7,2	7,8
77,8	11,6	7,0	3,6	
70,6	11,2	8,6	4,6	5,1
44,3	20,7	20,2	14,8	
37,5	13,9	23,6	9,0	15,9
60,9	20,5	11,0	7,7	
58,1	15,9	15,5	4,5	6,0
81,1	10,7	5,5	2,6	
73,5	11,7	10,5	1,6	2,7
81,9	10,7	4,1	3,4	
76,5	11,6	8,0	1,7	2,3
61,4	17,1	15,5	6,1	
54,9	17,5	15,1	7,2	5,3
44,9	28,6	17,4	9,2	
44,4	15,3	24,0	9,5	6,8
34,3	26,4	23,6	15,8	
31,4	13,7	27,7	14,8	12,5
44,6	20,5	15,1	19,8	
37,7	14,1	18,0	12,2	18,1

Zustimmung und Ablehnung von Aussagen zu Gruppenbezogener Menschenfeindlichkeit im Jahr 2018/19 (Angaben in Prozent) **Tabelle 3.1** (Fortsetzung)

Ich stimme …	(4er-Split) (5er-Split)
Muslimen sollte die Zuwanderung nach Deutschland untersagt werden.	
Abwertung von Sinti und Roma (**4er-Split:** M = 2,04; SD = ,95; n = 898; α = ,82 | **5er-Split:** M = 2,37; SD = 1,22; n = 965; α = ,81)	
Ich hätte Probleme damit, wenn sich Sinti und Roma in meiner Gegend aufhalten.	
Sinti und Roma neigen zu Kriminalität.	
Abwertung asylsuchender Menschen (**4er-Split:** M = 2,80; SD = ,87; n = 905; α = ,54 | **5er-Split:** M = 3,39; SD = 1,05; n = 972; α = ,52)	
Bei der Prüfung von Asylanträgen sollte der Staat großzügig sein.	
Die meisten Asylbewerber werden in ihrem Heimatland gar nicht verfolgt.	
Sexismus – traditionell (**4er-Split:** M = 1,41; SD = ,73; n = 914; α = ,79 | **5er-Split:** M = 1,61; SD = ,96; n = 976; α = ,74)	
Für eine Frau sollte es wichtiger sein, ihrem Mann bei seiner Karriere zu helfen, als selbst Karriere zu machen.	
Frauen sollten sich wieder mehr auf die Rolle der Ehefrau und Mutter besinnen.	
Abwertung homosexueller Menschen (**4er-Split:** M = 1,39; SD = ,76; n = 905; α = ,78 | **5er-Split:** M = 1,71; SD = 1,18; n = 965; α = ,83)	
Es ist ekelhaft, wenn Homosexuelle sich in der Öffentlichkeit küssen.	
Homosexualität ist unmoralisch.	
Abwertung von Trans*Menschen (**4er-Split:** M = 1,55; SD = ,88; n = 907; α = ,76 | **5er-Split:** M = 1,87; SD = 1,21; n = 964; α = ,77)	
Ich finde es albern, wenn ein Mann lieber eine Frau sein will oder umgekehrt, eine Frau lieber ein Mann.	

Tabelle 3.1 (Fortsetzung)

<table>
<tr><th colspan="2">... überhaupt nicht zu</th><th colspan="2">... eher nicht zu</th><th colspan="2">... eher zu</th><th colspan="2">... voll und ganz zu</th></tr>
<tr><th>... überhaupt nicht zu</th><th colspan="2">... eher nicht zu</th><th colspan="2">teils/teils</th><th colspan="2">... eher zu</th><th>... voll und ganz zu</th></tr>
<tr><td colspan="2">61,6</td><td colspan="2">20,8</td><td colspan="2">11,7</td><td colspan="2">5,9</td></tr>
<tr><td>52,6</td><td colspan="2">15,3</td><td colspan="2">20,9</td><td colspan="2">4,7</td><td>6,5</td></tr>
<tr><td colspan="8"></td></tr>
<tr><td colspan="2">46,8</td><td colspan="2">24,7</td><td colspan="2">17,2</td><td colspan="2">11,4</td></tr>
<tr><td>46,2</td><td colspan="2">15,0</td><td colspan="2">22,3</td><td colspan="2">8,2</td><td>8,3</td></tr>
<tr><td colspan="2">32,8</td><td colspan="2">30,4</td><td colspan="2">24,4</td><td colspan="2">12,3</td></tr>
<tr><td>27,6</td><td colspan="2">19,0</td><td colspan="2">27,1</td><td colspan="2">15,6</td><td>10,7</td></tr>
<tr><td colspan="8"></td></tr>
<tr><td colspan="2">44,5</td><td colspan="2">30,0</td><td colspan="2">17,4</td><td colspan="2">8,1</td></tr>
<tr><td>38,6</td><td colspan="2">23,8</td><td colspan="2">22,6</td><td colspan="2">9,3</td><td>5,7</td></tr>
<tr><td colspan="2">23,9</td><td colspan="2">31,9</td><td colspan="2">25,0</td><td colspan="2">19,2</td></tr>
<tr><td>18,9</td><td colspan="2">19,3</td><td colspan="2">33,6</td><td colspan="2">16,6</td><td>11,6</td></tr>
<tr><td colspan="8"></td></tr>
<tr><td colspan="2">78,7</td><td colspan="2">12,8</td><td colspan="2">4,4</td><td colspan="2">4,1</td></tr>
<tr><td>74,7</td><td colspan="2">11,0</td><td colspan="2">9,0</td><td colspan="2">2,4</td><td>2,9</td></tr>
<tr><td colspan="2">70,5</td><td colspan="2">17,4</td><td colspan="2">7,5</td><td colspan="2">4,6</td></tr>
<tr><td>64,5</td><td colspan="2">12,6</td><td colspan="2">13,3</td><td colspan="2">5,3</td><td>4,3</td></tr>
<tr><td colspan="8"></td></tr>
<tr><td colspan="2">74,3</td><td colspan="2">10,9</td><td colspan="2">6,7</td><td colspan="2">8,1</td></tr>
<tr><td>65,8</td><td colspan="2">8,1</td><td colspan="2">10,1</td><td colspan="2">4,2</td><td>11,8</td></tr>
<tr><td colspan="2">83,3</td><td colspan="2">10,0</td><td colspan="2">2,4</td><td colspan="2">4,2</td></tr>
<tr><td>76,0</td><td colspan="2">9,9</td><td colspan="2">5,6</td><td colspan="2">1,6</td><td>6,9</td></tr>
<tr><td colspan="8"></td></tr>
<tr><td colspan="2">76,7</td><td colspan="2">10,7</td><td colspan="2">5,6</td><td colspan="2">7,0</td></tr>
<tr><td>66,5</td><td colspan="2">9,8</td><td colspan="2">11,8</td><td colspan="2">3,6</td><td>8,3</td></tr>
</table>

Zustimmung und Ablehnung von Aussagen zu Gruppenbezogener Menschenfeindlichkeit im Jahr 2018/19 (Angaben in Prozent) **Tabelle 3.1** (Fortsetzung)

Ich stimme …	(4er-Split) (5er-Split)
Transsexuelle und Transgender sollten versuchen, nicht so aufzufallen	
Abwertung wohnungsloser Menschen (**4er-Split:** M = 1,70; SD = ,76; n = 908; α = ,53 | **5er-Split:** M = 2,15; SD = 1,11; n = 968; α = ,61)	
Die meisten Obdachlosen sind arbeitsscheu.	
Bettelnde Obdachlose sollten aus den Fußgängerzonen entfernt werden.	
Abwertung langzeitarbeitsloser Menschen (**4er-Split:** M = 2,72; SD = ,99; n = 909; α = ,80 | **5er-Split:** M = 3,24; SD = 1,28; n = 964; α = ,80)	
Die meisten Langzeitarbeitslosen sind nicht wirklich daran interessiert, einen Job zu finden.	
Ich finde es empörend, wenn sich die Langzeitarbeitslosen auf Kosten der Gesellschaft ein bequemes Leben machen.	
Abwertung von Menschen mit Behinderung (**4er-Split:** M = 1,17; SD = ,43; n = 912; α = ,58 | **5er-Split:** M = 1,27; SD = ,57; n = 977; α = ,58)	
Behinderte erhalten zu viele Vergünstigungen.	
Es ist für alle Beteiligten besser, wenn behinderte Menschen unter sich bleiben.[b]	
Etabliertenvorrechte (**4er-Split:** M = 2,51; SD = ,95; n = 910; α = ,57 | **5er-Split:** M = 2,90; SD = 1,21; n = 976; α = ,62)	
Wer irgendwo neu ist, sollte sich erst mal mit weniger zufrieden geben.	
Wer schon immer hier lebt, sollte mehr Rechte haben, als die, die später zugezogen sind.	

Legende **M** = arithmetischer Mittelwert; **SD** = Standardabweichung; **n** = Anzahl der Befragten; **α** = Cronbachs Alpha. | [a] Der sekundäre Antisemitismus wird nur mit einem Item erhoben und ergänzend berichtet. Diese Dimension des Antisemitismus wird nicht regelmäßig erfasst und geht daher zugunsten der Vergleichbarkeit über die Zeit nicht in die Skalenbildung ein. Sie ist damit auch nicht Teil der unten skizzierten Analysen über soziodemografische Unterschiede. [b] Dieses Item ersetzt

Tabelle 3.1 (Fortsetzung)

... überhaupt nicht zu	... eher nicht zu	... eher zu	... voll und ganz zu	
... überhaupt nicht zu	**... eher nicht zu**	**teils/teils**	**... eher zu**	**... voll und ganz zu**
66,7	13,3	9,2	10,8	
60,6	10,7	12,4	6,8	9,4
58,3	30,0	8,4	3,3	
49,5	22,1	19,1	3,6	5,6
51,0	24,6	16,0	8,4	
39,5	19,3	19,8	8,0	13,3
18,6	30,9	25,8	24,8	
18,7	14,8	28,5	19,7	18,4
17,5	18,7	23,3	40,5	
15,2	11,1	23,6	17,4	32,6
84,1	12,7	2,0	1,2	
77,0	13,2	7,5	1,4	0,8
90,5	6,2	1,5	1,8	
88,7	7,8	1,5	1,1	0,9
14,5	20,2	30,9	34,4	
14,0	10,5	25,7	22,8	27,1
42,5	20,1	14,1	23,4	
41,8	14,9	15,9	13,6	13,9

in 2018 das bisher verwendete Item »Für Behinderte wird in Deutschland zu viel Aufwand betrieben«, um eher die Ablehnung von Inklusion als Facette der Abwertung von Menschen mit Behinderung erfassen zu können. Die neue Skala fließt in die Analysen über soziodemografische Unterschiede ein, die Zustimmung zur Gesamtskala der Abwertung von Menschen mit Behinderung ist jedoch nicht länger über die Jahre direkt vergleichbar.

Interkorrelationen aller Elemente Gruppenbezogener Menschenfeindlichkeit (Korrelationskoeffizient) **Tabelle 3.2**

	Fremdenfeindlichkeit	Antisemitismus – klassisch	Muslimfeindlichkeit	Abw. v. Sinti und Roma	Abw. asylsuchender Menschen
Rassismus	,62 ***	,41 ***	,52 ***	,43 ***	,22 ***
Fremdenfeindlichkeit		,41 ***	,74 ***	,45 ***	,45 ***
Antisemitismus – klassisch			,38 ***	,33 ***	,11 **
Muslimfeindlichkeit				,49 ***	,37 ***
Abw. v. Sinti und Roma					,28 ***
Abw. asylsuchender Menschen					
Sexismus					
Abw. homosexueller Menschen					
Abw. v. Trans* Menschen					
Abw. wohnungsloser Menschen					
Abw. langzeitarbeitsloser Menschen					
Abw. v. Menschen mit Behinderung					

Legende * p = < ,05; ** p = < ,01; *** = p < ,001 | Die Korrelationskoeffizienten wurden mit den Konstrukten auf Grundlage der Items mit 5-stufigen Antwortskalen berechnet (s. u.).[5]

5 Für die Interkorrelationen werden die Daten mit den Ausprägungen auf den 5-stufigen Antwortskalen verwendet, da empirische Untersuchungen gezeigt haben, dass diese die tatsächlichen Korrelationen einer metrischen Skala etwas besser widerspiegeln (siehe hierzu Kap. 2, ➞ s. S. 41 ff., in diesem Band). Im Vergleich mit den Korrelationskoeffizienten, welche mit den Daten auf Basis der 4-stufigen Antwortskalen gewonnen wurden, zeigen sich keine gravierenden Unterschiede und

Tabelle 3.2

Sexismus	Abw. homosexueller Menschen	Abw. v. Trans* Menschen	Abw. wohnungsloser Menschen	Abw. langzeitarbeitsloser Menschen	Abw. v. Menschen mit Behinderung	Etabliertenvorrechte
,47 ***	,59 ***	,46 ***	,46 ***	,32 ***	,36 ***	,40 ***
,46 ***	,52 ***	,47 ***	,53 ***	,44 ***	,26 ***	,58 ***
,48 ***	,45 ***	,44 ***	,39 ***	,21 ***	,35 ***	,25 ***
,41 ***	,46 ***	,45 ***	,47 ***	,42 ***	,25 ***	,52 ***
,30 ***	,37 ***	,37 ***	,32 ***	,30 ***	,23 ***	,42 ***
,16 ***	,21 ***	,18 ***	,26 ***	,40 ***	,08 *	,41 ***
	,49 ***	,52 ***	,40 ***	,29 ***	,30 ***	,37 ***
		,73 ***	,47 ***	,27 ***	,34 ***	,26 ***
			,48 ***	,21 ***	,30 ***	,29 ***
				,34 ***	,35 ***	,32 ***
					,12 ***	,44 ***
						,10 **

limfeindlichkeit. Aber er geht mit ihr einher und darin besteht der besondere Einfluss einer Ungleichwertigkeitsideologie, die GMF befördert. Die empirischen

es ändert sich nichts Substanzielles an dem Muster der signifikanten Zusammenhänge zwischen allen Elementen Gruppenbezogener Menschenfeindlichkeit. Die Korrelationen aufgrund der 4-stufigen Daten werden daher nicht gesondert berichtet.

Zusammenhänge der einzelnen GMF-Elemente sind in Tabelle 3.2 aufgeführt; also die Interkorrelationen (➞ bzgl. Korrelation s. Glossar, S. 305 f.).

Die Analyse ergibt überzufällige signifikante Korrelationen zwischen allen Elementen des GMF-Syndroms: Wer eine Gruppe abwertet, wertet mit statistisch überzufälliger Wahrscheinlichkeit auch weitere Gruppen ab. Besonders enge Korrelationen bestehen zwischen Rassismus und Fremdenfeindlichkeit sowie der Abwertung homosexueller Menschen. Auch Fremdenfeindlichkeit und Muslimfeindlichkeit sowie die Etabliertenvorrechte sind relativ hoch korreliert: Wer rassistisch eingestellt ist, wertet mit höherer Wahrscheinlichkeit auch als fremd markierte sowie homosexuelle Menschen ab und umgekehrt. Wer fremdenfeindlich eingestellt ist, hat zudem Vorurteile gegenüber Muslimen oder allgemein neuhinzugekommenen Menschen. Wenig überraschend sind auch die relativ hohen Korrelationen zwischen der Abwertung von Homosexuellen und Trans*Menschen. Weniger enge, aber dennoch signifikante Korrelationen bestehen beispielsweise zwischen der Abwertung von Asylsuchenden und Antisemitismus oder der Abwertung von Menschen mit Behinderung sowie zwischen der Abwertung von Langzeitarbeitslosen und Menschen mit Behinderung.[6]

---

6 Darüber hinaus wurde die Struktur des Syndroms Gruppenbezogener Menschenfeindlichkeit (➞ s. Abb. 3.1, S. 58) basierend auf den 5-stufig erhobenen Aussagen mithilfe eines Strukturgleichungsmodells im Statistikprogramm AMOS getestet. Das Modell mit einem latenten Faktor zweiter Ordnung, welcher die Ideologie der Ungleichwertigkeit als Kern von GMF widerspiegelt und die einzelnen Elemente als latente Faktoren erster Ordnung verbindet, hat einen nur teils akzeptablen Fit (χ^2 = 1.022,702; df = 280; p = .000; CFI = ,929; RMSEA = ,052). Eine guter Model-Fit wird erreicht, wenn die Abwertung von Menschen mit Behinderung sowie Asylsuchenden nicht in das Modell aufgenommen werden (χ^2 = 684,881; df = 193; p = .000; CFI = ,951; RMSEA = ,049). Dies könnte anzeigen, dass diese inhaltlich nicht voll in das Syndrom passen bzw. die Messung anders erfolgen muss. Einige Modifikationen, die dem theoretischen Verständnis entsprechen (wie Korrelationen zwischen den Residuen der latenten heterosexistischen Faktoren oder der Abwertung obdachloser und langzeitarbeitsloser Menschen) wurden zugelassen. Empirisch bestätigt sich insgesamt die Annahme eines gemeinsamen Kerns Gruppenbezogener Menschenfeindlichkeit und die Reliabilität der in Tabelle 3.1. aufgeführten Messmodelle. Die ausführliche Beschreibung dieser Ergebnisse findet jedoch im vorliegenden Band keinen Platz. Verwiesen sei auf Zick et al. (2008), in deren Untersuchung sich der Syndromcharakter anhand ähnlicher Analysemethoden ebenfalls empirisch bestätigt.

3.4 Entwicklungen von GMF 2002–2018/19

Auf der Grundlage der Daten der Langzeitstudie GMF und der Mitte-Studien können wir über längerfristige Entwicklungen von nunmehr 16 Jahren berichten. Bevor die Entwicklungen nachgezeichnet werden, müssen wir auf methodische Details in Bezug auf die Variation der Anzahl der Befragten, also die Stichprobengröße, hinweisen. Für die größtmögliche Vergleichbarkeit der Erhebung 2018/19 mit den Vorjahren werden lediglich diejenigen Befragten berücksichtigt, die auf der 4-stufigen Antwortskala antworten konnten. Darüber hinaus ist die Stichprobenzusammensetzung zwischen 2002 und 2011 etwas anders als zwischen 2014 und 2018/19, daher ist ein direkter Vergleich nur eingeschränkt möglich. Bis 2011 wurden nur Personen mit deutscher Staatsbürgerschaft und ohne eigene oder familiäre (Eltern oder Großeltern) Migrationsbiografie einbezogen. Seit 2014 werden alle Personen mit deutscher Staatsbürgerschaft unabhängig von einer Migrationsbiografie einbezogen. In den folgenden Abbildungen (➡ s. Abb. 3.2 bis 3.5, S. 82-84) sind alle Zustimmungen (Prozent) zu den oben genannten vorurteilsvollen Aussagen über Gruppen über die Jahre hinweg abgebildet.

Wir gehen zunächst auf die jüngere Vergangenheit ein und vergleichen die Entwicklungen der letzten Jahre. Ein Vergleich der Umfrageergebnisse 2016 mit 2018/19 zeigt nur geringe Veränderungen in der Zustimmung zu den meisten GMF-Elementen. Stattdessen lässt sich eine gewisse Stabilisierung menschenfeindlicher Einstellungen in der deutschen Bevölkerung erkennen. Im Folgenden führen wir dies genauer aus.

In Abbildung 3.2 (➡ s. S. 82) ist die Zustimmung zum traditionellen quasibiologischen Rassismus abgezeichnet, diese ist im Vergleich zu 2016 von 8,7 % auf 7,2 % gesunken. Die Norm, einem offensichtlichen Rassismus nicht zuzustimmen, scheint in der Gesamtbevölkerung weiterhin relativ stark.

Ähnlich verhält es sich bei der Fremdenfeindlichkeit, bei der die Zustimmung in den letzten Jahren weitgehend gleichgeblieben ist. Sowohl in den Jahren 2014, 2016 als auch 2018/19 zeigt rund ein Fünftel der deutschen Bevölkerung eine immigrantenfeindliche Einstellung. Die Fremdenfeindlichkeit ist stabil, nicht schwächer wie auch nicht stärker geworden.

Auch die Verbreitung des Antisemitismus ist in 2018/19 weitgehend ähnlich im Vergleich zu den Vorjahren, nachdem zwischen 2014 und 2016 ein Rückgang zu erkennen war. Wie bereits in 2016 stimmen rund 5,8 % auch in 2018/19 antisemitischen Aussagen zu. Die, wie auch in den Vorjahren, niedrige Zustimmung zu einem klassischen Antisemitismus zeugt von einer starken Norm in Deutschland, die offenem Antisemitismus entgegensteht. Einem modernen israelbezogenen Antisemitismus stimmen allerdings sowohl in 2016 als auch 2018/19 rund ein Viertel der Befragten zu. Ist das Vorurteil also weniger offen und direkt, scheint eine Norm gegen den Antisemitismus weniger stark zu sein und es stimmen deutlich mehr Befragte antisemitischen Aussagen zu.

Auch die Muslimfeindlichkeit zeigt sich als weitgehend stabil (➟ s. Abb. 3.3, S. 83). Knapp unter einem Fünftel der Deutschen zeigt wie auch in 2014 und 2016 offen eine muslimfeindliche Einstellung.

Die Abwertung von Sinti und Roma hat sich in 2018/19 ebenfalls weiter stabilisiert (➟ s. Abb. 3.3, S. 83). Rund ein Viertel der Bevölkerung zeigt sowohl in der aktuellen Erhebung wie auch in den Vorjahren antiziganistische Einstellungen. Gegenüber der letzten Erhebung in 2016 ist die Zustimmung zum Antiziganismus von 24,9 % auf 25,8 % tendenziell sogar eher angestiegen.

Die Abwertung von asylsuchenden Menschen stabilisiert sich in 2018/19 weiter auf hohem Niveau, bzw. steigt in Teilen an (➟ s. Abb. 3.3, S. 83). Während in 2016 noch 49,5 % negative Aussagen gegenüber asylsuchenden Menschen vertraten, sind es in 2018/19 54,1 % der Deutschen. Dies ist der höchste in unseren Studien je gemessene Wert, seit wir im Jahr 2011 zum ersten Mal die Meinungen über Asylsuchende erhoben haben. Im Gegensatz zum traditionellen Rassismus und der klassischen Fremdenfeindlichkeit scheint sich hier eine Verhärtung der Debatte über das Thema »Asyl und Flüchtlinge« deutlich auszudrücken. Dies könnte gleichzeitig dafür sprechen, dass die mit der Abwertung von Asylsuchenden verbundenen Einstellungen nur zum Teil noch durch bewusstes Hierarchiedenken motiviert sind, sondern durch die Normalisierung im Diskurs von einem Großteil der Befragten mittlerweile als Fakten gehandelt werden.

In Abbildung 3.4 (➟ s. S. 83) sind die Entwicklungen der Abwertung von Frauen und von homosexuellen Menschen abgedruckt. Diese scheinen rückläufig. Sowohl der Sexismus (2016: 8,7 %; 2018/19: 7,5 %) als auch die Abwertung von Homosexuellen (2016: 9,7 %; 2018/19: 8,3 %) und Trans*Menschen (2016: 12,5 %; 2018/19: 12,3 %) zeigen einen eher abnehmenden Trend in der deutschen Bevölkerung bzw. sind nahezu auf gleichem Niveau geblieben. Über alle Jahre hinweg weist die Entwicklung der heterosexistischen Einstellungsmuster auf einen Normen- und Wertewandel zunehmender Liberalität hin. Allerdings ist diese Liberalisierung im Vergleich der Abwertung von Trans*Menschen zwischen 2016 und 2018/19 nicht so deutlich zu erkennen.

Der Verlauf der Zustimmung zur Abwertung von wohnungslosen Menschen ist in Abbildung 3.5 (➟ s. S. 84) abgebildet. Bei diesem GMF-Element lässt sich der stärkste Rückgang im Vergleich zu 2016 feststellen. Während in 2016 noch 18 % der Deutschen eine Abwertung von wohnungslosen Menschen zeigten, so hat sich die Zustimmung in 2018/19 fast halbiert; nur noch 10,8 % stimmen Vorurteilen gegen Obdachlose zu. Dies überrascht, könnte unserer Einschätzung nach jedoch auch auf den Erhebungszeitraum zurückzuführen sein. Während in den Vorjahren die Daten eher in den Sommermonaten erhoben wurden, fand die Datenerhebung der Studie 2018/19 im Herbst und Winter statt. Möglich ist, dass wetterbedingte Gefahren, denen obdachlose Menschen im Winter ausgesetzt sind, öffentlich und medial präsenter sind und daher in der Gesamtbevölkerung eine etwas höhere Empathie bzw. ein etwas besseres Verständnis von Notlagen gegenüber diesen bestehen; genau prüfen können wir dies in der Studie nicht.

Im Vergleich dazu hat sich die Abwertung von Langzeitarbeitslosen verfestigt beziehungsweise ist sogar angestiegen (➟ s. Abb. 3.5, S. 84). Sowohl in 2014, 2016, als auch 2018/19 weist rund die Hälfte der deutschen Bevölkerung negative Einstellungen gegenüber dieser Gruppe auf. Mit 52,3 % ist die Zustimmung zur Abwertung von langzeitarbeitslosen Menschen auf dem Niveau von 2008 beziehungsweise im Erhebungszeitraum 2018/19 streng genommen der höchstgemessene Wert, seit dieses Element im Rahmen der Studien zur Gruppenbezogenen Menschenfeindlichkeit erhoben wird.

Verlauf der Zustimmung zu den Elementen Gruppenbezogener Menschenfeindlichkeit 2002–2018/19[7] (Angaben in Prozent)[8] **Abb. 3.2**

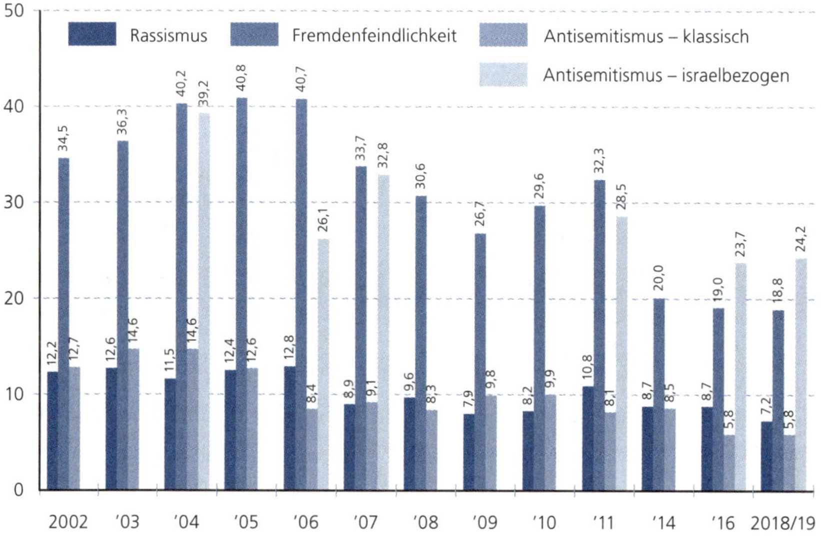

(Vgl. zum Folgenden ➞ Abb. 3.2 bis 3.5, S. 82-84).

Die Abwertung von Menschen mit Behinderung fällt wie in den vorherigen Erhebungen überaus niedrig aus.[9] Insgesamt zeigt lediglich noch rund 1 % der Bevölkerung offen Menschenfeindlichkeit gegenüber dieser Gruppe. Diese Form der Abwertung zeigt seit Jahren auf Einstellungsebene eine sehr geringe Ausprägung. Dies bedeutet jedoch nicht, Menschen mit Behinderung würden keine Diskriminierung erfahren. Trotz einer starken sozialen Norm, die der offenen Abwertung von Menschen mit Behinderung entgegensteht, können

7 Ein mit dem in 2018/19 operationalisierten vergleichbaren israelbezogenen Antisemitismus wurde nur zu sechs Erhebungszeitpunkten (2004, '06, '07, '11, '16 und 2018/19) erhoben. Zu beachten ist auch, dass er im Jahr 2007 lediglich in einem Split mit rund der Hälfte der Befragten (n = 914) erfasst wurde. Dennoch wird er nachgezeichnet, da auch ohne die fehlenden Erhebungsjahre eine gewisse Entwicklung nachzuvollziehen ist.

8 Für Abb. 3.2 bis Abb. 3.5 gilt: Zur Veranschaulichung und besseren Lesbarkeit wurde die y-Achse in Prozent den Zustimmungswerten angepasst.

9 Allerdings ist die Abwertung von Menschen mit Behinderung nicht länger direkt mit den Vorjahren vergleichbar, da sich die Itemformulierung bei einer Aussage geändert hat (➞ s. Abb. 3.5, S. 84).

Verlauf der Zustimmung zu den Elementen Gruppenbezogener Menschenfeindlichkeit 2002–2018/19 (Angaben in Prozent) **Abb. 3.3**

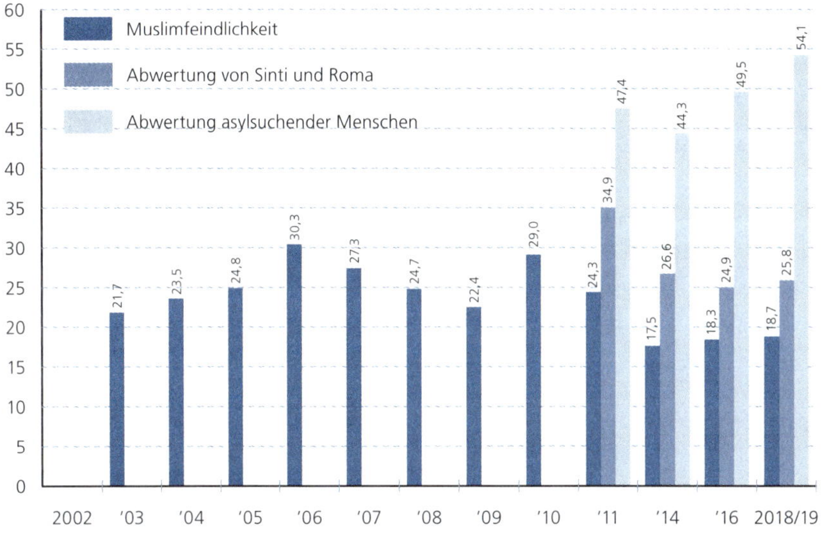

Verlauf der Zustimmung zu den Elementen Gruppenbezogener Menschenfeindlichkeit 2002–2018/19 (Angaben in Prozent) **Abb. 3.4**

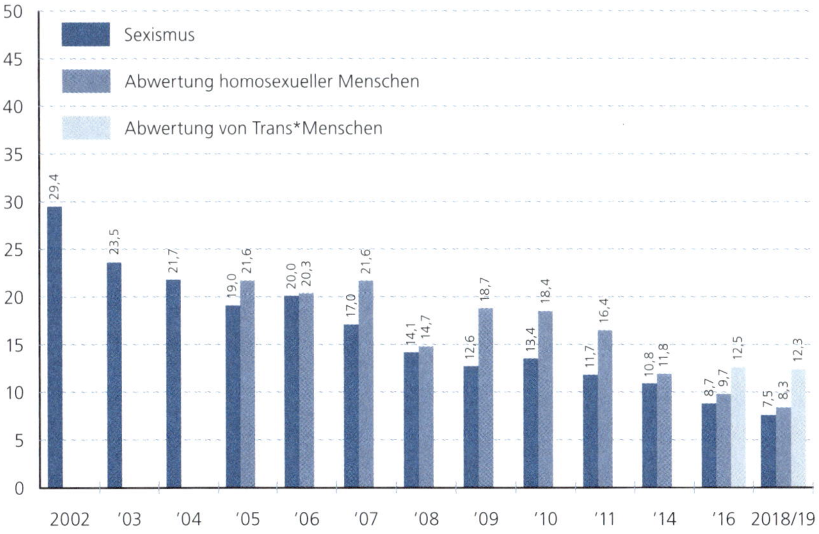

Verlauf der Zustimmung zu den Elementen Gruppenbezogener Menschenfeindlichkeit 2002–2018/19 (Angaben in Prozent) **Abb. 3.5**

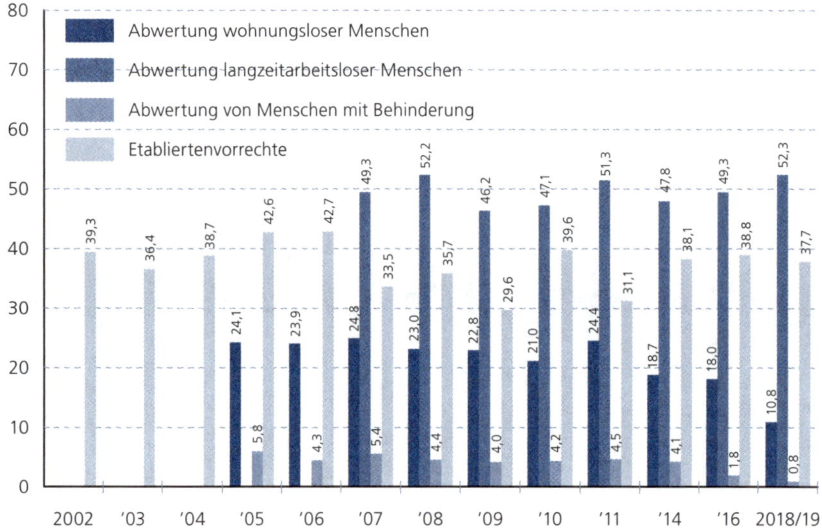

Anmerkung Die Abwertung von Menschen mit Behinderung wurde in 2018/19 abweichend mit anderen Aussagen erhoben, sodass ein unmittelbarer Vergleich mit den Vorjahren nicht möglich ist.

institutionelle und strukturelle Diskriminierungen weiter bestehen. Sie lassen sich mit der Analyse von menschenfeindlichen Einstellungen, wie sie an dieser Stelle erhoben werden, nicht erfassen.

Auch an den Etabliertenvorrechten zeigt sich eine Stabilisierung der Meinungen. Das Ausmaß der Zustimmungen ist in den letzten Jahren nahezu gleichbleibend: Sowohl in den Jahren 2014, 2016 und 2018/19 behaupten rund 38 % der Deutschen offen Etabliertenvorrechte. Die generelle Abwertung von Neuhinzukommenden, oder eben Außenseitern, vertritt somit über ein Drittel der Deutschen (➡ s. Abb. 3.2 bis 3.5, S. 82-84).

3.5 GMF in Bevölkerungsgruppen

Die hier dokumentierten Einstellungen variieren zwischen Bevölkerungsgruppen. Die Zugehörigkeit zu Bevölkerungsgruppen kann mit einer unterschiedlichen Sozialisation, Wert- und Normunterschieden und anderen Wahrnehmungs- und Einstellungsmustern verbunden sein, die unterschiedliche Motive erzeugen, andere Gruppen abzuwerten oder sie als ungleichwertig zu betrachten. Wir haben oben Motive genannt, wie z. B. das Motiv, andere abzuwerten, um die eigene Gruppe aufzuwerten. Unterschiede in der Zustimmung zu GMF nach Kategorien wie Herkunft, Geschlecht, Alter oder Bildung untersuchen wir im Folgenden.

In Ostdeutschland aufgewachsen zu sein, äußert sich signifikant in vermehrter Feindseligkeit gegenüber »Fremden«. Ostdeutsche versagen den Gruppen der Ausländer (22 %), Muslime (25 %) und Asylsuchenden (63 %), in Deutschland zu leben (➞ s. Tab. 3.3, S. 86).[10] Ostdeutsche Befragte (43 %) betonen stärker als westdeutsche Befragte (35 %) Etabliertenvorrechte. Tendenziell sind darüber hinaus Rassismus und klassischer Antisemitismus mehr unter Ostdeutschen verbreitet, wohingegen dem israelbezogenen Antisemitismus etwas mehr von Befragten aus West (24 %) als aus Ost (22 %) zugestimmt wird. Ostdeutsche äußern insgesamt etwas mehr Ressentiments, Westdeutsche sind aber keineswegs frei davon. Vielmehr ist eine Entwicklung der Angleichung in der Zustimmung zu Vorurteilen seit den letzten Mitte-Studien zu erkennen. Das fällt besonders dadurch auf, dass sich die Abwertungen von Sinti und Roma sowie wohnungsloser Menschen zwischen Ost- und Westdeutschen nicht mehr signifikant unterscheiden, wie es noch 2016 der Fall war. Auf die Unterschiede und Gemeinsamkeiten wird in Kapitel 9 (➞ s. S. 243 ff.) noch ausführlich eingegangen.

---

10 Die Differenzierung zwischen Ost- und Westdeutschen wurde anhand der Selbstauskunft vorgenommen, ob die Befragten überwiegend in West- oder Ostdeutschland aufgewachsen sind. Sie korrespondiert weitgehend mit der Region, in der jemand lebt. Chi^2-Tests zur Bestimmung signifikanter Unterschiede nach Ost-West: Fremdenfeindlichkeit: Chi^2 (1, 1.822) = 5,099, $p < ,05$; Muslimfeindlichkeit: Chi^2 (1, 1.802) = 7,697, $p < ,01$; Abwertung asylsuchender Menschen: Chi^2 (1, 1.816) = 20,282, $p < ,001$; Etabliertenvorrechte: Chi^2 (1, 1.824) = 6,547, $p < ,05$.

Zustimmung[11] zu den Facetten Gruppenbezogener Menschenfeindlichkeit in Deutschland und differenziert nach Ost und West (Angaben in Prozent)[12] **Tabelle 3.3**

	Gesamt (n = 1.890)	West (n = 1.468)	Ost (n = 359)
Rassismus	9,8	8,9	9,4
Fremdenfeindlichkeit *	18,7	17,1	22,3
Antisemitismus – klassisch	5,1	4,9	5,6
Antisemitismus – israelbezogen	23,7	24,1	22,0
Muslimfeindlichkeit **	20,0	18,5	25,2
Abwertung von Sinti und Roma	24,7	23,6	25,5
Abwertung asylsuchender Menschen ***	52,9	49,8	63,1
Sexismus	7,9	7,8	7,7
Abwertung homosexueller Menschen	9,6	9,0	8,0
Abwertung von Trans*Menschen	13,0	12,0	12,8
Abwertung wohnungsloser Menschen	12,4	11,5	12,3
Abwertung langzeitarbeitsloser Menschen	51,4	50,9	51,4
Abwertung von Menschen mit Behinderung	1,2	1,2	0,8
Etabliertenvorrechte *	36,8	35,2	42,5

Legende * = p < ,05; ** = p < ,01; *** = p < ,001 | Die Angaben zur Signifikanz beziehen sich auf Unterschiede zwischen Ost- und Westdeutschen.

Männliche und weibliche Befragte unterscheiden sich kaum in ihren negativen Einstellungen gegenüber Gruppen (➞ s. Tab. 3.4).[13] In 2016 ließ sich bereits

11 In Tab. 3.3–3.11 sind die offenen Zustimmungen der 4- und 5-stufigen Erhebungsvariante zusammengerechnet. Die Mittelkategorie der 5-stufigen Skala wurde dabei nicht als offene Zustimmung gewertet. Die wesentlichen Ergebnisse zur Gruppenbezogenen Menschenfeindlichkeit nach Bevölkerungsgruppen sind robust: Auch bei einer Auswertung der einzelnen Skalen oder im Vergleich der vereinten 4- und 5-stufigen Skala mit der Mittelkategorie entweder zur Zustimmung oder Ablehnung gezählt, bleiben die Muster der Zusammenhänge von Gruppenbezogener Menschenfeindlichkeit mit bestimmten soziodemografischen Merkmalen bestehen. Diese zur Kontrolle berechneten Ergebnisse werden nicht näher berichtet.

12 Die Zustimmungen in der Gesamtbevölkerung entsprechen nicht direkt dem Mittel zwischen der Zustimmung der in Ost- bzw. Westdeutschland aufgewachsenen, da hier auch diejenigen Befragten mit einbezogen sind, die nicht in Deutschland aufgewachsen sind.

13 Darum gebeten, ihr Geschlecht anzugeben, ordneten sich alle Befragten selbst ausschließlich binärgeschlechtlich ein. Chi^2-Tests zur Bestimmung signifikanter Unterschiede nach Geschlecht: israelbezogener Antisemitismus: Chi^2 (1, 1.733) = 5,309, p < ,05; Muslimfeindlichkeit: Chi^2 (1, 1.861)

im Gegensatz zu früheren Studien nicht mehr bestätigten, dass Frauen eher als Männer zu Rassismus, Fremden- und Muslimfeindlichkeit neigen. Das setzt sich in 2018/19 für weitere GMF-Elemente fort. Männer äußern stattdessen signifikant mehr Muslimfeindlichkeit sowie Abwertung von Homosexuellen und Trans*Menschen. Tendenziell stärker unter Männern verbreitet ist darüber hinaus Sexismus.[14]

Zustimmung zu den Facetten Gruppenbezogener Menschenfeindlichkeit bei Männern und Frauen (Angaben in Prozent) **Tabelle 3.4**

	Männer (n = 904)	Frauen (n = 986)
Rassismus	10,5	9,2
Fremdenfeindlichkeit	19,2	18,3
Antisemitismus – klassisch	5,1	5,1
Antisemitismus – israelbezogen*	26,1	21,4
Muslimfeindlichkeit**	23,3	17,1
Abwertung von Sinti und Roma	24,8	24,6
Abwertung asylsuchender Menschen***	53,0	52,7
Sexismus	8,5	7,3
Abwertung homosexueller Menschen*	11,3	8,0
Abwertung von Trans*Menschen***	17,0	9,4
Abwertung wohnungsloser Menschen	11,1	13,7
Abwertung langzeitarbeitsloser Menschen	49,6	53,1
Abwertung von Menschen mit Behinderung	1,2	1,2
Etabliertenvorrechte	36,1	37,4

Legende * = $p < ,05$; ** = $p < ,01$; *** = $p < ,001$.

= 11,005, $p < ,01$; Abwertung homosexueller Menschen: Chi^2 (1, 1.869) = 5,783, $p < ,05$; Abwertung von Trans*Menschen: Chi^2 (1, 1.872) = 23,501, $p < ,001$.

14 Wird die Mittelkategorie der 5-stufigen Skala in der Zusammenführung mit der 4-stufigen Skala zum Zustimmungsbereich gezählt, ergibt sich für Sexismus ein signifikanter Unterschied ($p < ,01$) zwischen Männern (13,7 %) und Frauen (9,3 %). Das bedeutet, dass unter der 5er-Skala insbesondere auffallend mehr männliche Befragte in den Zustimmungsbereich der sexistischen Aussagen fallen, wenn »teils/teils« mit in den Zustimmungsbereich gerechnet wird.

Die Zugehörigkeit zu einer Altersgruppe unterscheidet dagegen wesentlich zwischen den Zustimmungen zu Elementen von GMF. Im Gegensatz zu der langjährigen Beobachtung eines Anstiegs der offenen Abwertungsbereitschaft mit dem Lebensalter zeichnete sich in den Untersuchungen der Mitte-Studien für einige Elemente ein U-förmiger Trend ab. In der Erhebung 2018/19 findet sich erneut bei Rassismus und der Abwertung von Wohnungslosen sowie erstmals bei der Abwertung von Homosexuellen und Trans*Menschen eine höhere Zustimmung bei den Jüngeren zwischen 16 und 30 Jahren und den über 60-Jährigen im Vergleich zu Befragten mittleren Alters (➡ s. Tab. 3.5).[15] Hingegen gilt für die übrigen Elemente in der Regel eine Zunahme von GMF mit dem Lebensalter. Jüngere neigen signifikant seltener zur Zustimmung von Vorurteilen gegen Immigranten (Fremdenfeindlichkeit), zur Abwertung von Sinti, Roma und Asylsuchenden wie zur Befürwortung von Etabliertenvorrechten. Ebenso erhalten Sexismus und Antisemitismus unter den 16- bis 30-Jährigen am wenigsten Zuspruch. Zusammen mit den 31- bis 60-Jährigen äußern die Jüngeren mehr Abwertung gegenüber langzeitarbeitslosen Menschen, während die über 60-Jährigen eher muslimfeindlich und zum Großteil abwertend gegenüber Asylsuchenden eingestellt sind.

Mit Blick auf das Einkommen der Befragten spiegeln sich ökonomische Unterschiede auch in den Einstellungen gegenüber Gruppen wider. Gemessen am Nettoäquivalenzeinkommen der Stichprobe, welches alle Einkommensarten und die Anzahl von Personen im Haushalt berücksichtigt, haben wir Gruppen mit verhältnismäßig niedrigem, mittlerem und höherem Einkommen unterschieden. In der Mitte-Studie interessieren uns besonders die Unterschiede der mittleren Einkommensgruppe zu anderen, weil sie die Mittelschicht stärker charakterisieren. Im Vergleich zu 2016 fällt zunächst unter Einkommensschwächeren für fast

15 Chi^2-Tests zur Bestimmung signifikanter Unterschiede nach Altersgruppen: Rassismus: Chi^2 (2, 1.855) = 7,404, $p < ,05$; klassischer Antisemitismus: Chi^2 (2, 1.792) = 14,507, $p < ,01$; israelbezogener Antisemitismus: Chi^2 (2, 1.711) = 24,368, $p < ,001$; Muslimfeindlichkeit: Chi^2 (2, 1.835) = 15,235, $p < ,001$; Abwertung von Sinti und Roma: Chi^2 (2, 1.839) = 17,244, $p < ,001$; Abwertung asylsuchender Menschen: Chi^2 (2, 1.852) = 18,561, $p < ,001$; Sexismus: Chi^2 (2, 1.865) = 22,932, $p < ,001$; Abwertung homosexueller Menschen: Chi^2 (2, 1.845) = 27,186, $p < ,001$; Abwertung von Trans*Menschen: Chi^2 (2, 1.848) = 36,658, $p < ,001$; Abwertung wohnungsloser Menschen: Chi^2 (2, 1.852) = 9,379, $p < ,01$; Abwertung langzeitarbeitsloser Menschen: Chi^2 (2, 1.849) = 7,127, $p < ,05$; Etabliertenvorrechte: Chi^2 (2, 1.861) = 30,654, $p < ,001$.

Zustimmung zu den Facetten Gruppenbezogener Menschenfeindlichkeit in verschiedenen Altersgruppen (Angaben in Prozent) **Tabelle 3.5**

	16–30 (n = 315)	**31–60** (n = 926)	**> 60** (n = 624)
Rassismus*	11,0	8,1	12,2
Fremdenfeindlichkeit	15,2	19,4	20,1
Antisemitismus – klassisch**	2,6	4,1	7,8
Antisemitismus – israelbezogen***	17,2	21,1	30,4
Muslimfeindlichkeit***	17,8	17,4	25,3
Abwertung von Sinti und Roma***	15,4	26,6	26,5
Abwertung asylsuchender Menschen***	46,1	50,7	59,4
Sexismus***	3,1	7,0	11,7
Abwertung homosexueller Menschen***	13,0	6,0	13,2
Abwertung von Trans*Menschen***	11,6	9,2	19,8
Abwertung wohnungsloser Menschen**	14,2	10,1	15,0
Abwertung langzeitarbeitsloser Menschen*	53,3	53,9	47,2
Abwertung von Menschen mit Behinderung	0,8	1,1	1,6
Etabliertenvorrechte***	23,3	39,3	40,2

Legende * = p < ,05; ** = p < ,01; *** = p < ,001.

alle Elemente eine deutliche Abnahme der menschenfeindlichen Einstellungen auf, die vor allem bei Muslimfeindlichkeit, der Abwertung von Sinti und Roma, Homosexuellen, Wohnungs- und Langzeitarbeitslosen die Zunahme derselben unter Befragten der Einkommensmitte betont. Die Ergebnisse aus der Erhebung 2018/19 zeigen insgesamt, dass die Vorurteile in der Mitte – gemessen am Einkommen – am häufigsten verbreitet sind (z. B. die Abwertung asylsuchender Menschen zu 55,8 %) oder sich in den Zustimmungswerten zumindest kaum noch von der schwächsten Einkommensgruppe unterscheiden, wie es bei Rassismus, Fremdenfeindlichkeit und Etabliertenvorrechten deutlich wird (➡ s. Tab. 3.6, S. 90).[16] An dieser Stelle kann nicht mehr von einem in der Forschung

16 Chi^2-Tests zur Bestimmung signifikanter Unterschiede nach Einkommensgruppen: Rassismus: Chi^2 (2, 1.502) = 18,100, p < ,001; Fremdenfeindlichkeit: Chi^2 (2, 1.498) = 20,024, p < ,001; Muslimfeindlichkeit: Chi^2 (2, 1.486) = 10,727, p < ,01; Abwertung von Sinti und Roma: Chi^2 (2, 1.486) = 10,135, p < ,01; Abwertung asylsuchender Menschen: Chi^2 (2, 1.495) = 12,560,

oft konstatierten »Arme-Leute-Rassismus« (Zick 1997) oder einem »Rassismus der Abgehängten« gesprochen werden. Der hier statistisch auffällige Trend muss vor dem Hintergrund der vorliegenden Entwicklungen in der mittleren und unteren Einkommensschicht neu betrachtet werden, auch wenn der Langzeitbefund bestehen bleibt, dass in der Gruppe der Einkommensstärkeren fast durchweg die niedrigste Zustimmung geäußert worden ist.

Zustimmung zu den Facetten Gruppenbezogener Menschenfeindlichkeit in verschiedenen Einkommensgruppen (Angaben in Prozent) **Tabelle 3.6**

Einkommens… →	schwächere (n = 259)	mitte (n = 947)	stärkere (n = 299)
Rassismus***	11,4	11,6	3,3
Fremdenfeindlichkeit***	21,8	20,8	9,7
Antisemitismus – klassisch	4,1	5,8	3,7
Antisemitismus – israelbezogen	26,4	24,7	20,6
Muslimfeindlichkeit**	17,1	21,6	13,5
Abwertung von Sinti und Roma**	19,4	28,2	22,4
Abwertung asylsuchender Menschen**	49,2	55,8	44,6
Sexismus**	11,7	7,9	4,2
Abwertung homosexueller Menschen*	7,4	10,9	5,6
Abwertung von Trans*Menschen*	11,4	15,5	9,1
Abwertung wohnungsloser Menschen**	11,0	14,4	7,9
Abwertung langzeitarbeitsloser Menschen***	39,6	55,4	48,2
Abwertung von Menschen mit Behinderung	2,3	1,2	0,2
Etabliertenvorrechte*	36,7	37,3	28,7

Legende * p = < ,05; ** p = < ,01; *** = p < ,001 | Einkommensschwächere: weniger als 70 %, Einkommensmitte: zwischen 70 und 150 % und Einkommensstärkere: über 150 % des Äquivalenzeinkommens, gemessen am Einkommensmedian in der Stichprobe.

p < ,01; Sexismus: Chi² (2, 1.505) = 10,076, p < ,01; Abwertung homosexueller Menschen: Chi² (2, 1.488) = 8,746, p < ,05; Abwertung von Trans*Menschen: Chi² (2, 1.488) = 9,224, p < ,05; Abwertung wohnungsloser Menschen: Chi² (2, 1.492) = 9,602, p < ,01; Abwertung langzeitarbeitsloser Menschen: Chi² (2, 1.490) = 21,262, p < ,001; Etabliertenvorrechte: Chi² (2, 1.504) = 7,200, p < ,05.

Je höher das formale, also schulische Bildungsniveau ist, desto weniger stimmen die Befragten den GMF-Elementen zu. Dieser Befund ist seit Langem bekannt und wird 2018/19 für nahezu alle sozialen Gruppen bestätigt – ausgenommen langzeitarbeitslose Menschen, die zu knapp 60 % meist noch von Befragten mit einem mittleren Schulabschluss abgewertet werden (➡ s. Tab. 3.7, S. 92).[17] Zwischen Befragten mit niedrigem und hohem Bildungsniveau liegt die Zustimmung sowohl zur Fremden- als auch Muslimfeindlichkeit um mehr als 20 % auseinander. Auffällig ist ebenso, wie sehr sich die eher niedrige im Vergleich zur höchsten formalen Bildungsgruppe unterscheidet im Rassismus (19 % zu 3 %), Sexismus (13 % zu 2 %), der Abwertung von Homosexuellen (16 % zu 3 %) und dem klassischen Antisemitismus (7 % zu 2 %). Auch der Anteil der Zustimmenden zum israelbezogenem Antisemitismus und der Abwertung von Sinti und Roma halbiert sich mehr oder weniger, werden die beiden Bildungsgruppen verglichen. In Bezug auf die Etabliertenvorrechte und Abwertungen von asylsuchenden Menschen unterscheiden sich die Befragten mit niedriger und mittlerer Schulbildung in der aktuellen Umfrage 2018/19 kaum. Da in der Studie lediglich das formale Bildungsniveau gemessen wurde, kann nicht abschließend geklärt werden, auf welche Art und Weise Bildungsprozesse einen Einfluss auf GMF haben. Allerdings erscheint eine Reihe von Erklärungen plausibel und zum Bildungseinfluss liegt solide Forschung vor. Zum einen ist ein gewisser Einfluss sozialer Erwünschtheit zu bedenken. Höher Gebildete wissen eher um die gesellschaftliche Norm, nicht rassistisch oder antisemitisch zu sein und können daher in der Tendenz eher so antworten, wie es gesellschaftlichen Normen entspricht. Das heißt auch, höher Gebildete wissen, wie sie eventuell negative Affekte und Meinungen verstecken oder unterdrücken können. Dieser Effekt lässt sich in experimentellen Untersuchungen finden, allerdings

17 Chi^2-Tests zur Bestimmung signifikanter Unterschiede nach Bildungsgruppen: Rassismus: Chi^2 (2, 1.842) = 94,281, p < ,001; Fremdenfeindlichkeit: Chi^2 (2, 1.845) = 99,138, p < ,001; klassischer Antisemitismus: Chi^2 (2, 1.780) = 20,874, p < ,001; israelbezogener Antisemitismus: Chi^2 (2, 1.696) = 55,833, p < ,001; Muslimfeindlichkeit: Chi^2 (2, 1.824) = 92,480, p < ,001; Abwertung von Sinti und Roma: Chi^2 (2, 1.825) = 42,508, p < ,001; Abwertung asylsuchender Menschen: Chi^2 (2, 1.839) = 53,618, p < ,001; Sexismus: Chi^2 (2, 1.852) = 53,041, p < ,001; Abwertung homosexueller Menschen: Chi^2 (2, 1.833) = 57,651, p < ,001; Abwertung von Trans*Menschen: Chi^2 (2, 1.834) = 40,345, p < ,001; Abwertung wohnungsloser Menschen: Chi^2 (2, 1.838) = 36,342, p < ,001; Abwertung langzeitarbeitsloser Menschen: Chi^2 (2, 1.835) = 37,582, p < ,001; Etabliertenvorrechte: Chi^2 (2, 1.848) = 91,267, p < ,001.

erklärt er nicht zur Gänze den Bildungseffekt (vgl. Wagner & Zick 1995; Ostapczuk et al. 2008). Zu bedenken ist auch der gesellschaftliche Kontext, in dem Bildung stattfindet. Studien zeigen, dass stärker demokratisch orientierte Bildungskulturen mit geringeren Vorurteilen einhergehen (Thomsen & Olsen 2016). Bildung hat insbesondere in Demokratien eine liberalisierende Wirkung. Ebenso kann davon ausgegangen werden, dass Bildung neben kognitiven Kapazitäten auch Werte und Normen sowie soziale Kompetenzen und demokratische Handlungsorientierungen vermittelt, die der Abwertung marginalisierter Gruppen eher entgegenstehen (vgl. u. a. Hopf 1999; Heyder 2003; Hughes 2017).

Zustimmung zu den Facetten Gruppenbezogener Menschenfeindlichkeit in verschiedenen Bildungsgruppen (Angaben in Prozent) **Tabelle 3.7**

	niedrig (n = 684)	mittel (n = 563)	hoch (n = 606)
Rassismus ***	18,6	7,3	2,8
Fremdenfeindlichkeit ***	28,3	20,0	6,7
Antisemitismus – klassisch ***	7,4	6,0	1,9
Antisemitismus – israelbezogen ***	32,9	21,7	14,9
Muslimfeindlichkeit ***	27,9	24,2	7,3
Abwertung von Sinti und Roma ***	30,8	26,9	15,5
Abwertung asylsuchender Menschen ***	59,4	57,9	40,6
Sexismus ***	13,3	7,0	2,4
Abwertung homosexueller Menschen ***	15,7	8,8	3,3
Abwertung von Trans*Menschen ***	18,9	12,7	6,9
Abwertung wohnungsloser Menschen ***	18,2	10,7	7,3
Abwertung langzeitarbeitsloser Menschen ***	53,8	59,3	41,8
Abwertung von Menschen mit Behinderung	1,5	1,9	0,4
Etabliertenvorrechte ***	44,6	44,1	21,4

Legende * p = < ,05; ** p = < ,01; *** = p < ,001 | Einteilung der Bildungskategorien: niedrig = Schüler und Schülerinnen und Personen mit maximal einem Hauptschulabschluss; mittel = Personen mit mittlerer Reife/10. Klasse Polytechnikum; hoch = Personen mit (Fach-)Abitur.

Auch die politische Selbstpositionierung sollte bei der Frage der Zustimmung oder Ablehnung von Gruppen relevant sein. Wir haben die Befragten gebeten, sich im sogenannten Links-rechts-Spektrum politisch zu verorten. In Tabelle 3.8 sind die GMF-Zustimmungen nach den möglichen Positionierungen aufgeführt. Für eine Mitte-Studie ist die Selbstpositionierung der Befragten in der »politischen Mitte« interessant. Unter Befragten, die sich selbst links oder eher links der Mitte positionieren, sind Abwertungstendenzen durchaus seltener verbreitet, während eher rechts oder rechts der Mitte alle Facetten der Abwertung von sozialen Gruppen am stärksten sichtbar werden (➟ s. Tab. 3.8, S. 94).[18] Die Mehrheit der Befragten verortet sich selbst genau in der Mitte und drückt dies auch in vergleichsweise mittlerer Zustimmung zu GMF aus, wobei die politische Mitte in ihren Einstellungen beispielsweise gegenüber Juden/Jüdinnen und Homosexuellen eher noch Befragten ähnelt, die sich ganz links davon positioniert haben, als Befragten, die sich politisch eher links oder eher rechts der Mitte orientieren. So steigt die Zustimmung zu GMF von links nach rechts in erster Linie bei Sexismus sowie der Abwertung asylsuchender und langzeitarbeitsloser Menschen, während für alle übrigen Elemente ein solcher Anstieg nach rechts erst ab der Mitte gilt. Dafür zeichnet sich zwischen den beiden Positionen links der Mitte ein starker Trend ab, der anzeigt, dass unter anderem der Fremden- und Muslimfeindlichkeit häufiger unter Befragten zugestimmt wird, die sich ganz links verortet haben, was auch besonders an israelbezogenem Antisemitismus deutlich wird. Hingegen findet sich bezüglich der Gruppe der Sinti und Roma, dass diese am häufigsten durch Befragte von eher rechts (46 %) abgewertet werden als von ganz rechts (35 %). Letztere stimmen der Abwertung von asylsuchenden Menschen zu 95 % zu.

---

18 Chi^2-Tests zur Bestimmung signifikanter Unterschiede zwischen politischen Orientierungen: Rassismus: Chi^2 (4, 1.802) = 109,346, p < ,001; Fremdenfeindlichkeit: Chi^2 (4, 1.804) = 185,076, p < ,001; klassischer Antisemitismus: Chi^2 (4, 1.757) = 79,583, p < ,001; israelbezogener Antisemitismus: Chi^2 (4, 1.667) = 36,943, p < ,001; Muslimfeindlichkeit: Chi^2 (4, 1.787) = 192,356, p < ,001; Abwertung von Sinti und Roma: Chi^2 (4, 1.788) = 77,519, p < ,001; Abwertung asylsuchender Menschen: Chi^2 (4, 1.802) = 159,901, p < ,001; Sexismus: Chi^2 (4, 1.811) = 68,618, p < ,001; Abwertung homosexueller Menschen: Chi^2(4, 1.796) = 128,527, p < ,001; Abwertung von Trans*Menschen: Chi^2 (4, 1.794) = 94,923, p < ,001; Abwertung wohnungsloser Menschen: Chi^2 (4, 1.799) = 28,264, p < ,001; Abwertung langzeitarbeitsloser Menschen: Chi^2 (4, 1.796) = 111,468, p < ,001; Abwertung von Menschen mit Behinderung: Chi^2 (4, 1.813) = 15,560, p < ,01; Etabliertenvorrechte: Chi^2 (4, 1.809) = 124,914, p < ,001.

Zustimmung zu den Facetten Gruppenbezogener Menschenfeindlichkeit nach politischer Orientierung (Angaben in Prozent) **Tabelle 3.8**

	links (n = 109)	**eher links** (n = 417)	**genau in der Mitte** (n = 1.115)	**eher rechts** (n = 140)	**rechts** (n = 31)
Rassismus ***	4,4	1,8	9,8	20,6	47,6
Fremdenfeindlichkeit ***	12,3	4,6	19,0	37,9	82,8
Antisemitismus – klassisch ***	4,0	0,7	5,2	13,1	31,1
Antisemitismus – israelbezogen ***	31,0	12,5	25,7	28,3	39,5
Muslimfeindlichkeit ***	12,6	4,7	21,6	47,1	77,4
Abwertung von Sinti und Roma ***	12,1	13,1	26,5	46,1	34,9
Abwertung asylsuchender Menschen ***	28,7	30,8	58,1	71,7	94,7
Sexismus ***	1,3	2,6	8,3	19,5	28,7
Abwertung homosexueller Menschen ***	9,4	2,7	8,8	19,2	59,1
Abwertung von Trans*Menschen ***	5,5	2,9	13,9	30,0	34,4
Abwertung wohnungsloser Menschen ***	8,6	5,3	13,5	18,1	19,9
Abwertung langzeitarbeitsloser Menschen ***	31,3	32,0	56,6	67,4	72,4
Abwertung von Menschen mit Behinderung **	0,6	0,2	1,3	3,4	7,8
Etabliertenvorrechte ***	22,0	18,1	41,3	52,3	82,2

Legende * p = < ,05; ** p = < ,01; *** = p < ,001.

In Bezug auf die spezifische Parteipräferenz der Befragten zeigt sich zunächst ein klares Muster (➟ s. Tab. 3.9, S. 96 f.).[19] Der Großteil der GMF-Elemente

19 Chi²-Tests zur Bestimmung signifikanter Unterschiede zwischen Parteipräferenzen: Rassismus: Chi² (9, 1.488) = 64,796, p < ,001; Fremdenfeindlichkeit: Chi² (9, 1.491) = 241,265, p < ,001; klassischer Antisemitismus: Chi² (9, 1.441) = 157,620, p < ,001; israelbezogener Antisemitismus: Chi² (9, 1.386) = 73,276, p < ,001; Muslimfeindlichkeit: Chi² (9, 1.473) = 269,370, p < ,001; Abwertung von Sinti und Roma: Chi² (9, 1.482) = 120,666, p < ,001; Abwertung asylsuchender Menschen: Chi² (9, 1.485) = 163,525, p < ,001; Sexismus: Chi² (9, 1.494) = 71,792, p < ,001; Abwertung homosexueller Menschen: Chi² (9, 1.477) = 74,490, p < ,001; Abwertung von Trans*Menschen: Chi² (9, 1.480) = 122,416, p < ,001; Abwertung wohnungsloser Menschen: Chi² (9, 1.489) = 72,688, p < ,001; Abwertung langzeitarbeitsloser Menschen: Chi² (9, 1.481) = 94,294, p < ,001; Abwertung von Menschen mit Behinderung: Chi² (9, 1.494) = 46,852, p < ,001; Etabliertenvorrechte: Chi² (9, 1.491) = 147,300, p < ,001.

wird am stärksten von potenziellen Wähler_innen der AfD vertreten. Auffällig ist allerdings die Zustimmung zum klassischen Antisemitismus. Er wird tendenziell mehr von Wählergruppen der CDU/CSU sowie der FDP geteilt, genauso wie israelbezogener Antisemitismus, aber erfährt an der Stelle unter Nichtwähler_innen weitaus höhere Zustimmung. Wer die Parteien Bündnis 90/Die Grünen oder Die Linke bevorzugt, grenzt sich über alle Elemente am weitesten von den Werten der AfD-Wählerschaft ab, wobei auch insgesamt bei Bündnis 90/ Die Grünen und der Partei Die Linke die geringsten Zustimmungen zu vorurteilsvollen Aussagen gegenüber Gruppen zu finden sind. So wird beispielsweise Fremdenfeindlichkeit je zu rund 6 % unter Wähler_innen von Bündnis 90/ Die Grünen oder Die Linke geteilt, jedoch bei einer Präferenz für die SPD bereits zu rund 15 % und für die AfD zu knapp 60 % geäußert. Zwischen Anhänger_innen der SPD und CDU/CSU liegt die Zustimmung zu GMF meist im mittleren Bereich. Gleichwohl zeigt sich, dass Befragte mit einer Präferenz für die CDU/CSU in ihren Einstellungen mehr mit denen der FDP übereinstimmen als mit der SPD. Wähler_innen der FDP stimmen negativen Meinungen gegenüber Frauen und homosexuellen Menschen in diesem Vergleich weniger zu. Bei erklärten Nichtwähler_innen ergeben sich für die allermeisten GMF-Elemente überdurchschnittlich hohe und tendenziell einer Präferenz für Parteien der Mitte bis rechts der Mitte entsprechende Werte, so unter anderem bei Rassismus, Fremden- und Muslimfeindlichkeit oder auch der Abwertung von Homosexuellen und Trans*Menschen (➟ s. Tab. 3.9, S. 96 f.).

Die Zustimmungen jener 17 % der Befragten (n = 329), die angegeben haben, einer Gewerkschaft anzugehören, sind ähnlich zu jenen aus dem Jahr 2016 bzw. stimmen in 2018/19 die Gewerkschaftsmitglieder den meisten GMF-Elemente etwas mehr zu als jene Befragten, die in keiner Gewerkschaft Mitglied sind (➟ s. Tab. 3.10, S. 98).[20] Statistisch signifikant höher ist die Zustimmung bei den Gewerkschaftsmitgliedern zu Rassismus und Sexismus wie auch zur Fremden- und Muslimfeindlichkeit. Die übrigen Unterschiede sind minimal und nicht signifikant. Die Befunde sind insofern überraschend, als ein gewerk-

20 Chi^2-Tests zur Bestimmung signifikanter Unterschiede nach Gewerkschaftsangehörigkeit: Rassismus: Chi^2 (1, 1.877) = 16,091, p < ,001; Fremdenfeindlichkeit: Chi^2 (1, 1.877) = 5,235, p < ,05; Muslimfeindlichkeit: Chi^2 (1, 1.858) = 7,512, p < ,01; Sexismus: Chi^2 (1, 1.885) = 29,994, p < ,001.

Zustimmung zu den Facetten Gruppenbezogener Menschenfeindlichkeit nach Parteipräferenz (Angaben in Prozent) **Tabelle 3.9**

	CDU/CSU (n = 292)	SPD (n = 276)
Rassismus ***	13,8	11,7
Fremdenfeindlichkeit ***	15,8	14,5
Antisemitismus – klassisch ***	8,4	4,5
Antisemitismus – israelbezogen ***	26,1	21,7
Muslimfeindlichkeit ***	21,2	17,4
Abwertung von Sinti und Roma ***	29,6	19,3
Abwertung asylsuchender Menschen ***	56,6	48,7
Sexismus ***	10,3	10,9
Abwertung homosexueller Menschen ***	9,5	10,7
Abwertung von Trans*Menschen ***	17,9	14,4
Abwertung wohnungsloser Menschen ***	15,0	12,9
Abwertung langzeitarbeitsloser Menschen ***	59,7	41,5
Abwertung von Menschen mit Behinderung ***	2,4	1,6
Etabliertenvorrechte ***	41,3	41,6

Legende * p = < ,05; ** p = < ,01; *** = p < ,001 | [a] = Bündnis 90/Die Grünen.

schaftliches Engagement zumeist mit einer höheren Sensibilität für Fragen der Solidarität und des Rassismus in Zusammenhang gebracht wird. Hieran zeigt sich eine Verschiebung der Diskurse nach rechts, die weiter untersucht und diskutiert werden sollte. Besonders deutlich wird diese Verschiebung beim Rechtsextremismus (➡ s. Kap. 4, S. 117 ff.) (➡ s. Tab. 3.10, S. 98).

Abschließend sollen auch Unterschiede in GMF in Bezug auf Gruppen mit und ohne Migrationshintergrund untersucht werden. Als Befragte mit Migrationshintergrund wurden Personen zusammengefasst, die entweder (1) eine andere als die deutsche Staatsangehörigkeit besitzen; (2) selbst nicht in Deutschland geboren sind; oder bei denen (3) mindestens ein Elternteil nicht in Deutschland geboren ist bzw. eine nicht deutsche Staatsangehörigkeit hat. Mindestens eines der Kriterien trifft auf knapp 20 % der Stichprobe zu. Hierbei handelt es sich allerdings um eine sehr heterogene Gruppe. »Die typische Person mit Migrati-

Tabelle 3.9

FDP (n = 140)	B'90[a] (n = 399)	Die Linke (n = 140)	AfD (n = 97)	Nichtwähler (n = 131)
3,2	3,0	1,9	17,9	17,4
15,5	6,1	6,4	59,0	34,8
8,2	2,1	1,8	7,4	6,8
27,5	14,3	19,3	18,7	44,0
26,9	5,6	3,7	66,2	37,0
35,0	11,4	20,1	51,7	34,0
57,5	29,3	38,9	84,7	71,8
9,6	3,8	1,1	20,6	7,7
6,1	3,7	2,8	21,7	21,7
14,6	3,7	5,4	40,0	24,7
19,7	6,2	3,4	14,4	21,6
62,9	37,4	34,1	71,9	60,8
0,0	0,9	0,0	1,6	0,6
39,2	20,7	16,7	75,6	36,5

onshintergrund« gibt es nicht. Dementsprechend sollten die berichteten Zahlen zurückhaltend interpretiert werden. Die Mehrheit der Befragten mit Migrationshintergrund ist selbst in Deutschland geboren (66,8 %). Von knapp zwei Dritteln der Befragten mit Migrationshintergrund ist mindestens ein Elternteil nicht in Deutschland geboren. Häufige Herkunftsländer der Befragten sind Russland (40,4 %) und Polen (33,3 %). Hinsichtlich soziodemografischer Merkmale wie Geschlecht, Bildungsniveau, Gewerkschaftsangehörigkeit, der politischen Orientierung und auch der Parteipräferenz unterscheiden sich Befragte mit und ohne Migrationshintergrund kaum voneinander. Lediglich mit Blick auf die Wahlintention unterscheiden sich die Gruppen. Befragte mit Migrationshintergrund geben doppelt so oft an, bei einer bevorstehenden Bundestagswahl nicht zu wählen (7,2 % zu 15,4 %). Befragte mit Migrationshintergrund sind im Durchschnitt fünf Jahre jünger und verfügen über ein etwas geringeres Äquivalenzeinkommen als diejenigen ohne Migrationshintergrund.

Zustimmung zu den Facetten Gruppenbezogener Menschenfeindlichkeit nach Gewerkschaftsangehörigkeit (Angaben in Prozent) **Tabelle 3.10**

	Gewerkschaftsangehörigkeit	
	Ja (n = 329)	**Nein** (n = 1.558)
Rassismus ***	15,8	8,6
Fremdenfeindlichkeit *	23,2	17,8
Antisemitismus – klassisch	6,2	4,9
Antisemitismus – israelbezogen	26,2	23,1
Muslimfeindlichkeit **	25,5	18,9
Abwertung von Sinti und Roma	24,0	24,8
Abwertung asylsuchender Menschen	53,6	52,6
Sexismus ***	15,3	6,3
Abwertung homosexueller Menschen	11,7	9,1
Abwertung von Trans*Menschen	12,6	13,2
Abwertung wohnungsloser Menschen	11,7	12,6
Abwertung langzeitarbeitsloser Menschen	49,5	51,8
Abwertung von Menschen mit Behinderung	1,2	1,2
Etabliertenvorrechte	38,8	36,4

Legende * = p < ,05; ** = p < ,01; *** = p < ,001.

Zudem gaben rund 90 % der Befragten mit Migrationshintergrund an, überwiegend in Westdeutschland aufgewachsen zu sein.

In der Verbreitung von GMF unterscheiden sich die Befragten mit und ohne Migrationshintergrund insgesamt weniger voneinander als noch in der Erhebung 2016. Mit gebotener Vorsicht bei der Interpretation lassen sich für einzelne Elemente statistisch signifikante Unterschiede ausmachen. Eine breitere Zustimmung der Befragten mit Migrationshintergrund im Vergleich zu Befragten ohne Migrationshintergrund wird bei Rassismus (16,1 % zu 8,2 %), der Abwertung von homosexuellen Menschen (14,7 % zu 8,2 %), Langzeitarbeitslosen (57,1 % zu 49,9 %) und Menschen mit Behinderung (3,1 % zu 0,7 %) sichtbar. Die Analysen erlauben es aufgrund der geringen Zahl der Befragten nicht, weiter nach Herkunftsgruppen zu analysieren, allerdings empfehlen sich genauere Analysen mit größeren Stichproben, die differenzierte Aussagen darüber machen, welchen Einfluss z. B. einzelne Kriterien eines Migrationshintergrunds auf die Einstellungen zu anderen Gruppen in der Gesellschaft haben. Im Kontext der Mitte-Studie macht die Differenzierung nach Migrationshintergrund weniger Sinn, denn Menschen mit und ohne Migrationshintergrund machen gemeinsam die Mitte aus.

3.6 Abwertung und Gewalt

Die These ist weit verbreitet, dass Einstellungen, wie jene, die die Mitte-Studie im vorliegenden Kapitel als Vorurteil misst, keine Aussage über Handlungen zulassen. Der Hass auf Gruppen und die Behauptung von deren Ungleichwertigkeit muss nicht zu Gewalt führen. Allerdings ist aus der Forschung bekannt, dass Abwertungen Handlungen wie z. B. manifeste Diskriminierungen vorbereiten, indem sie mit Handlungsabsichten einhergehen (Zick & Küpper 2016, 2018). Die Absichten erfassen wir seit 2002 über die Gewaltbilligung und -bereitschaft, aber eben auf der Einstellungsebene. Die Analyse ist auch hochgradig relevant, weil ein starker Zusammenhang von Abwertungen und Gewaltaffinitäten auf Radikalisierungen und Extremismus hinweisen. Die Gewaltbilligung wird durch Zustimmung zu den beiden Aussagen erfasst: »Wenn sich andere bei uns breit machen, muss man ihnen unter Umständen unter Anwendung von Gewalt zeigen, wer Herr im Hause ist.« und »Gewalt kann zur Erreichung politischer Ziele moralisch gerechtfertigt sein.«[21] Insgesamt lassen sich in Deutschland rund 5,5 % (4er-Split) bis 6,2 % (5er-Split) der Bevölkerung als offen gewaltbilligend identifizieren.[22]

---

21 Die beiden Items weisen ein Cronbachs α von ,65 (5er-Split) bzw. ,56 (4er-Split) auf, eine für die Kürze des Messinstruments ausreichend reliable Skala zur Erfassung dieses Konstrukts.

22 Auch die Aussagen zur Gewalt wurden in diesem Jahr analog zur Gruppenbezogenen Menschenfeindlichkeit sowohl 4- als auch 5-stufig erhoben. Starke Gewaltbilligung und Gewaltbereitschaft auf Gesamtskalenebene berechnet sich demgemäß zu gleichen Anteilen aus den offenen Zustimmungen (»stimme eher zu« und »stimme voll und ganz zu«) auf der 4er- und 5er-Antwortskala. Die Unterscheidung in Gruppen mit schwacher und starker Gewaltbilligung und -bereitschaft wurde anhand einer Teilung des Mittelwerts vorgenommen. Werte bis einschließlich 2,5 bedeuten eine schwache Billigung bzw. Bereitschaft. Der Mittelwert 3 der 5er-Antwortskala wird nicht zur Zustimmung gerechnet. Die Zusammenhänge zwischen GMF und Gewalt sind statistisch überzufällig und robust, wenn ein anderes methodisches Vorgehen gewählt wird: Wie zu erwarten, schwanken die Prozentwerte der Zustimmungen, aber unabhängig davon, ob nur mit 4-stufiger Skala oder

Zustimmung zu den Facetten Gruppenbezogener Menschenfeindlichkeit bei Gewaltbilligung und -bereitschaft (Angaben in Prozent) **Tabelle 3.11**

	Gewaltbilligung		Gewaltbereitschaft	
	schwach (n = 1.771)	stark (n = 111)	schwach (n = 1.613)	stark (n = 278)
Rassismus ***/***	7,9	39,9	7,9	20,8
Fremdenfeindlichkeit ***/***	16,2	56,9	15,0	40,5
Antisemitismus – klassisch ***/n.s.	4,4	17,5	4,8	7,0
Antisemitismus – israelbezogen */***	22,9	32,0	21,5	36,1
Muslimfeindlichkeit ***/***	17,4	61,2	16,8	38,6
Abw. v. Sinti und Roma ***/***	22,9	50,7	22,0	40,7
Abw. asylsuchender Menschen ***/***	51,4	76,1	50,2	68,5
Sexismus ***/***	6,8	21,6	6,7	14,8
Abw. homosexueller Menschen ***/***	8,0	30,5	7,9	19,4
Abw. v. Trans*Menschen ***/***	11,8	33,7	10,7	26,4
Abw. wohnungsloser Menschen */***	11,8	20,2	11,3	18,9
Abw. langzeitarbeitsloser Menschen ***/***	50,0	73,1	48,7	67,3
Abw. v. Menschen mit Behinderung ***/**	0,8	8,7	1,0	2,8
Etabliertenvorrechte ***/***	34,9	62,9	33,9	53,9

Legende * = p < ,05; ** = p < ,01; *** = p < ,001 | * *vor* »/« beziehen sich auf Gewaltbilligung, * *nach* »/« auf Gewaltbereitschaft.

Die Gewaltbereitschaft wird über drei Items erfasst: »Manchmal muss ich Gewalt einsetzen, um nicht den Kürzeren zu ziehen.« »Ich bin bereit, mich mit körperlicher Gewalt gegen Fremde durchzusetzen.« und »Wenn es wirklich darauf ankommt, bin ich auch bereit Gewalt anzuwenden.«[23] Je nachdem, ob die Befragten die Möglichkeit hatten, die Mittelkategorie zu wählen, lassen sich rund 13,6–15,9 % der Deutschen als gewaltbereit identifizieren.

nur mit 5-stufiger Skala gerechnet wird oder wenn der Mittelwert 3 der 5er-Antwortskala mit zur Zustimmung gezählt wird, ändert sich in der Regel das Muster der Zusammenhänge nicht substanziell. Diese zur Kontrolle berechneten Ergebnisse werden daher nicht gesondert berichtet.

23 Die Skala ist mit Cronbachs α von ,71 (5er-Split) bzw. ,70 (4er-Split) reliabel.

Die Zustimmungen sind in Tabelle 3.11 aufgeführt. Es zeigt sich durchweg, dass Befragte mit stärkerer Gewaltbilligung und Gewaltbereitschaft eine höhere Zustimmung zu GMF haben. Einzige Ausnahme stellt der klassische Antisemitismus dar, bei dem die Unterschiede in Bezug auf die Gewaltbilligung, nicht aber auf die Gewaltbereitschaft bedeutsam sind. Besonders deutliche Differenzen zeigen sich jedoch bei einer Reihe von GMF-Elementen.[24] Vor allem bei der Abwertung von Menschen mit Behinderungen und beim Rassismus zeigen sich starke Unterschiede zwischen Menschen mit schwacher und starker Gewaltbilligung. Bei Befragten, die eine starke Gewaltbilligung aufweisen, ist darüber hinaus insbesondere die Zustimmung zur Abwertung asylsuchender Menschen (76,1 %), Abwertung Langzeitarbeitsloser (73,1 %), den Etabliertenvorrechten (62,9 %) und der Muslimfeindlichkeit (61,2 %) besonders hoch ausgeprägt.

Die Unterschiede zwischen Befragten mit schwacher und starker Gewaltbereitschaft sind demgegenüber nicht ganz so stark ausgeprägt, aber immer noch deutlich. Die größten Differenzen zeigen sich in der Zustimmung zum Rassismus. Besonders hoch fällt die Zustimmung zur Abwertung Langzeitarbeitsloser

24 Unterschiede zwischen schwacher und starker Gewaltbilligung: Rassismus: Chi^2 (1, 1.874) = 119,50, $p < ,001$; Fremdenfeindlichkeit: Chi^2 (1, 1.874) = 113,78, $p < ,001$; klassischer Antisemitismus: Chi^2 (1, 1.809) = 33,44, $p < ,001$; israelbezogener Antisemitismus: Chi^2 (1, 1.726) = 4,21, $p < ,05$; Muslimfeindlichkeit: Chi^2 (1, 1.853) = 125,40, $p < ,001$; Abwertung von Sinti und Roma: Chi^2 (1, 1.856) = 42,12, $p < ,001$; Abwertung asylsuchender Menschen: Chi^2 (1, 1.868) = 25,85, $p < ,001$; Sexismus: Chi^2 (1, 1.881) = 33,15, $p < ,001$; Abwertung homosexueller Menschen: Chi^2 (1, 1.861) = 61,87, $p < ,001$; Abwertung von Trans*Menschen: Chi^2 (1, 1.867) = 43,52, $p < ,001$; Abwertung obdachloser Menschen: Chi^2 (1, 1.869) = 6,41, $p < ,05$; Abwertung von Menschen mit Behinderung: Chi^2 (1, 1.881) = 56,65, $p < ,001$; Abwertung langzeitarbeitsloser Menschen: Chi^2 (1, 1.865) = 22,05, $p < ,001$; Etabliertenvorrechte: Chi^2 (1, 1.877) = 34,53, $p < ,001$.

Unterschiede zwischen schwacher und starker Gewaltbereitschaft: Rassismus: Chi^2 (1, 1.881) = 44,74, $p < ,001$; Fremdenfeindlichkeit: Chi^2 (1, 1.882) = 101,80, $p < ,001$; israelbezogener Antisemitismus: Chi^2 (1, 1.733) = 25,54, $p < ,001$; Muslimfeindlichkeit: Chi^2 (1, 1.861) = 68,93, $p < ,001$; Abwertung von Sinti und Roma: Chi^2 (1, 1.864) = 43,83, $p < ,001$; Abwertung asylsuchender Menschen: Chi^2 (1, 1.877) = 31,72, $p < ,001$; Sexismus: Chi^2 (1, 1.890) = 21,06, $p < ,001$; Abwertung homosexueller Menschen: Chi^2 (1, 1.870) = 35,77, $p < ,001$; Abwertung von Trans*Menschen: Chi^2 (1, 1.871) = 50,81, $p < ,001$; Abwertung obdachloser Menschen: Chi^2 (1, 1.875) = 12,28, $p < ,001$; Abwertung von Menschen mit Behinderung: Chi^2 (1, 1.889) = 7,531, $p < ,01$; Abwertung langzeitarbeitsloser Menschen: Chi^2 (1, 1.873) = 32,45, $p < ,001$; Etabliertenvorrechte: Chi^2 (1, 1.886) = 41,28, $p < ,001$.

(67,3 %), asylsuchender Menschen (68,5 %) und den Etabliertenvorrechten (53,9 %) bei Befragten mit starker Gewaltbereitschaft aus.

Die Ergebnisse zeigen insgesamt, wie klar und deutlich die Zustimmung zu menschenfeindlichen Vorurteilen mit Gewaltbilligung und -bereitschaft einhergeht und die Feindseligkeit dementsprechend nicht einzig in den Meinungen von Menschen verbleibt. Dieser Konnex von Abwertung und Gewalt ist relevant für die weiteren Zusammenhänge zu rechtspopulistischen und rechtsextremen Orientierungen. Sie sind getragen von Meinungen über die Minderwertigkeit von Gruppen, gegen die sie Hass oder Gewalt richten und damit verbinden sie die Ideologie der Ungleichwertigkeit, die sich im vorliegenden Kapitel in der Zustimmung zu menschenfeindlichen Vorurteilen manifestiert, mit politisch-ideologischen Überzeugungen, die sich auf die Gesellschaft und die Höherwertigkeit der eigenen Gruppe richten.

3.7 Neuer Antisemitismus im alten Gewand – eine Anmerkung zu den Ergebnissen der Mitte-Studie 2018/19

Ein Exkurs von Beate Küpper und Andreas Zick

An dieser Stelle richten wir einen besonderen Blick auf den Antisemitismus. Wir geben zunächst eine etwas ausführlichere Erläuterung unserer Verständnisses von Antisemitismus, begründen, welche Hinweise sich unseres Erachtens für das Phänomen aus einer Meinungsumfrage wie der Mitte-Studie gewinnen lassen und greifen noch einmal einige der in Kapitel 3 berichteten Ergebnisse auf. Antisemitismus kommt aufgrund der deutschen Geschichte des Nationalsozialismus und des Holocausts, der Shoah, eine ganz besondere Bedeutung zu. Heute ist Rechtsextremismus nicht nur vom Antisemitismus geprägt, sondern transportiert ihn weiter wie einen Erinnerungsspeicher. Das Thema Antisemitismus wird zudem aktuell vielfach diskutiert, mit Bezug zum Rechtsextremismus und Rechtspopulismus, vielfach aber auch ohne diesen Bezug. Nicht selten auch kontrovers geht es dabei vorrangig um die Frage, ob der Antisemitismus zunimmt und wenn ja, in welchen kulturellen, sozialen und vor allem ideologischen und religiösen Milieus. Hier richtet sich die Aufmerksamkeit vor allem auf muslimisch-migrantische Communities, in denen antisemitische Einstellungen durchaus verbreitet sind, nicht nur, aber im Besonderen in Verbindung mit Israel. In jedem Fall aber richtet sich der islamistische Terror auch und gerade gegen das Judentum. Hier wird dann auf Religion und/oder Kultur als Begründung verwiesen. Hingegen ist die lange Tradition des Antisemitismus im Christentum – und beispielsweise auch seine Übersetzung in israelbezogenen Antisemitismus in friedensbewegten christlichen Kreisen – kaum ein Thema. Gleiches gilt für die lange und tiefe Verankerung des Antisemitismus in der sogenannten abendländischen Kultur. Ohne dies als Aufrechnung verstanden wissen zu wollen, ist dies für sich genommen bereits bemerkenswert – der Fingerzeig beim Antisemitismus geht bevorzugt auf die jeweils »Anderen«, der Holocaust wird gern verdrängt. Heftige Diskussionen gab und gibt es über Boykottaktionen gegen Israel, Mobbing von jüdischen Schüler_innen und die manchmal fatalen Reaktionen der Lehrer_innen und Schulen; alltägliche Hasstaten, die sich zum Zeitpunkt dieses Berichtes nachweislich gemehrt haben.[25]

Wie sich Antisemitismus äußert

In Fachkreisen wird die Mitte-Studie zur Kenntnis genommen, nicht selten auch kritisiert, weil sie Antisemitismus schlechterdings lediglich als Einstellung und im Rahmen einer Meinungsforschung erhebt und dies angesichts der vielen anderen Themen der Studie auch nur sehr begrenzt tun kann. Weitgehend einig ist man sich dort allerdings darüber, dass Antisemitismus weder neu ist, noch ein spezifisches Problem einiger Subgruppen. Jenseits dieser Kreise, die sich explizit mit dem Thema beschäftigen, wird hingegen nicht selten Verwunderung darüber geäußert, »dass es Antisemitismus überhaupt noch gibt«, es wird bezweifelt, ob er denn eigentlich noch ein wichtiges Thema sei. Was viele, die nicht

25 Siehe u. a. Kleine Anfragen zu antisemitischen Straftaten, die dem Phänomenbereich »Politisch motivierte Kriminalität« (PMK) zugeordnet werden. Petra Pau u. a. Online: https://www.petrapau.de/19_bundestag/dok/down/2018_zf_antisemitische_straftaten.pdf [Aufruf am 9.3.2018]. Die polizeilich berichteten antisemitischen Straf- und Gewalttaten unterliegen allerdings wie andere Straftaten auch gewissen Einschränkungen der Kriminalstatistik. Sie hängen u. a. von der Meldung bei der Polizei und der nachfolgenden Kategorisierung durch die Strafverfolgungsbehörden ab. Diese wiederum verändern sich mit der Aufmerksamkeit der Bevölkerung, nicht zuletzt auch das Vertrauen von Jüd_innen in die Strafverfolgungsbehörden, antisemitische Straftaten zur Anzeige zu bringen sowie der Schulung der Polizei.

unmittelbar betroffen sind, übersehen, nicht merken, nicht erkennen, nicht mitbekommen oder als nicht so wichtig erachten, erleben Jüdinnen und Juden jeden Tag in seiner unmittelbaren Form als persönliche Beleidigung oder sogar Gewalt, häufiger aber ganz beiläufig und nicht gezielt adressiert als Bemerkungen über »die Juden« oder über »Israel« als Chiffre für »Jude«, in die sich der Antisemitismus oft erkennbar übersetzt (➟ s. dazu die im Rahmen des 2. Expertenkreises Antisemitismus des deutschen Bundestags in Auftrag gegebene Studie über »Jüdische Perspektiven auf Antisemitismus« von Zick & Bernstein und Mitarbeiter_innen 2017[26] sowie die aktuelle Studie der Fundamental Rights Agency).[27] Antisemitismus beginnt im »Andersmachen« und »Andersgemacht-Werden«, einem in der Forschung benannten »Othering«, wenn beispielsweise von »Deutschen« und »Juden« gesprochen wird, als wenn Jüdinnen und Juden keine Deutschen wären bzw. sein sollten. Antisemitismus äußert sich in beiläufigen Bemerkungen, Distanzierung, Diskriminierung, (durchaus auch ungewollt, aber eben auch ohne nachzudenken, wenn etwa wichtige Veranstaltungen auf einen Samstag gelegt werden). Im äußersten Fall mündet der Antisemitismus in Verfolgung, Vernichtung, Genozid (zur Eskalationsspirale vgl. Allport 1954). Der Antisemitismus funktioniert und verläuft als Facette der Judenfeindlichkeit nach dem Muster anderer sozialer Vorurteile. Selbstverständlich gilt die Perspektivendivergenz beim Thema Antisemitismus (dazu mit Bezug zur Praxis u. a. Küpper, Radvan & Chernivsky 2018) zwischen jenen, die nicht adressiert werden und jenen, die unmittelbar gemeint sind, auch für die Abwertung anderer sozialer Gruppen. Das macht den Antisemitismus für alle Vorurteile bedeutsam. Was für die einen ein Thema unter vielen oder auch gar kein Thema ist, ist für die anderen alltägliche Erfahrung, wobei ihnen dann nicht selten unterstellt wird, sie seien »übersensibel« oder würden »übertreiben«. Beim Antisemitismus ist dies vielleicht nicht nur Ignoranz, sondern eingedenk der

26 2. Unabhängiger Expertenkreis Antisemitismus (2017). Bericht zum Aktuellen Antisemitismus in Deutschland. Im Auftrag des Deutschen Bundestags. BMI: Berlin. https://www.bmi.bund.de/SharedDocs/downloads/DE/publikationen/themen/heimat-integration/expertenkreis-antisemitismus/expertenbericht-antisemitismus-in-deutschland.html;jsessionid=B2606B07B59D5FCC8FECBA7A448DE8E0.2_cid364 [Aufruf am 4.3.2019].

27 Fundamental Rights Agency (2018). Experiences and perceptions of antisemitism/Second survey on discrimination and hate crime against Jews in the EU. https://fra.europa.eu/en/publication/2018/2nd-survey-discrimination-hate-crime-against-jews [Aufruf am 4.3.2019].

Geschichte der Shoah, des Holocausts, auch eine Abwehrreaktion – es ist besonders unangenehm, sich mit Antisemitismus zu beschäftigen.

Dabei ist Antisemitismus ein uraltes Phänomen, tief in der Geschichte und Kultur verhaftet. Einige Stereotype sind uralt, andere Ausdrucksformen werden in einem gewissen zeitlichen Wandel an den jeweiligen Zeitgeist angepasst und gewissermaßen modernisiert (u. a. Bergmann 2002; Zick & Küpper 2005). Judenfeindliche Stereotype, vorurteilsbehaftete Erzählungen über Juden und Verschwörungsmythen sind in Deutschland, Europa und Ländern des Nahen Ostens besonders verbreitet (Studie der Anti-Defamation League 2014/15)[28] und haben sich historisch gegenseitig befruchtet. Seine jeweiligen Begründungen und Rechtfertigungen können religiös, weltlich, politisch oder rassistisch sein (Benz 2004). Auf sie können die unterschiedlichsten ideologischen Milieus jederzeit zurückgreifen. Zugleich schimmern dabei die traditionellen Stereotype über Juden durch, die in Verschwörungsmythen zu umfangreichen ideologischen Bildern und Geschichten wie Rechtfertigungslehren der Verfolgung werden. Sie werden zur Erklärung für diverse Weltereignisse herangezogen (dazu u. a. Rensmann 2018). Beispielhaft hierfür ist die derzeit vonseiten rechtspopulistischer Regierungen und Parteien – die Auseinandersetzungen in der AfD mit antisemitischen Mitgliedern sind bekannt – und im Internet verbreitete, abstrus klingende, aber in ihrer Wirkung gefährliche Verschwörungserzählung. Nicht nur in Ungarn wird beispielsweise derzeit mit großem Aufwand der Mythos verbreitet, George Soros [jüdisch, reich, Philanthrop] plane eine Umvolkung und Angela Merkel und viele andere seien dabei Gehilfen.

Ein offener, d. h. leichter erkennbarer und traditioneller Antisemitismus war in Deutschland unter dem Eindruck des Holocausts bzw. der Shoah lange Zeit zumindest offiziell weitgehend geächtet. Dies bedeutet jedoch nicht, dass Antisemitismus nicht vorhanden war, vielmehr führte dies dazu, dass dieser versteckter und über Umwege kommuniziert wurde (Bergmann 2002). Häufig findet sich im Antisemitismus eine auch für Vorurteile typische »Täter-Op-

28 Anti-Defamation League (2014/2015): ADL Global 100: A Survey of Attitudes Toward Jews in over 100 Countries around the World. http://global100.adl.org/public/ADL-Global-100-Executive-Summary.pdf und http://global100.adl.org/#map/2015update [Aufruf am 10.5.2018].

fer-Umkehr«. Sie wird beispielsweise ausgedrückt in der Unterstellung, die Juden seien selbst schuld an der eigenen Verfolgung. Inzwischen provozieren nicht nur Führungspersonen der AfD gezielt und gehäuft mit antisemitischen und die NS-Zeit relativierenden Äußerungen selbst in deutschen Parlamenten. Die Frage muss gestellt werden, ob wir noch von einer offiziellen Ächtung von Antisemitismus reden können. Jenseits der offiziellen Bühne war der Antisemitismus immer da, ablesbar beispielsweise an den vielen mit blankem und quasi selbstverständlichem Antisemitismus gespickten Zuschriften an den Zentralrat der Juden in Deutschland und den Kommentarspalten seriöser Zeitungen; oft durchaus von gebildeten Menschen vorgetragen (vgl. auch Schwarz-Friesel & Reinharz 2012). Heute ist der Antisemitismus im Internet und in den sozialen Medien besonders sichtbar, findet sich aber durchaus auch in der in Teilen recht einseitigen Berichterstattung über Israel in etablierten Medien (zur Übersicht z. B. Schwarz-Friesel & Reinharz 2012). Nun ist nicht jede Kritik an Israel antisemitisch, und es gibt gewisse »Grauzonen«, was vielleicht als »neutrale« Kritik gemeint ist. Aber auch diese operiert oft mit antisemitischen Bildern, ist zumindest sehr leicht anschlussfähig für Antisemitismus. Ebenso macht die oft so leidenschaftlich geführte, emotional hoch aufgeladene Debatte um »Israel« und den Nahostkonflikt misstrauisch, gerade wenn sie von nicht jüdischer deutscher Seite aus geführt wird. Eingedenk der vielen familiären Verquickungen in den Holocaust, dem Wegsehen, dem Nicht-so-genau-wissen-Wollen, dem Mitlaufen und Mittun und der widerwilligen und lange hinausgeschobenen Aufarbeitung, den vielen Karrieren, institutionellen Kontinuitäten und Familienerbstücken wie dem schönen Kaffeeservice von Oma, nach dessen Herkunft lieber nicht so genau gefragt wird, wäre es aus psychologischer Sicht eher unwahrscheinlich, wenn dies keine soziale Dissonanz und entsprechende Abwehrreaktionen hervorrufen würde. Die kollektive Schuld fühlt sich leichter an, wenn man sie den Opfern zuschiebt oder diese zumindest auch zu Tätern macht. Wie deutlich eine Täter-Opfer-Umkehr aktuell betrieben wird, hat kürzlich unsere repräsentative Umfrage Memo – Erinnerungsmonitor gezeigt.[29] Kaum ein Thema wird bislang wie der Antisemitismus von Generation zu Generation weitergegeben (u. a. Chernivsky 2017).

---

29 https://www.stiftung-evz.de/fileadmin/user_upload/EVZ_Studie_MEMO_Ergebnisbericht.pdf [Aufruf am 4.3.2019].

Erhebung von Antisemitismus in einer Meinungsumfrage

Es ist also richtig, immer und auch jetzt die Frage zu stellen, wie verbreitet der Antisemitismus ist. Auch die Mitte-Studien tun dies regelmäßig, wenn auch begrenzt und nicht, wie dies in einem spezifischen Monitoring des Antisemitismus möglich wäre. Die Antwort nach der Verbreitung hängt dabei natürlich davon ab, welche Indikatoren man betrachtet und wie man sie dann bewertet, ob als Alarmsignal oder Normalzustand. Nun ist Antisemitismus aber kein Zustand, sondern hat eine Dynamik, wie die Vergangenheit lehrt. Das heißt, es gilt nicht nur, die vielen unterschiedlichen Indikatoren für Antisemitismus zu betrachten, sondern auch, sie in ihrer Wechselwirkung und gegenseitigen Befruchtung zu verstehen: Straf- und Gewalttaten gegen Jüd_innen und jüdische Einrichtungen – ob nun immer im Einzelnen antisemitisch motiviert oder als Mitläufer_in in einer Gruppentat verübt –, Beschimpfungen und Mobbing im Alltag, die nicht als Problem der Gesellschaft oder von Institutionen, sondern von den jeweils adressierten Opfern gehandhabt werden, verbreitete Verschwörungsmythen mit antisemitischer Konnotation, wie sie im Internet, aber beispielsweise auch bei den Demonstrationen von Pegida von der Bühne ohne Widerspruch verbreitet wurden und gezielte Provokationen von Politiker_innen, stets unter Einbezug der Perspektive derjenigen, die der Antisemitismus unmittelbar betrifft. Fatal ist, dass Berichterstattung darüber nicht nur alarmierende Wirkung entfaltet, sondern eben auch zur Gewöhnung führen kann. Es dauert eine Weile, bis sich diese Indikatoren zu einem Muster zusammensetzen, das dann auch seine Wirkung in einer Bevölkerung entfaltet, in der die lange Tradition des Antisemitismus, die nicht gestellten Fragen des Holocausts und Abwehrreaktionen schlummern, und in der die Norm, sich nicht offen antisemitisch zu äußern, nach wie vor wirkungsmächtig ist. Davon zeugen auch die auffallend vielen fehlenden Antworten zu den zur Erfassung von Antisemitismus verwendeten Fragen. Entsprechend können Meinungsumfragen zum Antisemitismus, wie die Mitte-Studie ihn untersucht und dabei viele andere Themen anspricht, immer nur als ein Indiz verstanden werden. Sie messen den Antisemitismus eher konservativ und bilden ihn begrenzt ab. In einer telefonischen Befragung wie der Mitte-Studie (➟ s. Kap. 2, S. 41 ff.) liegen die Zustimmungen in der Regel noch etwas niedriger als in schriftlichen Befragungen mit einem Fragebogen, die etwas anonymer sind, was aber nichts über »richtig« und »falsch« aussagt, sondern unterstreicht, dass auch der Antisemitismus nicht nur ein individuelles, sondern ein soziales Phänomen ist (→ s. beispielsweise die Leipziger Autoritarismus-Studie von Decker et al. 2018). Wir reden daher auch nicht von »Antisemiten« (was suggeriert, es gäbe per se auch Nichtantisemiten), sondern von antisemitischen Einstellungen, die gelernt, übernommen und weitergetragen werden, in unterschiedlichen Milieus unterschiedlich weit, die zwar sehr zäh, aber grundsätzlich veränderbar sind. Dennoch können sie wichtige ergänzende Informationen über die Verbreitung, vor allem aber auch über empirisch geprüfte Zusammenhänge liefern.

Die in der Mitte-Studie verwendeten Fragen zum Antisemitismus beruhen auf bewährten, vielfach geprüften Befragungsinstrumenten, die so oder ähnlich in vielen Studien eingesetzt werden. Die recht zufriedenstellenden Reliabilitäten der Subskalen zeugen von der Zuverlässigkeit der Erfassung, die unten berichteten Zusammenhänge davon, dass jenseits von individuellen Abweichungen und Lesarten im Durchschnitt der Stichprobe erfasst wird, was erfasst werden soll: Antisemitische Einstellungen.

Was beobachten wir?

Im Vergleich zum Jahr 2016 stagniert sowohl der klassische Antisemitismus als auch der israelbezogene Antisemitismus, im längeren Trend nimmt beides in der breiten Bevölkerung, wie sie hier beobachtet wird, eher ab, das gilt auch für den sekundären Antisemitismus. Er ist nach wie vor eher bei Älteren als bei Jüngeren verbreitet, bei weniger gut Gebildeten weiter als bei besser Gebildeten. Auch der Zusammenhang mit der Affinität zu Gewalt ist beim israelbezogenen Antisemitismus schwächer ausgeprägt, als bei etlichen anderen GMF-Elementen. Dies unterstreicht noch einmal, dass insbesondere der israelbezogene Antisemitismus auch jenseits der üblicherweise verdächtigen Milieus verbreitet ist. Dies spricht zum einen dafür, dass Bildung präventiv hilft, aber der schwächere Bildungseinfluss auf den israelbezogenen Antisemitismus und dessen nach wie vor hohes Ausmaß mahnen, diese Facette bei Prävention und Intervention stärker mit einzubeziehen. Während klassischer Antisemitismus in der Mitte und insbesondere rechts davon – gemessen an der politischen Selbstverortung – höher ausgeprägt ist als im linken Spektrum, ist der israelbezogene Antisemitismus bei jenen, die sich selbst politisch »ganz links« verorten fast ebenso hoch wie bei jenen, die sich »rechts« positionieren. Zudem wird in der aktuellen Erhebung erneut deutlich, dass sich Antisemitismus auch bei Personen findet, die sich selbst »genau in der Mitte« verorten. Die Zustimmung nach Parteienpräferenz sieht (mit der zusammengespielten Variable aus dem 4- und 5-stufigem Antwortformat) deutlich anders aus, als es noch in 2016 der Fall war, wo nur ein 4-stufiges Antwortformat verwendet wurde. Dies liegt an der neuen Mittekategorie »teils/teils«, die auffallend viele Befragte wählen, die ihre Wahlpräferenz für die AfD angeben. Mit dem alten 4-stufigen Antwortformat bzw. wenn »teils/teils« in Zustimmung gerechnet wird, sind die Befunde denen in 2016 recht ähnlich. Hier könnte sich die Debatte um Antisemitismus in der AfD abzeichnen, die dazu führen könnte, dass ihre potenziellen Wähler_innen hier besonders vorsichtig geworden sind und besonders häufig mit »teils/teils« antworten. Klar ist: Je eher Befragte die »Argumente der AfD überzeugend« finden, desto eher neigen sie zum Antisemitismus. Dies zeigt sich besonders ausgeprägt beim sekundären Antisemitismus, der Jüd_innen eine Mitschuld an der Verfolgung zuweist, schwächer auch beim klassischen Antisemitismus, hingegen nicht beim israelbezogenen Antisemitismus, weil dort auch Befragte, die sich für die Antwort »teils/teils« entschieden haben, hohe Zustimmungswerte haben.[30] Die insgesamt etwas höheren Werte bei Gewerkschaftsangehörigen, die sich in der Tendenz in der Erhebung 2016 (in 2014 aber noch nicht) abzeichneten, deuten sich beim Antisemitismus zwar auch an, sind aber nicht signifikant.

Auch wenn die absolute Höhe der verschiedenen Ausdrucksformen von Antisemitismus nicht unmittelbar vergleichbar ist, weil hier schlechterdings andere Fragen gestellt werden, wird doch erkennbar, dass der klassische Antisemitismus weniger Zustimmung erfährt als der sekundäre und insbesondere der israelbezogene Antisemitismus. Bei den Fragen zum klassischen Antisemitismus ist für die Befragten leicht erkennbar, dass es um Antisemitismus geht. Hier gehen wir davon aus, dass die Tendenz, sozial erwünscht antworten zu wollen und die Norm, sich nicht antisemitisch zu äußern, wirken. Entsprechend zurückhaltend sind die Zustimmungen. Sicher will auch ein Teil der Befragten nicht antise-

30 Einfaktorielle Varianzanalyse (Variable »Ich finde die Argumente der AfD überzeugend«; Zustimmung/Ablehnung und »teils/teils«): klassischer Antisemitismus: $F(1, 1.805) = 10{,}35$, $p < {,}001$; sekundärer Antisemitismus: $F(1, 1.755) = 34{,}09$, $p < {,}001$; israelbezogener Antisemitismus; $F(1, 1.755) = {,}07$, p = n. s.

mitisch sein und hält sich selbst auch nicht für antisemitisch. Doch die tiefe Verankerung des Antisemitismus führt dazu, dass dann etliche Befragte halb bewusst, halb unbewusst den über Umwege ausgedrückten Formen des Antisemitismus zustimmen. Dies zeigt sich auch in der recht häufigen Verwendung der »teils/teils«-Antwort, wenn diese im 5-stufigen Antwortformat zur Verfügung steht – so ganz wird den Aussagen zwar nicht zugestimmt, aber ein wenig eben schon bzw. herrscht Unsicherheit darüber. Dies wird auch in den beim Antisemitismus (und hier vor allem beim israelbezogenen Antisemitismus) auffallend vielen fehlenden Antworten deutlich (Befragte, die hier nicht antworten, erweisen sich aber bei den anderen Fragen nicht als auffallend antisemitisch, wie vielleicht vermutet werden könnte).

Deutlich wird zudem ein enger korrelativer Zusammenhang zwischen den verschiedenen Ausdrucksformen von Antisemitismus, d. h. wer einer Facette in der Tendenz zustimmt, stimmt auch anderen Facetten eher zu und umgekehrt (dazu auch bereits Heyder, Iser & Schmidt 2005).[31] Dies gilt etwas schwächer auch für den israelbezogenen Antisemitismus. Es gibt Befragte, die Israel antisemitisch kritisieren, ohne zugleich auch einer anderen Facette von Antisemitismus in der Tendenz eher zuzustimmen. Bei vielen gehen Zustimmung oder Ablehnung aber Hand in Hand (wobei Korrelationen keine Prozentsätze sind, das als Hinweis für diejenigen, die lediglich auf die Häufigkeiten achten).

Nach den vielen Jahrhunderten und der Shoah ist Antisemitismus nicht einfach auf Knopfdruck oder per Dekret verschwunden. Er kommt in Wellen an die Oberfläche. Die Aufgabe ist es, sich dessen gewahr zu sein. Dazu gehört auch, den Antisemitismus nicht bevorzugt bei den jeweils »Anderen« zu suchen, die als ohnehin nicht dazugehörig (Muslime, Flüchtlinge) oder als extremer Rand (ausgemachte Rechts- und Linksextremisten) gelten, sondern einen kritischen Blick auf die Mitte der Bevölkerung zu werfen und selbstreflexiv zu werden

31 Pearson-Korrelationen (unter Verwendung der Hälfte der Stichprobe mit 5-stufigen Antwortformaten für jede Fragen): klassischer/sekundärer Antisemitismus: $r = ,64$, $p < ,001$; klassischer/israelbezogener Antisemitismus: $r = ,45$, $p < ,001$; klassischer/stereotypisierender Antisemitismus: $r = ,68$, $p < ,001$; sekundärer/israelbezogener Antisemitismus: $r = ,51$, $p < ,001$; sekundärer/stereotypisierender Antisemitismus: $r = ,63$, $p < ,001$; israelbezogener Antisemitismus/stereotypisierender Antisemitismus: $r = ,55$, $p < ,001$.

(➟ s. Kap. 9, S. 255 ff.). Die in Kapitel 3 berichteten Ergebnisse verweisen darauf, dass der Antisemitismus, so wie wir ihn in einer Meinungsumfrage erfassen können, in der breiten Bevölkerung nicht zugenommen hat. Wohlgemerkt, dies bedeutet nicht, dass er nicht in Teilen und Submilieus sehr virulent ist. Die nachfolgenden Kapitel werden zeigen, wie eng Antisemitismus aber mit rechtsextremem, rechtspopulistischem und Verschwörungsdenken zusammenhängt, für die er gleichermaßen Einfallstor ist, wie diese ihrerseits Vehikel für Antisemitismus, im schlimmsten Fall dann auch antisemitische Gewalt sind.

3.8 Zusammenfassung zentraler Beobachtungen

In den Mitte-Studien haben wir 13 sogenannte Elemente von Gruppenbezogener Menschenfeindlichkeit anhand der Zustimmung zu vorurteilsvollen Einstellungen erfasst. Die Ergebnisse sollen hier nicht im Einzelnen wiederholt werden, sondern einige auffallende Befunde herausgestellt werden. Leser_innen mögen andere Tendenzen interessanter finden.

Eine Reihe von Vorurteilsmustern richtet sich gegen Gruppen, die als »fremd« und woanders herkommend wahrgenommen werden. Der klassische Rassismus ist seit 2002 rückläufig. Gut jede zehnte befragte Person stimmt ihm zu. Dem Rassismus wird im Vergleich zu anderen Bildungsgruppen von Personen mit niedrigem formalen Bildungsniveau stärker zugestimmt. Er ist im politischen Spektrum eher bei konservativ orientierten Personen, aber auch bei Gewerkschaftsmitgliedern eher als bei nicht gewerkschaftlich angebundenen Personen stärker verbreitet. Unter AfD-Wähler_innen ist er ebenso höher, allerdings ähnlich hoch wie bei Nichtwähler_innen.

Die sogenannte »Fremdenfeindlichkeit« teilt fast jede fünfte Person. Die Kategorie »Ausländer« mag in einem Land, in dem fast jede_r vierte Bürger_in selbst einmal »Ausländer_in« war, noch als solche betrachtet wird oder so von anderen bezeichnet wird, ein weniger bedeutsames Merkmal für die Abwertung sein. Die Fremdenfeindlichkeit ist in den neuen Bundesländern, bei formal niedrig gebildet, konservativ orientierten Befragten wie auch Gewerkschaftsmitgliedern hoch. Sie ist besonders auffällig hoch unter AfD-Wähler_innen, die insgesamt in allen Abwertungen von Gruppen mit Blick auf die Parteipräferenz hohe Werte aufweisen. Der Eindruck drängt sich auf, dass die Zuschreibung negativer Eigenschaften zur Kategorie der »Ausländer« ein konservatives, nationalorientiertes klassisches Phänomen der Abwertung ist.

Die vorurteilsvolle Zuschreibung negativer Eigenschaften auf Muslime wird von jeder fünften befragten Person geteilt. Sie ist im Osten der Republik höher als im Westen, unter Männern stärker als unter Frauen und wiederum unter niedriger gebildeten wie konservativ orientierten Befragten höher. Mit Blick auf Parteipräferenzen sticht auch hier die AfD (66 % Zustimmung) in der Muslimfeindlichkeit hervor, aber auch Gewerkschaftsmitglieder zeigen höhere Zustimmungen als solche, die es nicht sind.

Der Antiziganismus liegt in 2018/19 stabil bei rund einem Viertel an Zustimmung. Hierbei fällt auf, dass die Einkommensmittelschichten stärker zustimmen als andere Einkommensgruppen. Ähnlich wie bei den Vorurteilszustimmungen zuvor, fallen schwache Bildungsgruppen und konservativ orientierte Befragte im Vergleich zu anderen, sowie AfD-Wähler_innen (52 %) auf.

Diese haben auch die höchste Zustimmung zu negativen Urteilen über Asylsuchende (85 %). Insgesamt sind die Zustimmungen dazu, dass Asylsuchende nicht legitim seien und der Staat nicht großzügig in der Asylprüfung sein sollte, im Vergleich zu den Vorjahren um rund 5 % höher. Rund jede zweite befragte Person stimmt den Aussagen zu. In Ostdeutschland mehr als in Westdeutschland, in mittleren Einkommensgruppen stärker als in anderen Einkommensgruppen. Hier manifestiert sich in den Einstellungen, was auch in den Protesten und Demonstrationen gegen den Zuzug von Asylsuchenden sichtbar wurde. Die negativen Meinungen gegenüber Asylsuchenden, Sinti und Roma, Immigrant_innen und anderen sind relevant unter Befragten, die mit der AfD sympathisieren. Der häufige Einwand, dass hier keine Vorurteile gemessen werden, sondern politische Einstellungen zur Asylfrage, ist begrenzt überzeugend, denn er erklärt nicht, warum die unterschiedlichen Vorurteilsmuster miteinander zusammenhängen. Die Abwertung von »Ausländern« hängt statistisch überzufällig mit der Abwertung von Asylsuchenden zusammen, ebenso wie die Muslimabwertung und die Betonung von Vorrechten der Alteingesessenen bzw. Vorbehalten gegen Neuhinzugezogene (Etabliertenvorrechte). Diese Zusammenhänge verweisen auf eine generalisierte Abwertung von Gruppen, die als »Fremde« wahrgenommen werden. Ebenso ist zu bedenken, dass alle GMF-Elemente mit einer generellen Gewaltbilligung und -bereitschaft gegenüber »Anderen«, seien sie fremd oder politisch anders orientiert, einhergehen. Gerade die Meinungen über Asylsuchende sind eng verbunden mit Gewaltabsichten.

Für eine Zusammenfassung der Beobachtungen zum Antisemitismus in der Mitte-Studie 2018/19 sei auf den Exkurs 3.7 in diesem Kapitel verwiesen. Hervorheben möchten wir hier aber noch einmal die hohen Zustimmungen zum israelbezogenen Antisemitismus. Die Parallelisierung des staatlichen Handelns von Israel mit den Gräueltaten der Nazis wird von 40 % der Befragten geteilt bzw. von 27 %, wenn Befragte auch mit »teils/teils« antworten können.

Eine andere Reihe von GMF-Elementen erfasst Vorurteile bezüglich der sexuellen oder geschlechtlichen Zugehörigkeit und Identität. Diese sind insgesamt in Deutschland weiter gesunken. Sexistische Meinungen gegenüber Frauen sinken auf 7,5 %. Sie sind eher unter konservativ (rechts) orientierten Befragten vertreten. Auch Gewerkschaftsmitglieder stimmen stärker zu als solche, die es nicht sind. Die Abwertung von homosexuellen Menschen sinkt auf 8 %. Soziodemografisch unterschiedene Gruppen unterscheiden sich kaum, was im Vergleich zu anderen Vorurteilsmustern eine interessante Beobachtung ist. Die Zustimmung zu negativen Aussagen gegenüber Trans*Menschen ist stabil bei 12 %, wird eher von Männern als Frauen vertreten und vor allem von älteren Befragten. Auffällig ist, dass Menschen der Mittelschicht gemessen am Einkommen stärker zustimmen als andere. Auffällig sind auch hier die hohen Zustimmungen unter potenziellen oder realen AfD-Wähler_innen.

Die Menschenfeindlichkeit gegenüber den sozial Devianten drückt sich in drei weiteren GMF-Elementen aus. Die Abwertung von Obdachlosen, die sich vor allem durch soziale Distanz ausdrückt, sinkt auf 11 %. Demografische Gruppen variieren kaum in den Abwertungen. Fast jede zweite befragte Person stimmt dagegen negativen Meinungen über Arbeitslose zu. Einkommensmittlere Gruppen stimmen mehr zu als Einkommensschwächere. Auch mittlere Bildungsgruppen fallen auf, ebenso wie AfD-Sympathisant_innen. Offene und klare Zustimmungen zu negativen Vorurteilen gegenüber Menschen mit Behinderung sind mit den hier verwendeten Instrumenten kaum bzw. nicht feststellbar.

Allgemeine Etabliertenvorrechte bzw. eine Distanz zu Neuhinzugekommenen, die Ressentiments gegen Außenseiter_innen ausdrückt, werden stabil von 38 % der Befragten geteilt. Die Proklamierung von Etabliertenvorrechten ist im Osten auffällig hoch (43 %), ebenso wie in den unteren und mittleren Einkommensgruppen und mit Blick auf die Parteipräferenz unter AfD-Sympathisant_innen (76 %). Diese Gruppen proklamieren besonders die Vorrechte der Alteingesessenen.

3.9 Methodische Anmerkungen

Bei der Diskussion der empirisch erfassten menschenfeindlichen Meinungen in Umfragen wie der Mitte-Studie sind Möglichkeiten und Grenzen der Messverfahren zu beachten. Wir haben dabei möglichst große Sorgfalt walten lassen. Bei der Analyse der berichteten menschenfeindlichen Vorurteile in der Mitte der Gesellschaft haben wir erstmalig zwei unterschiedliche Messverfahren angewendet. Unabhängig davon, dass Befragte Aussagen über Gruppen gar nicht beantworten, ihnen zustimmen oder sie ablehnen konnten, haben wir in einer Teilstichprobe auch »teils/teils«-Antworten zugelassen. Dies erlaubt unseres Erachtens ein differenzierteres Bild. Die Entscheidung war nicht einfach, denn die Veränderung von Verfahren in einer Langzeitstudie geht mit umfangreichen methodologischen und forschungspraktischen Überlegungen einher und führt teilweise zu einer Abkehr der bisherigen Erfassung Gruppenbezogener Menschenfeindlichkeit.[32] Das Vorgehen stellt auch Leser_innen, die nach »tatsächlichen« oder »richtigen« Ausmaßen an GMF fragen, vor eine Herausforderung: Sind es die Verteilungen der 5-stufigen, 4-stufigen oder zusammengespielten Antworten? Der in unseren Augen größte Vorteil dieses methodischen Vorgehens ist jedoch, dass die Relevanz dieser Frage durch den Vergleich unterschiedlicher Erhebungsmethoden überhaupt erst offensichtlich wird. Die Ergebnisse zeigen: Es ist nicht einfach, das Ausmaß Gruppenbezogener Menschenfeindlichkeit oder die Gefährdung der Gesellschaft durch Vorurteile in einer einzigen Prozentzahl auszudrücken, da die Antworten, die generiert werden können, auch in Abhängigkeit der Art und Weise stehen, wie Forschung ihre Fragen stellt.

32 Andere Studien am IKG erfassen schon seit einiger Zeit Einstellungsfragen oder Aussagen zur Gruppenbezogenen Menschenfeindlichkeit mithilfe 5-stufiger Antwortskalen, vgl. u. a. Zick & Preuß (2019) und Bitterer et al. (2019).

Ein bedeutender Teil der Bevölkerung zieht es vor, wenn es die Möglichkeit gibt, menschenfeindlichen Einstellungen weder offen zuzustimmen noch diese offen abzulehnen. Sie rücken gewissermaßen in eine Mitte, die eine »teils/teils-Meinung« vertritt.

Die vorliegende Studie muss sich als repräsentative quantitative Querschnittstudie, die in der Interviewzeit begrenzt ist, Entwicklungen über Jahre nachzeichnen und repräsentative Aussagen treffen möchte, bescheiden. Die methodischen Restriktionen und Grenzen sollen genannt sein. Erstens messen wir die Einstellungen mit Kurzskalen, also einem Satz von wenigen Aussagen gegenüber einer Gruppe (vgl. die Methodendarstellung bei Krause & Zick 2013). Diese Skalen werden zwar auf ihre Zuverlässigkeit, dass sie eben auch Abwertungen messen, geprüft, aber können selbstverständlich nicht umfangreich die Dimensionen einzelner GMF-Elemente erfassen. Den Antisemitismus messen wir etwas umfangreicher, aber auch dieser ist facettenreicher als es in Befragungen von vielen Aspekten unter vielen Menschen möglich ist. Wir können ebenso nur begrenzt subtile und versteckte Vorurteile und rassistische Abwertungen erfassen, auch wenn sich diese teilweise in den hier verwendeten Kurzskalen andeuten, beispielsweise beim israelbezogenen Antisemitismus.

Zweitens ist uns auch bewusst, wie sehr eine Vielzahl von Menschen mit verschiedensten Vorurteilen und Diskriminierungsformen konfrontiert sein kann. Armuts- und Altersdiskriminierungen, wie auch die Stigmatisierung von bestimmten kulturellen Gruppen oder auch Gruppen, die für bildungsschwach gehalten werden, kommen in der Mitte-Studie nicht vor, wohl aber in anderen Studien. Es werden viele Gruppen in der Gesellschaft diskriminiert und mit Vorurteilen so belegt, dass ihre Zugehörigkeit und Gleichwertigkeit infrage gestellt wird. Die Forschung und die Konzeption des Syndroms machen aber auch deutlich, dass die Wahrscheinlichkeit der Abwertung anderer Gruppen auf der Grundlage der hier berichteten Abwertungen steigt. Vorurteile neigen zur Generalisierung.

Drittens ist es auch klar, dass wir vor allem Einstellungen, Meinungen, Emotionen und Orientierungen der Mehrheitsgesellschaft in den Blick nehmen. Die Perspektiven marginalisierter Gruppen werden mit den verwendeten Erhebungsmethoden nicht erfasst. Hierfür bedarf es anderer Studien und Zugänge, die beispielsweise eher das subjektive Diskriminierungserleben erfassen. Teilweise haben wir im Kontext der GMF-Langzeitstudie solche Analysen selbst durchgeführt, wie zum Beispiel die Studie »Jüdische Perspektiven auf den Antisemitismus« (Zick et al. 2017). Auch tatsächlich erlebte Diskriminierung oder GMF in Interaktionssituationen kann mit den verwendeten Methoden der Mitte-Studie nicht beobachtet werden. Wie Menschenfeindlichkeiten in gesellschaftlichen Diskursen historisch, sozial oder kommunikativ konstruiert und reproduziert werden, ist nicht Fokus der vorliegenden Studie. Auch für die Nachzeichnung solcher gesellschaftlichen Diskurse, die GMF argumentativ legitimieren oder Vorurteile versteckt transportieren, braucht es andere Studien mit anderen methodischen Zugängen. Wenn diese durch die hier dokumentierten Beobachtungen motiviert werden, dann wäre ein weiteres Ziel erreicht, das über das primäre Ziel der Vermessung der Ausprägungen und Entwicklungen von Gruppenbezogener Menschenfeindlichkeit in Deutschland hinausgeht.

Nicht zuletzt ist uns auch bewusst, dass Analysen von Vorurteilsmustern, wie wir sie hier dokumentieren, noch keine Praxis, politische Bildung und schon gar nicht demokratische Kulturen erzeugen. Die Fragen nach einer richtigen »Praxis« oder »Bekämpfung von GMF«, der Prävention und Bildung, wie auch der Intervention bei einer Zustimmung zu den hier untersuchten Feindseligkeiten müssen vielleicht anders gestellt werden. Sie können aber auf der Grundlage der Studie genauer und klarer formuliert und noch besser an den Wurzeln der Menschenfeindlichkeit orientiert werden, wenn die folgenden Kapitel, welche die Feindseligkeiten in politischen Überzeugungen verorten und weiteren Ursachen von GMF nachgehen, berücksichtigt werden. Einen eigenen Vorschlag zur Praxis werden wir am Ende unterbreiten.

4 Rechtsextreme Einstellungen in Deutschland 2002–2018/19

Beate Küpper · Daniela Krause · Andreas Zick

Rechtsextreme Einstellungen als Teil des Rechtsextremismus

Der Rechtsextremismus ist eine der größten Bedrohungen für die Demokratie. Dies sieht auch ein Großteil der Bevölkerung so (79 %; Forschungsgruppe Wahlen/ZDF-Politbarometer vom 14.9.2018). Bedrohlich ist er besonders dann, wenn er trotz oder entgegen allen historischen Erfahrungen des Nationalsozialismus in die Mitte der Gesellschaft dringt, sich dort festsetzt oder von dort aus gewinnt. Er ist historisch wie zeitgeschichtlich kein statisches Gebilde, sondern unterliegt einem steten Wandel, auch wenn Kernelemente rechtsextremer Orientierungen, wie z. B. Antisemitismus, oder eine national-völkische Identität im Kern historisch bestehen bleiben. Allerdings bauen neue Strömungen, rechtsextreme Milieus und Bewegungen sowie Parteien auf herkömmlichen völkisch-national-autoritären Ideologien auf, greifen auf diese zurück, setzen sich mit ihnen auseinander, trennen sich ab, entwickeln sie eigenständig weiter und fließen auch wieder zusammen. Einige stellen sich selbst in eine Tradition, feiern diese und bedienen sich mal explizit, mal angedeutet ihrer Denkmuster und Begrifflichkeiten. Andere wiederum werden erst mit dem Blick von außen und oft erst später in ideologische Traditionslinien gestellt bzw. zu Phänomenen hinzugerechnet. Konzepte und Begriffe von »rechtsextrem«, »rechtspopulistisch« wie auch »neurechts« versuchen, dem Wandel gerecht zu werden und neue Strömungen zu definieren und zu verstehen (➞ s. Kap. 5, S. 147 ff.). In der Mitte-Studie zeichnen wir die damit verbundenen Einstellungen in der Mitte der Bevölkerung nach, die sich nicht zwingend in rechtsextremes Handeln (Anschluss an rechtsextreme Gruppierungen, Wahl rechtsextremer Parteien, Gewalttaten usw.) übersetzen, aber dafür ggf. ein Fundament bieten.

Spätestens, wenn sie als Partei für eine größere Wähler_innenschaft attraktiv sein wollen und nicht in den Verdacht der Verfassungsfeindlichkeit geraten wollen, wehren sich etliche dieser Strömungen gegen den Vorwurf des Rechtsextremismus, oder benennen sich einfach um, wie etwa der Französische Front National sich nun Rassemblement National (Nationale Sammlungsbewegung) nennt, oder die Lega Nord sich in Italien nun als »Lega« auch für Süditaliener_innen öffnet. Sie bemühen sich, nicht ultrarechtsextrem zu erscheinen, geben sich einen bürgerlichen Anstrich oder pflegen bürgerlich-konservativere und radikalere Flügel. Sie bedienen sich zugleich stilistischer wie auch inhaltlicher Themen (etwa »dem Islam« oder »Gender«), von denen sie annehmen, damit bei Wähler_innen punkten zu können. So kommt es, dass vormals ausgemacht rechtsextreme Gruppierungen, die sich verfeindet gegenüberstanden, inzwischen an einer vereinigten Rechten arbeiten. Rechtsextreme Parteien bedienen sich rechtspopulistischer Rhetorik, vormals als rechtspopulistisch eingestufte Parteien rechtsextremer Ideologie (Priester 2010) bis hin zu kaum verklausulierter Vernichtungsrhetorik.[1] Dies macht es selbst für die Politikwissenschaft schwer, diese klar zuzuordnen, erst recht, wenn neue oder wiederkehrende Akteur_innen des rechten Spektrums die Bühne betreten, erstarken und an Einfluss gewinnen. Dazu gehören insbesondere auch neue Entwicklungen, die an die Neue Rechte anknüpfen (die sich ihrerseits in die Tradition des Präfaschismus der Weimarer Zeit stellen, ➟ s. Kap. 5, S. 147 ff.), die strategisch als »Wolf im Schafspelz« auftreten (sie selbst nutzen den Begriff der Mimikry) und mit modernen Begrifflichkeiten und ideologischen Vorstellungen arbeiten, letztlich aber alte rechtsextrem-völkische Gedanken transportieren. Die Entwicklung von neuen Parteien wie der AfD in Deutschland ist ein gutes Beispiel, wie schwer die Verortung im Spektrum zwischen populistisch, extremistisch und konservativ ist. In den wenigen Jahren ihrer Erscheinung hat sie sich so rasant gewandelt, dass es nunmehr gute Gründe gibt, sie nicht mehr nur als

---

1 Bekannt geworden und beispielhaft ist die Einlassung von Alexander Gauland, Vorsitzender der Partei Alternative für Deutschland (AfD) bei einer Wahlkampfveranstaltung im Eichsfeld: »Das sagt eine Deutsch-Türkin. Ladet sie mal ins Eichsfeld ein, und sagt ihr dann, was spezifisch deutsche Kultur ist. Danach kommt sie hier nie wieder her, und wir werden sie dann auch, Gott sei Dank, in Anatolien entsorgen können.« Bestärkt durch grölenden Zuruf ergänzte er mit Bezug zu Asylsuchenden: »Man will uns dieses Deutschland wegnehmen. Und, liebe Freunde, das ist fast so etwas – früher hätte man das eine Invasion genannt – wie eine schleichende Landnahme. Und dieser schleichenden Landnahme müssen wir alle geschlossen widerstehen.« (Quelle: von Bender, Justus: Gauland; faz.net vom 28.8.2017: Özoğuz in Anatolien entsorgen).

http://www.faz.net/aktuell/politik/bundestagswahl/afd-alexander-gauland-traeumt-von-entsorgung-aydan-oezoguz-15171141.html [Aufruf am 14.10.2017].

rechtspopulistische, sondern als rechtsextreme Partei, zumindest aber auf dem Scheideweg dort hin zu verorten (zur kritischen Diskussion z. B. Thieme 2019). Immerhin auch rund ein Viertel ihrer Wählerschaft meint, »rechtsextremes Gedankengut« sei in der eigenen Partei weit verbreitet, unter den Wähler_innen anderer Parteien sehen dies drei Viertel der Befragten so (Forschungsgruppe Wahlen/ZDF-Politbarometer vom 14.9.2018). Zugleich versucht sie derzeit recht erfolgreich, mit ihren Flügeln für das bürgerlich-konservative bis hin zum neonazistischen Spektrum über den rechten Rand hinaus attraktiv zu sein.

Entsprechend sind Rechtsextremismus, neurechte Entwicklungen und Rechtspopulismus keine in sich abgeschlossenen Phänomene und sie sind nicht immer klar voneinander abgrenzbar, auch wenn wir diese Unterscheidung auf der Einstellungsebene in der Mitte-Studie 2018/19 vornehmen. Die Grenzen sind fließend. Zudem arbeiten strategische Akteur_innen der radikalen Rechten gezielt dran, die Grenzen sowohl zum Konservatismus als auch zu den Linken zu verwischen (➟ s. dazu ausführlicher Kap. 5, S. 147 ff.). Ersteres geschieht beispielsweise durch ein nach Außen moderates Auftreten, ein bürgerlich-konservatives Erscheinungsbild und die Thematisierung eines das konservative Herz wärmende ruhmreichen Nationalbilds der Dichter, Denker und großen Staatsführer und die Forderung nach einem Schlussstrich unter die unrühmliche Vergangenheit des Dritten Reiches und des Holocausts. Zudem versuchen Vertreter_innen der neuen Rechten (zum Teil erfolgreich), Beiträge in seriös-bürgerlichen Medien zu platzieren. Letzteres wird durch die Verknüpfung der sozialen mit der sogenannten »nationalen Frage« betrieben, wie es bereits Marie Le Pen, Chefin der rechtsextremen französischen Partei Rassemblement National – der ehemaligen Front National – bei den letzten Nationalratswahlen in Frankreich getan hat und inzwischen auch die AfD zunehmend übernimmt, in dem das eigentlich neoliberale Parteiprogramm zugunsten der Forderung von Sozialleistungen (aber nur für »echte Deutsche«) in den Hintergrund geschoben wird. Dieses Verschwimmen gilt vielleicht sogar noch mehr, wenn man danach fragt, wie sich diese Strömungen in den Einstellungen der Bevölkerung spiegeln. Es ist selten, dass jemand aus der Mitte der Gesellschaft oder deren Ränder von sich selbst meint, sie oder er sei rechtsextrem und übernehme daher genau die und nur diese Ideologie. Die Vermessung des Rechtsextremismus in den Mitte-Studien zeichnet das nach. Viele Deutsche haben sich auch in der

Zeit des Nationalsozialismus nicht als Teil oder tragende Säule des Staatsterrors verstanden. Der Nationalsozialismus funktionierte ohne die Vielen aus der Mitte der damaligen Gesellschaft nicht. Vielmehr finden sich bei Befragten in Studien wie der Mitte-Studie mehr oder weniger verbreitet Ideologiefragmente, die sich dann zu einem Muster mit nicht immer ganz klaren Zuordnungen zusammenfügen.

Eine jede Kategorisierung – und erst recht die Messung von Überzeugungen in Umfragen wie der Mitte-Studie, nimmt eine Trennung vor, die analytisch relevant, phänomenologisch aber nicht so einfach ist. Das gilt auch für die Kapiteleinteilung, unter der im vorliegenden Band die Phänomene rechtsextreme Orientierung, rechtspopulistische Einstellungen und neurechte Entwicklungen abgehandelt werden. Theoretisch wie empirisch sind die Phänomene eng miteinander verwoben. Die empirischen Verknüpfungen in den Bevölkerungseinstellungen haben wir in der vorliegenden Studie analysiert.

Vor diesem Hintergrund sind die folgenden Analysen rechtsextremer Einstellungen zu verstehen. Die Mitte-Studie zur Verbreitung rechtsextremer Einstellungen, die auch deren Entwicklungen über die Zeit nachzeichnen will, stellt die Veränderungen und gegenwartsbezogenen Variationen der Ausdrucksformen und Manifestationen eines »rechtsextremen Spektrums« vor ein methodisches Dilemma. Eigentlich müssten wir die Messungen jeweils anpassen an die Facetten, andererseits können wir Entwicklungen in den Querschnittserhebungen nur nachzeichnen, wenn wir immer dieselben Instrumente heranziehen bzw. die identische Messung von rechtsextremen Einstellungen vornehmen. Obgleich sich angesichts sich verändernder Ausdrucksformen neue Messungen empfehlen, haben wir eine aktualisierte Erfassung des Rechtsextremismus aus zwei Gründen zurückgestellt: Erstens, um die Entwicklungen in der Verbreitung rechtsextremer Einstellungen über die Zeit auch für 2018/19 weiter in vergleichbarer Art und Weise nachvollziehen zu können und zweitens, weil etliches an jeweils aktuellen Ideologiefragmenten, die vermeintlich keine Rolle mehr spielten, wieder aufkommt. In diversen früheren rechtsextremen Diskursen deutete sich bereits eine Rückkehr zu alten Themen (*Backlash*) an, wie z. B. zu rassistischen oder sexistischen Positionen. Die Frage ist, inwieweit sich dies in dieser Erhebung schon in der Bevölkerungsmeinung abzeichnet.

In diesem Kapitel skizzieren wir also die rechtsextreme Orientierung in der Tradition der Mitte-Studie. Erst in den anschließenden Kapiteln 5 (➟ s. S. 147 ff.) und 6 (➟ s. S. 173 ff.) gehen wir auf neue und aktuelle Einstellungsmuster ein, wie sie sich in neuen rechtsextremen oder rechtspopulistischen Einstellungen zeigen. Dabei werden wir dann auch die oben angesprochenen Überschneidungen deutlich machen. Dort gehen wir auch auf den deutlichen Zusammenhang mit der Affinität zu Gewalt ein (➟ s. Kap. 6, S. 173 ff.). Insgesamt geben die Mitte-Studien Auskunft über einen Rechtsradikalismus, der sich in menschenfeindlichen, rechtspopulistischen, neurechten und rechtsextremen Einstellungen ausdrückt, wobei letztere das traditionelle Muster erfassen, wie wir es auch im traditionell organisierten Rechtsextremismus wiederfinden.

4.1 Rechtsextreme Einstellungen in der Mitte 2002–2018/19

Die Mitte-Studien erheben und analysieren seit 2002 rechtsextreme Einstellungen. Wie diese verstanden und erfasst werden, sowie in welchem Maße sie in der Bevölkerung verbreitet sind, wird in den folgenden Abschnitten beschrieben. Die Messinstrumente basieren auf einer Konsensdefinition von Wissenschaftler_innen, die das Mitte-Studie-Team berieten. Demnach setzt sich eine rechtsextreme Orientierung aus sechs Einstellungsdimensionen zusammen: (1) die Befürwortung einer rechtsgerichteten Diktatur, (2) einem nationalen Chauvinismus, (3) der Verharmlosung des Nationalsozialismus, (4) einer fremdenfeindlichen Einstellung und (5) dem Antisemitismus sowie (6) einer Befürwortung eines soziobiologischen bzw. rassistischen Sozialdarwinismus (Decker & Brähler 2006, S. 20 f.). Dabei beziehen sich die ersten drei Einstellungen auf politische Aspekte und die letzten drei auf soziale bzw. kulturelle Aspekte. Die Befürwortung einer rechtsgerichteten Diktatur vereint Vorstellungen, die von einer homogenen Gesellschaft ausgehen, deren Interessen mit diktatorischer Führung durchgesetzt werden sollten. Der Chauvinismus hat einen übersteigerten Nationalismus zum Inhalt, der mit der Forderung nach einem starken Durchsetzen deutscher Interessen verbunden ist. Die Verharmlosung des Nationalsozialismus bezieht sich auf die Relativierung der Verbrechen der Nationalsozialist_innen, verbunden mit der Ansicht von auch positiven Aspekten dieser Zeit. Vorurteile gegenüber Menschen mit realem oder zugeschriebenem Migrationshintergrund drücken sich in der Fremdenfeindlichkeit aus. Antisemitismus bezieht sich auf abwertende und stereotype Einstellungen gegenüber

Jüdinnen und Juden. Schließlich drückt sich die Anwendung biologischer Theorien vom Durchsetzen des Stärkeren auf das soziale Leben im Sozialdarwinismus aus (ebd., 36 ff.).

Seit dem Jahr 2002 wird die rechtsextreme Orientierung in der Mitte der Gesellschaft mit den sechs Dimensionen beobachtet. Diese kann somit über einen Zeitraum von mehr als 16 Jahren in der bundesrepublikanischen Bevölkerung beschrieben werden. Wir setzen die Erhebung einer rechtsextremen Orientierung, wie sie bei Decker und Brähler (2006) beschrieben und als Messinstrument eingesetzt wurde, fort. Zu beachten ist, dass es im Jahr 2014 einen Methodenwechsel von einer Fragebogenmethode zum Telefoninterview gab (➞ s. Kap. 2, S. 41 ff.).

Im Folgenden berichten wir über die Zustimmung beziehungsweise Ablehnung der einzelnen rechtsextremen Aussagen in der Mitte-Studie 2018/19. Sie sind vollständig in Tabelle 4.1 dargestellt. Während die Gruppenbezogene Menschenfeindlichkeit (GMF) und der Rechtspopulismus zum Teil mit eher weich formulierten Aussagen, die auch subtilere oder indirekte Formen der Abwertung beziehungsweise der politischen Haltung spiegeln, erfasst wurden, dienen zur Erfassung einer rechtsextremen Orientierung harte und eindeutig formulierte Aussagen. Dementsprechend fällt den Befragten teilweise die Zustimmung nicht leicht. Andererseits ist deshalb eine zustimmende Haltung in der Interpretation eindeutig: Wer hier zustimmt, äußert eine klar rechtsextreme Haltung. Insofern sind niedrige Zustimmungswerte zu erwarten (➞ s. Tab. 4.1, S. 124 f.).

Einzelne Aussagen fallen durch höhere Zustimmungen auf. So stimmen 39 % der Befragten der Aussage zu: »Wir sollten endlich wieder Mut zu einem starken Nationalgefühl haben.« Etwa ein Fünftel stimmt den Aussagen zu: »Die Bundesrepublik ist durch die vielen Ausländer in einem gefährlichen Maß überfremdet«, und: »Was Deutschland jetzt braucht, ist eine einzige starke Partei, die die Volksgemeinschaft insgesamt verkörpert«. Die den Nationalsozialismus relativierende Aussage »Der Nationalismus hatte auch seine guten Seiten« wird von etwa 9 % der Befragten geteilt. In einem ähnlichen Ausmaß fällt die Zustimmung zu der Aussage aus: »Es gibt wertvolles und unwertes Leben«. Gut 7 % der Befragten sind der Auffassung: »Die Juden arbeiten mehr als andere Menschen mit üblen Tricks, um das zu erreichen, was sie wollen«. Abseits der Zustimmung ist es interessant, auf die mittlere Antwortkategorien zu schauen. Sie drücken eine Unentschlossenheit hinsichtlich der Bewertung einer Aussage aus und sind stärker verbreitet. Bestimmte Aussagen finden hohe »teils/teils«-Zustimmungen, wie z. B.: »Die Ausländer kommen nur hierher, um unseren Sozialstaat auszunutzen« (30 %). Weit verbreitet ist eine unklare Haltung bei allen drei nationalchauvinistischen Aussagen. Jeweils gut ein Fünftel schwankt zwischen Ablehnung und Zustimmung zu Inhalten, die eine übermäßige Fokussierung der Politik auf deutsche Interessen vorsieht.

Insgesamt ist festzuhalten, dass rechtsextreme Aussagen mehrheitlich von den Befragten abgelehnt werden. Einzelne Aspekte einer rechtsextremen Orientierung jedoch erfahren insbesondere angesichts der harten und klaren Formulierung der Aussagen bemerkenswert hohe Zustimmungswerte, zumindest wenn man die teilweise Zustimmung mitberücksichtigt.

Um eine gewisse Sicherheit zu erhalten, dass die Befragten einer einzelnen Aussage, die allein für sich genommen nicht rechtsextrem sein muss, nicht nur zufällig zustimmen, sondern eine stabile Orientierung aufweisen, werden die einzelnen Aussagen jeweils zu Skalen zusammengeführt und diese auf Zuverlässigkeit geprüft. Diese Zusammenführung erfolgt anhand eines strengen Kriteriums, in dem allen Aussagen der jeweiligen Dimension – z. B. Nationalchauvinismus etc. – mindestens überwiegend zugestimmt werden muss.[2] Daher liegt die Zustimmung zu den zusammengefassten Skalen unter den Zustimmungen zu den einzelnen Aussagen.

Insgesamt befürworten demnach gut 3 % der Bevölkerung eine rechtsgerichtete Diktatur, knapp 13 % vertreten einen nationalen Chauvinismus und ebenfalls

2 In Fortführung der bisherigen Mitte-Studien wählen wir Summenindizes, damit Vergleiche über die Zeit möglich sind. Die Zustimmung zu einer jeweiligen Dimension ergibt sich dabei aus der überwiegenden und vollständigen Zustimmung der Befragten zu den jeweiligen drei Aussagen der einzelnen Dimensionen. Die Zustimmung ist dann gegeben, wenn die Befragten jeweils mindestens »überwiegend zustimmen« und somit 12 Punkte erreichen. Die minimale Punktzahl beträgt dabei 3, die maximale 15. Dargestellt wird der Anteil der Befragten, die mindestens 12 Punkte in den Dimensionen erreichen.

Rechtsextreme Einstellungen 2018/19 (Angaben in Prozent) **Tabelle 4.1**

Ich … →

Befürwortung einer rechtsgerichteten Diktatur (M = 5,12; SD = 2,81; n = 1.825; α = ,69)
Im nationalen Interesse ist unter bestimmten Umständen eine Diktatur die bessere Staatsform.
Was Deutschland jetzt braucht, ist eine einzige starke Partei, die die Volksgemeinschaft insgesamt verkörpert.
Wir sollten einen Führer haben, der Deutschland zum Wohle aller mit starker Hand regiert.
Chauvinismus (M = 7,30; SD = 3,39; n = 1.763; α = ,78)
Wir sollten endlich wieder Mut zu einem starken Nationalgefühl haben.
Was unser Land heute braucht, ist ein hartes und energisches Durchsetzen deutscher Interessen gegenüber dem Ausland.
Das oberste Ziel der deutschen Politik sollte es sein, Deutschland die Macht und Geltung zu verschaffen, die ihm zusteht.
Verharmlosung des Nationalsozialismus (M = 4,77; SD = 2,58; n = 1.685; α = ,72)
Ohne Judenvernichtung würde man Hitler heute als großen Staatsmann ansehen.
Die Verbrechen des Nationalsozialismus sind in der Geschichtsschreibung weit übertrieben worden.
Der Nationalsozialismus hatte auch seine guten Seiten.
Fremdenfeindlichkeit (M = 6,29; SD = 3,25; n = 1.818; α = ,82)
Die Ausländer kommen nur hierher, um unseren Sozialstaat auszunutzen.
Wenn Arbeitsplätze knapp werden, sollte man die Ausländer wieder in ihre Heimat zurückschicken.
Die Bundesrepublik ist durch die vielen Ausländer in einem gefährlichen Maß überfremdet.
Antisemitismus (M = 4,56; SD = 2,60; n = 1.579; α = ,86)
Auch heute noch ist der Einfluss der Juden zu groß.
Die Juden arbeiten mehr als andere Menschen mit üblen Tricks, um das zu erreichen, was sie wollen.
Die Juden haben einfach etwas Besonderes und Eigentümliches an sich und passen nicht so recht zu uns.
Sozialdarwinismus (M = 4,71; SD = 2,55; n = 1.811; α = ,72)
Wie in der Natur sollte sich in der Gesellschaft immer der Stärkere durchsetzen.
Eigentlich sind die Deutschen anderen Völkern von Natur aus überlegen.
Es gibt wertvolles und unwertes Leben.

Legende M = arithmetischer Mittelwert; **SD** = Standardabweichung; **n** = Anzahl der Befragten; α = Cronbachs Alpha.

gut 3 % verharmlosen offen den Nationalsozialismus. Fremdenfeindlichkeit ist bei knapp 9 % der Bevölkerung zu beobachten und Antisemitismus bei gut

Tabelle 4.1

lehne völlig ab	lehne überwiegend ab	teils/teils	stimme überwiegend zu	stimme voll und ganz zu
77,6	8,7	9,8	2,1	1,8
54,1	11,8	12,7	8,6	12,9
74,5	8,3	5,8	4,7	6,7
26,4	13,5	21,6	18,2	20,3
42,6	18,0	22,0	10,0	7,5
44,0	17,6	21,0	9,6	7,7
73,1	11,1	8,0	3,8	3,9
70,6	11,5	11,2	3,5	3,1
66,0	10,5	14,1	4,0	5,4
32,6	18,6	29,9	11,9	7,0
65,7	13,2	11,9	4,1	5,1
46,7	16,3	17,8	8,9	10,3
66,6	13,7	13,1	3,1	3,4
73,0	12,4	7,2	4,0	3,4
71,7	11,7	10,6	2,7	3,3
66,5	15,3	12,2	2,9	3,0
70,7	10,9	10,8	4,2	3,4
76,8	6,1	7,4	3,8	5,9

3 %. Die vergleichsweise geringste Zustimmung findet sich mit 2 % beim Sozialdarwinismus (→ s. Tab. 4.2, S. 127).

Bei genauem Blick in Tabelle 4.1 (➟ s. S. 124 f.) fallen die unterschiedlichen Fallzahlen bei den einzelnen Aspekten einer rechtsextremen Orientierung auf. Das liegt an der unterschiedlich häufigen Inanspruchnahme der Antwortmöglichkeit »weiß nicht« und »keine Angabe«. Dies sind Antwortkategorien, die es den Befragten ermöglichen sollen, bei Unwissenheit oder bewusster Zurückhaltung der Meinung nicht zu einer Antwort gezwungen zu werden. Insbesondere bei den Aussagen, die die Zustimmung oder Ablehnung zum Antisemitismus messen, werden sie häufiger gewählt. Hier liegt der Anteil der verweigerten Antworten mit etwa 10 % meist mehr als doppelt, teilweise viermal so hoch wie bei den anderen rechtsextremen Einstellungen wie bspw. dem Chauvinismus oder der Fremdenfeindlichkeit. Die Befragten haben somit zu den meisten Themen eine Position, die sie auch zum Ausdruck bringen möchten – nur bei Aussagen hinsichtlich jüdischer Menschen halten sich viele Befragte mit ihrer Meinung zurück. Im GMF-Kapitel zeigte sich eine ähnlich geringe Zustimmung zu klassischen Ausdrucksformen des Antisemitismus, allerdings hohe Zustimmungen zu einem israelbezogenen Antisemitismus (➟ s. Kap. 3, S. 53 ff.). Im Detail erweisen sich die Befragten mit den zurückgehaltenen Antworten jedoch nicht sehr unklar in der eigenen Haltung. Beispielhaft soll dies an der Aussage veranschaulicht werden: »Die Juden arbeiten mehr als andere Menschen mit üblen Tricks, um das zu erreichen, was sie wollen«. Bei den 221 Befragten, die hier keine inhaltliche Antwort gaben, zeigt sich eine deutlich erhöhte, teilweise doppelt so hohe Zustimmung zu den anderen rechtsextremen Aussagen, verglichen mit allen Befragten. So beträgt die überwiegende und volle Zustimmung zu der fremdenfeindlichen Aussage: »Die Ausländer kommen nur hierher, um unseren Sozialstaat auszunutzen« bei allen Befragten knapp 19 %. Bei Befragten, die die oben angeführte antisemitische Aussage nicht inhaltlich beantwortet haben, beträgt sie dagegen knapp 31 %. Dies zeigt sich auch bei der national-chauvinistischen Aussage: »Wir sollten endlich wieder Mut zu einem starken Nationalgefühl haben«. Befragte, die zu der oberen antisemitischen Aussage keine Antwort gaben, stimmen der chauvinistischen Aussage zu knapp 63 % zu, im Gegensatz zu allen Befragten mit 39 %. Es liegt die Vermutung nahe, dass ihre eigentliche Positionierung zu der antisemitischen Aussage anders ausfällt als angegeben. Eine nicht inhaltlich gegebene Antwort muss somit nicht zwangsläufig mit einer Meinungslosigkeit einhergehen. Diese Antwortkategorien können auch gewählt werden, wenn die Befragten der Auffassung sind, ihre tatsächliche Meinung unterliegt einer gesellschaftlichen Ächtung oder einem Tabu. Um einer möglichen negativen Reaktion aus dem Weg zu gehen, entscheiden sich die Befragten dann eher für die Enthaltung, geben ihre Meinung dann aber manchmal über die Zustimmung zu anderen rechtsextremen Aussagen preis.

4.2 Rechtsextreme Einstellungen in demografischen Gruppen

Wie die meisten gesellschaftspolitischen Einstellungen sind auch rechtsextreme Einstellungen in verschiedenen Gesellschaftsgruppen unterschiedlich verteilt. Die Frage ist zum Beispiel, inwieweit Rechtsextremismus tatsächlich primär ein Problem von jungen Leuten und mangelnder Bildung ist, wie vielfach zumindest dann angenommen wird, wenn in Bezug auf Prävention und Intervention hauptsächlich nach den Schulen gerufen wird. Vielfach erscheint Rechtsextremismus auch vor allem ein Problem von Männern und des Ostens zu sein. Die bisherigen Befunde aus der Wissenschaft wie auch der Mitte-Studie sowie Erfahrungen aus der Praxis verweisen immer wieder darauf, dass diese Annahmen nur bedingt zutreffen. Im Folgenden berichten wir über die Verbreitung rechtsextremer Einstellungen in verschiedenen soziodemografischen Bevölkerungsgruppen in der Erhebung 2018/19.

Zustimmung zu den Dimensionen rechtsextremer Einstellungen bei Männern und Frauen 2018/19 (Angaben in Prozent) **Tabelle 4.2**

	Gesamt (n = 1.890)	Männer (n = 904)	Frauen (n = 986)
Befürwortung Diktatur	3,3	2,7	3,9
Chauvinismus	12,5	13,1	11,9
Verharmlosung des Nationalsozialismus	2,5	2,9	2,1
Fremdenfeindlichkeit	8,9	9,4	8,4
Antisemitismus*	3,4	4,5	2,4
Sozialdarwinismus	2,2	2,2	2,1

Legende * = p < ,05; ** = p < ,01; *** = p < ,001.

Eine übliche These ist die, dass Rechtsextremismus eher von Männern geteilt wird, auch wenn die Rechtsextremismusforschung auf die wichtige, wenngleich häufig immer noch unterschätzte Rolle von Frauen in rechtsextremen Milieus nicht nur als Unterstützerinnen von Männern, sondern auch als Anstifterinnen und manchmal auch Mittäterinnen bei Gewalttaten und in logistischer Funktion (was übrigens keineswegs ein neues Phänomen ist; zur Übersicht u. a. Birsl 2012; Lehnert & Radvan 2016) hinweist. Die aktuellen Befunde bestätigen: Rechtsextreme Einstellungen sind bei Männern und Frauen aus der Mitte der Bevölkerung gleichermaßen weit verbreitet. Lediglich beim Antisemitismus stimmen mit knapp 5 % etwas mehr Männer als Frauen mit gut 2 % zu.[3] Dies ist im Vergleich zu 2014 und 2016 ein neuer Befund. Männer und Frauen haben sich vormals nicht in ihren antisemitischen Einstellungen unterschieden. Während bei Frauen der Anteil derer, die antisemitischen Einstellungen in dieser harten Erfassung zustimmen, gleichbleibend gering geblieben ist, hat sich der Anteil bei den Männern fast verdoppelt. Auch das Ausmaß der Zustimmung zur Fremdenfeindlichkeit ist bei Männern seit 2014 so angestiegen, dass es nunmehr gleichauf mit dem Ausmaß bei Frauen liegt. Umgekehrt haben Frauen bei der Verharmlosung des Nationalsozialismus im Vergleich zur Erhebung in 2016 nachgezogen, sodass sich die Geschlechter hierin im Ausmaß nicht mehr unterscheiden.

Hingegen zeigen sich deutliche Unterschiede in Abhängigkeit des Alters der Befragten: In drei der sechs rechtsextremen Einstellungsdimensionen sind die Unterschiede zwischen jüngeren, mittelalten und älteren Befragten signifikant: Befürwortung einer rechtsautoritären Diktatur, Verharmlosung des Nationalsozialismus und Sozialdarwinismus (➡ s. Tab. 4.3).[4] Anders als noch in den Vorjahren hat sich das Ausmaß rechtsextremer Orientierung bei Jungen, Mittelalten und Älteren angeglichen, in einigen Dimensionen rechtsextremer Einstellungen hat die junge Generation inzwischen die älteren Generationen sogar überholt. Der Anstieg in fast allen Subdimensionen rechtsextremer Einstellungen (mit Ausnahme der Befürwortung einer Diktatur) bei den unter 31-Jährigen ist auffallend. Besonders deutlich wird dieser Trend bei der Verharmlosung des Nationalsozialismus und beim Sozialdarwinismus, denen Jüngere nun am vergleichsweise häufigsten zustimmen. Hier zeichnet sich also eine Veränderung

3 Unterschiede zwischen Männer und Frauen: Antisemitismus: Chi^2 (2, 1.579) = 4,716, $p < ,05$.

4 Unterschiede zwischen den Altersgruppen: Befürwortung Diktatur: Chi^2 (2, 1.801) = 11,140, $p < ,01$; Verharmlosung Nationalsozialismus: Chi^2 (2, 1.666) = 30,704, $p < ,001$; Sozialdarwinismus: Chi^2 (2, 1.786) = 14,648, $p < ,001$.

ab, die nicht etwas mit dem Lebensalter, sondern der Generation zu tun hat, und die als warnender Hinweis ernst genommen werden sollte. Mit zunehmendem Abstand scheint die Zeit des Nationalsozialismus in Teilen der jungen Generation ihren Schrecken verloren zu haben.

Zustimmung zu den Dimensionen rechtsextremer Einstellungen in verschiedenen Altersgruppen 2018/19 (Angaben in Prozent) **Tabelle 4.3**

	16–30 (n = 315)	31–60 (n = 926)	> 60 (n = 624)
Befürwortung Diktatur **	2,2	4,8	1,9
Chauvinismus	12,9	12,6	12,4
Verharmlosung des Nationalsozialismus ***	7,0	1,5	1,7
Fremdenfeindlichkeit	6,2	9,5	9,8
Antisemitismus	4,7	2,6	4,3
Sozialdarwinismus **	4,9	2,0	1,1

Legende * = p < ,05; ** = p < ,01; *** = p < ,001.

Eine rechtsautoritäre Diktatur findet mit knapp 5 % die vergleichsweise stärkste Zustimmung bei den 31–60-Jährigen. Die jüngsten und ältesten Befragten unterscheiden sich dagegen nicht voneinander. Besonders in der mittleren Altersgruppe scheint somit das Bedürfnis nach einer politischen Führung mit Durchsetzungskraft, ggf. auch gegen Minderheiteninteressen und ohne oppositionelle Mitbestimmung groß zu sein. Das Verständnis für einen demokratischen Aushandlungsprozess findet zum jetzigen Zeitpunkt in dieser Altersgruppe weniger Zuspruch. Ein drastisches Bild zeigt sich bei der Verharmlosung des Nationalsozialismus, da hier die jüngsten Befragten auffällig höher zustimmen. Bei 7 % der 16–30-Jährigen finden den Nationalsozialismus relativierende Aussagen Zustimmung. Ein Teil der jüngsten Generation vertritt somit Positionen, die die Judenverfolgung und -vernichtung verharmlosen. Auch beim Sozialdarwinismus erweist sich diese Altersgruppe als auffällig. Mit knapp 5 % vertreten die 16–30-Jährigen vergleichsweise am stärksten ein Gesellschafts- und Menschenbild, welches evolutionär und von der Idee des Rechts der Stärkeren geprägt ist, wobei die Stärke national definiert wird: Sie sind am häufigsten der Auffassung, es gäbe eine natürliche Überlegenheit der Deutschen gegenüber anderen Völkern und der Stärkere sollte sich in der Gesellschaft durchsetzen. Dieses Menschenbild findet bei den anderen Altersgruppen dagegen kaum Zustimmung (2 bzw. 1 %).

Wie in den Vorjahren auch, unterscheiden sich die Befragten in Abhängigkeit von ihrer Bildung (➟ s. Tab. 4.4). Es zeigt sich ein sehr deutlicher Bildungseffekt im Rechtsextremismus – je geringer die Schulbildung, desto verbreiteter die Neigung zum Rechtsextremismus. In allen sechs Dimensionen einer rechtsextremen Orientierung finden sich hier signifikante Unterschiede, wobei sich jedoch nicht immer die üblichen linearen Muster zeigen.[5] Vielmehr sind rechtsextreme Einstellungen im Vergleich zu den Vorjahren nun auch bei Befragten mit mittlerer Bildung fast ähnlich weit verbreitet wie unter Befragten mit niedriger Bildung, bei denen sich kaum Änderungen ablesen lassen, sodass sich der Abstand zu den höher Gebildeten weiter vergrößert hat.

Zustimmung zu den Dimensionen rechtsextremer Einstellungen in verschiedenen Bildungsgruppen 2018/19 (Angaben in Prozent) **Tabelle 4.4**

	niedrig (n = 684)	mittel (n = 563)	hoch (n = 606)
Befürwortung Diktatur**	4,5	4,6	1,1
Chauvinismus***	18,8	13,6	5,4
Verharmlosung des Nationalsozialismus**	3,5	3,4	0,9
Fremdenfeindlichkeit***	13,8	11,0	1,9
Antisemitismus***	7,1	3,1	0,4
Sozialdarwinismus***	3,8	1,8	0,6

Legende * = p < ,05; ** = p < ,01; *** = p < ,001.

Anmerkung Einteilung der Bildungskategorien: niedrig = Schüler und Schülerinnen und Personen mit maximal einem Hauptschulabschluss; mittel = Personen mit mittlerer Reife/10. Klasse Polytechnikum, hoch = Personen mit (Fach-)Abitur.

---

5 Unterschiede zwischen den Bildungsgruppen: Befürwortung Diktatur: Chi^2 (2, 1.790) = 13,886, p < ,001; Chauvinismus: Chi^2 (2, 1.729) = 48,653, p < ,001; Verharmlosung Nationalsozialismus: Chi^2 (2, 1.651) = 9,843, p < ,01; Fremdenfeindlichkeit: Chi^2 (2, 1.783) = 58,485, p < ,001; Antisemitismus: Chi^2 (2, 1.550) = 37,167, p < ,001; Sozialdarwinismus: Chi^2 (2, 1.774) = 15,341, p < ,001.

Bei der Befürwortung einer rechtsgerichteten Diktatur unterscheiden sich Befragte mit niedriger und mittlerer Bildung nicht voneinander (jeweils knapp 5 %). Bei Befragten mit hoher Bildung ist diese mit 1 % so gut wie nicht zu beobachten. Ähnlich verhält es sich bei der Verharmlosung des Nationalsozialismus, die bei Befragten mit niedriger und mittlerer Bildung bei gut 3 % liegt und mit hoher Bildung bei 1 %. Bei den weiteren vier rechtsextremen Einstellungsdimensionen haben die Befragten mit niedriger Bildung jeweils die höchste Ausprägung, gefolgt von der mittleren und hohen Bildung. Insbesondere beim Chauvinismus und bei der Fremdenfeindlichkeit ist der Unterschied zwischen der niedrigen und der hohen Bildungsgruppe stark ausgeprägt (beim Chauvinismus 19 zu 5 %, bei Fremdenfeindlichkeit 14 zu 2 %). Diese Verteilungsmuster werden in vielen Studien zu gesellschaftspolitischen, antidemokratischen, rechtsextremen oder menschenfeindlichen Einstellungen beobachtet. Stets erweisen sich Menschen mit einem geringeren formalen Bildungsniveau als antidemokratischer, menschenfeindlicher oder rechtsextremer eingestellt, wobei hierbei einige Faktoren bedacht werden müssen, die nur teilweise direkt mit der höheren Bildung im Sinne einer kognitiven Leistung verknüpft sind. Eine stärkere Sensibilität für soziale Erwünschtheit bei höher Gebildeten sei hier beispielhaft genannt, was wie ein Filter für die eigentliche Haltung wirken kann. Höher gebildete Befragte erkennen schneller, dass die Aussagen von der Mehrheit unerwünscht sind und ihrem Motiv einer Selbstpräsentation als tolerante, auf keinen Fall aber als rechtsextreme Person, zuwiderlaufen. Gleichzeitig wird mit einer höheren Schulbildung aber auch ein höheres Bewusstsein für Normen und Werte geschaffen, um jenen politischen und sozialen Dimensionen entgegenzuwirken, die eine rechtsextreme Orientierung bilden. Insofern sind geringe Zustimmungen auch von den Bildungseinrichtungen geradezu erwünscht. Dennoch gibt es sicher auch eine »echte« positive Wirkung von Bildung, wenn sie denn als Demokratiebildung angelegt ist (u. a. Hello, Gijsberts & Scheepers 2002). So setzen sich Schüler_innen oftmals erst in der Oberstufe vertiefter mit Fragen rund um Demokratie auseinander und haben erst dann häufiger bzw. länger die Möglichkeit, erste Erfahrungen mit demokratischen Prozessen zu machen, beispielsweise in Abstimmungsprozessen oder Schülerparlamenten.

Teilweise signifikante Unterschiede im Ausmaß rechtsextremer Einstellungen finden sich ebenso zwischen Personen in unterschiedlichen Einkommensgruppen. Sie wurden am Äquivalenzeinkommen unterschieden (➞ s. Tab. 4.5).[6] Unterschiede nach Einkommensgruppen im Rechtsextremismus verweisen auf sozioökonomische Einflüsse. Sind prekäre oder weniger prekäre Lebensverhältnisse verantwortlich für den Zuspruch zu rechtsextremen Einstellungen in der Mitte? Die Mitte-Studie 2018/19 zeigt, die Unterstützung einer rechtsautoritären Diktatur und ein sozialdarwinistisch geprägtes Gesellschaftsbild sind am stärksten bei Befragten aus einkommensschwächeren Gruppen (knapp 7 % bzw. gut 4 %) vertreten, jeweils gefolgt von Befragten mit mittlerem und hohem Einkommen. Fremdenfeindlichkeit dagegen wird mit etwa 10 % von Menschen der geringen und mittleren Einkommensgruppe gleichermaßen vertreten. Mit drei Prozent ist der fremdenfeindlich eingestellte Anteil bei finanziell besser ausgestatteten Menschen am geringsten.

Zustimmung zu den Dimensionen rechtsextremer Einstellungen in verschiedenen Einkommensgruppen 2018/19 (Angaben in Prozent) **Tabelle 4.5**

Einkommens… ➞	schwächere (n = 259)	mitte (n = 947)	stärkere (n = 299)
Befürwortung Diktatur *	6,9	3,4	2,8
Chauvinismus	15,0	12,1	9,1
Verharmlosung des Nationalsozialismus	2,3	2,0	0,6
Fremdenfeindlichkeit ***	10,0	10,7	2,9
Antisemitismus	2,8	4,2	2,2
Sozialdarwinismus *	3,6	1,8	0,4

Legende * = p < ,05; ** = p < ,01; *** = p < ,001.

Anmerkung Einkommensschwächere: weniger als 70 %, Einkommensmitte: zwischen 70 und 150 % und Einkommensstärkere: über 150 % des Äquivalenzeinkommens, gemessen am Einkommensmedian in der Stichprobe.

Zwar erscheinen auch die prozentualen Unterschiede beim Chauvinismus deutlich, allerdings sind sie statistisch nicht signifikant. Für nationalchauvinistische

6 Unterschiede zwischen den Einkommensgruppen: Befürwortung Diktatur: Chi^2 (2, 1.424) = 2,257, p < ,05; Fremdenfeindlichkeit: Chi^2 (2, 1.453) = 16,257, p < ,001; Sozialdarwinismus: Chi^2 (2, 1.446) = 8,666, p < ,05.

Positionen ebenso wie antisemitische und den Nationalsozialismus relativierende Einstellungen spielt in 2018/19 das Einkommen keine Rolle (mehr). Generell ist eine Annäherung der Einkommensgruppen aneinander auch im Vergleich zu 2016 festzustellen, da sich zum damaligen Zeitpunkt alle Dimensionen einer rechtsextremen Orientierung signifikant in den Gruppen unterschieden. In 2018/19 ist der Anteil unter den Wohlhabenden, die rechtsextremen Einstellungen zustimmen, gestiegen, auch wenn ihre Zustimmung auf nach wie vor niedrigem Niveau liegt.

Im Zusammenhang mit einer Analyse von Einkommensgruppen ist der Blick auf Unterschiede in der Gewerkschaftsorientierung interessant. Die Gewerkschaften unternehmen Vieles im »Kampf gegen den Rechtsextremismus«, daher wäre zu erwarten, dass Gewerkschaftsmitglieder rechtsextremen Einstellungen eher nicht zustimmen. Auf der anderen Seite weist Stöss (2017) in einem Überblick auf Ideologien und Einstellungen rechtsextremer Parteien hin, die gerade Arbeitnehmer_innen und Gewerkschafter_innen ansprechen.[7] Tabelle 4.6 zeigt die Zustimmungen zu rechtsextremen Einstellungen bei Gewerkschaftsmitgliedern im Vergleich zu den Befragten, die nicht in einer Gewerkschaft sind (➟ s. Tab. 4.6, S. 134).

Die Unterschiede in Abhängigkeit von der Gewerkschaftszugehörigkeit zeigen immer in dieselbe Richtung: Rechtsextreme Einstellungen sind inzwischen unter Gewerkschaftsmitgliedern häufiger verbreitet als unter Nichtmitgliedern. Gewerkschafter_innen unterstützen stärker eine rechtsgerichtete Diktatur (knapp 6 %), verharmlosen stärker den Nationalsozialismus (knapp 6 %) und sind sozialdarwinistischer eingestellt (gut 5 %) als Nichtgewerkschaftsmitglieder (knapp 3 %, knapp 2 % und knapp 2 %). Die Unterschiede sollten zu denken geben, zumal wir schon zuvor Unterschiede im Ausmaß der feindseligen Einstellungen gezeigt haben (➟ s. Kap. 3, S. 53 ff.). Hier zeichnet sich eine deutliche Veränderung ab – während unter Nichtgewerkschaftsangehörigen

7 Richard Stöss hatte zusammen mit den Kollegen Michael Fichter, Joachim Kreis, Günter Pollach und Bodo Zeuner (Sprecher) bereits 2003/04 eine umfassende Studie zum Rechtsextremismus in Gewerkschaften vorgelegt. Die Studie wurde von der Hans-Böckler-Stiftung und der Otto Brenner Stiftung gefördert. Vgl. https://www.polsoz.fu-berlin.de/polwiss/forschung/oekonomie/gewerkschaftspolitik/materialien/GEWREXSCHLUSS/pm_und_kurz/Ergebnispapier-Workshop.pdf.

Zustimmung zu den Dimensionen rechtsextremer Einstellungen nach Gewerkschaftsangehörigkeit 2018/19 (Angaben in Prozent) **Tabelle 4.6**

	Gewerkschaftsangehörigkeit	
	Ja (n = 329)	Nein (n = 1.558)
Befürwortung Diktatur*	5,6	2,8
Chauvinismus	14,6	12,1
Verharmlosung des Nationalsozialismus***	5,8	1,8
Fremdenfeindlichkeit	10,0	8,7
Antisemitismus	3,9	3,3
Sozialdarwinismus***	5,4	1,5

Legende * = $p < ,05$; ** = $p < ,01$; *** = $p < ,001$.

rechtsextreme Einstellungen mehr oder weniger gleichbleibend verbreitet sind, haben sie unter Gewerkschafter_innen in fast allen Dimensionen deutlich zugenommen.

Befragte, die in Ost- und Westdeutschland aufgewachsen sind (unabhängig davon, wo sie jetzt leben), unterscheiden sich im Ausmaß einer rechtsextremen Orientierung nicht voneinander. Für beide kann aktuell ein Anteil eines geschlossen rechtsextremen Weltbildes von gut 2 % beobachtet werden. Damit stellt sich für die in Ostdeutschland aufgewachsenen Befragten der Zustand von 2014 wieder her, nachdem sie in 2016 mehr als doppelt so häufig eine rechtsextreme Orientierung äußerten als Westdeutsche. Statistisch abgesicherte Unterschiede können lediglich bei der Befürwortung einer Diktatur und der Fremdenfeindlichkeit festgestellt werden.[8] Hierbei findet sich in der Tendenz (wenngleich statistisch nicht signifikant) jedoch etwas mehr Zustimmung bei den im Osten aufgewachsenen Befragten (➟ s. Tab. 4.7; ➟ s. Kap. 9, S. 243 ff., für eine detailliertere Analyse von Befragten, die in Ost- und Westdeutschland leben).

---

8 Unterschiede bei Ost- und Westdeutschen: Befürwortung Diktatur: Chi^2 (2, 1.766) = 20,011, $p < ,001$; Fremdenfeindlichkeit: Chi^2 (2, 1.760) = 6,631, $p < ,05$.

Zustimmung zu den Dimensionen rechtsextremer Einstellungen bei Ost- und Westdeutschen 2018/19 (Angaben in Prozent) **Tabelle 4.7**

	Ost (n = 359)	West (n = 1.468)
Befürwortung Diktatur* **	7,1	2,3
Chauvinismus	12,3	12,4
Verharmlosung des Nationalsozialismus	3,2	2,3
Fremdenfeindlichkeit*	12,6	8,1
Antisemitismus	2,1	3,8
Sozialdarwinismus	2,3	2,0

Legende * = p < ,05; ** = p < ,01; *** = p < ,001.

Anmerkung Ost- und Westzuordnung erfolgte anhand des überwiegenden Aufwachsens.

4.3 Rechtsextreme Einstellungen und politische Selbstpositionierung

Die Frage ist, inwieweit sich rechtsextreme Einstellungen in der politischen Selbstpositionierung und Parteipräferenz spiegeln. Einerseits lässt sich erwarten, dass dies miteinander einhergeht, andererseits dürften auch einige Personen, die sich selbst nicht deutlich »rechts« positionieren, rechtsextreme Einstellungen teilen, ohne dass ihnen klar ist, welche Einstellungen sie da eigentlich vertreten. Andere positionieren sich vielleicht auch wider besseres Wissen ganz bewusst in der politischen Mitte, um diese für sich zu reklamieren.

In den Mitte-Studien haben wir zunächst die Selbstpositionierung der Befragten auf eine in Meinungsumfragen übliche Weise im politischen Links-Mitte-Rechts-Spektrum erfasst. Eine überwiegende Mehrheit von über 60 % der Befragten bezeichnet in der Mitte-Studie 2018/19 ihre politische Orientierung als »genau in der Mitte«. Das ist ein sehr stabiler Anteil, der sich ganz ähnlich auch in den Vorjahren so abzeichnete. Der Anteil von Befragten, die sich links bzw. rechts der Mitte verorten, ist ebenfalls weitgehend stabil geblieben. Eine eindeutige Selbstzuordnung als ganz »links« (6 %) oder »rechts« (knapp 2 %) wird nur von sehr wenigen Befragten vorgenommen. Aus diesem Grund werden diese Befragten jeweils mit jenen zusammengefasst, die sich »eher links« (23 %)

bzw. »eher rechts« (knapp 8 %) verorten. Somit positioniert sich ein knappes Drittel im linken Spektrum, nur rund jeder zehnte Befragte rechts der Mitte.

Die Befragten unterscheiden sich in rechtsextremen Einstellungen deutlich und überzufällig in Abhängigkeit von der politischen Selbstverortung (→ s. Tab. 4.8).[9] Wie in den Mitte-Studien zuvor, ist das Verteilungsmuster stets gleich: Die Zustimmung zu den rechtsextremen Einstellungen nimmt von links, über die Mitte nach rechts stetig zu. Unter Befragten also, die sich selbst links verorten, sind rechtsextreme Einstellungen am wenigsten verbreitet, in der Mitte auf vergleichsweise mittlerem Niveau und unter Befragten, die sich selbst rechts verorten, am weitetesten verbreitet.

Zustimmung zu den Dimensionen rechtsextremer Einstellungen nach politischer Orientierung 2018/19 (Angaben in Prozent) **Tabelle 4.8**

	links (links, eher links) (n = 572)	**genau in der Mitte** (n = 1.115)	**rechts** (rechts, eher rechts) (n = 171)
Befürwortung Diktatur ***	0,6	3,7	10,7
Chauvinismus ***	2,7	12,9	36,3
Verharmlosung des Nationalsozialismus ***	0,2	1,5	15,3
Fremdenfeindlichkeit ***	1,8	9,7	24,1
Antisemitismus ***	0,9	3,4	13,9
Sozialdarwinismus ***	0,3	1,9	9,2

Legende * = p < ,05; ** = p < ,01; *** = p < ,001.

Die stärksten Unterschiede zwischen rechter und linker politischer Selbstpositionierung finden sich bei chauvinistischen (knapp 3 % zu 36 %) und fremdenfeindlichen (knapp 2 % zu 24 %) Einstellungen. Diese beiden Dimensionen spiegeln somit am deutlichsten die ideologischen Unterschiede wider, mit denen sich Menschen politisch identifizieren. Die Gegenstücke hierzu stellen die Be-

9 Unterschiede nach politischer Orientierung: Befürwortung Diktatur: Chi^2 (2, 1.757) = 40,181, p < ,001; Chauvinismus: Chi^2 (2, 1.710) = 133,667, p < ,001; Verharmlosung Nationalsozialismus: Chi^2 (2, 1.625) = 122,281, p < ,001; Fremdenfeindlichkeit: Chi^2 (2, 1.742) = 81,181, p < .001; Antisemitismus: Chi^2 (2, 1.537) = 52,813, p < ,001; Sozialdarwinismus: Chi^2 (2, 1.737) = 48,745, p < ,001.

fürwortung einer Diktatur (knapp 1 % zu knapp 11 %) und eines Sozialdarwinismus (quasi 0 % zu 9 %) dar, wo sich Befragte mit (eher) rechter und (eher) linker Ausrichtung ähnlicher sind in der politischen Haltung als bei den anderen rechtsextremen Einstellungen.

Die politische Mitte ist dabei ausnahmslos der linken Positionierung näher als der rechten, wobei aber auch hier fremdenfeindliche Einstellungen bei etwa 10 % Zustimmung finden. Im Zeitvergleich mit 2016 zeigt sich ein auffälliger Befund. Während bei Befragten der politischen Mitte und mit linker Ausrichtung kaum Veränderungen stattgefunden haben, sind bei Befragten mit rechter Ausrichtung teilweise deutliche Verschiebungen zu erkennen – bei ihnen sind rechtsextreme Einstellungen nun erkennbar weiter verbreitet als noch in 2016. Lediglich die Unterstützung einer rechtsautoritären Diktatur ist dort zurückgegangen, die anderen fünf Dimensionen einer rechtsextremen Orientierung haben sich dagegen verstärkt. Sowohl antisemitische als auch chauvinistische Haltungen haben bei Befragten mit rechter Ausrichtung um sechs Prozentpunkte zu 2016 zugenommen. 15 % der Befragten im politischen Spektrum rechts von der Mitte verharmlosen nun den Nationalsozialismus (in 2016 taten dies 11 % der Befragten rechts von der Mitte).

Auch die Parteipräferenz der Befragten korrespondiert teilweise mit rechtsextremen Einstellungen, wie Tabelle 4.9 zeigt (➟ s. S. 138 f.). Hier haben wir danach gefragt, welcher Partei die Befragten ihre Zweitstimme geben würden, wenn am nächsten Sonntag Bundestagswahlen wären, haben also die »Sonntagsfrage« gestellt.[10] Dabei fallen die AfD-Anhänger_innen unter den Befragten sehr deutlich auf.[11] Zum einen zeigen sie mit Ausnahme des Antisemitismus in allen Dimensionen einer rechtsextremen Orientierung die mit Abstand höchs-

---

10 Im Vergleich zu den im Zeitraum der Befragung veröffentlichten Umfragen des ARD-Deutschland-Trends bzw. des ZDF-Politbarometers ist der Anteil von potenziellen Wähler_innen von B90/Die Grünen in unserer Befragung etwas überrepräsentiert, von potenziellen Wähler_innen der AfD etwas unterrepräsentiert. Dies spricht erneut dafür, dass die hier berichteten Befunde die gesellschaftliche Stimmungslage in Bezug auf rechtsgerichtete Einstellungen eher zurückhaltend wiedergeben.

11 Unterschiede nach Parteipräferenz: Befürwortung Diktatur: Chi^2 (2, 1.431) = 68,239, $p < ,001$; Chauvinismus: Chi^2 (2, 1.379) = 168,429, $p < ,001$; Verharmlosung Nationalsozialismus: Chi^2 (2, 1.323) = 58,067, $p < ,001$; Fremdenfeindlichkeit: Chi^2 (2, 1.419) = 192,481, $p < ,001$; Antisemitismus: Chi^2 (2, 1.246) = 22,947, $p < ,001$.

Zustimmung zu den Dimensionen rechtsextremer Einstellungen nach Parteipräferenz 2018/19 (Angaben in Prozent) **Tabelle 4.9**

	CDU/CSU (n = 292)	SPD (n = 276)
Befürwortung Diktatur ***	1,7	1
Chauvinismus ***	7,7	9,6
Verharmlosung des Nationalsozialismus ***	0,2	1,4
Fremdenfeindlichkeit ***	5,0	8,4
Antisemitismus **	4,2	1,8
Sozialdarwinismus	0,9	1,4

Legende * p = < ,05; ** p = < ,01; *** = p < ,001 | [a] = Bündnis 90/Die Grünen.

ten Zustimmungswerte. Zum anderen sind ihre Zustimmungswerte um ein Vielfaches höher als bei den anderen Befragten. Mit 49 % findet der nationale Chauvinismus eine mehr als dreimal stärkere Zustimmung als bei FDP-Anhänger_innen, bei denen diese Dimension vergleichsweise etwas weiter verbreitet ist als unter den potenziellen Wähler_innen der anderen größeren Parteien. Unter Nichtwähler_innen sind lediglich Fremdenfeindlichkeit und nationaler Chauvinismus etwas auffälliger verbreitet (➡ s. Tab. 4.9).

Die Befürwortung einer rechtsgerichteten Diktatur, die Verharmlosung des Nationalsozialismus sowie der Sozialdarwinismus finden bei den Anhänger_innen der anderen Parteien und bei den Nichtwähler_innen keine nennenswerte Zustimmung (max. 3 % Differenz in Zustimmungen). Stärkere Zustimmung gibt es dagegen beim Nationalchauvinismus, mit einer Spannweite von 4 % bei Anhänger_innen von Bündnis 90/Die Grüne und 15 % bei FDP-Anhänger_innen. Zustimmungen zur Fremdenfeindlichkeit sind mit 8 % auffällig stark bei SPD-Anhänger_innen ausgeprägt, gefolgt von Nichtwähler_innen mit knapp 14 %. Beim Antisemitismus sind mit knapp 4 % ausnahmsweise nicht die AfD-Anhänger_innen Spitzenreiter, sondern mit 7 % die Anhänger_innen der FDP.

Im Zeitvergleich mit 2016 zeigen sich einige bemerkenswerte Veränderungen. So hat die Zustimmung bei SPD-Anhänger_innen zum nationalen Chauvinis-

Tabelle 4.9

FDP (n = 140)	B'90[a] (n = 399)	Die Linke (n = 140)	AfD (n = 97)	Nichtwähler (n = 131)
0,5	1,3	1	14,3	3,2
15,3	4,1	4,5	49,1	14,3
1,7	0	1,2	10,3	0,7
5,1	1,8	1,8	42,1	13,6
7,2	0,8	0,2	3,8	2,4
0	0,2	0	2,3	0,6

mus und der Fremdenfeindlichkeit in der Tendenz leicht zugenommen (Zunahme von 4 bzw. 6 Prozentpunkten). Dagegen hat sich die Zustimmung zu einer chauvinistischen Position bei Anhänger_innen der Linken und der CDU/CSU etwa halbiert (Abnahme von jeweils etwa 6 Prozentpunkten).

Festhalten lässt sich: Rechtsextreme Einstellungen sind vereinzelt auch unter Wähler_innen aller größeren Parteien zu finden, ansonsten aber in dieser harten Form der Erfassung selten. Lediglich unter den Anhänger_innen der AfD finden rechtsextreme Positionen sehr auffallend Zuspruch. Ausnahme ist der Antisemitismus, der in 2016 bei potenziellen AfD-Wähler_innen ebenfalls noch deutlich weiter als unter Wähler_innen anderer Parteien verbreitet war, in 2018/19 hat sich dies nivelliert mit einem Rückgang bei den AfD-Wähler_innen und zum Teil etwas mehr Zuspruch bei Wähler_innen anderer Parteien, namentlich vor allem der FDP, geringfügig auch der CDU/CSU. Die Zustimmungswerte unter potenziellen Wähler_innen der AfD waren bereits in 2016 auffallend hoch, haben aber nicht weiter zugenommen. Die Verharmlosung des Nationalsozialismus und der Antisemitismus sind unter ihren Anhänger_innen in 2018/19 eher etwas rückläufig, das Ausmaß an Fremdenfeindlichkeit ist unter ihnen hingegen noch weiter angestiegen. Hier mag sich die Debatte um die Partei in der Öffentlichkeit niederschlagen, in der einige Führungsfiguren durch offenen Antisemitismus und eine Verharmlosung des Nationalsozialismus aufgefallen sind und denen die Partei bis heute keinen Platzverweis ausgestellt hat, im Gegenteil, sie weiter in Führungspositionen unterstützt (➟ s. dazu auch Kap. 5, S. 147 ff.). Die potenziellen Wähler_innen der AfD dürften die Diskussionen um die Partei aufmerksam verfolgen und sich in Interviews, wie sie in der vorliegenden Meinungsumfrage geführt wurden, zu den besonders kritisch diskutierten Punkten zurückhaltend verhalten. Einige Anhänger_innen der AfD werden sich ganz bewusst von diesen Positionen distanzieren, weil sie sie nicht teilen möchten, andere werden dies aber vielleicht auch aus strategischen Gründen tun, um dem Ruf der so heftig umstrittenen Partei nicht weiter zu schaden.

4.4 Entwicklungen rechtsextremer Einstellungen seit 2002

Ein wesentliches Ziel der Mitte-Studien besteht in der kontinuierlichen Beobachtung der Entwicklung rechtsextremer Einstellungen. Seit 2002 liegen zuverlässige Daten aus den Umfragen vor. Für die Darstellung der Entwicklungen über die Jahre beziehen wir uns zum einen auf die bei Decker/Kiess/Brähler (2012) angegebenen Werte und zum anderen auf die von uns erhobenen Daten der Jahre 2014, 2016 sowie 2018/19 (für eine methodische Einordnung ➟ s. auch Kap. 2, S. 41 ff.) (➟ s. auch Abb. 4.1 u. 4.2).

Im direkten Vergleich zu den Zustimmungen von 2016 sind nur minimale Veränderungen zu beobachten. Die Anteile der zustimmenden Befragten in den sechs Dimensionen sind nahezu konstant zur Vorerhebung. Keine Veränderung in der Zustimmung zeigt sich in den politischen Dimensionen einer rechtsextremen Orientierung: die Befürwortung einer rechtsgerichteten Diktatur, Chauvinismus und die Verharmlosung des Nationalsozialismus sowie für den Sozialdarwinismus. Etwas anders verhält es sich für die sozialen Dimensionen Fremdenfeindlichkeit und Antisemitismus, die jeweils ganz leicht zugenommen haben. Nach wie vor stellt somit das Jahr 2014 eine Zäsur dar, in dem es den deutlichsten Rückgang seit der ersten Erhebung 2002 gab. Dies gilt insbesondere für Fremdenfeindlichkeit und Chauvinismus, aber auch für traditionellen Antisemitismus. Sowohl der Sozialdarwinismus als auch die Verharmlosung des Nationalsozialismus entwickeln sich zwar ebenso rückläufig, aufgrund ihrer schon vorher geringen Verbreitung ist das Potenzial für einen Rückgang begrenzt.

Entwicklung rechtsextremer Einstellungen in der Bevölkerung 2002–2018/19 (Angaben in Prozent) **Abb. 4.1**

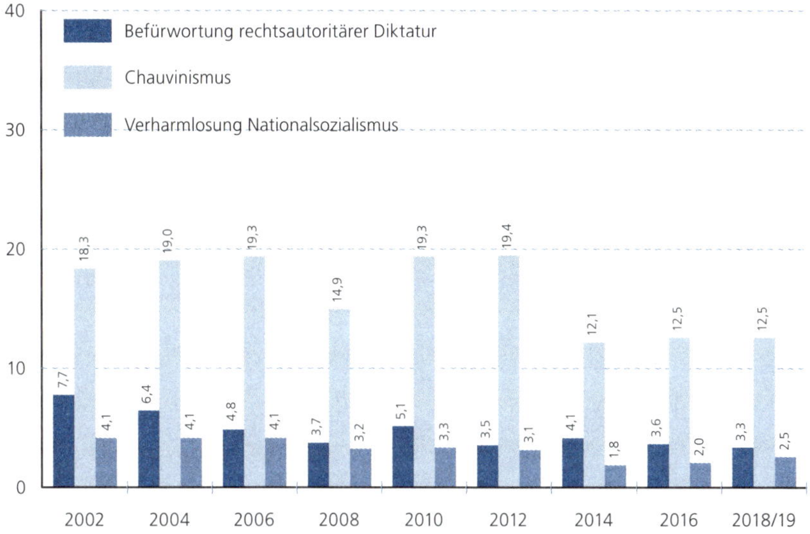

Entwicklung rechtsextremer Einstellungen in der Bevölkerung 2002–2018/19 (Angaben in Prozent) **Abb. 4.2**

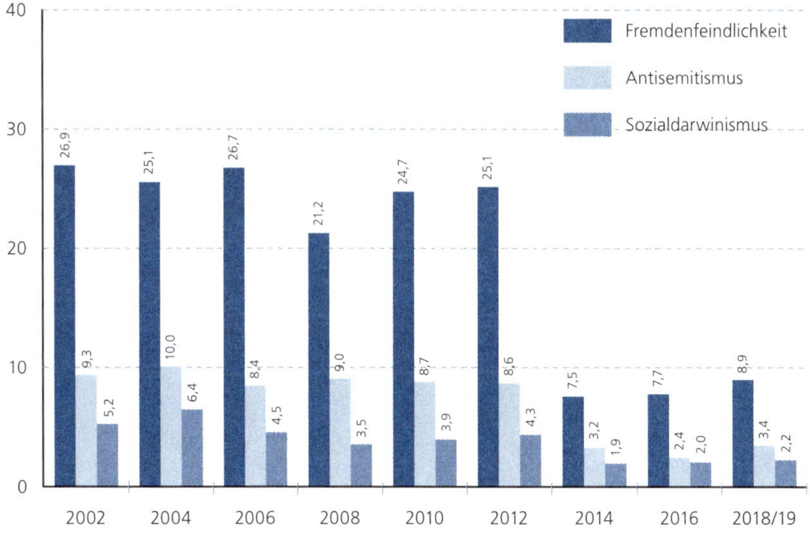

Insgesamt betrachtet, pendelt sich das Niveau einer rechtsextremen Orientierung bei etwa 2 bis 3 % ein. Um ein Gesamtausmaß zu erhalten, werden die sechs rechtsextremen Einstellungen zusammengefasst.[12]

Zustimmung zum Gesamtindex rechtsextremer Orientierung 2002–2018/19 (Angaben in Prozent) **Tabelle 4.10**

	2002	'04	'06	'08	'10	'12	'14	'16	2018/19
Gesamt	9,7	9,8	8,6	7,6	8,2	9	2,4	2,8	2,4
Ost	8,1	8,3	6,6	7,9	10,5	15,8	2,5	5,9	2,4
West	11,3	10,1	9,1	7,5	7,6	7,3	2,3	2,3	2,4

4.5 Fazit und Kritik

Insgesamt können wir für 2018/19 wie in den Vorjahren festhalten, dass in der Mitte rechtsextreme Einstellungen nicht so viel Zustimmung finden wie die anderen antidemokratischen Einstellungen, die die Mitte-Studie erfasst. Einerseits sind die Zustimmungen nicht weit verbreitet, andererseits sind sie, wie zuletzt berichtet, in der Entwicklung über die letzten 16 Jahre rückläufig. Insbesondere gibt es nur einen sehr kleinen Teil in der Bevölkerung, der eine ausgeprägte rechtsextreme Einstellung vertritt und allen Dimensionen zustimmt. Trotzdem kann auch eine kleine Gruppe politisch Gleichgesinnter Einfluss auf die gesellschaftlichen Debatten nehmen und sich mit ihren Themen Gehör verschaffen. Es braucht nicht große Bewegungen, sondern stabile Minderheiten, die Einfluss nehmen können und zu Normalitätsverschiebungen beitragen. Das ist ein klassischer Befund der Forschung zum Minderheiteneinfluss und zeigt sich durch den Aufschwung rechtspopulistischer und rechtsextremer Parteien in Europa (vgl. z. B. Akkerman, de Lange & Rooduijn 2016). Splitter an Ideologien drängen in den Mainstream, wenn diese von der Mitte geteilt werden.

12 Als rechtsextrem gelten demnach Personen ab einem Grenzwert von > 63 bei einem Minimum von 18 und einem Maximum von 90. Der Grenzwert wird überstiegen, wenn alle 18 Items mit durchschnittlich höher als 3,5 (insgesamt 5 Antwortkategorien) beantwortet wurden (zum Verfahren vgl. Decker, Kiess & Brähler 2012, 47).

Daher verweisen wir am Ende auf einige interessante Entwicklungen im Rechtsextremismus. Erstens sind die Zustimmungen, Ablehnungen und vor allem die Zurückweisung einer Antwort bei antisemitischen Aussagen interessant. Einige Befragte, die beim Antisemitismus nicht antworten, stimmen nationalchauvinistischen und fremdenfeindlichen Äußerungen umso stärker zu. Das wirft die Frage auf, ob es auch so etwas wie einen gebildeten Rechtsextremismus in der Mitte gibt. Insbesondere national gestimmte rechtsextrem anfällige Personen wissen um das Tabu des Antisemitismus, äußern sich dann jedoch nationalchauvinistisch. Das Nationale übertüncht das Antisemitische? Der Antisemitismus ist ein besonderer Aspekt des Rechtsextremismus insofern, als die jüngeren Befragten bei der Verharmlosung des Nationalsozialismus eher zustimmen, wo sonst die These vom Generationenunterschied im Antisemitismus hält: Ältere sind eher anfällig. Es könnte auch sein, dass das Erscheinen verstärkter rechtspopulistischer Kampagnen auf der politischen Bühne, insbesondere die regelmäßig provokanten Äußerungen einiger AfD-Politiker_innen in Bezug auf die erinnerungspolitische Auseinandersetzung mit dem Nationalsozialismus, hier eine Spur hinterlässt.[13] Es mag auch daran liegen, dass in der Verharmlosung des Nationalsozialismus, die teilweise bei Jüngeren höher ist, ein historischer Effekt vorliegt. Die Jüngeren verlieren die historische und persönliche Nähe zum Nationalsozialismus. Es mag auch ein Bildungseffekt sein, der besagt, Jüngere erfahren weniger Bildung in der Geschichte als gedacht. Gepaart mit dem Befund, junge Menschen verfügen häufig nur über ein sehr eingeschränktes Wissen über diese Zeit und den Holocaust (CNN 2018), lässt sich dieser hohe Prozentsatz von 7 % unter den Jüngeren, die die NS-Zeit verharmlosen, evtl. verstehen. Die Jüngeren sind es auch, die einem rassistisch überformten Sozialdarwinismus mehr zustimmen. Das mag bei einigen – es sind die Ausnahme – mit der Erfahrung einer nach Leistung, Höher- und Minderwertigkeit strukturierten Gesellschaft gut übereinstimmen. Die Welt ist ein Kampfgebiet von Schwächeren und Stärkeren. Die Idee, dass eine Nation, der man sich bio-

13 Erinnert sei an die medial besonders öffentlich gewordenen Aussagen von Björn Höcke am 17.1.2017 zum »Denkmal der Schande«, womit er das Holocaustdenkmal in Berlin meinte, und von Alexander Gauland, der am 4.6.2018 auf einer Rede zum Bundeskongress der Jungen Alternative in Thüringen die Zeit des Nationalsozialismus als »Vogelschiss« in der deutschen Geschichte bezeichnete.

logisch zuordnet, einen Vorteil verschafft, erzeugt eine Anziehung. Da passt die Verharmlosung des Nationalsozialismus gut.

Es sind auch ebenfalls die unteren und mittleren Bildungsgruppen, die anfälliger sind, rechtsextremen Meinungen zuzustimmen, also – das sei betont – nicht nur die unteren Bildungsgruppen, die vielleicht am wenigsten eine Chance hatten, politische Bildung zu erfahren. Es kann Bildungsinstitutionen nicht zufriedenstellen, dass die Chancen auf demokratische Bildung ungleich verteilt sind. Das betrifft ebenso Einkommensgruppen. Auch hier sind der Antisemitismus und der Nationalchauvinismus in diesen beiden Einstellungsdimensionen in den unteren Einkommensgruppen am stärksten.

Noch viel auffälliger und höchst diskutabel ist jedoch der überraschend starke Unterschied in rechtsextremen Einstellungen bei Gewerkschaftsmitgliedern. Wir können in der Studie nicht besonders in die Tiefe gehen, nicht analysieren, welche Gewerkschaft, welche Arbeitswelten besonders anfällig machen, rechtsextremen Einstellungen zuzustimmen, die die Höherwertigkeit der eigenen nationalen Gruppe und anderes suggerieren. Um das genau zu prüfen, ist die Stichprobe der Gewerkschaftsmitglieder zu klein. Umso mehr rät es sich, dem in einer weiteren Studie genauer nachzugehen und unterschiedliche Annahmen, wie Stöss (2017) sie nennt, zu prüfen. Dazu gehört etwa die Frage, welche Gewerkschaftsmitglieder so anfällig für Rechtsextremismus sind und woran dies liegt.

Am allerstärksten stimmen jedoch jene Befragten zu, die politisch gegenüber allen anderen Parteien die AfD wählen würden oder mit ihr sympathisieren. Lediglich, aber immerhin, trifft das auf alle Einstellungsdimensionen des Rechtsextremismus zu bis auf den Antisemitismus. Die teilweise hart geführte politische Auseinandersetzung und Richtungsstreitigkeiten in der Partei haben teilweise Spuren bei ihren Anhänger_innen hinterlassen, die sich sowohl in einer Verschärfung als auch in einer Entspannung der Zustimmung zu rechtsextremen Einstellungen ausdrücken.

Die Entwicklungen der rechtsextremen Einstellungen sind bedeutsam im Kontext der anderen rechtspopulistischen und neurechten Einstellungen, die Ideologiefragmente der sogenannten Neuen Rechten ansprechen. Im Kontext der Analyse dieser Einstellungen greifen wir den Rechtsextremismus weiter auf und fragen, wie weit die Mitte anfällig für rechtsextreme Einstellungen ist.

Zuvor möchten wir aber kurz auf mögliche Kritik an der Konzeption und Methodik der Mitte-Studie eingehen, die wir öfter vernehmen, wie auch selbst reflektieren. Einige Wissenschaftler_innen wie auch andere Expert_innen und Journalist_innen bezweifeln, ob Rechtsextremismus überhaupt ein Phänomen ist, das sich in der Mitte der Bevölkerung verorten lässt; könne diese doch quasi per Definition nicht »extrem« sein. Wenn jedoch Extremismus nur als kriminologisches, politologisches oder rechtliches Phänomen bzw. als organisiertes Phänomen beurteilt wird, dann ist das zu beachten, geht aber an dem Interesse der Studie vorbei. Sie interessiert sich dafür, inwieweit Einstellungsmuster, die sich auch im extremistischen Milieu finden, in der Mitte Zuspruch finden – nicht immer in Form eines »geschlossenen rechtsextremen Weltbildes«, aber doch in der einen oder anderen Facette. Ebenso reflektieren wir den Einwand, der aus rassismuskritischer Sicht kommen mag, wir erschüfen mit der Befragung erst das, was wir messen wollen bzw. zu messen vorgeben. Dem möchten wir entgegenhalten: Ein Phänomen wie der Rechtsextremismus entspringt einer Gesellschaft, entwickelt sich aus bestimmten in der Bevölkerung vorhandenen und/oder in diese eindringenden ideologischen Vorstellungen. Dies gilt erst recht, wenn die Bevölkerung als potenzielle Wähler_innen angesprochen werden soll und wird. Wir sind uns darüber bewusst, dass wir mit Begriffen Zuweisungen vornehmen und mit den Fragen Antworten provozieren, vielleicht sogar Ideologien wiedererwecken, verstärken oder gar erst erzeugen, aber das Phänomen Rechtsextremismus (gleiches gilt für den Rassismus) ist nun einmal da, entsprechend auch in manchen Köpfen und Herzen derer, die sich soziodemografisch oder per Selbstdefinition der Mitte zuordnen lassen. Aus dem Dilemma, Themen anzusprechen, wenn wir sie erforschen möchten, kommen wir nicht heraus.

Meinungsumfragen haben – auch darauf ist noch einmal wichtig hinzuweisen – als Methode wie andere Methoden auch ihre Begrenztheit. Für eine Meinungsumfrage zu so einem kritischen Phänomen wie rechtsextremen Einstellungen gilt dies vielleicht in besonderer Weise. Sicherlich gelingt es uns nicht, viele der

»richtig Rechtsextremen« mit dieser Methode zu befragen. Die Stichprobe ist trotz der Gewichtung nach soziodemografischen Merkmalen in der Tendenz vielleicht etwas linksliberaler als die Gesamtbevölkerung, dies lassen zumindest die Wahlpräferenzen vermuten. Die hier berichteten Befunde zu rechtsextremen Einstellungen sind also eher als konservative Annäherungen zu interpretieren, kleinere Unterschiede zwischen soziodemografischen Gruppen sowie geringfügige Zunahmen und Abnahmen über die Zeit dürfen nicht überbewertet werden. Dennoch können die Befunde zurückhaltende Hinweise auf problematische Entwicklungen geben, die letztlich zusammen mit Befunden aus anderen Studien Erkenntnisse liefern, die auch für die Prävention und Intervention hilfreich sein können. Die Befunde zeigen: In der Gesamtbevölkerung haben rechtsextreme Einstellungen nicht zugenommen, wohl aber in einigen Subgruppen, die bis dato nicht so aufgefallen sind – das gilt vor allem für den auffallenden Anstieg rechtsextremer Einstellung bei den Jüngeren und bei Gewerkschaftsmitgliedern – und mit Blick auf einige spezifische Subdimensionen wie den Antisemitismus und den nationalen Chauvinismus, die in einigen soziodemografischen Gruppen (Jüngere und Einkommensstärkere; der Antisemitismus auch bei den Frauen) zugenommen haben, sodass sich die bis dato beobachteten Unterschiede nach Soziodemografie nivellieren. Dies schlägt sich (noch) nicht in den zusammengefassten Werten nieder – über alle Dimensionen und Bevölkerungsgruppen hinweg hat eine rechtsextreme Orientierung nicht zugenommen – ist aber als warnender Hinweis ernst zu nehmen.

5 Neue rechte Mentalitäten in der Mitte der Gesellschaft

Alexander Häusler · Beate Küpper

5.1 Neue Entwicklungen im Rechtsaußenspektrum

Kahl rasierte Schädel, Springerstiefel und ein Baseballschläger in der Hand – dieses Bild von Rechtsextremisten ist schon länger nicht mehr eine allumfassende Kennzeichnung. Denn die tätowierten Stiernackigen, die das Bild etwa der Demonstrationen in Chemnitz im Herbst 2018 prägten, sind nur ein Teil der rechten Szene. Heute präsentiert sich der Rechtsextremismus modern. Die höflichen jungen Männer mit ihren akkurat geschnittenen Hipster-Bärten und ihre weiblichen Pendants inszenieren sich als intellektuelles Gegenbild zu den selbsterklärten »politischen Soldaten« aus dem harten Rechtsextremismus, die eher zuschlagen wollen, als sich mit Visionen über ein neues System ideologisch zu beschäftigen. Diese Arbeitsteilung erinnert auf eine unheimliche Weise an die Vergangenheit des Nationalsozialismus. Hannah Arendt deutete diese Beziehung bezeichnend als Bündnis zwischen Elite und Mob. Aktuell verschwimmen im reaktionären Aufbegehren erneut die politischen Grenzen zwischen Teilen des nationalkonservativen (Bildungs-)Bürgertums und rechtsextremen Protestmilieus auf der Straße. Die AfD bietet für solche Verbindungen parteipolitische Anknüpfungspunkte.

Das politische Rechtsaußenspektrum in Deutschland hat sich seit einigen Jahren in vielerlei Hinsicht verändert. Das Aufkommen des Rechtspopulismus und die Herausbildung neuer rechter sozialer Bewegungen haben zu einer Umstrukturierung des Rechtsaußenspektrums geführt. In der Bundesrepublik waren rechtsextreme Erscheinungsformen lange Zeit als gesellschaftliche Randphänomene wahrgenommen worden und beschränkten sich weitestgehend auf folgende Ereignisse: auf die Wahlerfolge von traditionellen Rechtsaußenparteien, auf die Aufmärsche der neonazistischen Kameradschaftsnetzwerke und auf neonazistisch motivierte Gewalttaten und terroristische Auswüchse sowie auf rechtsextreme Jugend- und Subkulturen. Die Grauzone der sogenannten

Neuen Rechten im Spannungsfeld zwischen Rechtsextremismus und Konservatismus hingegen führte jahrzehntelang ein der öffentlichen Aufmerksamkeit weitestgehend entzogenes Nischendasein im vorpolitischen Raum ohne nennenswerten realpolitischen Einfluss. Mit dem Aufkommen der AfD und neuer rechter Bewegungen wie der wohl am weitesten bekannten »Identitären Bewegung« veränderte sich der öffentliche Blickwinkel auf die Gefahr von rechts: Einhergehend mit der zunehmenden realpolitischen Einflussnahme der AfD rückten weltanschauliche Merkmale des Rechtsextremismus zunehmend in die Mitte des öffentlichen Diskurses. Die mediale Dauerpräsenz rechtspopulistischer Tabubrüche droht mittlerweile, eine gesamtgesellschaftliche Normalisierung reaktionärer und rassistischer Weltbilder zu befördern. Zugleich haben die AfD-Wahlerfolge zu Veränderungen im (extrem) rechten Parteien- und Bewegungsspektrum geführt, die zusammenfassend folgende Merkmale aufweisen:

- Verschiebungen in der Parteienlandschaft: Traditionell recht(sextrem)e Parteien wie die NPD und die REPublikaner verlieren in Konkurrenz zur AfD an Bedeutung, rechtspopulistische Parteien wie Die Freiheit und die rechtsextreme Kleinpartei Pro Deutschland haben sich aufgelöst und zur Unterstützung der AfD aufgerufen. Neonazi-Kleinparteien wie Die Rechte und Der III. Weg bieten parteipolitische Auffangbecken für rechtsextreme Kameradschaftsstrukturen und gewaltaffine neonazistische Netzwerke.
- Milieuübergreifende Straßenmobilisierung: Das Auftreten neuer sozialer Bewegungsakteure wie z. B. Pegida oder der sogenannten »Identitären Bewegung Deutschland« (IBD) bewirkten eine Veränderung des rechten Bewegungsfeldes. Die zunehmende öffentliche Wirkung dieser neuen Akteure erzeugte Veränderungen in der Zusammensetzung einer neuen extrem rechten Protestkultur, die zunehmend von einer sozialen und organisatorischen Durchmischung vormals getrennt voneinander agierender Protestmilieus gekennzeichnet ist.
- Autoritaristische Selbstermächtigung: Rechtspopulistische Wahlerfolge und milieuübergreifende Straßenmobilisierung münden vermehrt in autoritär strukturierte und teils gewaltaffine Formen von rechter Selbstermächtigung. Dies zeigt sich im vermehrten Auftreten rechtsgerichteter selbst ernannter Bürgerbewegungen und Bürgerwehren sowie im gehäuften Auftreten von sogenanntem Ordnerschutz bei Demonstrationen und Veranstaltungen, der

sich aus Aktivisten aus rechten Kampfsport-, Rocker- und Hooliganszenen zusammensetzt.

- Radikalisierung des Konservatismus: Unter neurechtem Einfluss erodiert die Abgrenzung zwischen Konservatismus und Rechtsextremismus. Die AfD übernimmt hierbei die Rolle eines parteipolitischen Zugpferdes für eine Radikalisierung des nationalkonservativ gesinnten Bildungsbürgertums mit Unterstützung der rechten Publizistik wie der Wochenzeitschrift Junge Freiheit.
- Rechte Querfrontpolitik: Mit sozialpopulistischer Demagogie gelang der AfD auch ein Einbruch in das Lager ehemals linker Wähler_innen sowie die Mobilisierung vieler ehemaliger Nichtwähler_innen. Der Höcke-Flügel der AfD versucht mit der Unterstützung von Alexander Gauland eine programmatische Vertiefung dieses Kurses zu vollziehen. Innerhalb des nationalrevolutionär orientierten Spektrums des Rechtsextremismus mehren sich Versuche zur völkisch-nationalistischen Mobilisierung prekarisierter Bevölkerungsschichten sowie speziell abstiegsbedrohter und sozial marginalisierter Bevölkerungsteile in Ostdeutschland. (➟ s. Abb. 5.1, S. 150)

5.2 Begriffliche Differenzierung

Die skizzierten Veränderungen im politischen Rechtsaußenspektrum haben zu Begriffsvermengungen in der öffentlichen Debatte geführt. So wird wahlweise von den neuen Rechten, den Rechtspopulisten, den neuen Nazis oder vom rechten Radikalismus oder Extremismus gesprochen, um die Erscheinungsform des aktuellen rechten Aufbegehrens zu beschreiben. Die Bezeichnung Rechtsaußen kann als begriffliche Klammer zur Beschreibung aller rechts des etablierten konservativen Parteispektrums stehenden Parteien und Bewegungen dienlich sein (Spier 2016). Neue Entwicklungen im Rechtsaußenspektrum sind begrifflich und inhaltlich allerdings nicht gleichzusetzen mit der sogenannten Neuen Rechten, bei der es sich um eine Selbstbezeichnung rechter Theoriezirkel ab ca. 1967/68 zur Modernisierung ihrer politischen Agenda handelt (Schönekäs 1990, 236). Mittels weltanschaulicher Rückgriffe auf jungkonservative und nationalrevolutionäre Theorien der präfaschistischen Konservativen Revolution aus der Zeit der Weimarer Republik versuchte die Neue Rechte, eine Erneuerung völkisch-nationalistischer Politikansätze zu bewirken und zudem eine Radikalisierung des Konservatismus zu entfachen (Gessenharter 2018; für eine kurze Übersicht Stöss 2016). Angesichts der unterschiedlichen Theorieproduktionen aus diesem Spek-

Neustrukturierung des Rechtsaußenspektrums
(eigene Darstellung) **Abb. 5.1**

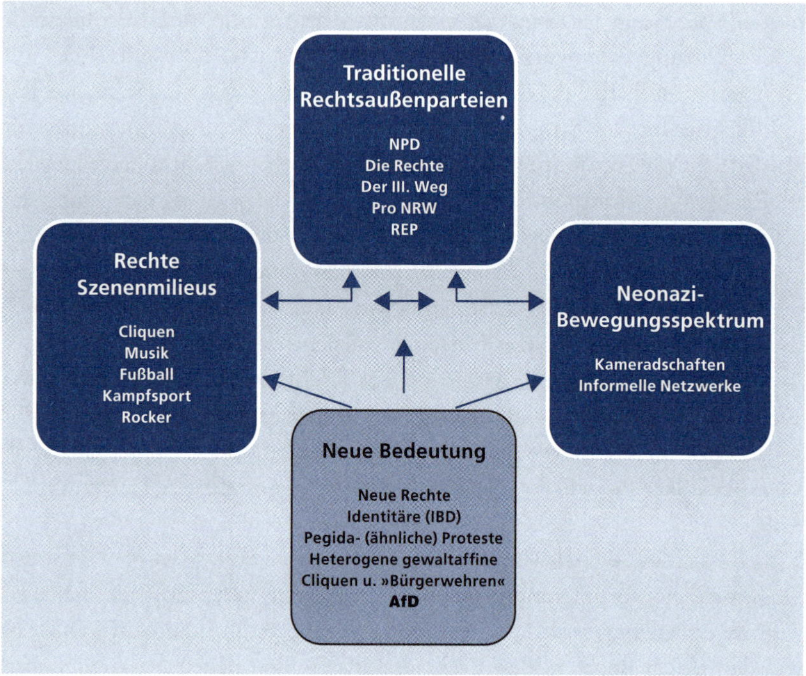

trum lässt sich von den Neuen Rechten der Genauigkeit halber besser im Plural reden (Langebach & Raabe 2016, 581). Aktuell finden die unterschiedlichen Facetten neurechter Politikansätze einerseits ihren Ausdruck in der »volkskonservativen« Linie durch die Wochenzeitschrift Junge Freiheit in Anlehnung an die sogenannten Volkskonservativen in der Endphase der Weimarer Republik durch das Institut für Staatspolitik (Kellershohn 2018, 104). Anderseits zeigt sich die aktuelle politische Einflussnahme der Neuen Rechten in der jungkonservativen und zum Teil rechtsextrem-affinen Ausrichtung des Instituts für Staatspolitik mit dessen rechtem Bewegungsunternehmer Götz Kubitschek, der sich selbst gern als politischer Einflüsterer des AfD-Rechtsaußenpolitikers Björn Höcke und seines politischen Umfeldes darstellt. Kurzum: Die Neue Rechte als Eigenbezeichnung einer schon seit geraumer Zeit nicht mehr neuen Strömung stellt eine spezifische Ausformung der radikalen Rechten dar, unter der nicht das

Gleiche zu verstehen ist, wie unter der Beschreibung von aktuellen *neuen rechten* Erscheinungsformen. Denn neu sind nicht die Weltanschauungen (völkisch-autoritär, nationalistisch, rassistisch etc.), sondern neu sind die zunehmend milieuübergreifende Wirkungsmächtigkeit des völkisch-autoritären Populismus in der Mitte der Gesellschaft und die zunehmende Erosion zwischen rechtsextremen Einstellungen und Szenen und konservativ gesinnten Milieus: Die sozial- und klassenübergreifende Anschlussfähigkeit des rechten Populismus zeigt sich in dessen Strahlkraft auf die Gruppe der ehemaligen Nichtwähler_innen, auf Teile der ehemaligen Links-Wählerschaft und sozial prekarisierte Milieus einerseits und zugleich anderseits auf die abstiegsbedrohten Mittelschichten, Teile des konservativen Bildungsbürgertums sowie der nationalliberal gesinnten Bessergestellten, die sich als »Leistungseliten« ansehen. Vielmehr tragen weltanschauliche und strategische Optionen der Neuen Rechten bei zu einer Neuformierung rechtsradikaler Politikansätze. Laut dem Politikwissenschaftler Michael Minkenberg sind unter der radikalen Rechten diejenigen Gruppen und Parteien zu verstehen, »die geltende demokratische Ordnung als solche nicht infrage stellen, jedoch durch Rückgriff auf den ultranationalistischen Mythos eine Radikalisierung nach rechts und damit eine Revision der Verfassungswirklichkeit bzw. einzelner Normen anstreben« (Minkenberg 1998, 34). Der Begriff des Rechtsextremismus kann allgemein als Sammelbegriff für die Bündelung autoritaristischer, nationalistischer und rassistischer Gesellschaftsvorstellungen verstanden werden. Dessen zentrale Merkmale lassen sich laut dem Politikwissenschaftler Hans-Gerd Jaschke aus der Gesamtheit von Einstellungen, Verhaltensweisen und Aktionen ableiten, »die von der rassisch oder ethnisch bedingten sozialen Ungleichheit der Menschen ausgehen, nach ethnischer Homogenität von Völkern verlangen und das Gleichheitsgebot der Menschenrechts-Deklaration ablehnen, die den Vorrang der Gemeinschaft vor dem Individuum betonen, von der Unterordnung des Bürgers unter die Staatsräson ausgehen und die den Wertepluralismus einer liberalen Demokratie ablehnen und Demokratisierung rückgängig machen wollen.« (Jaschke 2001, S. 30) Ebenfalls wird in der Forschung der Begriff extreme Rechte zur Kennzeichnung des äußeren rechten Randes des politischen Spektrums verwendet. Der Begriff kann als Sammelbegriff für die Bündelung autoritärer, nationalistischer und rassistischer Gesellschaftsvorstellungen verstanden werden (Braun et al. 2009; Hafeneger & Schönfelder 2007; Botsch 2012). Er umfasst das gesamte politische Rechtsaußenspektrum von der Grauzone zwischen rechtskonservativen und rechtsextremen Zirkeln bis hin zu offen neonazistischen Parteien und Gruppierungen. Inhaltlich beinhaltet der Begriff die Bündelung von völkisch-nationalistischen sowie rassistischen und antisemitischen Ausprägungen, autoritären Politikvorstellungen, die Ablehnung des gesellschaftlichen Gleichheitsprinzips, die Diskriminierung von Minderheiten und eine Strategie der Ethnisierung sozialer und ökonomischer Problemlagen.

Der Neonazismus verkörpert den äußersten Rand des rechtsextremen Spektrums, der sich mehr oder weniger offen positiv auf weltanschauliche Grundmuster des Nationalsozialismus bezieht. Er wird größtenteils durch eine in sogenannten Kameradschaften organisierte Neonaziszene repräsentiert, die sich selbst als Nationaler Widerstand begreift. Die neonazistische Szene hat großen Einfluss auf das Parteienspektrum der extremen Rechten. Dazu zählen neben der NPD u. a. die Partei Die Rechte und die Partei Der III. Weg.

Diese Parteien haben durch das Aufkommen der rechtspopulistischen AfD starke Konkurrenz erhalten. Der konstruierte Gegensatz zwischen Volk und Elite kann hierbei als Basiserzählung des Rechtspopulismus verstanden werden (Geden 2007, S. 8). Dabei wird »das Volk« propagandistisch ethnisch, sozial und politisch homogenisiert (u. a. Wildt 2017). Die Gegenüberstellung von Volk und Volksfeinden im Rechtspopulismus hat sowohl integrierenden wie zugleich ausschließenden Charakter: So werden einerseits Implikationen zwischen dem »Wir« der »Leistungsträger« und dem »Volk« hergestellt und andererseits zwischen »denen da oben« und den »Fremden und Schmarotzern«, die damit gleichermaßen zum »Fremdkörper« wie zur Bedrohung der »Wir«-Konstruktion stilisiert werden (➟ s. Kap. 6, S. 173 ff.). Von Bedeutung ist, dass diese Abgrenzungen und Bedrohungskonstruktionen sowohl nach unten wie zugleich nach oben gegen die »Politiker-Kaste« gerichtet sind: Dies ermöglicht es der rechtspopulistischen Demagogie, Wohlfahrtschauvinismus, Antisozialismus und Rassismus zu verknüpfen mit einem Sozialpopulismus, der den unteren Schichten ein Identifikationsangebot gegenüber »denen da oben« zu bieten versucht. Die rechtspopulistische Ansprache an »das Volk« stellt zugleich die spektrumsübergreifende propagandistische Mobilisierungsressource zur Formierung neuer rechter Mentalitäten in der Mitte der Gesellschaft dar, die durch eine Politik der Feindbilder identitätsstrukturierende rechte Handlungsangebote vermittelt bekommen. Das Narrativ der »Reinigung« dient rechtspopulistischen Parteien als Metapher für eine autoritäre Mobilisierung zum Aufstand gegenüber vermeintlichen »Volksfeinden«, als welche die Einwanderer_innen, die von Rechtspopulist_innen verhasste »korrupte Elite« sowie emanzipative Bewegungen und die bestehenden politischen Parteien identifiziert werden. Rechtspopulismus ist demnach als »exkludierender Anti-Establishment-Protest« zu begreifen (Priester 2016, 546). Versteht man Rechtspopulismus in erster Linie als eine spezifische Form politischer Ansprache und Propaganda, so folgert dies, dass Rechtspopulismus sowohl bei Parteien extrem rechten Ursprungs wie auch bei Parteien mit nationalliberalem und/oder nationalkonservativen Ursprung als merkmalsprägend für deren Erscheinungsbild gekennzeichnet werden kann (➟ s. Abb. 5.2).

Rechtspopulistische Ansprache (eigene Darstellung) **Abb. 5.2**

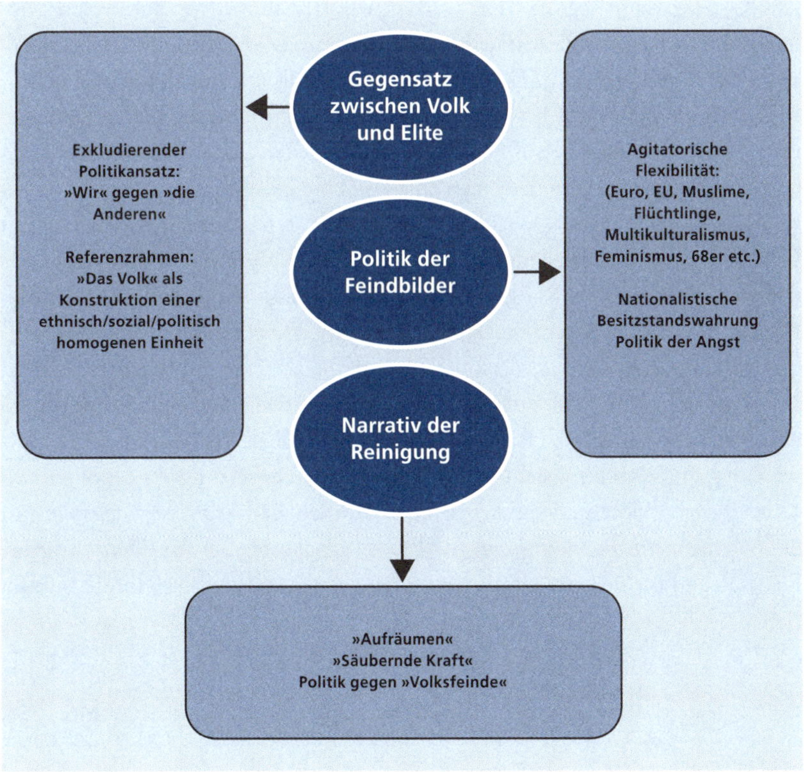

5.3 Kumulative Radikalisierung

Im Zuge rechtspopulistischer Wahlerfolge haben sich das politische Rechtsaußenspektrum und der parteiungebundene Konservatismus zunehmend radikalisiert und sind aktionsorientiert zusammengewachsen. Weltanschaulich lässt sich diese milieuübergreifende rechte Mobilisierung als völkisch-autoritäre Verdichtung des heterogenen recht(spopulistisch)en Machtblocks charakterisieren. Eine solche völkisch-nationalistische Mobilisierung trägt die Kennzeichen einer kumulativen Radikalisierung (vgl. Häusler 2018b). Diese Kennzeichnung wurde von dem Historiker Hans Mommsen in Bezug auf die Entwicklung der NSDAP geprägt. Laut Mommsen (1996) »ersetzte die Partei das, was wir unter Politik verstehen, durch bloße politische Mobilisierung vor dem Hintergrund eines vage definierten visionären Endziels. Das erzeugte die irrationale Dynamik, die diese Bewegung ausgezeichnet hat.« Diese Dynamisierung prägte zuerst der Partei, später dem Regime, »ein sozialdarwinistisches Muster auf.« Diese Mobilisierung von »institutionell nicht gebundenen Energien bei Teilen der NSDAP setzte dann den Prozess in Gang, den ich »kumulative Radikalisierung« nenne. Man fand einen Ausgleich zwischen divergierenden Interessen nie im Kompromiss – das war vielmehr ein Schimpfwort – sondern immer nur in der Annäherung der jeweiligen Interessen an eine visionäre Gesamtlösung«.[1] Zwar ist der aktuelle Rechtsruck in Deutschland nicht mit dem damaligen Aufstieg der NSPAP gleichzusetzen. Jedoch lässt sich das Muster einer dynamischen wie zugleich zwanghaften Radikalisierung auch bei der AfD und dem rechten Rechtsaußenspektrum auf der Straße erkennen: Die AfD fördert entsprechende Radikalisierungstendenzen sowohl in ihrem extrem rechtsgerichteten sozialen Bewegungsumfeld als auch im parteipolitisch mehr und mehr ungebundenen Konservatismus. Zugleich sehen Teile der Neuen Rechten in dieser Entwicklung ein Handlungsfeld zur realpolitischen Umsetzung ihrer politischen Vorstellungen. So erklärte der neurechte Vordenker Karlheinz Weißmann in der Wochenzeitung *Junge Freiheit* (JF): »Das nächste Ziel der Alternative für Deutschland ist die Organisation als »Volkspartei neuen Typs«. In die müssen

1 Mommsen, Hans (1996): »Ständige Radikalisierung«. Interview, in: focus online vom 16.9.1996, https://www.focus.de/politik/deutschland/deutschland-staendige-radikalisierung_aid_159859.html [Aufruf am 3.8.2018].

die Hauptströmungen – Volkskonservative, Hayekianer, Deutschradikale, Sozialpatrioten – eingeschmolzen werden.«[2]

Zur Umschreibung ihrer demokratiefeindlichen Ziele bemüht die Neue Rechte den sogenannten »Dritten Weg«. Nicht rechts oder links, sondern »für das Volk« sei die neue Politik, so die populistisch verklausulierte Verheißung. Laut dem französischen neurechten Theoretiker Alain de Benoist ersetzt der Populismus die Achse, »die der Rechts-Links-Spaltung entspricht, nun zunehmend durch eine Achse, die den globalisierten Eliten die Opfer der Globalisierung entgegensetzt.« Bezugspunkte für den neurechten Kulturkampf seien laut de Benoist »die sich auflösende Arbeiter- und Mittelklasse« sowie die »Völker, die ihre Kultur- und Lebensweise bewahren und ihren Gesellschaften die sozialen Pathologien ersparen möchten, die die Masseneinwanderung hervorruft«.[3] Das Einwanderungsthema dient der Neuen Rechten zum rassistisch begründeten »nationalen Aufstand«. Publizistische Kampfansagen aus dem radikal rechts ausgerichteten *Verlag Antaios* bemühen sich seit geraumer Zeit um weltanschauliche Unterfütterung: Nicht mehr Kämpfe zwischen Ideologien beherrschten unsere Öffentlichkeit, sondern zunehmend Auseinandersetzungen »entlang ethnischer, religiöser und kultureller Trennlinien«, so der neurechte Publizist Thorsten Hinz in einem zuwanderungsfeindlichen Traktat.[4] Die Zuwanderung »war und ist eine (in diesem Falle ungewollte) Zurüstung zum Bürgerkrieg« (ebd., 23). Sein Angriff zielt auf den Menschenrechtsuniversalismus: Dieser könne sich »schon bald als ein transitorisches Ereignis und eine bittere Ironie der Geschichte herausstellen. […] Der avantgardistische Großversuch, den Universalismus im eigenen Land zu praktizieren, endet damit, daß (sic!) sich das Land einem fremden Wertesystem unterordnet, welches das westlich universalistische verneint« (ebd., 56).

Entsprechende Positionierungen propagierte die AfD während ihres Wandels von der Anti-Euro- zur Anti-Flüchtlings-Partei. Als »Geschenk« für seine Partei

---

2 Weißmann, Karlheinz (2018): Disziplin ist gefordert, in: Junge Freiheit vom 16.3.2018.

3 de Benoist, Alain (2018): »Populismus ist keine Ideologie, sondern ein Stil«. Interview, in: Compact Magazin 2/2018, https://www.compact-online.de/populismus-ist-keine-ideologie-sondern-ein-stil/ [Aufruf am 28.9.2018].

4 Hinz, Thorsten (2008): Zurüstung zum Bürgerkrieg. Notizen zur Überfremdung Deutschlands, Antaios Verlag: Schnellroda; hier S. 6.

wertete der AfD-Chefstratege Alexander Gauland die Flüchtlingsdebatte im Kontext massiv steigender Umfragewerte ab Spätsommer 2015.[5] Mit ihrer sogenannten Herbstoffensive 2015 leitete die AfD ihren völkisch-nationalistisch untermauerten Frontalangriff auf die multikulturell verfasste deutsche Einwanderungsgesellschaft ein: Der wirtschaftsliberalistische Rechtspopulismus der AfD-Gründer_innen wurde im Laufe der bislang sechsjährigen Entwicklungsgeschichte der Partei zunehmend angereichert mit völkisch-nationalistischen[6] und autoritaristischen[7] Positionierungen. In zunehmendem Maße operiert die AfD als ein parteipolitisches Dach eines neuen, milieuübergreifenden völkisch-autoritären Populismus (Häusler 2018).

5 Gauland, Alexander (2015): Umfragehoch: AfD-Vize Gauland sieht Flüchtlingskrise als Geschenk, http://www.spiegel.de/politik/deutschland/afd-alexander-gauland-sieht-fluechtlingskrise-als-geschenk-a-1067356.html [Aufruf am 12.12.2015].

6 Von einem völkischen Nationalismus muss laut Helmut Kellershohn dann gesprochen werden, wenn an »die Stelle der rationalistischen, in der Tradition naturrechtlicher Argumentation stehenden Gleichsetzung von Einzelwille und gemeinschaftlichem Willen […] die Identifizierung von Ich und Nation über die ursprungsmythische Konstruktion der Vermittlungsinstanz »Volk« tritt« (Kellershohn 1998, 27). Als Kernideologeme des völkischen Nationalismus gelten demnach eine Gleichsetzung von Volk und Nation, eine Überhöhung des Volkes zu einem Kollektivsubjekt, die Rechtfertigung eines »starken Staates«, die Heroisierung des »anständigen Deutschen« und die völkisch/rassistische Konstruktion eines »inneren Feindes«; schließlich ein biopolitisches Verständnis des »Volkskörpers« sowie ein chauvinistisches Machtstaatsdenken (ebd., 27 f.). Neben völkischen Bezugnahmen weisen rechte Thematisierungen des Nationalen zugleich auch kulturalisierende Deutungsmuster nationaler Zugehörigkeit auf, die Yves Bizeul als »kulturalistischen Nationalismus« bezeichnet (Bizeul 2007, 33).

7 Unter Autoritarismus wird sowohl ein antidemokratisches Herrschaftssystem, als auch antipluralistische und antidemokratische politische Überzeugungen sowie ein »autoritätsgebundener Charakter« verstanden. Eine solcherart strukturierte »autoritäre Persönlichkeit« fordert Autorität um ihrer selbst willen und deren strikte Anwendung. Entsprechend »verherrlicht sie alles Starke und »Männliche« und lehnt alles Schwache ab; sie denkt nur in Schwarz-Weiß-Kategorien, wobei die eigene Gruppe als gut, die andere als schlecht hingestellt wird; sie lehnt jede wirklich kritische Einstellung als »destruktiv« ab und betont »unvergängliche Werte« und unabänderliche Merkmale (z. B. Erbanlagen) […]. In all dem spiegelt sich die eigene psychische (und soziale) Schwäche, die unreflektiert nach Autorität verlangt und zugleich Autorität sein möchte, d. h. nach oben buckelt und nach unten tritt.« (Drechsler/Hilligen/Neumann 1977, 39). Die Sozialpsychologie versteht rechtsgerichteten Autoritarismus ähnlich als generalisierte Überzeugung, die sich in aggressivem Law-and-Order-Autoritarismus ausdrückt, der Gehorsam, Disziplin und Unterordnung von anderen fordert und einem unterwürfigem Autoritarismus, der die eigene Bereitschaft zu Gehorsam und Unterordnung signalisiert, hinzu kommt Konventionalismus, d. h. die Forderung und Bereitschaft, sich an überkommenen, reaktionären Normen zu orientieren (u. a. Altemeyer 1988).

Der Begriff des Autoritären beschreibt eine spezifische Ausdrucksform demokratiefeindlicher Einstellungen, so beispielsweise im »sekundären Autoritarismus, in dem sich der Wunsch nach Identifikation mit Macht und Größe in Deutschland durch die nationale Wirtschaft erfüllt« (Decker & Brähler 2016, 14). Wilhelm Heitmeyer spricht in seiner Untersuchung »Autoritäre Versuchungen« von einem neuen »autoritären Radikalnationalismus« (Heitmeyer 2018, 231 f.).

Der Begriff des völkisch-autoritären Populismus hingegen beschreibt die Verknüpfung von rechtspopulistischer Inszenierung mit autoritärem Aufbegehren einerseits und mit völkisch-nationalistischen Weltanschauungen – im völkisch-autoritären Populismus verbinden sich also reaktionäre und zum Teil protofaschistische Politikansätze mit zeitgeistkonformen Medien- und Propagandastrategien (➞ s. Abb. 5.3).

Merkmale des völkisch-autoritären Populismus
(eigene Darstellung) **Abb. 5.3**

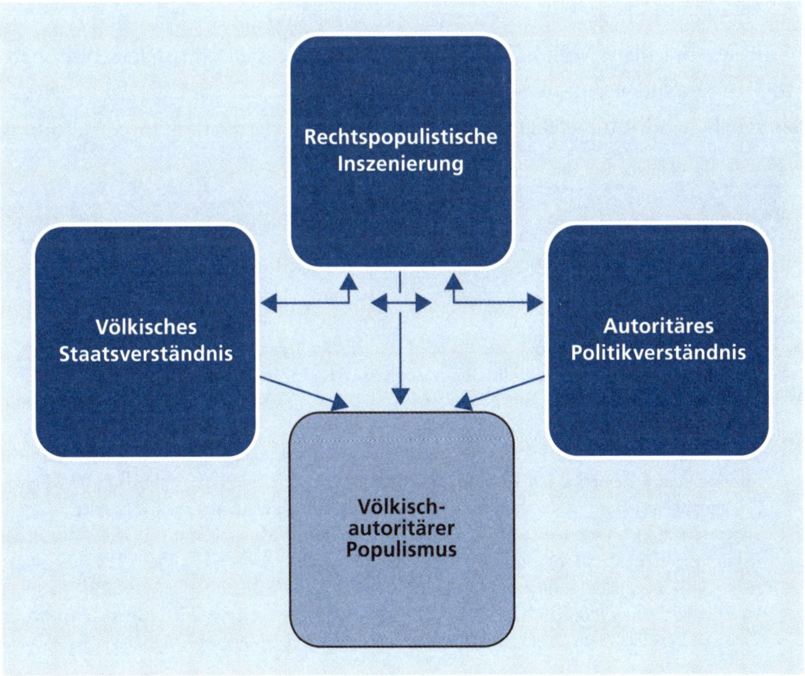

Der Autoritarismus offenbart sich in dem rechtspopulistischen Versprechen nach Ordnung(smacht): »Wir holen uns unser Land und unser Volk zurück« verkündete der AfD-Vorsitzende Gauland am Abend des Einzugs seiner Partei in den Deutschen Bundestag.[8] Autoritarismus offenbarte der AfD-Landesvorsitzende von Rheinland-Pfalz, Uwe Junge, auf seinem Twitteraccount mit folgendem Bekenntnis: »Der Tag wird kommen, an dem wir alle Ignoranten, Unterstützer, Beschwichtiger, Befürworter und Aktivisten der Willkommenskultur im Namen der unschuldigen Opfer zur Rechenschaft ziehen werden! Dafür lebe und arbeite ich. So wahr mir Gott helfe!«[9] Aktuelles Vorbild für einen solchen autoritären Populismus ist u. a. der ungarische Präsident Orbán, der für eine »illiberale Demokratie« eintritt. In Deutschland speist sich eine solche Haltung aus der geistesgeschichtlichen Tradition eines antidemokratischen Denkens, das schon in der Weimarer Republik mit völkischem Nationalismus aufgeladen wurde und in den NS-Staat mündete.[10] Entsprechend positiv werden aus AfD-Kreisen rechtsextreme Entwicklungen im Ausland goutiert. So beglückwünschte der stellvertretende AfD-NRW-Landessprecher Christian Blex den brasilianischen Rechtsextremen Jair Bolsonaro zum Wahlsieg mit den Worten: »Brasiliens Volk hat sich mit dem früheren Fallschirmjäger Bolsonaro nun für jemanden entschieden, der aufräumen und dem auf der Landesflagge festgehaltenen Motto wieder gerecht werden will: Ordem e Progresso – Ordnung und Fortschritt.«.[11]

Einhergehend mit den Wahlerfolgen der AfD sind politische Einstellungen erwachsen, die einen rückwärtsgewandten völkischen Nationalismus in Wei-

---

8 Gauland, Alexander (2017): Wir werden Merkel jagen. Wir werden uns unser Land und unser Volk zurückholen, https://www.youtube.com/watch?v=48Z4H2pRw4w [Aufruf am 20.5.2018].

9 Junge, Uwe (2017): Meldung auf Twitteraccount v. 29.12.17, https://twitter.com/uwe_junge_mdl/status/946869602553925634?lang=de [Aufruf am 5.2.2018].

10 Aus dem antidemokratischen Volkstumsbegriff erwuchs »der Kampf gegen die Überfremdung, die Forderung nach Reinerhaltung der völkischen Substanz. […] Das Volk tritt als neue Größe in die Geschichte ein. Angetrieben vom Volksgeist wird es zum geschichtlichen Willen, der aus dem System der industriellen Gesellschaft, das auf dem Willen einzelner basierte, ein neues staatliches Gebilde formt, den zur Gemeinschaft formierten Volksstaat.« (Sontheimer 1962, 313 f.).

11 Blex, Christian (2018): »Glückwunsch Jair Bolsonaro!« Facebook-Eintrag v. 28.10.2018, https://www.facebook.com/750682865004850/posts/brasilien-hat-gew%C3%A4hlt-der-n%C3%A4chste-pr%C3%A4sident-hei%C3%9Ft-jair-bolsonaro-der-62-j%C3%A4hrige-/2282638095142645/ [Aufruf am 15.2.2019].

marer und protofaschistischer Tradition wieder aufleben lassen. »Parallelen im Wählerverhalten zugunsten von NSDAP und AfD« sind laut Ansicht des Forschungsdirektors des Zentrums für Sozialforschung Halle, Everhard Holtmann, auf die »ideologische(n) Schnittmengen« beider Parteien zurückzuführen. Diese zeigen sich in vergleichender Perspektive in »einer Wirtschaftsgesinnung, die auf Abschottung der nationalen Währung und Volkswirtschaft setzt, ferner bei einigen gesellschaftspolitischen Positionen (Familie, Abtreibung, Ehe) sowie nicht zuletzt in der deutschvölkischen Grundierung des Politischen« (Holtmann 2018, 106). Dementsprechend postete z. B. der AfD-Politiker Thorsten Weiß, Mitglied im Berliner Abgeordnetenhaus, auf seiner Facebook-Seite in Bezug auf die prognostizierte Zunahme von Staatsbürger_innen mit Migrationshintergrund: »Die Regierung plant den Volkstod!«[12] Die völkisch-nationalistische Mobilisierung gegen Minderheiten treibt der AfD-Rechtsaußenpolitiker Björn Höcke in immer weitere Höhen: So hielt Höcke in einer biografischen Veröffentlichung einen neuen »Karl Martell vonnöten, um Europa zu retten«. Um das »inhumane Projekt einer Migrationsgesellschaft zu stoppen«, sei die »Strategie der »gallischen Dörfer«« eine »strategische Option«. Die »Re-Tribalisierung im Zuge des multikulturellen Umbaus« solle so »zu einer Auffangstellung und einer neuen Keimzelle des Volkes werden.« Diese könne »eine neue Ausfallstellung werden, von der eine Rückeroberung ihren Ausgang nimmt.« Dazu müsse »eine neue politische Führung« laut Höcke »schwere moralische Spannungen« aushalten. Denn sie sei »den Interessen der autochthonen Bevölkerung verpflichtet« und müsse daher »aller Voraussicht nach Maßnahmen ergreifen, die ihrem eigenen moralischen Empfinden zuwider laufen.« Als solche Maßnahme sieht Höcke »ein großangelegtes Remigrationsprojekt an«, bei dem sich »menschliche Härten und unschöne Szenen nicht immer vermeiden lassen werden«.[13]

Die Wahlerfolge der AfD haben das parlamentarische Gefüge hierzulande deutlich nach Rechtsaußen verschoben. Mit rechtspopulistischen Inszenierungen und einwanderungsfeindlichen, zum Teil offen rassistischen Positionierungen gelang der im Jahr 2013 gegründeten Partei der Einzug in alle Landesparla-

---

12 Weiß, Thorsten (2018): Facebook-Eintrag vom 2.2.2018, https://de-de.facebook.com/Thorsten-Weissafd/ [Aufruf am 5.2.2018].

13 Höcke, Björn (2018): Nie zweimal in denselben Fluss. Björn Höcke im Gespräch mit Sebastian Henning, Manufactum: Lüdinghausen/Berlin; hier S. 252 ff.

mente sowie in den Deutschen Bundestag im Herbst 2017. Dieser politische Rechtsruck stellt eine politische Zäsur in der Geschichte der Bundesrepublik Deutschland dar: Erstmals seit den Wahlerfolgen der Deutschen Partei (DP) in der Frühphase der deutschen Nachkriegszeit ist nun eine Rechtsaußenpartei wieder im Bundesparlament vertreten. Im Zuge des Wirkens der AfD als aktuell stärkste Oppositionspartei hat sich zugleich der Rechtsextremismus mittels Mobilisierung populistischer Leidenschaften einen graduellen Zugang in das politische Machtzentrum eröffnet. Der neue völkisch-autoritäre Populismus stellt daher ein gesamtgesellschaftlich demokratiebedrohendes Potenzial dar.

5.4 Einsickern in die Mitte: Strategien

Im Unterschied zum traditionellen Rechtsextremismus inszenieren sich die neuen rechten Populist_innen als »wahre Demokraten«, als »Anwälte des Volkes« gegen eine als undemokratisch etikettierte »Meinungselite«: Die Meinungsfreiheit wird von Rechtsaußen instrumentell dafür in Anspruch genommen, um ausgrenzende, diskriminierende und antidemokratische Haltungen in den öffentlichen Diskurs zu speisen. Eine solche Öffentlichkeitsstrategie funktioniert in Form einer bewusst in Gang gesetzten rechtspopulistischen »Eskalationsschraube«: Rechtspopulist_innen brechen mit ihren Aussagen bewusst die Regeln der politischen Kommunikation in Form von diskriminierenden und tabuverletzenden Aussagen, um durch öffentliche Empörung Schlagzeilen zu erzielen. In Reaktion auf die hervorgerufene Kritik daran wird ein Opferstatus eingenommen: Einerseits werden die getroffenen Aussagen relativiert und anderseits beklagt, dass freie Meinungsäußerungen angeblich unterdrückt würden. Diese Einnahme einer bewusst gewählten »Opferstellung« (von angeblich vorherrschendem Meinungskonformismus) dient dazu, die Grenzen des Sagbaren immer weiter nach rechts zu verschieben und den eigenen Anhänger_innen zu signalisieren, wo die parlamentarische Vertretung zu finden ist. Den Rechtspopulist_innen ist das natürlich sehr bewusst. In einem internen »Strategiepapier« der »Alternative für Deutschland« heißt es: »Die AfD muss […] ganz bewusst und ganz gezielt immer wieder politisch inkorrekt sein, zu klaren Worten greifen und auch vor sorgfältig geplanten Provokationen nicht zurückschrecken«.[14]

14 AfD (2016): AfD-Manifest 2017. Die Strategie der AfD für das Wahljahr 2017, Bundesvorstand GP/RE 2016-12-22; hier S. 10.

Nach der Einnahme der Opferstellung erfolgt die zweite Eskalationsstufe: Nachdem die Kritik am rechten Tabubruch – beispielsweise der Verwendung völkisch-nationalistischen Vokabulars – als »Meinungsbeschränkung« zurückgewiesen wurde, wird versucht, ausgrenzende und demokratiefeindliche Theoreme als angeblichen Ausdruck von Meinungsfreiheit im öffentlichen Diskurs zu etablieren mit dem Ziel, eine Normalisierung rechter Kampfbegriffe zu erwirken. Der Historiker Michael Wildt deutete den Zweck solcher politischen Vorstöße darin, »ein völkisches Vokabular öffentlich »sagbar« werden zu lassen, das bislang als Sprache des Dritten Reiches gebrandmarkt war« (Wildt 2017, 117 f.). Zusätzlich zur Instrumentalisierung der etablierten Medienlandschaft erwirkt das Rechtsaußenspektrum eine fortschreitende Radikalisierung durch die Verbreitung milieuüberschreitender Informationskanäle in Form von Zeitschriften wie der Jungen Freiheit, der Sezession, Cato oder dem Compact-Magazin (Gebhardt 2018) und Internetportalen sowie extrem rechts ausgerichteten Kampagnennetzwerken wie der Initiative »Ein Prozent für unser Land« (Herkenhoff 2016).

Neurechte Bewegungen sind zwar klein, umfassen nur wenige Mitglieder bzw. Anhänger_innen, die wirklich aktiv sind und zum inneren Zirkel gehören (Verfassungsschutzbericht 2017). Allerdings verfolgen sie strategisch das Ziel der Infiltrierung. Dazu gehören nicht nur medienwirksame Aktionen der Identitären wie die Besetzung des Brandenburger Tors oder von Parteizentralen, sondern auch ihre Aktivitäten im Internet, die durchaus auch für Publikum außerhalb ihres engeren Kreises gedacht sind: freundliche Ansprachen adretter junger Menschen, die über ihre Heimat und Identität sprechen, dann aber auch ihre Vorstellung von »Ethnopluralismus« verbreiten und bei denen ein unbedarfter User zunächst einmal kaum merkt, wo er da gelandet ist. Foodblogs, bei denen zwischen appetitlichem Fingerfood plötzlich auch ein Bild eines jungen Mannes auftaucht, der eine Flagge mit dem Lambdasymbol (ʌ) schwenkt, dem Erkennungsmerkmal der Identitären. Sie hinterlassen ihre Marken als Sticker an Laternenpfählen überall im Land. Inzwischen gelingt ihnen auch der politische Einfluss in deutschen Parlamenten über die enge Verbindung zu einigen Abgeordneten der AfD, etwa als ihre wissenschaftlichen Referent_innen. Und es gelingt ihnen, in etablierten Medien ihre Positionen zu verbreiten, weil auch an sich kluge und seriöse Medien deren Strategie nicht (er-)kennen, nicht entlarven, falsch einordnen, weil sie so harmlos daher kommen und daher meinen, diese gehörten als eine Position unter vielen nun mal zum demokratischen Meinungsspektrum und daher auch abgebildet, in Teilen vielleicht auch, weil es gewisse Sympathien für einige ihrer Positionen gibt. So laden auch öffentlich-rechtliche Sender nach wie vor Journalist_innen ein, die als Schnittstelle zwischen der neuen radikalen Rechten und den bürgerlich Konservativen agieren. Einige Konservative wehren sich gegen die Vereinnahmung. Beispiel hierfür ist der prominente CDU-Politiker Friedrich Merz, der die Annahme einer Auszeichnung der Ludwig-Erhard-Stiftung verweigerte, mit der Begründung, er könne es dann nicht vermeiden, mit dem Vorsitzenden der gleichnamigen Stiftung Roland Tichy auf der Bühne zu stehen,[15] der eigentlich Wirtschaftsjournalist ist, aber auf seinem Meinungsportal im Netz »Tichys Einblick« neurechten Autor_innen und Positionen ein Forum bietet.

5.5 Erfassung und Ergebnisse zu einer neuen rechten Mentalität

In der Mitte-Studie 2016 haben wir erstmalig versucht, neue rechte Einstellungen zu operationalisieren, um den oben skizzierten Entwicklungen gerecht zu werden und zu prüfen, inwieweit neurechte Strömungen in der Bevölkerung schlummernde Vorstellungen und Ideologiefragmente bedienen bzw. dort einsickern.

Anschließend an die theoretischen Überlegungen haben wir in 2016 folgende Themen ausgemacht, an denen sich neue rechte Erscheinungsformen in der Bevölkerungsmeinung abbilden könnten:

- die Behauptung einer vermeintlichen Meinungsunterdrückung durch ein Establishment und der Kampf um »Meinungsfreiheit« gegen ein vermeintliches Meinungsdiktat, verknüpft mit der Behauptung, es gäbe eine linke kulturelle Hegemonie mit dem »Diktat politischer Korrektheit«
- religiöse und kulturell umgeformte menschenfeindliche Stereotype, vor allem über den Islam und Zuwanderer_innen (»Integrationsverweigerer«) sowie

15 U. a. Handelsblatt.com, aktualisiert am 16.7.2018: »Eklat in der Ludwig-Erhard-Stiftung – Friedrich Merz lehnt Preis ab.« https://www.handelsblatt.com/politik/deutschland/populismus-vorwurf-eklat-in-der-ludwig-erhard-stiftung-friedrich-merz-lehnt-preis-ab/22798842.html?ticket=ST-405880-cAVuTci7ad00SYzIUXCf-ap5 [Aufruf am 15.3.2019].

die nationalistische Betonung kultureller Identität, auch gegen die EU und die multikulturelle Einwanderungsgesellschaft
- eine vage formulierte Leitkultur mit »deutschen Tugenden« und Werten wie Sicherheit, Ordnung, Sauberkeit
- normative Familien- und Gesellschaftsbilder, die sich gegen Feminismus, Gender Mainstreaming, Anerkennung sexueller Vielfalt und andere Merkmale, die nicht dem Bild der »normalen Familie« entsprechen, richten (entnommen aus Küpper, Häusler & Zick 2016, S. 147/148; basierend auf Häusler 2016a)

Daran angelehnt, haben wir neurechte Einstellungen in 2016 folgendermaßen operationalisiert (nicht alle der oben genannten Themen konnten abgebildet werden, weil der Fragebogen so nicht konzipiert war):
- Anti-Establishment/Elitenkritik
- Aufruf zum Widerstand gegen die aktuelle Politik
- Unterstellung eines Meinungsdiktats
- Islamverschwörung (Umvolkung) (in 2016 mit zwei Aussagen, in 2018/19 nur mit einer Aussage, die eng mit dem GMF-Element Abwertung von Muslimen korreliert)[16]
- Nationale Rückbesinnung gegen die EU (in 2016 mit zwei negativ gegen die EU gerichteten Aussagen erhoben, in 2018/19 mit einer identischen negativen und einer positiven Aussage)

In der Mitte-Studie 2018/19 haben wir ergänzend die beiden folgenden Konstrukte ebenfalls über neu entwickelte Aussagen erhoben (aus Platzgründen nur in einer zufälligen Hälfte der Befragten):
- Ethnopluralismus
- Antifeminismus

Alle Aussagen und die dazugehörigen statistischen Angaben können Tabelle 5.1 (➟ s. S. 164 f.) entnommen werden. All diese Facetten neuer rechter Einstellungen hängen empirisch so eng miteinander zusammen – das heißt, Befragte, die einer dieser Facetten zustimmen, neigen mit größerer Wahrscheinlichkeit

16 Pearson-Korrelation Islamverschwörung/GMF-Element Abwertung von Muslimen: $r = ,77$, $p < ,001$.

Neue rechte Mentalitäten 2018/19 (Angaben in Prozent) **Tabelle 5.1**

Anti-Establishment (M = 2,78; SD = 1,27; n = 1.868; α = ,84)
Die Regierung verschweigt der Bevölkerung die Wahrheit.
Die regierenden Parteien betrügen das Volk.
Aufruf zum Widerstand (M = 2,76; SD = 1,31; n = 1.868; α = ,87)
Man muss sich gegen die aktuelle Politik wehren.
Es ist Zeit, mehr Widerstand gegen die aktuelle Politik zu zeigen.
Unterstellung eines Meinungsdiktats (M = 3,03; SD = 1,24; n = 1.889; α = ,70)
In Deutschland darf man nichts Schlechtes über Ausländer sagen, ohne gleich als Rassist beschimpft zu werden.
In Deutschland kann man nicht mehr frei seine Meinung äußern, ohne Ärger zu bekommen.
Islamverschwörung[a] (M = 2,54; SD = 1,40; n = 944
Die deutsche Gesellschaft wird durch den Islam unterwandert.
Nationale Rückbesinnung gegen die EU[b] (M = 2,05; SD = 1,34; n = 1.831; α = ,53)
Deutschland wäre ohne die EU besser dran.
Der Zusammenhalt in der EU muss gestärkt werden.
Ethnopluralismus (M = 2,49; SD = 1,07; n = 915; α = ,43)
Jedes Volk besitzt eine unveränderliche Identität.
Unterschiedliche Völker sollten sich nicht vermischen.
Antifeminismus (M = 1,77; SD = ,92; n = 915; α = ,47)
Es gibt heutzutage einen Krieg gegen die traditionelle Ehe und Familie.
Durch den Feminismus werden in unserer Gesellschaft die Männer systematisch benachteiligt.

Legende M = arithmetischer Mittelwert; SD = Standardabweichung; n = Anzahl der Befragten; α = Cronbachs Alpha. | [a] Abweichend wurde bei diesem Item vollverbalisiert nach der Zustimmung gefragt. [b] Teilverbalisiert nach der Zustimmung zur Aussage, zweites Item später rekodiert.

auch zur Zustimmung zu den anderen Facetten und umgekehrt –, dass es nicht nur theoriegeleitet, sondern auch statistisch bestätigt gerechtfertigt ist, sie zu einem übergeordneten Phänomen »neue rechte Mentalität« zusammenzufassen.[17]

17 Die konfirmatorische Faktorenanalyse über alle hier aufgeführten Konstrukte bestätigt einen einzigen starken Faktor mit einem Eigenwert > 1; alle Konstrukte laden klar auf diesem Faktor (ungewichteter Datensatz); mit α = ,56 hat eine Anti-EU-Haltung die schwächste Ladung; Alle anderen Ladungen liegen bei α > ,6. Die interne Konsistenz der auf Konstruktebene zusammengefassten Skala ist mit Cronbachs Alpha α = ,81 sehr zufriedenstellend. Die Aussage »Die deutsche Gesellschaft

Tabelle 5.1

trifft überhaupt nicht zu	trifft eher nicht zu	teils/teils	trifft eher zu	trifft voll und ganz zu
19,7	15,7	28,2	15,3	21,0
30,4	22,1	25,9	9,0	12,6
26,5	18,6	25,3	15,0	14,6
26,2	17,2	22,7	18,5	15,4
12,4	10,9	21,9	20,3	34,5
35,7	17,1	19,7	13,1	14,3
33,5	16,6	24,9	11,8	13,1
52,8	15,3	15,0	8,0	8,9
3,1	2,2	8,9	17,4	68,5
18,9	10,2	18,3	18,6	34,0
68,8	14,0	10,1	3,1	4,0
56,9	17,5	14,8	6,1	4,7
63,6	14,8	14,4	4,4	2,8

Das oben skizzierte Zusammenwachsen der Phänomene stellt die hier im Folgenden vorgenommene getrennte Erfassung vor das Dilemma, dass etliche der oben angesprochenen Facetten auch im Rechtspopulismus zu finden sind. Das gilt sicher besonders für die Anti-Establishment-Haltung/Elitenkritik, die als

wird durch den Islam unterwandert.« wurde im Split hälftig mit 4-stufigem, hälftig mit 5-stufigem Antwortformat erhoben und für die Skalenbildung zuvor z-transformiert. Der hier gebildete neue Index (einschließlich Ethnopluralismus und Antifeminismus) ist nahezu identisch mit dem alten Index aus 2016 ohne diese beiden neuen Konstrukte: r = ,98; p < ,001.

zentraler Teil rechtspopulistischer Inszenierung und Denklogik gilt, die inzwischen aber auch von Vertreter_innen neuer rechter Strömungen zur Agitation genutzt wird, obgleich sie sich selbst sicher eher elitär verstehen (➟ s. Tab. 5.1, S. 164 f.).

Anti-Establishment und Aufruf zum Widerstand: Gut ein Drittel der Befragten ist in 2018/19 der Ansicht, »Die Regierung verschweigt der Bevölkerung die Wahrheit«, knapp 22 % meinen, »Die regierenden Parteien betrügen das Volk«. Ähnlich weit verbreitet ist die Forderung nach Widerstand gegen die Politik. 30 % fordern »Man muss sich gegen die aktuelle Politik wehren« und 34 % sind der Ansicht »Es ist Zeit, mehr Widerstand gegen die aktuelle Politik zu zeigen«. Zusammengefasst vertritt damit rund ein Drittel (34 %) der Befragten eine Anti-Establishment-Haltung/Elitenkritik, ebenso viele rufen zum Widerstand auf (34 %). In der Erhebung 2016 lag der Anteil mit knapp 37 % respektive 32 % der Befragten ähnlich hoch.

Unterstellung eines »Meinungsdiktats«: In 2018/19 stimmen 55 % der Befragten eher oder voll der Aussage zu: »In Deutschland darf man nichts Schlechtes über Ausländer sagen, ohne gleich als Rassist beschimpft zu werden«, gut 27 % behaupten: »In Deutschland kann man nicht mehr frei seine Meinung äußern, ohne Ärger zu bekommen«. Damit beklagen zusammengenommen 41 % der Befragten eine vermeintlich beschnittene Meinungsfreiheit, dies sind exakt so viele, wie schon in 2016. Die Unterstellung eines Meinungsdiktats bezieht sich in der Formulierung, die wir gewählt haben, nicht auf irgendeine Meinung, sondern die erste klar darauf, offen pauschal »Ausländer« abzuwerten, in beiden Aussagen spiegelt sich zudem die auch für Vorurteile typische Täter-Opfer-Umkehr; wer hier zustimmt, sieht sich selbst als Opfer, weil er sich in der offenen Äußerung von Rassismus beschnitten und als Rassist beschimpft fühlt – es geht also offenbar darum, rassistisch sein zu wollen, ohne dafür gerade stehen zu müssen, mehr noch, sich dann selbst zu bemitleiden. Die hohen Korrelationen mit den Elementen einer Gruppenbezogenen Menschenfeindlichkeit, z. B. mit Rassismus, Sexismus, Abwertung homosexueller Personen und Antisemitismus, unterstreichen, dass es hier um die Infragestellung von Gleichwertigkeit verschiedener sozialer Gruppen geht, also um die im Grundgesetz fest verankerte Würde und Gleichheit der Menschen, die – so die Klage – nicht offen infrage gestellt werden dürften.[18] Die auffällig hohe Korrelation mit der Forderung von Etabliertenvorrechten unterstreicht, dass es hier um die Verteidigung der eigenen unhinterfragten Vormachtstellung geht, die durch plurale, liberale, antirassistische Werte infrage gestellt wird.

Islamverschwörung: Abweichend zu 2016 wurde hier nur die Aussage verwendet: »Die deutsche Gesellschaft wird durch den Islam unterwandert«. Hierzu ist die Zustimmung im Vergleich zu 2016 von 40 % auf 25 % deutlich zurückgegangen. Die Zustimmung zur eng verwandten Aussagen: »Durch die vielen Muslime hier fühle ich mich manchmal wie ein Fremder im eigenen Land«, die als Teil des GMF-Elements Abwertung von Muslimen erhoben wurde, hat nicht zugenommen, sondern stagniert (➡ s. Kap. 3, S. 53 ff.). Es scheint in 2018/19 doch mehr Befragten klar zu sein, dass der Sachgehalt der Aussage bei dem geringen Anteil von Muslim_innen in Deutschland (ca. 5–7 %) ziemlich fraglich ist und sie sich verschwörungsmythisch äußern, wenn sie dieser Aussage zustimmen.

Forderung nach nationaler Rückbesinnung gegen die EU: Hier haben wir abweichend zur Erfassung in 2016 eine negativ und eine positiv formulierte Aussage verwendet, sodass die Ergebnisse nur begrenzt vergleichbar sind. In 2018/19 sind 17 % der Befragten der Ansicht: »Deutschland wäre ohne die EU besser dran«. Lediglich 5 % lehnen die Aussage voll oder ganz ab. Umgekehrt fordern 86 % der Befragten: »Der Zusammenhalt in der EU muss gestärkt werden«, in 2016 taten dies 82 % der damaligen Befragten. Auch wenn die Forderung nach einer nationalen Rückbesinnung absolut gesehen nur von Wenigen geteilt wird, sind die Korrelationen mit den anderen oben genannten Facetten deutlich. Zugleich äußern ganz ähnlich viele Befragte wie in 2016 auch in 2018/19 ihre gefühlte Identität »als Deutsche_r« (78 %). Dieses Gefühl ist aber nur graduell mit der Forderung nach einer nationalen Rückbesinnung verbunden – und zwar in der Tendenz anders herum als vielleicht erwartet: je höher die Identität als Deutsche_r, desto geringer die Forderung nach nationaler Rückbesinnung.[19]

---

18 Die Pearson-Korrelationen zwischen der Unterstellung eines Meinungsdiktats und den GMF-Elementen variiert von $r = ,09$, $p < ,001$ (Abwertung von Menschen mit Behinderung) bis hin zu $r = ,51$ (Forderung von Etabliertenvorrechten).

19 Pearson-Korrelation der Forderung nach nationaler Rückbesinnung gegen die EU mit der Zustimmung zur Aussage: »Ich fühle mich als Deutsche_r«; $r = -,13$, $p < .001$.

Ethnopluralismus: Neu hinzugenommen wurde das Konstrukt des »Ethnopluralismus«, das wir in Anlehnung an dessen Konzeption aus dem neuen rechten Spektrum operationalisiert haben. An der Aussage: »Jedes Volk besitzt eine unveränderliche Identität« scheiden sich die Geister: 34 % stimmen voll und ganz zu, weitere 18 % eher, es lehnen aber auch 18 % die Aussage voll und ganz ab. Anders ist das bei der noch deutlicheren Aussage: »Unterschiedliche Völker sollten sich nicht vermischen«, der nur 7 % voll oder eher zustimmen, der aber 69 % der Befragten überhaupt nicht zustimmen. Beide Aussagen bilden kein ganz überzeugendes gemeinsames Konstrukt, wurden aber für diesen Bericht dennoch zu einer Mittelwertskala (➞ s. Glossar, S. 306) zusammengefasst. Insgesamt teilen 18 % der Befragten das so erfasste neurechte Konstrukt des »Ethnopluralismus«.

Antifeminismus: Ebenfalls neu in 2018/19 erfasst wurde das Konstrukt des Antifeminismus. Hier sind die Zustimmungswerte insgesamt niedrig, allerdings sind die Formulierungen auch recht drastisch gewählt. 11 % der Befragten glauben: »Es gibt heutzutage einen Krieg gegen die traditionelle Ehe und Familie«, 57 % stimmen dieser Aussage hingegen überhaupt nicht zu. Und nur rund 7 % der Befragten meinen: »Durch den Feminismus werden in unserer Gesellschaft die Männer systematisch benachteiligt«, während 64 % dieser Aussage überhaupt nicht zustimmen. Auch diese beiden Aussagen bilden nach statistischen Kriterien keine sehr überzeugende Skala, wurden aber dennoch zusammengefasst. Zusammengenommen schließen sich nur 6 % der Befragten dem in der vorliegenden Art und Weise erhobenen Antifeminismus an.

5.6 Zusammenhänge

Ungeachtet der unterschiedlichen absoluten Zustimmungshäufigkeiten sind die Verknüpfungen statistisch eindeutig (Korrelationen sind unabhängig von der absoluten Höhe der Zustimmung, sondern zeigen, wie Positionen relativ gesehen miteinander einhergehen). Die Verbreitung neuer rechter Einstellungen hat insgesamt im Vergleich zu 2016 nicht zugenommen, schaut man auf diese einzelnen Facetten. Aufgrund der unterschiedlichen Erfassung ist ein Vergleich des Gesamtindex mit 2016 nicht möglich.

Die so operationalisierte neue rechte Mentalität korreliert einerseits hoch mit der alten harten rechtsextremen Orientierung, über die in Kapitel 4 (➡ s. S. 117 ff.) berichtet wurde, und ebenfalls hoch mit rechtspopulistischen Einstellungen (zu Überlappungen der Konstrukte siehe ➡ s. Kap. 6, S. 173 ff.). Dies bestätigt ihren Charakter als »neue rechte Mentalitäten«, in denen sich der alte völkisch-autoritäre Rechtsextremismus lediglich in modernisiertem Gewand spiegelt. Zudem hängen sie sehr eng mit Verschwörungsmythen zusammen, wie sie in Kapitel 7 (➡ s. S. 203 ff.) beschrieben werden.[20]

Deutlich wird zudem ein klarer Zusammenhang mit einem Law-and-Order-Autoritarismus, der fordert, Recht und Ordnung gegen Außenseiter_innen durchzusetzen, nach härteren Strafen für Verbrechen ruft und dankbar für führende Köpfe ist, die sagen, wo es lang geht (➡ s. u. Fußn. 20). Der Zusammenhang bestätigt die oben vorgestellte Skizzierung neuer rechter Mentalität als ein völkisch-autoritär-reaktionäres Aufbegehren. Aufschlussreich ist zudem der Zusammenhang mit einer Affinität zu Gewalt (➡ s. Kap. 6, S. 173 ff.).

Potenzielle Wähler_innen der AfD zeigen mit Abstand häufiger eine neue rechte Mentalität als Wähler_innen der anderen im Bundestag vertretenen Parteien und übrigens auch häufiger als Nichtwähler_innen. Je eher Befragte angeben, »die Argumente der AfD überzeugend« zu finden, desto eher neigen sie auch zu neuen rechten Einstellungen (besonders eng ist der Zusammenhang mit der Klage, es gäbe keine Meinungsfreiheit und mit der verschwörungsmythischen Behauptung, Deutschland würde durch den Islam unterwandert).

5.7 Abschluss

Der Versuch einer Übernahme von »rechts« ist in der Bundesrepublik Deutschland keineswegs neu, aber der aktuell zu beobachtende ist vielleicht der bisher schärfste Angriff (Frei et al. 2019). Hierbei spielen neue rechte Ideologien eine wichtige Rolle, die zwar ebenfalls genau genommen nicht neu sind, aber so erscheinen. Sie verbreiten über völkisch-autoritären Populismus den alten har-

20 Pearson-Korrelation Gesamtindex neue rechte Mentalität/Index-Verschwörungsmythen: $r = ,68$; $p < ,001$; neue rechte Mentalität/Autoritarismus: $r = ,52$, $p < ,001$.

ten Rechtsextremismus in modernem, softeren Gewand. Das macht es schwierig, neue rechte Ideologien zu erkennen, zumal die Tarnung, die »politische Mimikry«, die Verschleierung der eigenen Ziele (Pfahl-Traughber 2004), eine erklärte Strategie ist. Damit wird versucht, die Mentalität der Bevölkerung zu infiltrieren bzw. die dort vorhandenen völkischen Ideologiefragmente politisch zu bündeln und in demokratiefeindliche Handlungsoptionen zu überführen. Dass dies in Teilen bereits gelingt, belegen die Befunde der Mitte-Studie 2018/19, sie belegen aber zugleich, dass die Mehrheit der Gesellschaft sich deutlich dagegen positioniert.

Neue rechte Mentalitäten haben in den vergangenen zwei Jahren in Deutschland nicht zugenommen, sind aber in ihren einzelnen Facetten nach wie vor verbreitet. Deutlich wird zudem der enge Zusammenhang zwischen den Facetten sowie zum harten Rechtsextremismus und weicheren Rechtspopulismus (→ s. Kap. 6, S. 173 ff.). Schnittstelle zum Rechtspopulismus ist vor allem eine Anti-Establishment-Haltung/Elitenkritik und der Aufruf zum Widerstand gegen die aktuelle Politik. Beide hängen deutlich mit der Behauptung einer »Islamverschwörung«, ebenso mit Ethnopluralismus und Antifeminismus zusammen. Auch die Klage über vermeintlich beschnittene Meinungsfreiheit geht mit diesen einher, ebenso mit der Abwertung diverser sozialer Minderheiten, wie sie als Elemente einer Gruppenbezogenen Menschenfeindlichkeit erhoben wurden. Es geht also nicht um irgendwelche Meinungen, die man vermeintlich nicht sagen könne, sondern um Verschwörungsmythen, antidemokratische Positionen und Abwertung von Minderheiten. Das bedeutet: Es gibt Personen, die aus einer progressiv-kritischen (linken) Haltung heraus Eliten kritisieren, Widerstand fordern oder Meinungsfreiheit einfordern, der größere Teil tut dies aber aus einer reaktionären Haltung heraus, die sich ihrer Privilegien beraubt sieht, sich gegen Minderheiten und Gleichstellung wendet und völkische Positionen vertritt. Dieser Befund ist auch für die Debatte um Populismus aufschlussreich, bei der es stets um die kritische Frage geht, ob der Populismus auch eine progressive Kraft sein kann, oder nicht doch im Kern antidemokratisch ist, weil antiplural und gegen Minderheiten gewendet. Die Befunde bestätigen eher Letzteres: Eine rein progressive Anti-Establishment-Haltung/Elitenkritik ohne antiplurale, gegen Minderheiten und Gleichstellung gerichtete Positionen ist empirisch in der Breite der Bevölkerungsmeinung eher selten, häufiger geht dies Hand in Hand. Schlimmer noch, in der hier vorgestellten neuen rechten Mentalität tritt die völkisch-autoritäre Ideologie dahinter deutlich zum Vorschein.

Der AfD gelingt es, die verschiedenen Phänomene des Rechtsaußenspektrums zu repräsentieren und in die Parlamente zu tragen. Wer meint, mit ihnen einen »Dialog« führen zu müssen und zu können, dem muss klar sein, mit wem er es zu tun hat. Ganz sicher nicht mit Leuten, die sich durch freundliche Argumente auf den Pfad der Demokratie führen lassen wollen. In diesem Zusammenhang sei erstens daran erinnert, dass auch die Nationalsozialisten nie die absolute Mehrheit erlangen konnten und zweitens, dass auch sie die Weimarer Verfassung formal nie außer Kraft gesetzt haben. Dennoch konnten sie ein autoritäres Herrschaftssystem etablieren, bei dem nicht nur viele mitgemacht haben, sondern das dann auch von vielen bejubelt wurde.

6 Aufputschen von Rechts: Rechtspopulismus und seine Normalisierung in der Mitte

Beate Küpper · Wilhelm Berghan · Jonas H. Rees

6.1 Rechtspopulismus auf dem Vormarsch

Der Rechtspopulismus ist auf dem Vormarsch, auch wenn das Phänomen selbst nicht neu ist (u. a. Jörge & Selk 2017). Zugleich scheinen sich rechtspopulistische Parteien und Gruppen soweit radikalisiert zu haben, dass die Frage immer drängender wird, ob sie noch populistisch oder schon extremistisch sind. Zentrale Ideen des europäischen Rechtspopulismus haben dabei die Mitte erreicht und angesteckt, wie wir bereits in der Mitte-Studie 2016 gezeigt haben. Mit unterschiedlich langen Vorläufen haben in den vergangenen Jahren in fast allen europäischen und etlichen außereuropäischen Ländern Parteien Wahlerfolge gefeiert, die als rechtspopulistisch bezeichnet werden bzw. werden können (u. a. Mudde & Kaltenwasser 2017). Inzwischen sind sie in zahlreichen Ländern an der Regierung beteiligt, in einigen sogar die stärkste Kraft. Und auch in der Opposition beeinflussen sie die Arbeit von Parlamenten und Administrationen. In jedem Fall treiben sie die etablierten Parteien vor sich her. Damit nehmen sie auch Einfluss auf politische Entscheidungen. Auf ihrer Agenda steht nach wie vor ganz oben das Thema Asyl, Flüchtlinge und Migration, zunehmend auch der demografische Wandel, Bildung und der Klimawandel bzw. dessen Leugnung und die Forderung nach nationaler Rückbesinnung weg von der Europäischen Union, zumindest ihrer Schwächung (mit mehr oder weniger drastischen Exit-Appellen). Auch der Brexit kann zumindest teilweise als Folge rechtspopulistischer Propaganda verstanden werden. Zum Zeitpunkt der Drucklegung des vorliegenden Buches ist unklar, wie hoch der Erfolg rechtspopulistischer Parteien bei den nächsten Europawahlen im Mai 2019 sein wird, doch es besteht die berechtigte Befürchtung, dass zumindest das parlamentarische Europa anders aussehen wird, wenn Rechtspopulist_innen noch mehr als bisher schon die alltägliche politische Arbeit von Gremien und Ausschüssen in Straßburg und Brüssel mitbestimmen. Erfolgreiche rechtspopulistische Parteien formieren sich aus »Protest« gegen »herrschende Zustände« bzw. Entwicklungen – politische, soziale, kulturelle –, wenn die Umstände günstig sind und Führungsfiguren bereitstehen, die die strategische Kraft aufbringen, vorhandene Unzufriedenheiten einzusammeln, zu bündeln und weiter anzufachen. Sie greifen affektiv aufgeladene Themen auf und knüpfen dabei bevorzugt an vorhandene Ressentiments an, die leicht entflammbar sind. Darüber hinaus werden sie von Führungsfiguren, denen zumeist ein gewisses Charisma zugeschrieben wird, vertreten. Der Populismus ist damit auch eine Inszenierung von Personen wie Viktor Orbán in Ungarn, Matteo Salvini in Italien, jüngst Jair Bolsonaro in Brasilien und natürlich Donald Trump in den USA, der aus europäischer Sicht prototypisch als Rechtspopulist agiert. Das Image und ihre Methoden sind: volksnah bis manchmal vulgär, Konventionen als »politisch korrekt« abwerten, demokratische Institutionen lächerlich machen oder sie aushebeln, stets über die »Eliten« schimpfen, ungeachtet dessen, dass sie selbst Eliten darstellen.

Mit der Partei »Alternative für Deutschland« (AfD) hat sich zeitverzögert auch hierzulande eine Partei der radikalen Rechten etabliert (➟ s. Kap. 5, S. 147 ff.). Gestartet als Partei gegen den Euro, wird sie von einigen Beobachter_innen inzwischen zumindest in ihrem »nationalen Flügel« als rechtsextrem bewertet, in jedem Fall haben etliche ihrer führenden Figuren eine enge Verbindung in den alten und neuen Rechtsextremismus[1], bieten zugleich eine Bandbreite, die sie sowohl für unzufriedene Wähler_innen der politischen »Mitte« attraktiv macht, wie auch für die ganz rechtsaußen und jenseits des rechten Rands. Die AfD spielt insbesondere dann auf dieser Klaviatur, wenn Parteivorsitzende mit bürgerlich-konservativem Habitus der alten und neuen völkischen Rechten zuwinkern und enge Verbindungen in den Rechtsextremismus pflegen (ähnlich gilt dies etwa auch für die FPÖ in Österreich; Wodak 2016).

Inwieweit die Kampagnen und Aktionen sowie politische Agenden noch demokratisch sind, sie angemessen als rechtspopulistisch oder eben nicht doch besser rechtsextrem beschrieben werden können, ist eine der bedeutsamsten Fragen an die Demokratie und ihre Mitte. Sie wird in Politik, Medien und auch der

---

1 Gürgen et al. (2016): OBS-Arbeitspapier 20: https://www.otto-brenner-stiftung.de/fileadmin/user_data/stiftung/02_Wissenschaftsportal/03_Publikationen/AP30_Netzwerk_AfD.pdf [Aufruf am 18.3.2018].

Wissenschaft sehr unterschiedlich beantwortet, zumal die Definitionen von Populismus und Extremismus unterschiedlich sind. Die Zuschreibungen wechseln. Dies ist auch nicht einfach, weil die Entwicklung der Strömungen und Parteien dynamisch ist, einige radikalisieren sich, andere versuchen sich zu mäßigen, um auch in der politischen Mitte wählbar zu sein. Es gehört zum Rechtspopulismus, dass er flexibel ist, ambivalent, ungenau, widersprüchlich, changierend, dynamisch und schwer zu greifen. Er verbindet die unterschiedlichsten Milieus, Gruppen, Ideologien und verlangt dabei lediglich eine Zustimmung zu wenigen zentralen Ideologien, vielleicht auch nur Denkmustern. Dabei müssen die politischen Argumente oder Strömungen nicht logisch, konsistent und eindeutig sein. Gerade die Akzeptanz oder Leugnung von Widersprüchen bis hin zu bewussten Falschnachrichten und selbst erzeugten »Fakten« scheint Menschen zu binden. Während einige der Ansicht sind, Populismus könne nur aus Demokratie erwachsen und biete ggf. sogar wichtige Impulse für Demokratisierungen bzw. deren Erneuerung (u. a. Jörke & Selk 2017; Mouffe 2018; Mudde & Kaltenwasser 2017), halten andere Autor_innen ihn im Kern für undemokratisch (Müller 2016; Voßkuhle 2017). Nicht nur bei politischen Parteien und Akteur_innen, sondern auch außerhalb des parteipolitischen Raumes verwischen die Grenzen zwischen Rechtspopulismus und Rechtsextremismus, wie sich schon bei den Demonstrationen von Pegida, deutlicher noch denen in Chemnitz beobachten ließ. Hier liefen »besorgte« und wütende Bürger_innen vereint neben auch für den Laien deutlich erkennbaren Rechtsextremist_innen her, ohne dies offenbar als Problem zu empfinden. Und auch im Internet sind die Dimensionen und Verbindungen groß, die Schnittmengen zwischen Populismus und Extremismus hoch.

Die anderen Parteien reagieren bis dato recht hilflos. Nahezu alle Strategien, den Rechtspopulismus wieder einzudämmen, haben bislang weitgehend versagt, sei es die deutliche Abgrenzung, die Übernahme (von Teilen) rechtspopulistischer Positionen oder Regierungsbeteiligung. Im Gegenteil, letztlich hat dies alles die Populist_innen nur bestärkt bzw. deren Erstarken zumindest nicht gestoppt. Während die rechtspopulistische (und rechtsextreme) Szene in Europa und darüber hinaus gut vernetzt ist, Strategien abstimmt, zumindest abkupfert und sich gegenseitig schult, scheint dies bei den anderen Parteien auf europäischer Ebene, aber selbst innerhalb Deutschlands auf Länderebene und innerhalb einer

Partei über die Bundesländer hinweg oft noch nicht ausreichend der Fall zu sein. Erschwerend kommen nicht zuletzt unterschiedliche Vorstellungen darüber hinzu, was eine angemessene Strategie gegen den Rechtspopulismus und seine Anhänger_innen sein könnte sowie Konkurrenzen in der Mitte und auf der linken Seite des politischen Spektrums, manchmal verbunden mit der Hoffnung, Wähler_innen rechtspopulistischer Parteien für sich zurückzugewinnen. Und schließlich ist auch schlicht das Denken und Handeln in Länder- und Ressortkategorien wenig hilfreich. Dabei sind die Herausforderungen durch den Rechtspopulismus global, national, regional und lokal oft ähnlich.

Im Zuge eines Rechtsrucks und der massiven Hasskampagnen ist die Zivilgesellschaft und damit weite Teile der Mitte aufgeschreckt, zutiefst verunsichert, inzwischen aber auch vielerorts äußerst aktiv geworden. Kommunen, Wohlfahrtsverbände, gesellschaftliche Institutionen von Schulen, Kirchen, Gewerkschaften bis hin zur Polizei, die Wirtschaft und selbst der Gesundheits- und Pflegebereich haben das Thema »Rechtspopulismus«, im Positiven auch »Demokratie und Toleranz«, auf die Tagesordnung von Fachveranstaltungen und Fortbildungsprogrammen gehoben. Es ist der Wille zu verspüren, das zu erhalten und zu stärken, was als Prozess der Zivilisation gerade in Europa nach den beiden Weltkriegen im vergangenen Jahrhundert und der Katastrophe des Holocausts erreicht wurde. Insbesondere Demokratisierung und kooperatives Miteinander, weg von der Betonung des Nationalen, hin zum Europäischen. Aufrufe und Gegenproteste gegen »rechts« finden sich in vielen europäischen und auch einigen außereuropäischen Ländern. Gleichzeitig findet sich viel Verunsicherung über die eigenen Grundwerte und Ansprüche, oft gepaart mit der Frage, was tun, wie reagieren, und mit wem worüber »in Dialog« gehen. Viele Menschen und Gruppen sorgen sich um die zukünftige Entwicklung. Die Lage ist herausfordernd wie konfliktär. Plötzlich fällt mit Blick auf Krisenherde sogar wieder das Wort Krieg, es wird mit mehr Aggressionen und Gewalt gerechnet und zugleich finden Gewöhnungseffekte und Normalisierungen von rechtspopulistischen Ideen, Themen und Fragen statt sowie von verbaler oder körperlicher Gewalt.

Für die Mitte-Studie stellt sich angesichts der skizzierten Entwicklungen und im Kontext der Analyse von Verlusten in der Mitte durch die Akzeptanz feindseliger

Meinungen die Frage: Wie tief verankert sind rechtspopulistische Einstellungen in der Bevölkerung? Verschieben sich diese, inwieweit sind sie mit menschenfeindlichen Einstellungen verbunden, mit politischen Positionierungen und vor allem aber auch, inwieweit gibt es Zusammenhänge zwischen rechtspopulistischen und rechtsextremistischen Einstellungen in der Mitte. Für die empirische Analyse in diesem Kapitel wird zunächst kurz das Phänomen des Rechtspopulismus umrissen und anschließend über Befunde zu rechtspopulistischen Einstellungen in der Mitte der Bevölkerung (bzw. die große Personengruppe, die als Mitte definiert wird) berichtet. Hier wird es auch um Verschiebungen und Normalisierungen dessen gehen, was bis dato als rassistisch und rechtspopulistisch, in Teilen sogar rechtsextrem galt. Inzwischen sind solche Haltungen mancherorts als »normale Meinung« akzeptiert, erheben Anspruch auf Gehörtwerden im demokratischen Raum – und werden vielerorts auch gehört.

6.2 Das Konzept des Rechtspopulismus

Der Begriff des Populismus ist durchaus umstritten, weil er recht schwammig ist und unterschiedliche Phänomene damit bezeichnet werden. Bisweilen wird unterstellt, der Populismusbegriff in politischen Debatten diene vorrangig dazu, den jeweiligen politischen Gegner zu diskreditieren. Dennoch ist er u. E. wichtig, zeigt er doch Grundmuster und Dynamiken auf, die sich auch aktuell beobachten lassen. Der Fokus in diesem Band liegt auf seiner Ausprägung als *Rechts*populismus, der einerseits Ähnlichkeiten mit anderen Formen des Populismus aufweist, andererseits eine spezifische inhaltlich-ideologische Ausrichtung hat.

Der Populismus adressiert – so die verbreitete These – echte oder vermeintliche sozioökonomische, soziopolitische und institutionelle Missstände. Entsprechend werden bei der Frage nach seinen Ursachen grundlegende gesellschaftspolitische Entwicklungen diskutiert – die Verkrustung der Demokratie, der Neoliberalismus, die kulturelle Liberalisierung, welche den Anliegen von Minderheiten zu viel Raum gewährten oder vielleicht alles zusammen. Dabei geht es stets um die Frage, inwieweit Populismus eine progressive Kraft und Korrektiv für Demokratie sein kann oder vielmehr nicht nur Zeichen einer tiefen Krise von Demokratie, sondern auch Gefahr für die Demokratie ist (u. a. Müller 2016; Decker 2006).

Zugleich ist Populismus offen für Verschwörungsdenken sowohl über »die Eliten« als auch »die Anderen« (die vermeintlich die Macht an sich reißen wollen und das »Volk« bedrohen). Er schürt das Gefühl von Bedrohung und Angst mit dem Verweis auf Sündenböcke, um sich dann als einzig wahre Alternative mit einfachen Lösungen für komplexe Probleme anzubieten. Er arbeitet dabei mit Personalisierung, Emotionalisierung, starken, mal mehr, mal weniger charismatischen Führungsfiguren, Skandalisierung und Tabubruch, manichäischem Denken (gut-böse, schwarz-weiß ohne Zwischentöne), Verzicht auf Mediation durch etablierte Institutionen, Parteien und Medien (Diehl 2016). Zentral ist zudem das Narrativ des »betrogenen Volkes« – das ist deshalb so wichtig zu erinnern, als dass populistische Akteur_innen stets behaupten, sie hätten die Macht noch nicht, weil sie darum betrogen würden. Dazu gehört auch die Beschwerde der Populist_innen über angeblich mangelnde Aufmerksamkeit – egal wie viel Aufmerksamkeit sie und ihre Themen bekommen, die Erzählung des Betrogenseins wird nicht verstummen, gehört sie doch zum Kern des Populismus.

Mit dem Begriff des (Rechts-)Populismus werden diverse Parteien und politische Strömungen, Akteure und Stilmittel sowie Strategien bezeichnet, die im Einzelnen recht verschieden sein können. Dabei müssen Selbstpositionierungen von Wähler_innen oder Parteien und deren (rechts-)populistische Agenda keineswegs immer deckungsgleich sein (als Alternative schlägt etwa Hirschmann (2017) den Terminus Nationalpopulismus vor, um die ideologische Mischung abzubilden). Wir folgen der Lesart, nach der sich darin insbesondere eine Sicht auf die Welt spiegelt (u. a. Mudde & Kaltenwasser 2017), die sich dann nicht nur bei populistischen Akteur_innen und Strömungen, sondern auch in der Wähler_innenschaft populistischer Parteien und darüber hinaus in der Bevölkerung abzeichnet. Sie folgt einer antagonistischen Logik, die auf der vertikalen Dimension einen Gegensatz zwischen »dem guten, moralisch reinen Volk« und den »schlechten, korrupten Eliten« konstruiert, auf der horizontalen Dimension einen Gegensatz zwischen einem »Wir« und »den Anderen«.

Diese Vorstellung von »Volk« ist in mehrfacher Hinsicht problematisch: Sie unterstellt eine imaginäre »Ganzheit« eines Volkes, losgelöst von einzelnen verschiedenen Personen hin zu einer Personalisierung (Volkswille, »Volkskörper«). Eine solche Vorstellung ist unterkomplex, vereinfachend und mythologisierend, was die Tür für ein Denken in Freund und Feind sowie Verschwörungsmythen von Unterwanderung oder Steuerung durch fremde Mächte öffnet. Zudem ist damit in der Regel die Annahme verbunden, »das Volk« könne in seiner Ganzheit durch einen einzigen Führer vertreten werden, der den Willen des Volkes erspüre und umsetze. Vermittelnde Instanzen wie Parteien, ein Parlament oder Medien seien dazu nicht nötig. Diese Vorstellung von »Volk« suggeriert zudem eine Homogenität, die zwangsläufig antiplural ist und diejenigen exkludiert, die als nicht dazugehörig konzipiert werden. In dieser Konzeption zeigt sich nach Müller (2016) der antidemokratische Kern des Populismus, der alle, die nicht einer Meinung sind, als illegitim, kriminell und nicht zum Volk gehörig betrachtet. Ähnlich argumentiert der ehemalige Präsident des Bundesverfassungsgerichts, Andreas Voßkuhle (2017), wenn er auf den alleinigen Wahrheitsanspruch des Populismus abhebt, der nicht zu einer Demokratie passe, in der es gerade um widerstreitende Positionen und Aushandlungen gehe. In der Regel geht es hier nicht einfach nur um »Andersdenkende«, sondern um soziale Minderheiten, die als nicht zum »Wir« gehörig betrachtet, abgewertet und ausgegrenzt werden. Vorurteile gegen Minderheiten, wie sie auch im Syndrom Gruppenbezogener Menschenfeindlichkeit (GMF) repräsentiert sind, fungieren als legitimierende Mythen der Erläuterung und Rechtfertigung, warum Minderheiten »anders«, »unnormal«, »fremd«, »ungleich« und dann auch ungleichwertig seien. Entsprechend bildet sich auf der horizontalen Dimension der Antagonismus zwischen einem »Wir« und »den Anderen« ab, wobei der Fingerzeig aktuell in besonderer Weise auf jeweils andere Gruppen, letztlich aber auch auf immer die gleichen, weist – »Fremde« (mit den jeweiligen Vorstellungen, wer das ist, z. B. Migrant_innen, Roma oder Muslim_innen, Jüd_innen, Frauen, Homosexuelle, Behinderte).

Während sich der vertikale Antagonismus gleichermaßen im Rechts- wie Linkspopulismus findet, ist der horizontale für den Rechtspopulismus spezifisch. Auch wenn sich diese rechtspopulistische Logik vorrangig bei Parteien der radikalen Rechten findet, können sich ggf. auch Parteien, die sich selbst dem linken Spektrum zuordnen (und ggf. auch der Mitte) bzw. anhand ihrer Programme zuordnen lassen, dieses Denkmusters bedienen. Das gilt auch für ihre Wähler_innen bzw. für die Bürger_innen, die rechtspopulistische Einstellungen teilen.

Neben dem vertikalen Antagonismus von »denen da oben versus das gemeine Volk«, in dem sich die Dimension des »Anti-Establishments« abbildet, und dem horizontalen Antagonismus von »wir versus die«, in dem sich der »Antipluralismus« spiegelt, wird als dritte Dimension die »Pro-Volkssouveränität« vorgeschlagen (u. a. Vehrkamp & Merkel 2018 im Populismusbarometer). Diese spiegelt sich zum Beispiel in der Forderung nach direkter Demokratie, die viele populistische Parteien erheben. Allerdings wird kritisch hinterfragt, inwieweit dies tatsächlich so gemeint oder nicht vielmehr vorgeschoben ist und das »Volk« keineswegs an Entscheidungen beteiligt werden soll (z. B. Müller 2016). Das Aushebeln demokratischer Institutionen, die Beteiligungen ermöglichen, wie es populistische Parteien, wenn sie an der Macht sind, betreiben, spricht eher für letzteres.

Anders als es beispielsweise die Populismuskonzeption im Populismusbarometer tut, sind wir der Auffassung, dass die antiplurale Dimension des Populismus eben nicht einfach nur im Sinne von »individueller Verschiedenheit« bzw. »wir sind alle gleich« zu verstehen ist, sondern sich in der Regel auf Minderheiten als soziale Gruppen bezieht, entlang der alten, tief eingebrannten Kategorien von Ethnie, Klasse, Religion und Geschlecht, erweiterbar auch um die sexuelle Orientierung und körperliche bzw. geistige Unversehrtheit. Denn es ist eben nicht einfach Zufall, wer als »verschieden« und nicht als zum »Wir« dazugehörig betrachtet wird, sondern es sind immer wieder die gleichen bzw. ähnliche soziale Gruppen. Die Konzeption eines homogenen Volks ist dann offen für »Völkisches« wie es sich im Rechtsextremismus (➞ s. Kap. 4, S. 117 ff.) und auch neurechten Strömungen findet (➞ s. Kap. 5, S. 147 ff.).

6.3 Erfassung und Verteilungen von rechtspopulistischen Einstellungen

Die Unbestimmtheit und Wandlungsfähigkeit des Rechtspopulismus stellt eine empirische Studie vor die große Herausforderung, wie er sich angemessen erfassen lässt, sodass einerseits neuere Entwicklungen berücksichtigt werden (was eine variable Erfassung bedeutet), andererseits seine Verbreitung im Vergleich über die Zeit nachgezeichnet werden kann (was eine konstante Erfassung erfordert). Einige Ansätze operationalisieren, der Definition von Populismus als Denklogik folgend, rechtspopulistische Einstellungen eher neutral und abstrakter ohne konkreten ideologischen Inhalt (z. B. das Populismusbarometer; Vehrkamp & Merkel 2018). Das Anliegen der Mitte-Studie ist es, dezidiert Rechtspopulismus mit seinen spezifischen ideologischen Inhalten zu erfassen (mit den entsprechenden Schwierigkeiten der Veränderung), dabei dennoch beiden oben beschriebenen Antagonismen von »die da oben – das gemeine Volk« bzw. »wir – die Anderen« zu folgen (ähnlich z. B. auch de Weerdt et al. 2004). Die Operationalisierung baut auf der Konzeption im Rahmen des GMF-Surveys (2002–2011) auf (Schäfer, Mansel & Heitmeyer 2002; Klein, Küpper & Zick 2009; Klein & Heitmeyer 2012).

In Fortführung der Mitte-Studie 2016 werden in der Mitte-Studie 2018/19 rechtspopulistische Einstellungen über sechs Subdimensionen erhoben: Demokratiemisstrauen, Law-and-Order-Autoritarismus und Abwertungen von »Fremden«, Muslimen, Sinti und Roma sowie Asylsuchenden. Die Aussagen zur Erfassung von rechtspopulistischen Einstellungen und die Zustimmungen zu diesen sind in Tabelle 6.1 (➡ s. S. 182 f.) abgedruckt; die Abwertungskomponente wurde bereits in Kapitel 3 (➡ s. S. 53 ff.) beschrieben. Die Aussagen einer Subdimension rechtspopulistischer Einstellungen wurden jeweils zu einer Mittelwertskala zusammengefasst.[2]

Für die folgenden Analysen wurden wieder jeweils die Antworten der Befragten, die die Fragen mit 4-stufigem bzw. 5-stufigem Antwortformat erhalten hatten, zusammengefügt (➡ s. dazu auch Kap. 2, S. 41 ff.).[3] Für den unmittelbaren Vergleich über die vorangegangenen Erhebungsjahre werden zusätzlich auch die Ergebnisse nur über die Hälfte der Stichprobe berichtet, die die entscheidenden Fragen wie zuvor im 4-stufigen Antwortformat erhalten hat (➡ s. Tab. 6.1, S. 182 f.).

2 Befragte, die eine 4-stufige Antwortskala erhalten hatten, wurden ab einem Wert von > 2,5 auf der zusammengefassten Mittelwertskala als »zustimmend« kategorisiert; Befragte, die eine 5-stufige Antwortskala erhalten hatten, ab einem Wert von > 3 (➡ s. Kap. 2, S. 41 ff., und 3, S. 53 ff., für das gleiche Vorgehen bei den GMF-Elementen).

3 Die wesentlichen Ergebnisse zum Rechtspopulismus nach Bevölkerungsgruppen sind robust: Auch bei einer Auswertung der einzelnen Skalen (nur 4- oder nur 5-stufig) bleiben die Muster der Zusammenhänge von Rechtspopulismus mit bestimmten soziodemografischen Merkmalen in der Regel bestehen. Diese zur Kontrolle berechneten Ergebnisse werden nicht näher berichtet. Auffällige Abweichungen werden an entsprechender Stelle benannt.

Rechtspopulistische Orientierungen 2018/19 (Angaben in Prozent) **Tabelle 6.1**

Ich stimme … ➞	**(4er-Split)** **(5er-Split)**
Rechtsgerichteter Autoritarismus (**4er-Split:** M = 2,96; SD = 0,96; n = 910; α = ,76 | **5er-Split:** M = 3,48; SD = 1,26; n = 972; α = ,81)	
Verbrechen sollten härter bestraft werden.	
Um Recht und Ordnung zu bewahren, sollte man härter gegen Außenseiter und Unruhestifter vorgehen.	
Demokratiemisstrauen (**4er-Split:** M = 2,82; SD = 0,85; n = 914; α = ,77 | **5er-Split:** M = 3,37; SD = 1,06; n = 977; α = ,78)	
Die demokratischen Parteien zerreden alles und lösen die Probleme nicht.	
Politiker umgehen die bestehenden Gesetze, wenn es um ihre eigenen Vorteile geht.	
Politiker nehmen sich mehr Rechte heraus als normale Bürger.	
Ausgewählte Elemente Gruppenbezogener Menschenfeindlichkeit: Fremden- und Muslimfeindlichkeit, Abwertung von Sinti und Roma sowie von Asylsuchenden	

M = arithmetischer Mittelwert; **SD** = Standardabweichung; **n** = Anzahl der Befragten; **α** = Cronbachs Alpha.

In 2018/19 äußern knapp 59 % der Befragten klar ihr Misstrauen in die Demokratie, gut 62 % neigen deutlich zu einem Law-and-Order-Autoritarismus und rund ein Viertel vertritt abwertende Einstellungen gegenüber »Fremden«, wie dies bereits in Kapitel 3 (➞ s. S. 53 ff.) zur Gruppenbezogenen Menschenfeindlichkeit berichtet wurde. Im Vergleich zum Jahr 2014 ist das Demokratiemisstrauen etwas zurückgegangen, jedoch ist die Zustimmung seit 2016 nahezu gleichbleibend. Die Zustimmung zum Autoritarismus ist weitgehend stabil im Vergleich zu den Vorjahren.[4] Die sechs Subdimensionen hängen zudem eng

4 Die Nachzeichnung über die Jahre basiert für die volle Vergleichbarkeit lediglich auf den 4-stufig erhoben Antwortformaten und zeigt eine Zustimmung zum Demokratiemisstrauen von 64 % (2018/19), 62 % (2016) bzw. 77 % (2014) im Verlauf. Der Autoritarismus ist weitgehend gleichbleibend mit 2018/19: 64 % 2016: 64 %; 2014: 63 %.

Tabelle 6.1

<table>
<tr><th colspan="5">überhaupt nicht zu</th><th colspan="5">eher nicht zu</th><th colspan="5">eher zu</th><th colspan="5">voll und ganz zu</th></tr>
<tr><th colspan="4">überhaupt nicht zu</th><th colspan="4">eher nicht zu</th><th colspan="4">teils/teils</th><th colspan="4">eher zu</th><th colspan="4">voll und ganz zu</th></tr>
<tr><td colspan="5">11,4</td><td colspan="5">11,5</td><td colspan="5">27,8</td><td colspan="5">49,2</td></tr>
<tr><td colspan="4">11,3</td><td colspan="4">8,2</td><td colspan="4">20,3</td><td colspan="4">22,2</td><td colspan="4">38,0</td></tr>
<tr><td colspan="5">18,6</td><td colspan="5">17,4</td><td colspan="5">30,9</td><td colspan="5">33,0</td></tr>
<tr><td colspan="4">16,7</td><td colspan="4">12,0</td><td colspan="4">24,4</td><td colspan="4">20,9</td><td colspan="4">26,0</td></tr>
<tr><td colspan="5">13,3</td><td colspan="5">22,1</td><td colspan="5">35,8</td><td colspan="5">28,7</td></tr>
<tr><td colspan="4">9,3</td><td colspan="4">12,7</td><td colspan="4">35,1</td><td colspan="4">19,8</td><td colspan="4">23,1</td></tr>
<tr><td colspan="5">13,1</td><td colspan="5">23,1</td><td colspan="5">31,9</td><td colspan="5">31,8</td></tr>
<tr><td colspan="4">9,8</td><td colspan="4">16,3</td><td colspan="4">27,5</td><td colspan="4">18,3</td><td colspan="4">28,0</td></tr>
<tr><td colspan="5">14,7</td><td colspan="5">22,1</td><td colspan="5">29,1</td><td colspan="5">34,1</td></tr>
<tr><td colspan="4">10,4</td><td colspan="4">14,3</td><td colspan="4">25,8</td><td colspan="4">20,9</td><td colspan="4">28,6</td></tr>
</table>

Die Zustimmungswerte sind in Kapitel 3 dargestellt (→ s. Tab. 3.1, S. 70-75).

miteinander zusammen. So teilen beispielsweise von den Befragten, die deutliches Misstrauen in die Demokratie äußern, 73 % auch autoritäre Einstellungen, 62 % werten Asylsuchende ab, 25 % vertreten deutlich fremdenfeindliche, 27 % muslimfeindliche, und 31 % sinti- und romafeindliche Einstellungen (unter den Befragten ohne ausgeprägtes Demokratiemisstrauen sind dies 47 %, 39 %, 10 %, 11 %, 15 %)[5] Das heißt: Nicht jede_r, die oder der Demokratiemisstrauen äußert, ist automatisch rechtspopulistisch, aber ein nicht unerheblicher Teil davon schon. Befragte, bei denen diese Komponenten zusammenkommen, müssen der oben genannten Definition folgend als rechtspopulistisch bezeichnet werden.

5 Diese Unterschiede sind signifikant: Autoritarismus nach Demokratiemisstrauen: Chi^2 (1, 1.882) = 130,17, p < ,001; Abwertung asylsuchender Menschen nach Demokratiemisstrauen: Chi^2 (1, 1.877) = 97,36, p < ,001; Fremdenfeindlichkeit nach Demokratiemisstrauen: Chi^2 (1, 1.883) = 67,47, p < ,001; Muslimfeindlichkeit nach Demokratiemisstrauen: Chi^2 (1, 1.861) = 72,83, p < ,001; Abwertung von Sinti und Roma nach Demokratiemisstrauen: Chi^2 (1, 1.864) = 62,67, p < ,001.

Aus diesen Subdimensionen wurde daher ein zusammenfassender Index Rechtspopulismus gebildet.[6] Der Cut-off-Punkt, ab dem Befragte auf dem zusammengefassten Index Rechtspopulismus als »klar rechtspopulistisch« kategorisiert werden, wurde beim 4-stufigen Antwortformat auf einen Wert von > = 3 und beim 5-stufigen Antwortformat bei > = 3,5 festgelegt. Befragte, die auf dem Index Rechtspopulismus Werte > 2,5 respektive > 3 erreichen, werden als »in der Tendenz rechtspopulistisch« bezeichnet.

Anknüpfend an frühere Konzeptionen rechtspopulistischer Einstellungen rückt in der Erhebung 2018/19 auch der Antisemitismus wieder näher an die rechtspopulistischen Einstellungen und wäre empirisch gestützt eigentlich wieder Teil davon. Dabei lässt sich nicht nur ein enger Zusammenhang der hier zusammengefassten rechtspopulistischen Einstellungen mit klassischem Antisemitismus feststellen, sondern auch mit israelbezogenem und besonders mit sekundärem Antisemitismus und stereotypenbezogenem Antisemitismus, wie er als Subdimension rechtsextremer Einstellungen erhoben wird (➡ s. Kap. 4, S. 117 ff.).[7] Aus Gründen der Vergleichbarkeit mit den Vorjahren belassen wir es aber bei einer Indexbildung für Rechtspopulismus aus den oben genannten sechs Dimensionen. Darüber hinaus wäre auch die Subdimension Anti-Establishment/Elitenkritik, die wir im Kapitel 5 zu neuen rechten Mentalitäten ansprechen, eine zentrale Subdimension rechtspopulistischer Einstellungen, die auch empirisch hoch mit rechtspopulistischen Einstellungen korreliert.[8] Aus Gründen der

---

6 Die Struktur des Rechtspopulismus basierend auf den 5-stufig erhobenen Aussagen (n = 966) wurde mithilfe eines Strukturgleichungsmodells im Statistikprogramm AMOS getestet. Das Modell mit einem latenten Faktor zweiter Ordnung, welcher den Rechtspopulismus als verbindendes Element seiner Unterdimensionen widerspiegelt und diese als latente Faktoren erster Ordnung verbindet, hat einen guten model fit ($Chi^2 = 245{,}425$, $df = 59$, $p < {,}001$; $CFI = {,}966$, $RMSEA = {,}057$). Empirisch bestätigt sich damit insgesamt die Reliabilität der Messmodelle sowie die theoretische Fassung des Rechtspopulismus, wie wir sie in der Mitte-Studie vornehmen. Allerdings zeigt auch das Modell einschließlich Antisemitismus und einer Anti-EU-Haltung einen guten model fit ($Chi^2 = 245{,}425$, $df = 59$, $p < {,}001$; $CFI = {,}966$, $RMSEA = {,}057$).

7 Pearson-Korrelation rechtspopulistische Einstellungen (5-stufiges Antwortformat)/klassischer Antisemitismus: $r = {,}39$, $p < {,}001$; /sekundärer Antisemitismus: $r = {,}46$; $p < {,}001$; /israelbezogener Antisemitismus: $r = {,}36$; $p < {,}001$; /stereotypenbasierter Antisemitismus (erhoben als Subdimension rechtsextremer Orientierung): $r = {,}51$; $p < {,}001$.

8 Pearson-Korrelation rechtspopulistische Einstellungen (5-stufiges Antwortformat)/Anti-Establishment: $r = {,}59$, $p < {,}001$.

Konsistenz wird diese Subdimension hier nicht mit in den Index genommen. Hieran spiegeln sich wie bei einigen anderen Subdimensionen die Überlappung und das Zusammenwachsen der Phänomene wider, wie es zu Beginn von Kapitel 5 (→ s. S. 147 ff.) beschrieben wird.

Spielt man wie oben beschrieben die Daten der 5-stufigen und 4-stufigen Antwortformate zusammen, neigen 21,3 % der Befragten in 2018/19 deutlich zu rechtspopulistischen Einstellungen (strenges Kriterium), 42,3 % tendieren dazu (schwächeres Kriterium). Für den direkten Vergleich mit den Vorjahren wurden die Analysen noch einmal für die Hälfte der Befragten wiederholt, die wie in den Vorjahren die Fragen mit 4-stufigem Antwortformat erhalten hatten. So gerechnet müssen 20,9 % als klar rechtspopulistisch und 42,9 % als in der Tendenz rechtspopulistisch bezeichnet werden, also nahezu gleich viele. Diese Angaben finden sich für den direkten Vergleich über die Jahre in Abbildung 6.1.

Im Vergleich zu 2016 ist der Anteil nicht gestiegen, vielmehr überraschend konstant. Ähnlich wie bereits in der Analyse Gruppenbezogener Menschenfeindlichkeit und des Rechtsextremismus zeigt sich eine gewisse Stabilisierung antidemokratischer Einstellungen in den letzten Jahren (→ s. Abb. 6.1).

Verbreitung von Rechtspopulismus in der Bevölkerung 2014, 2016 und 2018/19 **Abb. 6.1**

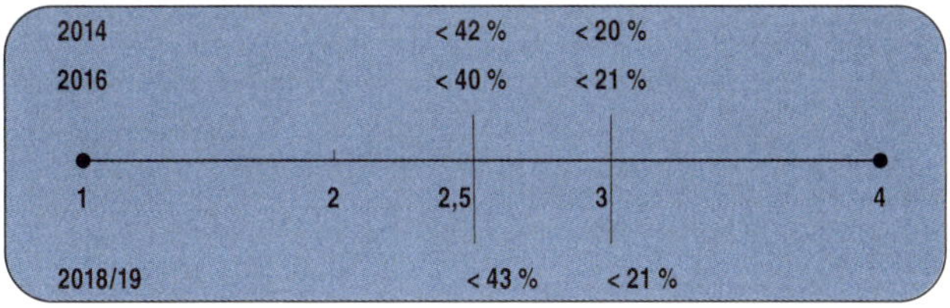

Rechtspopulistische Orientierungen finden darüber hinaus in verschiedenen gesellschaftlichen Gruppen unterschiedlich starken Zuspruch. Rechnet man mit dem strengen Kriterium, zeigt sich: Wie schon in den vergangenen Mitte-Studien sind rechtspopulistische Orientierungen weiter verbreitet unter Befragten, die überwiegend in Ostdeutschland aufgewachsen sind (2018/19: 28 %; 2016: 30 %; 2014: 26 %) als unter solchen, die überwiegend in Westdeutschland sozialisiert wurden (2018/19: 20 %; 2016: 19 %; 2014: 18 %). Derselbe Unterschied findet sich, wenn das schwächere Kriterium angelegt wird. Auch dann ist das Ausmaß rechtspopulistischer Orientierungen höher unter Befragten mit ostdeutschem (2018/19: 49 %; 2016: 52 %; 2014: 51 %) als unter jenen mit westdeutschem Hintergrund (2018/19: 40 %; 2016: 37 %; 2014: 39 %; zu Unterschieden zwischen Befragten, die in Ost- und Westdeutschland leben, → s. a. Kap. 9, S. 243 ff.).[9]

Auch wenn rechtspopulistische Parteien trotz einiger Frontfrauen überwiegend Männerparteien sind (so sind unter den aktuell 91 Abgeordneten der AfD im deutschen Bundestag lediglich 10 Frauen) und solche Parteien überproportional von Männern gewählt werden (beispielsweise wurde die AfD bei der Bundestagswahl 2017 von 16 % der Männer, aber nur 9 % der Frauen gewählt; Kobold & Schmiedel 2018), ist Rechtspopulismus durchaus auch bei Frauen anschlussfähig. Dies bestätigen auch die Ergebnisse der Mitte-Studie 2018/19: Annähernd gleich viele Frauen (strenges Kriterium: 20 %; lockeres Kriterium: 41 %) und Männer (strenges Kriterium: 23 %; lockeres Kriterium: 43 %) teilen rechtspopulistische Einstellungen.

Das formale Bildungsniveau der Befragten hat einen besonders starken Effekt auf die Ausprägung bzw. Äußerung rechtspopulistischer Einstellungen: Unter Verwendung des strengeren Kriteriums unterscheidet sich insbesondere die Gruppe der hochgebildeten Befragten (9 %) von denen der Mittel- (27 %) und Niedriggebildeten (29 %). Mit dem lockeren Kriterium gerechnet ist die Zustimmung zu rechtspopulistischen Einstellungen am höchsten unter Niedrig- (57 %) und am geringsten unter Hochgebildeten (21 %), Befragte aus der mittleren Bildungskategorie liegen dazwischen (48 %).[10]

---

9 Diese Unterschiede sind statistisch signifikant: strengeres Kriterium Rechtspopulismus nach Ost/West: Chi^2 (1, 1.827) = 12,93, p < ,001; schwächeres Kriterium Rechtspopulismus nach Ost/West: Chi^2 (1, 1.827) = 10,14, p < ,01. Allerdings ergeben sich für den 5-stufig gerechneten Rechtspopulismus keine signifikanten Unterschiede bei der Zustimmung nach dem strengeren Kriterium für Befragte in Ost (23,3 %) und West (21 %) oder nach schwächerem Kriterium in Ost (42,2 %) und West (40,1 %). Die Unterschiede zeigen sich bei dieser Berechnung nur noch in der Tendenz.

10 Diese Unterschiede sind statistisch signifikant: strengeres Kriterium Rechtspopulismus nach Bildung: Chi^2 (2, 1.852) = 85,27, p < ,001; schwächeres Kriterium Rechtspopulismus nach Bildung: Chi^2 (2, 1.852) = 176,34, p < ,001.

Es findet sich außerdem ein Trend, nach dem ältere Befragte (ab 61 Jahre, strenges Kriterium: 24 %; lockeres Kriterium: 47 %) eher zu rechtspopulistischen Einstellungen neigen als jüngere (31–60 Jahre, strenges Kriterium: 22 %; lockeres Kriterium: 42 % bzw. bis 30 Jahre, strenges Kriterium: 16 %; lockeres Kriterium: 33 %).[11]

Das Einkommen spielt für die Zustimmung zum Rechtspopulismus keine so große Rolle und weicht auch von landläufigen Vermutungen ab. Befragte mit geringem Einkommen (zu 21 %) sind nicht häufiger klar rechtspopulistisch eingestellt als jene mit mittlerem Einkommen (24 %), wohlhabendere Befragte jedoch signifikant (zu 15 %) etwas seltener; etwas deutlicher sind die Unterschiede zu den Wohlhabenden bei der Verwendung des schwächeren Kriteriums für rechtspopulistische Einstellungen.[12] Ein Teil dieser Unterschiede geht auf den starken Bildungseffekt zurück (Wohlhabende sind eben auch häufiger besser gebildet, es liegt eher an der Bildung als am Geld). Übrigens haben auch Analysen der Wähler_innenschaft der AfD immer wieder bestätigt, dass sie keineswegs nur von Geringverdienern gewählt wird (dazu u. a. Lengfeld & Dilger 2018).

Hingegen spielt der Berufsstand eine größere Rolle. Unter Arbeiter_innen (33 %) sind rechtspopulistische Einstellungen weiter verbreitet als unter Angestellten (19 %), Selbstständigen/Freien Berufen (13 %) und Beamt_innen (8 %), alles mit dem strengeren Kriterium berechnet.[13] Dies geht allerdings wieder ganz überwiegend auf die Bildung zurück – wird die herausgerechnet, nivelliert sich

11 Diese Unterschiede sind statistisch signifikant: strenges Kriterium Rechtspopulismus nach Alter: Chi² (2, 1.866) = 7,37, p < ,05 schwächeres Kriterium Rechtspopulismus nach Alter: Chi² (2, 1.865) = 15,54, p < ,001. Ein entsprechender Zusammenhang findet sich auch als Korrelation zwischen dem Alter der Befragten und der Skala Rechtspopulistische Orientierungen als 4er- bzw. 5er-Skala: r = ,10 bzw. r = ,16, p < ,01.

12 Diese Unterschiede sind statistisch signifikant: strengeres Kriterium Rechtspopulismus nach Einkommen: Chi² (2, 1.504) = 9,80, p < ,01; schwächeres Kriterium Rechtspopulismus nach Einkommen: Chi² (2, 1.507) = 28,81, p < ,001. Getrennt für den 5- oder 4-stufig erhobenen Rechtspopulismus ergeben sich jeweils nach dem strengeren Kriterium keine signifikanten Unterschiede bei der Zustimmung nach Einkommen.

13 Diese Unterschiede sind statistisch signifikant: strenges Kriterium Rechtspopulismus nach Beruf: Chi² (3, 1.198) = 27,72, p < ,001; schwächeres Kriterium Rechtspopulismus nach Beruf: Chi² (3, 1.197) = 31,23, p < ,001.

das Muster deutlich. Gewerkschaftsmitglieder (dies ist rund jede_r sechste Befragte) sind deutlich häufiger rechtspopulistisch eingestellt (30 %) als Befragte, die in keiner Gewerkschaft sind (19,5 %; strengeres Kriterium). Wählt man das schwächere Kriterium für rechtspopulistische Einstellungen, ist der Unterschied ebenfalls signifikant, wenngleich etwas geringer ausgeprägt. Auch hier sind Gewerkschaftsmitglieder (50 % Zustimmung) rechtspopulistischer eingestellt, als nicht Gewerkschaftsmitglieder (41 %).[14] Dies spricht dafür, dass Gewerkschaftsmitglieder politisch meinungsstark sind, auch was ihre rechtspopulistischen Einstellungen betrifft.

Die Konfessionszugehörigkeit spielt so gut wie keine Rolle: Legt man das strenge Kriterium für rechtspopulistische Einstellungen an, unterscheiden sich Katholiken (20 %), Protestanten (23 %) und Konfessionslose (21 %) überhaupt nicht voneinander, legt man das schwächere Kriterium an, ist die Tendenz zu rechtspopulistischen Einstellungen unter Christ_innen etwas weiter verbreitet als unter Konfessionslosen (44,%, 45 %, 37 %; Unterschiede zu Befragten anderer Glaubensrichtungen können nicht analysiert werden, da diese in Deutschland zu wenig verbreitet sind, entsprechend gering ist die Anzahl ihrer Gläubigen in einer repräsentativen Stichprobe).[15]

6.4 Normalisierung des Rechtspopulismus?

Rechtspopulistische Einstellungen können potenziell auch von Personen vertreten werden, die sich politisch selbst nicht im rechten Spektrum einordnen bzw. Parteien des rechten Spektrums wählen. Die Analysen bestätigen allerdings den Zusammenhang mit überwältigender Deutlichkeit: Je weiter »rechts« sich die Befragten im politischen Spektrum selbst verorten, desto größer ist der Anteil von klar rechtspopulistisch Eingestellten unter ihnen. Hier wurden die Befragten danach gefragt, wo sie sich mit ihren politischen Ansichten auf der Skala von »ganz links« (6 %), »eher links« (23 %) »genau in der Mitte« (61,5 %), bis hin zu »eher rechts« (knapp 8 %) und »ganz rechts« (knapp 2 %) einstufen

14 Diese Unterschiede sind statistisch signifikant: strenges Kriterium Rechtspopulismus nach Gewerkschaftszugehörigkeit: Chi^2 (1, 1.887) = 18,10, p < ,001; schwächeres Kriterium Gewerkschaftszugehörigkeit: Chi^2 (1, 1.886) = 9,27, p < ,01.

15 Die Unterschiede im Rechtspopulismus nach Religionszugehörigkeit mir strengerem Kriterium sind nicht signifikant; mit schwächerem Kriterium signifikant: Chi^2 (2, 1.816) = 9,971, p < ,01.

würden. Der Großteil der Befragten stuft sich selbst politisch als »genau in der Mitte ein«, ein knappes Drittel sieht sich im linken Spektrum, rund jede_r zehnte Befragte im rechten Spektrum. Die Verteilung ist nahezu identisch zu der in der Mitte-Studie 2016.

Klar rechtspopulistische Einstellungen werden von den Befragten »ganz links« zu 9 %, »eher links« zu 6 %, »genau in der Mitte« zu 23 %, »eher rechts« zu 48 % und »ganz rechts« zu 81 % geteilt.[16] Vielen der Befragten, die sich selbst politisch »genau in der Mitte« verorten, dürfte nicht klar sein, dass sie Positionen vertreten, die begründet deutlich als rechtspopulistisch definiert sind. Andere könnten sich umgekehrt bewusst dort verorten, um die »Mitte« neu und antidemokratisch zu besetzen. Im Vergleich zu 2016 wird deutlich: Befragte, die sich selbst »eher links« einordnen, neigen in 2018/19 etwas seltener zu rechtspopulistischen Einstellungen, Befragte, die sich selbst »genau in der Mitte« verorten, sind in 2018/19 geringfügig häufiger vertreten. Doch Befragte, die sich selbst ganz rechts einordnen, sind in 2018/19 fast doppelt so häufig auch rechtspopulistisch eingestellt. Dies sind absolut gesehen allerdings nicht viele Befragte, daher sollte der Befund mit einiger Vorsicht behandelt werden, doch der Trend ist sehr deutlich.[17] Auch mit dem schwächeren Cut-off-Kriterium, das die Tendenz zu rechtspopulistischen Einstellungen anzeigt, sieht das Muster sehr ähnlich aus (Zustimmung 2018/19 von links nach rechts: 16 %, 17 %, 47 %, 78 %, 91 %) – je weiter die Befragten sich selbst nach rechts positionieren, desto ausgeprägter ist ihre Neigung zu rechtspopulistischen Einstellungen.[18] Auch hier wird wieder deutlich: Bei Befragten, die sich selbst »genau in der Mitte« sehen, ist die Neigung zum Rechtspopulismus leicht, bei Befragten, die sich selbst ganz rechts positionieren sehr deutlich gestiegen (vgl.

16 Diese Unterschiede sind signifikant: strengeres Kriterium Rechtspopulismus nach politischer Orientierung: Chi^2 (4, 1.812) = 193,85, p < ,001.

17 Für den direkten Vergleich wurde die Analyse noch einmal nur für die Befragten wiederholt, denen in 2018 wie in 2016 die hier interessierenden Fragen mit 4-stufigem Antwortformat vorgelegt wurden. Dann sind die prozentualen Anteile wie folgt in 2018/19 bzw. 2016: links 7 % bzw. 6 %, eher links 4 % bzw. 6 %, genau in der Mitte 24 % bzw. 21 %, eher rechts 46 % bzw. 48 %, rechts 75 % bzw. 43 %).

18 Diese Unterschiede sind signifikant: schwächeres Kriterium Rechtspopulismus nach politischer Orientierung: Chi^2 (4, 1.812) = 253,45, p < ,001.

auch Vehrkamp & Merkel 2018).[19] Im Vergleich zu 2016 zeichnet sich also eine leichte Verschiebung der Mitte hin zu mehr Rechtspopulismus ab und ein ganz deutlicher Trend bei den ganz Rechten, die nun auch rechtspopulistische Positionen in der großen Mehrheit übernommen haben, während sich bei den eher Linken ein leichter Rückgang abzeichnet. Hier haben also womöglich die inzwischen durchaus kritischen Debatten um den Populismus bei einigen dazu geführt, die eigenen Positionen noch einmal zu überdenken, zumal unter den eher Linken überproportional viele besser Gebildete sind.

Außerdem wurden Befragte gebeten, anzugeben, welche Partei sie mit ihrer Zweitstimme wählen würden, wenn am nächsten Sonntag Bundestagswahl wäre (»Sonntagsfrage«) (zum Vergleich mit anderen Wahlumfragen ➟ s. Kap. 4, Fußn. 8, S. 134). Der Anteil der klar rechtspopulistisch eingestellten Befragten ist unter den potenziellen Wähler_innen der AfD mit Abstand am höchsten (75 %). Es folgen dann mit deutlich geringerem Anteil die potenziellen Nichtwähler_innen (34 %), die der FDP (23 %), der CDU/CSU (21 %), der SDP (17 %), der Linkspartei (12 %) und von Bündnis 90/Grünen (8 %). Ganz ähnlich sieht das Muster aus, wenn man mit schwächerem Kriterium die Neigung zum Rechtspopulismus betrachtet, dann mit entsprechend höheren Zustimmungswerten.[20] (➟ s. Abb. 6.2)

Auf Einstellungsebene zeigt sich die Zustimmung zu rechtspopulistischen Meinungen weitgehend über die Jahre stabil. Rechtspopulistische Agitation ist im öffentlichen Diskurs sichtbarer geworden, doch es scheint eher, als würde der Rechtspopulismus ein bereits vorhandenes Einstellungspotenzial abgreifen, statt in vorher demokratisch eingestellten Bevölkerungsteilen plötzlich deutlich größere Menschenfeindlichkeit zu schüren. Während jedoch vor der Bundestagswahl 2017 kaum vorstellbar war, dass eine Rechtsaußenpartei wieder im

---

19 Für den direkten Vergleich wurden die Analysen noch einmal nur in der Hälfte der Befragten mit 4-stufigem Antwortformat wiederholt. Die prozentualen Anteile sind für 2018/19 bzw. 2016 wie folgt: links 19 % bzw. 17 %, eher links 14 % bzw. 19 %, genau in der Mitte 50,5 % bzw. 42 %, eher rechts 77 % bzw. 81 %, rechts 92 % bzw. 64 %.

20 Diese Unterschiede sind signifikant: strengeres Kriterium Rechtspopulismus nach Parteipräferenz: Chi^2 (9, 1.495) = 271,96, p < ,001; schwächeres Kriterium Rechtspopulismus nach Parteipräferenz: Chi^2 (9, 1.497) = 272,27, p < ,001.

Verbreitung rechtspopulistischer Einstellungen nach Parteipräferenz 2018/19 (Gesamtindex; Angaben in Prozent) **Abb. 6.2**

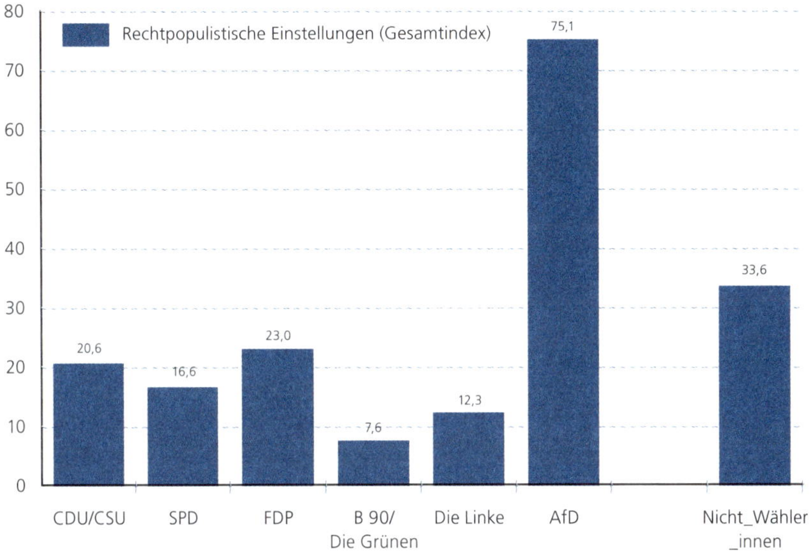

Bundestag vertreten sein könnte, hat sich seitdem diese Zäsur gewissermaßen zum Normalzustand gewandelt. Mitsamt den rassistischen Tabubrüchen, diskriminierenden Äußerungen und rechtspopulistischen Agenden, welche die größte Oppositionspartei in und außerhalb der Parlamente immer wieder darlegt. Umso interessanter ist es, welcher Anteil der Bevölkerung die AfD für eine »normale« Partei hält. Der Aussage »Die AfD ist eine Partei wie jede andere auch« stimmen im Jahr 2018/19 rund 22 % eher oder voll und ganz zu. Weitere 13 % der Bevölkerung teilen diese Einstellung zumindest teils/teils. Mit rund 65 % stimmt zwar der Großteil der Befragten eher oder voll und ganz nicht zu, doch rund ein Drittel der Bevölkerung hält eine rechtspopulistische Partei, welche offen Verbindungen in den Rechtsextremismus hat, mindestens teilweise für eine normale Partei in Deutschland. In der Tendenz zeigt sich darüber hinaus auch, dass die Normalisierung der AfD seit ihrem Einzug in den Bundestag weiter fortgeschritten ist. Im Jahr 2017, kurz vor der Bundestagswahl, lag die offene Zustimmung zu dieser Aussage noch bei rund 17 %, während nur ca. 8 % die Mittelkategorie wählten und die Ablehnung bei rund 75 %

lag.[21] Das Auftreten der AfD und ihre Etablierung in den Parlamenten hat sie in der Wahrnehmung der Bevölkerung folglich kaum als eine Partei entblößt, die vom demokratischen Grundkonsens anderer Parteien abweicht, sondern den Rechtspopulismus vielmehr etwas weiter zur Normalität werden lassen.

6.5 Rechtspopulismus, Rechtsextremismus und Gewalt

Die Befunde bestätigen die enge Verknüpfung von rechtspopulistischen mit rechtsextremen und neuen rechten Einstellungen. Abbildung 6.3 verdeutlicht die Zusammenhänge. Die hohen Korrelationen zeigen: Wer in der Tendenz eher zu rechtspopulistischen Einstellungen neigt, tendiert auch deutlich eher zu rechtsextremen bzw. neurechten Einstellungen und umgekehrt. Natürlich ist die absolute Verbreitung harter rechtsextremer Einstellungen viel geringer, aber beides geht relativ gesehen miteinander einher, auf entsprechend höherem bzw. niedrigerem Zustimmungsniveau (➡ s. Abb. 6.3).

Auch die Zusammenhänge zu den einzelnen Subdimensionen sind eindeutig (➡ s. Tab. 6.2., S. 194, zu den Korrelationen). Die Korrelationen sind nicht nur mit der Subdimension Fremdenfeindlichkeit hoch – was nicht überrascht, ist das Konstrukt mit sehr ähnlicher Messung sowohl Teil rechtspopulistischer wie auch rechtsextremer Orientierung –, sondern auch zu allen anderen Dimensionen rechtsextremer Orientierung, beispielsweise auch der Verharmlosung des Nationalsozialismus. Ähnlich sieht dies bei den Subfacetten einer neuen rechten Mentalität aus, mit besonders hohen Zusammenhängen von rechtspopulistischen Einstellungen (Gesamtindex) und einer Anti-Establishment-Haltung. Dies bestätigt die eingangs skizzierte Denklogik »des Volks« gegen »die da oben«. Hoch ist auch der Zusammenhang zur Behauptung einer Unterwanderung durch den Islam (was ebenfalls nicht überrascht, sind muslimfeindliche Ein-

---

21 Die Ergebnisse für 2017 beruhen auf einer repräsentativen telefonischen Bevölkerungsumfrage (n = 1.008), welche durch das Sozialwissenschaftliche Umfragezentrum kurz vor der Bundestagswahl im September 2017 durchgeführt wurde (SUZ-Umfrage zur Bundestagswahl). Befragt wurde die deutsche Wohnbevölkerung im Alter ab 18 Jahren. Der Vergleich zwischen 2018/19 und 2017 muss jedoch vorsichtig interpretiert werden, da die Ergebnisse aufgrund einer etwas anderen Stichprobenzusammensetzung und des -umfangs nicht voll vergleichbar sind. Darüber hinaus wurde das Item in 2017 auf einer endpunktverbalisierten Antwortskala beantwortet, während es in 2018/19 auf einer vollverbalisierten Skala beantwortet werden konnte. Daher benennen wir die Entwicklung nur als Tendenz.

Überlappung von Rechtspopulismus, Rechtsextremismus, neuer rechter Mentalität und Gruppenbezogener Menschenfeindlichkeit. Zusammenhänge auf der Einstellungsebene 2018/19 (Korrelationen der Gesamtindizes) **Abb. 6.3**

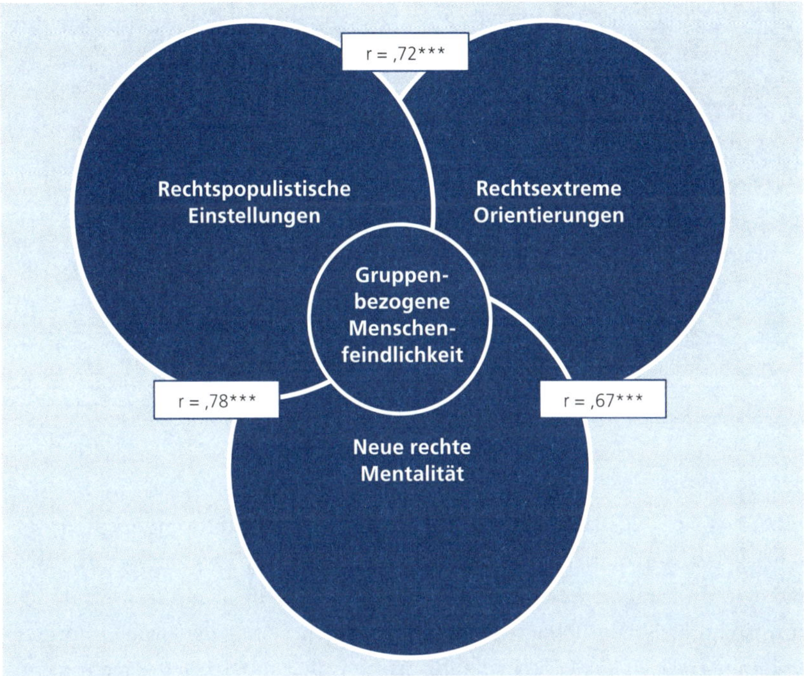

stellungen doch als Teil von Rechtspopulismus operationalisiert), aber auch mit der Unterstellung eines Meinungsdiktats (➟ s. Tab. 6.2, S. 194).

Darüber hinaus zeigen sich signifikante Zusammenhänge mit einer Kollektiven Wut[22] (r = ,74***). Rechtspopulistische Einstellungen gehen hoch signifikant mit größerer Wahrscheinlichkeit mit einer ablehnenden und wütenden Haltung gegenüber Zuwanderung einher: Unter den klar rechtspopulistisch eingestellten Befragten äußern 88,5 % kollektive Wut, unter den nicht so deutlich oder gar

22 Die Kurzskala kollektive Wut wurde als Mittelwertskala aus den Antworten zu den zwei Items »Die Wut der Bürger auf die Zuwanderung ist absolut verständlich« und »Fremde Einflüsse auf unsere Kultur müssen auf ein vernünftiges Maß begrenzt werden« gebildet. Die interne Konsistenz der Skala ist ausreichend; Cronbachs Alpha = ,73.

Zusammenhänge einer rechtspopulistischen Einstellung mit rechtsextremer Orientierung und neuer rechter Mentalität 2018/19 (Pearson-Korrelationen) **Tabelle 6.2**

Gesamtindex rechtspopulistische Einstellung			
Rechtsextreme Orientierung		**Neue rechte Mentalität**	
Befürwortung einer rechtsgerichteten Diktatur	,56*** (946)	Anti-Establishment	,59*** (970)
Nationaler Chauvinismus	,64*** (902)	Aufruf zum Widerstand	,43*** (964)
Verharmlosung des Nationalsozialismus	,49*** (876)	Unterstellung eines Meinungsdiktats	,62*** (976)
Fremdenfeindlichkeit	,78*** (941)	Islamverschwörung	,72*** (944)
Antisemitismus	,51*** (809)	Nationale Rückbesinnung gegen die EU	,50*** (946)
Sozialdarwinismus	,52*** (937)	Ethnopluralismus	,47*** (417)
	,72 ***(719)	Antifeminismus	,34** (423)

Legende * = p < ,05; ** = p < ,01; *** = p < ,001 | Zahlen in Klammern: Stichprobengröße für diese Analyse

nicht rechtspopulistisch Eingestellten 32 %. Auch dies dürfte aufgrund der beschriebenen horizontalen Grenzziehung gegenüber dem »Fremden« nicht überraschen. Zudem billigen 16 % der rechtspopulistischen, aber nur 3 % der nicht rechtspopulistischen Befragten Gewalt zur Durchsetzung der eigenen Vorrangstellung, sogar 30 % der rechtspopulistischen, aber nur 10 % der nicht rechtspopulistischen Befragten sind selbst zu Gewalt bereit, etwa um nicht den Kürzeren zu ziehen.[23] Wie schon in der Erhebung 2016 hängen zudem nicht nur rechtsextreme, sondern auch neurechte und rechtspopulistische Einstellungen deutlich mit einer Affinität zu Gewalt zusammen, wenngleich der Zusammenhang rechtsextremer Einstellungen mit Gewalt noch etwas ausgeprägter ist.[24]

23 Unterschiede im Ausmaß kollektiver Wut: Chi^2 (1, 1.885) = 404,93, p < ,001; Gewaltbilligung: Chi^2 (1, 1.881) = 90,91, p < ,001; Gewaltbereitschaft: Chi^2 (1, 1.889) = 93,50, p < ,001.

24 Korrelationen: Rechtspopulismus/Neue rechte Mentalität/Rechtsextremismus (jeweils der zusammengefasste Gesamtindex) mit Gewaltbilligung: r = ,35/,35/,52; mit Gewaltbereitschaft: r = ,36/,41/,41.

6.6 Das Thema Flüchtlinge

Wie kaum ein anderes Thema hat das Thema »Flüchtlinge« die letzten Jahre bestimmt und dem Rechtspopulismus Auftrieb verliehen. Medien haben es überproportional bespielt, Politiker_innen haben es mal aufgrund der Sachlage auf die Tagesordnung gehoben, mal sahen sie sich dazu gezwungen, mal aber auch freiwillig, weil sie dachten, damit Stimmen (zurück-)gewinnen zu können. Dabei wurde vielfach nicht nur sachlich über Herausforderungen und Probleme geschrieben und gesprochen, die unweigerlich auftreten, wenn über eine Million Menschen in kurzer Zeit in ein Land kommen, erst recht, wenn sich Deutschland und Europa angesichts der vielen Menschen, die sich überwiegend aufgrund unhaltbarer Zustände in ihren Heimatländern bzw. in den großen Flüchtlingslagern an der syrischen Grenze auf den Weg gemacht hatten, wider besseren Wissens nicht rechtzeitig auf ihr Ankommen vorbereitet haben.

Das Gefühl der Bedrohung wirkt bei Menschen wie kaum ein anderes, das lässt sich auch evolutionspsychologisch begründen. Besonders angsterzeugend sind Dinge, die riesengroß und zugleich unbewältigbar erscheinen. Das Thema »Flüchtlinge« ist so eines. Rechtspopulist_innen (und auch einige Politiker_innen, die nicht ausgemacht populistischen Parteien angehören) wissen das. So ist das Schüren und Anheizen von Bedrohungsgefühlen ein wirksames Mittel der Mobilisierung. Das Thema Geflüchtete eignet sich dazu in mehrfacher Hinsicht bestens – Bilder von Massen an Menschen, die ins Land dringen, dann zunächst gesammelt in Unterkünften mit den entsprechenden Konflikten untergebracht werden und hoffnungslos zum Nichtstun verdammt sind. Angst machende Begriffe wie »Flüchtlingskrise« (gängiger Begriff in vielen Medien), »Flüchtlingstsunami« (Bundesinnenminister Horst Seehofer), und »Messermigrant« (AfD-Politikerin Alice Weidel) taten ihr Übriges, erst recht die Berichte über (sexualisierte) Gewalt und Morde, die nicht zuletzt auch deshalb so wirkungsvoll sind, weil sie an die uralten, tief sitzenden, in der Kulturgeschichte gepflegten Stereotype des fremden Mannes und des Orientalen mit dem Dolch hinter dem Rücken, der Frauen raubt, anknüpfen. Während überall im Land in kürzester Zeit eine Welle der Unterstützung und beispielloses Engagement – professionell wie ehrenamtlich – auf die Beine gestellt wurde, fokussierten die öffentliche Debatte und auch die Politik, wenn sie öffentlich agierte, vor allem auf die Schwierigkeiten und schlimmen Verbrechen, nahm die Sorgen der nicht selten laut und aggressiv auftretenden »besorgten Bürger_innen« zumeist ernster als die der vielen Engagierten, die tagtäglich mit viel Energie und Zeit und manchmal bis an die Grenzen ihrer Kräfte die Lage langsam in den Griff bekamen.

In der Mitte-Studie 2016 gaben trotz alledem nach wie vor überraschend viele Befragte an. »Ich finde es gut, dass Deutschland viele Flüchtlinge aufgenommen hat« (knapp 56 % stimmten eher oder voll zu, weitere 24 % zumindest teil/teils). Überraschend, weil bereits zu dem damaligen Zeitpunkt in der Öffentlichkeit immer wieder zu hören und zu lesen war, die Willkommensstimmung sei gekippt, auch wenn sich dies aus Meinungsumfragen nicht ablesen lies. Die Behauptung stand jedoch im Raum und wurde weitergetragen. So etwas hinterlässt in der Regel verzögert Spuren. In der aktuellen Mitte-Studie 2018/19 ist die Zustimmung um rund 10 % gesunken. Doch immer noch fast die Hälfte der Befragten, 44 %, finden dies gut, weitere 30 % zumindest teil/teils, der Anteil jener, die hier nicht oder eher nicht zustimmen ist lediglich von 20 % auf 25 % gestiegen. Angesichts der heftigen Debatte und politischen Umwälzung, die auf die sogenannte »Flüchtlingskrise« folgte, ist die Ablehnung und Veränderung in den Bevölkerungseinstellungen überraschend gering. Zugleich bestätigt sich, wie sehr das Thema die Bürger_innen spaltet und es der AfD gelingt, diejenigen einzusammeln, die es nicht gut finden, dass Deutschland so viele Flüchtlinge aufgenommen hat. Während nur rund ein Fünftel der Wähler_innen aller anderen Parteien Geflüchtete ablehnt (übrigens liegt der Anteil auch unter den Wähler_innen der CDU/CSU bei nur 19 % Ablehnung; Ausnahme sind die Wähler_innen der FDP mit 30 % Ablehnung, bei Nichtwähler_innen liegt der Anteil bei 43 %), sind 70,5 % der potenziellen AfD-Wähler_innen ablehnend gegenüber der Aufnahme von Geflüchteten eingestellt. Deutlich wird auch der immense Unterschied zwischen den klar rechtspopulistisch (64 % Ablehnung der Aufnahme von Geflüchteten) und nicht so deutlich rechtspopulistisch Eingestellten (14 %) in dieser Frage. Gleichzeitig unterstreichen die Befunde aber auch, dass die große Mehrheit der deutschen Bevölkerung die Aufnahme von Geflüchteten nach wie vor positiv bewertet. Insbesondere die konservativen Parteien scheinen hier ihre eigene Wähler_innenschaft zu unterschätzen.

Die Ergebnisse spiegeln sich ganz ähnlich einerseits in der Forderung »Europa muss mehr Verantwortung für Flüchtlinge übernehmen« – diese Aussage finden

73 % der Befragten zutreffend – andererseits in der Forderung »Wir müssen mehr Widerstand gegen die Flüchtlingspolitik zeigen« – dies finden rund 23 % der Befragten zutreffend. Auch hier unterscheiden sich rechtspopulistisch und nicht rechtspopulistisch Eingestellte sehr deutlich.

6.7 Erklärungsversuche

Wie lässt sich (Rechts-)Populismus erklären und warum greift er gerade jetzt um sich? Es lassen sich in der Literatur drei Hauptthesen dazu ausmachen, die durchaus kontrovers diskutiert werden (u. a. Mudde & Kaltenwasser 2017; Jörke & Selk 2017, Müller 2016; Manow 2018) und die sich im Groben und in aller Kürze so zusammenfassen lassen: Neoliberalismus, ökonomische oder kulturelle Modernisierungsverlierer und Demokratieverkrustung. Wir möchten als zusätzlichen Aspekt Populismus als Selbstläufer hinzufügen. Einige der Erklärungen werden in Kapitel 9 (➟ s. S. 243 ff.) zum Unterschied zwischen Ost- und Westdeutschland noch einmal aufgegriffen und dort am Ende, soweit dies die Daten zulassen, einer kurzen und auf die Mikroebene begrenzten empirischen Prüfung unterzogen (➟ s. Tab. 9.3, S. 278 f.). Es wird deutlich werden, dass in jedem der drei Ansätze Erklärungskraft liegt, wie das bei so komplexen Phänomenen wie dem Rechtspopulismus nahe liegt. Daher wäre aus unserer Sicht weiterführend, die Ansätze nicht in Konkurrenz zu diskutieren, sondern den Blick verstärkt auf das Zusammenwirken zu richten.

Eine erste Erklärung nimmt an, der Neoliberalismus habe zu sozialen und ökonomischen Verwerfungen und Entsicherungen geführt, gegen die sich die Menschen nun auflehnten (u. a. Ptak 2018). Damit verbunden wird die Globalisierung für den Rechtspopulismus verantwortlich gemacht, die Arbeit in weltweiten Konkurrenzdruck setzt, Löhne drückt und die beständige Drohung der Abwanderung von Arbeitsplätzen bereithält. Zugleich kommen mit der Globalisierung billige Arbeitskräfte aus aller Welt leichter nach Europa, die als unmittelbare Konkurrenz um Arbeit, aber auch auf dem Wohnungsmarkt, selbst um Frauen, erlebt werden, die aber auch als »Fremde, weil sie fremd sind« abgelehnt werden. Hier vermischen sich also die mit der Globalisierung verbundenen Gefühle von sozioökonomischer und kultureller Bedrohung. In jedem Fall befördert der Neoliberalismus das Denken in Wettbewerb und Konkurrenz und damit auch das Ausschließen von Konkurrenz. Die empirische Prüfung in

Kapitel 9 (→ s. S. 243 ff.) wird zeigen, dass sowohl eine ökonomistische, neoliberale Werthaltung als auch die Sorgen angesichts der Globalisierung durchaus Erklärungskraft für Rechtspopulismus auch auf der Einstellungsebene haben.

Der zweite Erklärungsansatz nimmt an, es seien die Entwicklungen und Zumutungen der Moderne, die einige Bevölkerungsschichten zurücklassen, diejenigen, die schlicht nicht mehr mitkommen, begehren auf. Zum einen sind damit sozioökonomische Entwicklungen angesprochen, die bei etablierten Bevölkerungsgruppen die Angst vor dem sozialen Abstieg schürten oder die Möglichkeit zum Aufstieg zumindest für ihre Kinder erschwerten. Zum anderen sind damit kulturelle Entwicklungen hin zu mehr kosmopolitischer, offenerer und liberalerer Werthaltung angesprochen. Dazu werden dann gemeinhin auch die zunehmenden Gleichstellungsmaßnahmen mit Blick auf diverse Minderheiten gerechnet bzw. die Bemühungen, ihnen mehr Partizipation zu ermöglichen, Diskriminierungen abzubauen, sie und ihre Belange und Bedarfe nicht mehr einfach zu ignorieren. Beispiele hierfür sind Stellenanzeigen, in denen auf eine Bevorzugung von Frauen oder Menschen mit Behinderung bei gleicher Eignung verwiesen wird, repräsentative Moscheebauten, die Ehe für alle, die nun auch homosexuellen Menschen die Eheschließung ermöglicht, neuerdings vereinzelte Angebote genderneutraler Toiletten oder auch das bewusste Einschließen durch Sprache, indem auch weibliche Endungen verwendet werden oder das berühmte Gender-Sternchen. Manchmal schwingt hier auch der Vorwurf mit, die Gesellschaft sei zu weit gegangen mit der Gleichstellung von Minderheiten, die nun zu viel Aufmerksamkeit bekämen, sodass sich die »Mehrheit« (wer immer das dann ist) übersehen und wiederum in ihren Belangen nicht beachtet fühle. Übersetzt heißt das allerdings nichts anderes, dass wenn man die alten Hierarchien schön so belassen hätte, wie sie jahrhundertelang waren, müsste sich jetzt auch niemand in seinen Privilegien bedroht sehen. Die empirische Prüfung in Kapitel 9 (→ s. S. 243 ff.) verweist zum einen auf die Bedeutung der kollektiven Relativen Deprivation – d. h. dem Gefühl, kollektiv ökonomisch gegenüber »Fremden« benachteiligt zu sein. Zum anderen ist insbesondere das Gefühl der Orientierungslosigkeit (im Sinne von Anomia) erklärungskräftig, das sich etwa in der nostalgischen, zugleich autoritaristischen Aussage spiegelt: »Früher waren die Leute besser dran, weil man wusste, was man zu tun hatte«.

Der dritte Ansatz wirft einen kritischen Blick auf die Demokratie, ihre Prozesse und Institutionen, national wie auf europäischer Ebene. Hier wird angenommen, dass Verkrustungen, undemokratische Strukturen usw. Protest hervorriefen. Entsprechend bräuchte es demokratische Reformen, eine stärkere Einbindung von Bürger_innen, ggf. auch neue Formen der demokratischen Aushandlung, um dem Populismus entgegenzuwirken. Dieser Erklärungsansatz wird von einigen Autor_innen auch mit dem ersten zusammen verhandelt, indem angenommen wird, die uneingelösten Versprechungen der Demokratie nicht nur auf Beteiligung, sondern auch auf halbwegs gleich verteilten Wohlstand, wären die Auslöser für den Populismus, verhindert durch den Kapitalismus, sodass man immer auch über den Kapitalismus sprechen müsse, wenn man die aktuellen Entwicklungen verstehen will (u. a. Manow 2018). Empirisch erweist sich das Gefühl der politischen Machtlosigkeit als vergleichsweise erklärungskräftiger Faktor für rechtspopulistische Einstellungen. Hingegen ist die subjektive Einschätzung der eigenen wirtschaftlichen Lage unbedeutend für die Zustimmung zum Rechtspopulismus.

Die drei zentralen Erklärungsansätze lassen u. E. ein gewisses Muster erkennen: Der historische wie aktuelle Blick auf den Populismus lässt ihn als ein Phänomen erscheinen, dass immer dann auftritt, wenn Entwicklungen, seien sie sozioökonomisch und/oder soziokulturell bis dato halbwegs etablierte Teile der Bevölkerung in ihrer Abgesichertheit, aber auch – das bleibt bei den oben skizzierten Ansätzen zumeist außen vor – in ihrer Vormachtstellung und ihren Privilegien, die sie vor anderen genießen, bedrohen. Dies erklärt, warum keineswegs nur abhängte, prekäre Bevölkerungsgruppen zum Populismus neigen, sondern auch durchaus jene, denen es an sich recht gut geht. Dies erklärt auch, warum eben nicht nur sozioökonomische Bedrohungen – ob faktisch oder gefühlt –, sondern auch kulturelle Bedrohungen – d. h. eben auch Veränderungen, die als bedrohlich erlebt werden – Populismus befördern und insbesondere Rechtspopulismus, bei dem es eben nicht um eine konstruktive Verbesserung von Demokratie geht, sondern um Vormachtstellung, denn hier ist der Verweis der jeweils »anderen« auf ihre Plätze zentral.

Hier ist ein Blick auf psychologische Grundmotive und Gruppenstatustheorien interessant, nicht um zu psychologisieren, sondern um zu verstehen, worum es ggf. auch geht, nämlich um Macht, im Großen wie im Kleinen (und nicht nur um Angst, wie vielfach vermutet; Küpper 2017a): Ein starkes menschliches Grundmotiv sind neben der Bindung die Kontrolle und Selbstaufwertung (u. a. Fiske 2010). Entsprechendes Gewicht erhält der soziale Status der eigenen Gruppe, definiert u. a. über Kriterien von Ethnie und Gender, von denen der jeweilige Gruppenstatus und damit auch der eigene Status abhängen (dazu u. a. bereits Blumer 1958). In Abhängigkeit des jeweiligen Gruppenstatus haben Personen mit größerer oder geringerer Wahrscheinlichkeit Zugang zu Ressourcen (Land, Geld, Karriereposten), Gesundheit, Bildung und politischem Einfluss usw. Männer wie Frauen, Personen unterschiedlichen Einkommens und Berufsstatus suchen in diesem Sinne nach ihren Vorteilen und nutzen die Strategien, die ihnen dazu dienlich erscheinen und zugänglich sind. Wenn beispielsweise Frauen (wie Männer) den Eindruck haben, von den bisherigen Hierarchien via Gruppenmitgliedschaft zu profitieren – und sei es via ihre Männer (Ehemänner, Söhne) –, treten sie für eine Zementierung oder sogar den Ausbau der bestehenden Verhältnisse ein und treten andere Gruppen (auch Frauen aus diesen Gruppen) weg (Küpper 2018). Im Rechtspopulismus drückt sich diese Verteidigung überkommener Privilegien durch die Abwertung der jeweils anderen aus, durch das Einklagen von Privilegien, um die das »Volk« de facto oder vermeintlich betrogen wird, und in der Elitenkritik. Dieser Erklärungsansatz bietet sich ähnlich auch für die oben berichteten Unterschiede bzw. Ähnlichkeiten zwischen anderen sozialen Gruppen an. Und er macht beispielsweise auch erklärbar, warum das Thema Gender im Rechtspopulismus so zentral ist und so viel Wut auf sich zieht (dazu u. a. Villa & Hark 2017). Denn hier wird die Frage von Macht ganz privat.

Nicht zuletzt unterliegt der Rechtspopulismus u. E. auch einer gewissen Eigendynamik, er wird zum Selbstläufer, wenn die Radikalisierung erst einmal begonnen hat. Aus der Forschung über Meinungsbildungsprozesse ist bekannt, dass Meinungen eher selten aufgrund rationaler Abwägungen herausgebildet werden (zur Übersicht u. a. Fiske & Taylor 2013). Eine viel größere Rolle spielen Heuristiken. Dazu gehören etwa Wiederholungen, begleitende Gefühle oder dass eine Meinung von eine_r Expert_in vorgebracht wird (egal, ob die Person wirklich Expertise hat). Hier kommen dann auch die Medien ins Spiel (zur Übersicht Hasebrink 2016). Wenn etwa rechtspopulistischen Ansichten in einer an sich klugen Interviewrunde eines seriösen Senders Raum gegeben wird, die Zuhörenden dann zu Recht meinen, davon ausgehen zu können, dass die Interviewpartner_innen über eine gewisse fundierte Expertise (eben nicht nur Aus-dem-Bauch-raus-Meinungen) verfügen, ist es kein Wunder, wenn auch die Mitte rechtspopulistische Einstellungen langsam übernimmt (Küpper 2017b). Irgendwann schlägt sich dies dann auch in Wahlen nieder. Es beschleicht einen bisweilen der Eindruck, die Geister, die man zum Teil auch mutwillig gerufen hat – das gilt u. E. sicher für die Medien mit ihrer eigenen Logik, die in Teilen mit dem Populismus deckungsgleich ist und ihm damit Vorschub leistet (dazu Diehl 2017) – wird man nun nicht mehr los. In einigen europäischen Nachbarländern wie Ungarn und mittlerweile sogar Österreich stehen die etablierten Medien dann selbst unter zunehmendem Druck durch die Rechtspopulist_innen.

6.8 Abschluss

Die Mitte erweist sich als überraschend widerstandsfähig gegen ausgeprägten Rechtspopulismus. Zugleich neigt ein nicht unerheblicher Teil auch der Mitte zu Einstellungen, die vielleicht nicht immer so deutlich und ausgeprägt, doch in der Tendenz in Richtung Rechtspopulismus gehen. Das Gefährliche daran ist erstens die Gewöhnung daran, und zweitens die dann offene Flanke zum Rechtsextremismus in altem wie neuem Gewand.

Die Stimmung ist dann aufgeladen mit Wut und Nähe zur Gewalt, wie dies auch auf etlichen Demonstrationen der vergangenen Jahre deutlich wurde. Die Interpretation, die Leute wollten »nur ihren Protest zeigen«, wenn sie dann Parteien der radikalen Rechten ihre Stimme geben, ist seltsam neutralisierend. Denn wenn man die Forderung erhebt, den Populismus ernst zu nehmen, muss man ihn auch in seiner Fremdenfeindlichkeit und den damit verbundenen Menschenfeindlichkeiten ernst nehmen sowie in seinen deutlichen Bezügen auch zum alten und neuen Rechtsextremismus, die sich auch in den eng verknüpften Einstellungen abzeichnen.

Immer wieder fällt in diesem Zusammenhang der Terminus der »Repräsentationslücke«, die nun rechtspopulistische bis rechtsextreme Parteien füllten. Einige Demokratietheoretiker_innen halten den Rechtspopulismus daher sogar für ein gutes Zeichen für die Demokratie, fänden damit doch Befragte mit ihren politischen Ansichten eine Heimat. Die Konzeption einer »Repräsentationslücke« übersieht allerdings die Dynamik der Meinungsbildung, wie sie vielfach untersucht ist. Auch wenn politische Ansichten – einmal gefasst – recht zäh sind, zumindest im Erwachsenenalter, ist die Entwicklung einer Meinung ein Prozess. Das Thema »Flüchtlinge« ist hier ein gutes Beispiel.

Bemerkenswert ist die Mischung, die sich bei Befragten mit rechtspopulistischer Einstellung abzeichnet (➟ s. Kap. 9, S. 243 ff.; ➟ s. Tab. 9.3, S. 278 f.), und die sich zum Teil bereits historisch in populistischen Strömungen abgezeichnet hat (u. a. Jörke & Selk 2017): So wird auf der einen Seite eine kollektive ökonomische Benachteiligung (in diesem Fall gegenüber »Fremden«) beklagt, gleichzeitig aber überproportional häufig eine individualistische, neoliberale Werthaltung vertreten, die eben gerade Konkurrenz ohne Rücksichtnahme betont. Zudem entsteht der Eindruck einer gewissen Rosinenpickerei aus der Modernisierung. Denn während einerseits Orientierung durch klare Regeln vermisst wird, wird andererseits durch das lautstarke Einklagen von Meinungsfreiheit mit der Unterstellung eines Meinungsdiktats, welches einem vermeintlich die Stimme verbiete, explizit das Freischütteln von Normen, in diesem Fall der Norm, sich nicht fremdenfeindlich zu äußern, gefordert. Die Vorzüge der Moderne werden also durchaus gern in Anspruch genommen, derart, dass die Demokratie nun jedem eine Stimme gegeben hat, mit der man nun aber auch tun könne, was man wolle, ohne Rücksichtnahme. Hindurch schimmert das Muster der eigenen Vorteilnahme: Überkommene Hierarchien entlang der bekannten Linien mit den alten Privilegien sollen Bestand haben, darin will man dann aber seine eigenen und selbst definierten Freiheiten genießen: Man will eine Stimme und mitbestimmen, ohne sich aber an die demokratischen Spielregeln halten zu wollen, die eben auch anderen Würde und Gleichheit zubilligen und was ohne Zivilität nicht funktioniert.

7 Mitreißende Wahrheiten: Verschwörungsmythen als Gefahr für den gesellschaftlichen Zusammenhalt

Jonas H. Rees · Pia Lamberty

7.1 Einleitung

Als frühmorgens im Oktober 2016 ein Spezialeinsatzkommando anrückt, um die im Haus von Wolfgang P. gelagerten Waffen zu beschlagnahmen, eröffnet dieser das Feuer. Elfmal schießt P. durch eine verschlossene Tür und verletzt vier Beamte, einen 32-Jährigen so schwer, dass dieser später an seinen Verletzungen stirbt. P. gehört der »Reichsbürger«-Szene an, einem Sammelbecken für Rechtsextremist_innen, Personen mit antisemitischer Einstellung und Geschichtsrevisionist_innen, die gemeinsam haben, dass sie die Bundesrepublik Deutschland, deren demokratische Verfassung und Institutionen ablehnen. Die Staatsanwaltschaft wird P. später vorwerfen, er habe möglichst viele Polizist_innen verletzen oder töten wollen. Im Oktober 2017 wird er wegen Mordes, zweifachen versuchten Mordes und gefährlicher Körperverletzung zu lebenslanger Haft verurteilt. P. hatte zwar keine leichte Kindheit und Jugend, war nach dem Suizid seiner Mutter bei den Großeltern aufgewachsen. Lange führte er jedoch ein recht konventionelles Leben mit Frau, Kind und gutem Einkommen als Vermögensberater. Ein Sachverständiger berichtet während der Gerichtsverhandlung, dass ein schwerer Unfall sein Leben 2001 aus der Bahn geworfen habe. P. beginnt anschließend, sich mit Dingen zu beschäftigen, die ihm »ungewöhnlich« erscheinen, verbringt viel Zeit auf Verschwörungswebseiten im Internet, wo er über Chemtrails und andere geheime Komplotte liest. Er legt Vorräte im Keller an und stellt sich auf einen Dritten Weltkrieg ein. Er sorgt sich vor Bedrohungen und Verschwörungen, gegen die er sich notfalls auch mit Gewalt verteidigen will, setzt sich intensiver mit Kampfsport auseinander und sammelt Waffen. Im Oktober 2016 ist er auf das Schlimmste vorbereitet und traut niemandem mehr (Spiegel Online 2017; Süddeutsche Zeitung 2016; Welt 2017). Dass er ohne zu zögern auf die Beamten schießt, erscheint in seinem Verschwörungsdenken logisch, repräsentieren sie doch aus seiner Sicht einen illegitimen Staat und sind damit Teil einer groß angelegten Verschwörung.

Verschwörungstheoretiker_innen wurden und werden häufig belächelt und als Spinner_innen abgetan. Fälle wie der von Wolfgang P. und anderen »Reichsbürgern« zeigen zuletzt aber immer wieder, dass entsprechende Gruppierungen nicht unterschätzt werden dürfen und zur Gefahr werden können. Auf dramatische Weise verdeutlichen sie Verbindungen zwischen dem Glauben an Verschwörungstheorien, Gewaltbereitschaft und Rechtsextremismus (s. a. Melzer 2018). So scheint es in deren Weltbild nur folgerichtig, dass überzeugte Anhänger_innen der Idee, eine illegitime und übermächtige Regierung würde versuchen, die Bevölkerung zu kontrollieren (etwa durch sogenannte Chemtrails oder Fluorid in der Zahnpasta), notfalls auch bereit sind, sich mit Gewalt gegen diese abstrakte Übermacht zur Wehr zu setzen. Gleichzeitig stellt sich natürlich in der internen Logik entsprechender Überzeugungen stets die Frage, *wer* einflussreich und mächtig genug wäre, eine ausgeklügelte Verschwörung zu koordinieren. Als Antwort auf diese Frage rücken für die Anhänger_innen bestimmte mehr oder weniger abstrakte gesellschaftliche Gruppen wie »politische Eliten«, oder die »Asyl-« oder »Ökolobby« in den Fokus und, insbesondere historisch gesehen, immer wieder »die Juden« (➡ s. Kap. 3.7, Exkurs »Antisemitismus«, S. 102 ff.). Werfen wir also zunächst einen kurzen Blick auf die lange Historie von Verschwörungsdenken in menschlichen Gesellschaften und psychologische Ansätze, die das Phänomen erklären, bevor wir näher auf die ideologische Funktion von Verschwörungsmythen und deren Verbreitung in der Gesellschaft eingehen.

7.2 Geschichte und Funktion von Verschwörungstheorien

Verschwörungstheorien ziehen Menschen seit jeher in ihren Bann und sind dabei oft verwoben mit menschenfeindlichen Einstellungen und gewalttätigen Übergriffen. Insbesondere antisemitische Denkmuster sind mindestens seit dem Mittelalter eindeutig mit Verschwörungsdenken assoziiert. So nahmen weite Teile der Bevölkerung im mittelalterlichen Europa unhinterfragt und ohne Beleg an, dass Jüd_innen Brunnen vergifteten, für den Tod Jesu verantwortlich wären oder rituell das Blut von Christ_innen verzehrten, was in zahlreichen tödlichen Pogromen endete. In der zweiten Hälfte des 19. Jahrhunderts wurden dann zunehmend Ansichten beliebt, wonach Jüd_innen und/oder Freimaurer planten, die Kontrolle über die Welt zu erlangen. In dieser oder modernisierter Form finden sich Verschwörungsmythen auch im aktuellen Antisemitismus (Rensmann 2018). Tatsächlich existieren Verschwörungstheorien schon so lang, dass manche Forscher_innen mittlerweile von einer evolutionären Veranlagung ausgehen, daran zu glauben.

Verschwörungstheorien sind dabei nicht mehr nur in ausgewählten, skurrilen Kreisen verbreitet, sondern finden in der breiten Bevölkerung Zuspruch: Etwa jede_r zweite US-Amerikaner_in stimmt mindestens einer Verschwörungstheorie zu, fast die Hälfte der deutschen Befragten glaubt, die Hochfinanz würde die Bevölkerung nach Belieben ins Chaos steuern (Decker, Schuler & Brähler, 2018; Jackob, Quiring & Schmer 2017). Natürlich gibt es auch weniger verbreitete Verschwörungstheorien: Nur 7 Prozent der Deutschen sind beispielsweise davon überzeugt, dass Ebola kein natürlicher Virus sei, sondern ein Biowaffenprojekt der USA. Der Glaube an Verschwörungstheorien beschränkt sich auch nicht auf den westlichen Kulturkreis: In Mexiko gingen 30 Prozent der Bevölkerung in einer Umfrage davon aus, dass die USA selbst hinter den Anschlägen auf das World Trade Center am 11. September 2001 stecken würden und in Ägypten vermuteten 11 Prozent der Befragten Israel als Drahtzieher.

Aber was genau ist eigentlich unter einer Verschwörungstheorie zu verstehen? So trivial die Beantwortung dieser Frage auf den ersten Blick scheinen mag, so schwierig ist es doch am Ende, eine erschöpfende und wissenschaftlich tragfähige Definition zu formulieren. Vorab ist es wichtig zu betonen, dass der Wahrheitswert einer Verschwörungstheorie nicht Teil ihrer Definition als solche ist. Aufgrund unseres begrenzten Wissens über die Welt ist es auch gar nicht möglich, einen solchen Wahrheitswert einzuschätzen. Dennoch lassen sich natürlich Plausibilitätsannahmen treffen. Die Überwachung durch Geheimdienste etwa ist plausibler als die Idee, dass die Erde eigentlich flach oder hohl ist. Und im Lichte der Enthüllungen von Whistleblower Edward Snowden bewahrheiteten sich Behauptungen, die vorher oft als Verschwörungstheorien abgetan wurden. Einer gängigen Definition nach handelt es sich bei einer Verschwörungstheorie um die Überzeugung, dass es einen geheimen Plan vonseiten einer bösartigen Gruppe gibt oder gab, wichtige Ereignisse mit teilweise geheimen Mitteln zu beeinflussen (Douglas, Sutton & Cichocka 2017; Goertzel 1994; Pigden im Druck).[1]

7.3 Die Psychologie hinter dem Glauben an Verschwörungstheorien

In den akademischen Diskurs zog der Begriff der Verschwörungstheorie erst Mitte des 20. Jahrhunderts ein: Karl Popper diskutierte sie aus philosophischer Sicht in seinem 1945 erschienenen Werk *Die offene Gesellschaft und ihre Feinde* und sprach von einer »Verschwörungstheorie der Gesellschaft«. Popper bezeichnete damit Ideen, bei denen soziale Phänomene und historische Ereignisse durch den Nachweis erklärt würden, »daß gewisse Menschen oder Gruppen an dem Eintreten dieses [Ereignisses] interessiert waren und daß sie konspiriert haben, um es herbeizuführen« (S. 344).

Die Erforschung der psychologischen Hintergründe von Verschwörungstheorien ist dagegen eine vergleichsweise junge Disziplin. Im Jahr 1994 leistete der Soziologe Ted Goertzel Pionierarbeit und legte die erste empirische Arbeit zu dem Thema vor. Er war der Erste, der davon ausging, dass es sich beim Glauben an Verschwörungstheorien um eine generalisierte Einstellung handelt, die sogenannte *Verschwörungsmentalität* (Imhoff & Bruder 2014). Wer beispielsweise daran glaubt, dass es sich bei den Anschlägen vom 11. September 2001 um einen »Inside Job« der amerikanischen Regierung handele, glaubt auch eher, dass die Regierung verschleiere, dass Impfungen zu Autismus führen und dass sie giftige Chemikalien versprühe (sogenannte »Chemtrails«), um die Bevölkerung zu dezimieren. Jahre nach Goertzels Arbeit konnte ein britisches Forschungsteam zeigen, dass diese generalisierte Tendenz, an geheime Verschwörungen zu glauben, sogar für Erklärungen gilt, die sich gegenseitig logisch ausschließen: Menschen, die eher meinten, dass Prinzessin Diana vom britischen

1 In der Diskussion um Verschwörungstheorien werden diese auch mitunter als »alternative Erklärungen« – in Abgrenzung zu »offiziellen« oder »etablierten« Erklärungen – für gesellschaftliche Ereignisse definiert. Eine solche Definition ist allerdings vor allem deswegen problematisch, weil Verschwörungstheorien in verschiedenen Epochen und Gesellschaften die Mehrheitsmeinung darstellten und demnach keine »alternativen«, sondern selbst etablierte oder akzeptierte Erklärungen waren. Im nationalsozialistischen Deutschland etwa waren antisemitische Verschwörungstheorien um das Weltjudentum Staatsräson und in der Charta der terroristischen Hamas werden die Protokolle der Weisen von Zion als Faktum betrachtet.

Geheimdienst ermordet worden sei, gingen auch eher davon aus, dass sie noch leben würde (Wood, Douglas & Sutton 2012). Der Glaube an Verschwörungstheorien unterscheidet sich dabei von paranoiden Gedanken: Während paranoide Menschen glauben, dass sie persönlich Opfer von Verschwörungen um sie herum sind, zeichnet sich die Verschwörungsmentalität durch ein generalisiertes Misstrauen gegenüber als mächtig wahrgenommenen Gruppen aus. Paranoide Menschen beziehen ihre Wahnvorstellungen auf sich selbst, Verschwörungstheoretiker_innen glauben, dass mächtige Gruppen im Geheimen der Gesellschaft insgesamt schaden wollen (Imhoff & Lamberty 2018).

Anfangs ging man in der psychologischen Forschung zum Thema vorrangig von der *Defizithypothese* aus: Verschwörungstheorien seien vereinfachte Theorien über die Gesellschaft, daher müssten Menschen, die an solche Theorien glauben, kognitive Defizite aufweisen. Empirisch ließ sich diese Hypothese aber nur schwach oder gar nicht belegen. Mit einer Neigung zur Verwendung von Heuristiken, also vereinfachenden »Daumenregeln«, konnte der Glaube an Verschwörungstheorien beispielsweise nicht assoziiert werden (Brotherton, French & Pickering 2013). Es zeigen sich auch nur geringe negative Zusammenhänge von Verschwörungsmentalität mit selbst eingeschätzter und kristalliner Intelligenz (Swami, Papanicolaou & Furnham 2011). Auch mit Bildung hängt der Glaube an Verschwörungstheorien schwach zusammen. Dieser Zusammenhang lässt sich aber weniger durch mangelnde Intelligenz als dadurch erklären, dass Menschen mit niedrigerem Bildungsstand weniger Kontrolle über ihre Umwelt erleben. Dieses Erleben von Kontrollverlust wiederum wird mit Verschwörungsglauben in Zusammenhang gebracht (van Prooijen 2017).

Auf diesen letzten Befund aufbauend hat sich eine andere Hypothese durchgesetzt: Die *Kompensationshypothese* nimmt an, dass Menschen insbesondere dann an Verschwörungstheorien glauben, wenn sie das Gefühl haben, keine Kontrolle mehr zu besitzen (van Prooijen & Acker 2015; Whitson & Galinsky 2008). Kontrollverlust kann sich dabei unterschiedlich äußern und unterschiedliche Gründe haben – vom plötzlichen Verlassenwerden nach einer langjährigen Beziehung über kurzfristig unsichere Zeiten im Beruf bis hin zu gesamtgesellschaftlichen Umbrüchen. In verschiedenen Studien waren Teilnehmende eher bereit, einer Verschwörungstheorie zu glauben, wenn sie zuvor an ein Ereignis denken sollten, über das sie keine Kontrolle hatten. Im Zusammenhang mit Verschwörungsmentalität hat sich gezeigt, dass insbesondere das Erleben von politischem Kontrollverlust relevant für deren Ausprägung zu sein scheint (Imhoff & Lamberty 2018). Der Mechanismus hinter diesem Zusammenhang mag nicht unmittelbar auf der Hand liegen, ist aber durchaus einleuchtend: Kontrolle oder zumindest das subjektive Gefühl, Kontrolle über die eigene Umwelt zu haben, ist ein wichtiger Faktor für das eigene Wohlbefinden. Wer das Gefühl hat, die eigene Umwelt nicht mehr beeinflussen zu können, versucht, auf psychologischer Ebene für diesen Verlust zu kompensieren. Eine Form dieser Kompensation wird dadurch erreicht, dass Menschen Muster sehen, wo keine sind. Dies wird in der psychologischen Forschung als *illusorische Mustererkennung* bezeichnet. Verschwörungstheorien stellen dabei eine Form von illusorischen Mustern dar (van Prooijen, Douglas & De Inocencio 2018).

Darüber hinaus können Verschwörungstheorien auch Mittel zu einem bestimmten Zweck sein: Dadurch, dass man an etwas glaubt, das gängigen Erklärungsmustern widerspricht, kann man etwa sein Bedürfnis danach befriedigen, einzigartig zu sein und sich von der Masse abzuheben (Lamberty & Imhoff 2017). Immerhin verfügen Menschen, die eine Verschwörung »durchschauen«, über ziemlich »exklusives« Wissen, das den meisten »Unwissenden« verborgen bleibt.

7.4 Korrelate von Verschwörungsmentalität im alltäglichen Leben

In der Forschung zu Verschwörungsmentalität hat sich schließlich auch immer wieder gezeigt, dass sich deren Auswirkungen nicht nur auf unmittelbar politische Zusammenhänge beschränken, sondern ganz unterschiedliche Bereiche des alltäglichen Lebens betreffen. Studien konnten zeigen, dass Menschen mit ausgeprägter Verschwörungsmentalität konventionellen medizinischen Ansätzen misstrauischer gegenüberstehen und positivere Einstellungen gegenüber sogenannten alternativen Heilmethoden teilen (Lamberty & Imhoff 2018). Wer also glaubt, dass die Mächtigen machen, was sie wollen, nutzt beispielsweise Homöopathie oder Nahrungsergänzungsmittel tendenziell öfter und verweigert eher Impfungen. Solche Haltungen können gefährliche Konsequenzen haben. Die Weltgesundheitsorganisation (WHO) erklärte 2019 Impfgegner_innen zur globalen Bedrohung. Weltweit stieg die Anzahl an Masernerkrankungen zuletzt um 30 Prozent an, in Deutschland verdreifachte sich 2017 die Zahl der Infektionen im Vergleich zum Vorjahr. Dieser Anstieg wird von der WHO mit einer Abnahme der Impfbereitschaft in Verbindung gebracht, die unter anderem auch durch Verschwörungsmythen erklärt werden kann, die sich um Impfungen ranken. Die Idee, dass Impfen Autismus verursachen könnte, geht auf einen Forschungsartikel des britischen Arztes Andrew Wakefield von 1998 zurück und obwohl seine Ergebnisse inzwischen mehrfach widerlegt wurden, halten sich entsprechende Verschwörungstheorien. Der Zusammenhang von Impfskepsis und Verschwörungsdenken ist aber nicht neu. Schon 1881 erschien die einflussreiche Kampfschrift »Die Judenfrage als Racen-, Sitten- und Culturfrage. Mit einer weltgeschichtlichen Antwort.« von Eugen Dühring, einem der wichtigsten Vordenker der späteren Rassenideologie des Nationalsozialismus, in der er behauptete, das Impfen sei ein Aberglaube, von jüdischen Ärzten aus Gründen der persönlichen Bereicherung erfunden:

> »Die Benutzung der Judenpresse, gleichsam als einer Impfmaschinerie, um in der Gesellschaft und im Volke das herrschend zu machen, was überall als iiffentliche Meinung zum Vorschein kommen soil, — diese Benutzung der Judenpresse ist, Angesichts der eng zusammenhangenden Kette des Pressjudenthums, freilich recht bequem.«

Dieses Beispiel illustriert den Zusammenhang von Impfskepsis, Pressefeindlichkeit, Verschwörungsmythen und Antisemitismus. Und es stellt keinen Einzelfall dar. Zur Zeit des Nationalsozialismus zog sich dieses Weltbild weiter durch und so wurde beispielsweise die Medizin – insbesondere in Gegenüberstellung zur Naturheilkunde – als »jüdisch-marxistisch durchsetzte Schulmedizin« diffamiert.

7.5 Verschwörungsmentalität als generalisierte politische Einstellung

Wie bisher klar geworden sein sollte, findet sich im Kontext von Verschwörungstheorien ein Motiv immer wieder: Jüd_innen als Strippenzieher_innen, die im Verborgenen Böses tun, um der Menschheit zu schaden. Die sogenannten »Protokolle der Weisen von Zion«, nach denen Jüd_innen insgeheim eine Weltverschwörung planen würden, sind bis heute zentrales Element antisemitischen Denkens und werden von terroristischen Gruppierungen wie der Hamas verwendet, um ihre Ideologie zu verbreiten – obwohl weithin bekannt sein sollte, dass es sich hier um eine plumpe Fälschung handelt. Wer sich mit Verschwörungstheorien um die Anschläge auf das World Trade Center am 11. September 2001 befasst, wird auch unweigerlich mit der Behauptung konfrontiert, dass Jüd_innen an diesem Tag nicht zur Arbeit erschienen seien. Mit dem Judentum assoziierte Gruppen wie die Rothschilds, Rockefellers oder Illuminaten liefern Stoff für unzählige Verschwörungstheorien. Diese Häufung von antisemitischen Denkmustern im Verschwörungsglauben ist dabei kein Zufall. Um diesen Zusammenhang besser verstehen zu können, lohnt ein genauerer Blick auf Ideologien oder generalisierte politische Einstellungen.

In der psychologischen Forschung werden mindestens drei Weltsichten bzw. sogenannte *generalisierte politische Einstellungen* unterschieden: Soziale Dominanzorientierung, rechtsgerichteter Autoritarismus und Verschwörungsmentalität. Allen drei ist gemein, dass sie auf eine *Ideologie der Ungleichwertigkeit* zurückgehen. Dennoch unterscheiden sie sich in Bezug auf die dahinter liegenden Weltbilder und die Zielgruppe der mit ihnen assoziierten Vorurteile (z. B. Duckitt & Sibley 2010).

Generalisierte politische Einstellungen, zugehörige Weltbilder und Zielgruppen damit verbundener Vorurteile **Tabelle 7.1**

Einstellung	Weltbild	Zielgruppe → Vorurteil
Soziale Dominanzorientierung	Präferenz für Hierarchien und Dominieren von statusniedrigeren Gruppen	Gruppen mit niedrigem Status (z. B. Obdachlose → Abwertung wohnungsloser Menschen)
Rechtsgerichteter Autoritarismus	Unterordnung unter Autoritäten und Einhalten von Traditionen	Gruppen, die den Status quo bedrohen (z. B. Feministinnen → Sexismus)
Verschwörungsmentalität	Verteidigen der Eigengruppe vor mächtigen Gruppen	Gruppen, die als mächtig wahrgenommen werden (z. B. Juden → Antisemitismus)

Die Soziale Dominanzorientierung spiegelt das Ausmaß wider, in dem eine Person hierarchische Beziehungen zwischen gesellschaftlichen Gruppen bevorzugt (Pratto 1999, Sidanius & Pratto 2004). Dominant orientierte Menschen möchten Unterschiede im sozialen Status zwischen Gruppen aufrechterhalten und folgen einer Weltsicht, die als »Der Stärkere gewinnt« zusammengefasst werden kann. Die Vorurteile, die mit dieser Weltsicht einhergehen, richten sich demnach gegen Gruppen, die im sozialen Gefüge weiter unten stehen: Obdachlose, Menschen mit Behinderung, arme oder alte Menschen. Rechtsgerichteter Autoritarismus dagegen ist mit einem hohen Maß an Bereitschaft assoziiert, sich Autoritäten zu unterwerfen (Autoritäre Unterwerfung). Er geht außerdem mit aggressiven Haltungen denjenigen Menschen oder Gruppen von Menschen gegenüber einher, die nicht zwangsläufig klassischen Konventionen und Normen entsprechen (Autoritäre Aggression). Autoritäre Menschen legen Wert auf Einheitlichkeit und neigen dazu, die Welt rigide in Schwarz und Weiß zu betrachten. Wenn andere von solchen Normen abweichen, stehen sie diesen oft feindselig gegenüber. Dementsprechend hängt Autoritarismus mit Vorurteilen gegenüber »Abweichlern« und allen zusammen, die als »nicht zugehörig« markiert werden wie Feminist_innen, oder Menschen aus der LGBTIQ-Community. Verschwörungsmentalität folgt einem dritten ideologischen Grundmuster: »die Mächtigen« oder »die da oben« machen sowieso, was sie wollen und man sollte ihnen grundsätzlich misstrauen. Die eigene Gruppe muss daher vor bösen Machenschaften von elitären Zirkeln, Geheimdiensten oder dem Staat an sich verteidigt werden. Dementsprechend richten sich Vorurteile in diesem Weltbild insbesondere gegen Gruppen, die mit Macht assoziiert werden. Dazu gehören Jüd_innen, aber auch Amerikaner_innen, Freimaurer, Manager_innen oder Ärzt_innen. Aus diesem Grund ist die Überlappung von Antisemitismus und Verschwörungsdenken auch psychologisch erklärbar. Studien zeigen, dass Verschwörungsmentalität sowohl mit Antisemitismus als auch mit Antiamerikanismus und verkürzter Kapitalismuskritik zusammenhängt (Imhoff & Bruder 2014). Wir kommen weiter unten auf die Zusammenhänge von Verschwörungsmentalität und Gruppenbezogener Menschenfeindlichkeit (GMF) zurück. Zunächst betrachten wir jedoch die Verbreitung solcher Überzeugungen in der Gesellschaft und spezifischen gesellschaftlichen Gruppen.

7.6 Verbreitung von Verschwörungsmythen in der Gesellschaft

Bei der Erfassung einer generalisierten Verschwörungsmentalität greifen wir einerseits auf etablierte Skalen aus der Forschung zum Thema zurück (insbes. Conspiracy Mentality Questionnaire, Bruder, Haffke, Neave, Nouripanah & Imhoff 2013; Imhoff & Bruder 2014). Wir wollen allerdings auch weitere Facetten abbilden mit Aussagen, die bereits in anderen bevölkerungsrepräsentativen Umfragen verwendet wurden (s. z. B. Schultz, Jackob, Ziegele, Quiring & Schemer 2017) sowie selbst neu konstruierte. Im Einzelnen erfragen wir:

- Verschwörungsmentalität, also die generalisierte Überzeugung, dass geheime Organisationen Einfluss auf politische Entscheidungen nehmen bzw. dass Politiker_innen, und Führungspersönlichkeiten ganz generell bloß Marionetten nicht näher definierter »dahinterstehender Mächte« seien.
- Medienverschwörung bzw. das Infragestellen der Unabhängigkeit der Medien, konkret die Behauptung, Medien und Politik steckten unter einer Decke.
- Wissenschaftsfeindlichkeit, also größeres Vertrauen auf die eigenen Gefühle als auf »sogenannte Experten«.
- Klimawandelleugnung bzw. das Infragestellen wissenschaftlicher Studien, die den Klimawandel belegen.

Dass einzelne Facetten sich teilweise überlappen, ist dabei einerseits offensichtlich (z. B. Wissenschaftsfeindlichkeit und Klimawandelleugnung) und liegt andererseits in der Natur von Verschwörungstheorien. Diese Überlappungen zeigen sich schließlich auch empirisch: Die Zustimmung oder Ablehnung von Befragten ist über alle Aussagen hinweg so stark korreliert, dass es sinnvoll erscheint, einen gemeinsamen zugrunde liegenden Kern »Verschwörungsmentalität« anzunehmen.[2]

Nachfolgend sind die Ergebnisse der Mitte-Studie 2018/19 zur Verbreitung von Verschwörungsmentalität in der deutschen Bevölkerung dargestellt. Die dazu verwendeten Aussagen und die entsprechende Zustimmung oder Ablehnung der Befragten finden sich in Tabelle 7.2 (→ s. S. 214 f.).

Verschwörungsmentalität ist in Deutschland aktuell weit verbreitet. Fast die Hälfte (45,7 %) glaubt an geheime Organisationen, die großen Einfluss auf

2 Die Korrelationen variieren zwar von $r = ,19$ zwischen der ersten und vierten Aussage und $r = ,67$ zwischen den ersten beiden. Es sind allerdings alle Korrelationen signifikant mit $p < ,001$ und 9 von 10 relevanten Korrelationen sind substanziell mit $r \geq ,25$.

politische Entscheidungen haben. Ein Drittel (32,7 %) stimmt der Aussage zu, Politiker_innen und andere Führungspersönlichkeiten seien nur Marionetten dahinterstehender Mächte und etwa jede_r Vierte (24,2 %) findet, Medien und Politik steckten unter einer Decke. Sogar knapp über die Hälfte (50,4 %) der Befragten teilt eine wissenschaftsfeindliche Haltung und gibt an, dass sie ihren Gefühlen mehr vertrauten als sogenannten Expert_innen. Auch den Klimawandel zweifelt immerhin noch mehr als jede_r Zehnte an (11,6 %). Es ist bei dieser kurzen Zusammenfassung anzumerken, dass wir lediglich die Antwortkategorien von »stimme eher zu« und »stimme voll und ganz zu« auswerten. Unter Hinzunahme der Mittelkategorie, die immerhin nicht ausdrücklich ablehnt, würden die Zustimmungswerte teilweise noch deutlich höher ausfallen.

In verschiedenen gesellschaftlichen Gruppen ist Verschwörungsmentalität unterschiedlich stark verbreitet. Nachfolgend ist sie daher nach demografischen Kriterien aufgeschlüsselt.[3] Zunächst fällt auf, dass männliche Befragte (43,9 % Zustimmung) tendenziell eher an Verschwörungstheorien glauben als weibliche (33,9 %).[4] Über Altersgruppen hinweg ist die Zustimmung dagegen konstant[5] und Verschwörungsmentalität ist auch unabhängig davon, ob Befragte überwiegend in Ost- oder Westdeutschland aufgewachsen sind[6] oder einen Migrationshintergrund berichten.[7] Ein stabiler Zusammenhang findet sich hingegen zwischen formalem Bildungsniveau und Verschwörungsmentalität: Befragte mit

3 Wir teilen die Gruppe der Befragten zu diesem Zweck in solche ein, die den entsprechenden Aussagen insgesamt eher zustimmen und einen Durchschnittswert von mehr als 3 erreichen (was wir als »Zustimmung« werten). Demgegenüber stehen Befragte, die einen Durchschnittswert von maximal 3 erreichen (was wir als »Ablehnung« werten). Es ergibt sich eine Aufteilung von 38,5 % Zustimmung und 61,5 % Ablehnung zu Verschwörungstheorien unter den 925 Befragten, von denen entsprechende Daten vorliegen. Wir verwenden außerdem, wo dies möglich ist, in parallelen Berechnungen jeweils die zu einer Skala zusammengefassten Aussagen, was statistische Vorteile bedeutet, und berichten die entsprechenden Mittelwerte.

4 Chi^2 (1, 926) = 9,74, p < ,01 bzw. $M_{männlich}$ = 2,86 (SD = 0,98), $M_{weiblich}$ = 2,72 (SD = 0,91), t = 2,22, p < ,05.

5 Chi^2 (2, 914) < 1, p = ,65 bzw. r = –,02, p = ,49.

6 Chi^2 (1, 882) = 1,70, p = ,19. Auf Mittelwertsebene feiner berechnet als in der groben Zweiteilung deutet sich ein Unterschied in der Form an, dass Befragte, die überwiegend in Ostdeutschland aufgewachsen sind (M = 2,90, SD = 0,87), tendenziell eher eine Verschwörungsmentalität teilen als Befragte, die überwiegend in Westdeutschland aufgewachsen sind (M = 2,76, SD = 0,95), t (881) = 1,78, p = ,08. Dieser Unterschied ist allerdings statistisch nicht signifikant.

7 Chi^2 (1, 925) < 1, p = ,68 bzw. t = 1,02, p = ,31.

Verschwörungsmentalität 2018/19 (Angaben in Prozent) **Tabelle 7.2**

Ich stimme ... →

Verschwörungsmentalität (M = 2,78; SD = 0,95; n = 925; α = ,75)
Es gibt geheime Organisationen, die großen Einfluss auf politische Entscheidungen haben.
Politiker und andere Führungspersönlichkeiten sind nur Marionetten der dahinterstehenden Mächte.
Die Medien und die Politik stecken unter einer Decke.
Ich vertraue meinen Gefühlen mehr als sogenannten Experten.
Studien, die einen Klimawandel belegen, sind meist gefälscht.

Legende **M** = arithmetischer Mittelwert; **SD** = Standardabweichung; **n** = Anzahl der Befragten; α = Cronbachs Alpha.

niedrigem (48,6 % Zustimmung) oder mittlerem Bildungsniveau (42,2 %) scheinen deutlich empfänglicher für Verschwörungstheorien als solche mit hohem (25,3 %).[8]

Verschwörungsmentalität ist unabhängig von den Angaben der Befragten zur Berufstätigkeit.[9] Befragte, die Verschwörungsmentalität zustimmen, beurteilen ihre eigene wirtschaftliche Lage allerdings eher negativer[10] – insbesondere im Vergleich zu den hier lebenden Ausländer_innen.[11] Das gilt auch für die wirtschaftliche Lage in Deutschland insgesamt: Verschwörungstheoretiker_innen scheinen diese eher pessimistisch zu sehen.[12]

8 Chi^2 (2, 894) = 36,01, p < ,001. Auch auf Mittelwertsebene finden sich die entsprechenden Unterschiede, F (2,902) = 28,47, p < ,001, und zwar jeweils zwischen den Kategorien hoch (M = 2,45, SD = 0,88) und mittel (M = 2,99, SD = 0,90), t = 7,31, p < ,001 bzw. niedrig (M = 2,89, SD = 0,97), t = 5,92, p < ,001. Die beiden letzteren Kategorien unterscheiden sich dabei nicht: t = 1,34, p = ,18.

9 Eine Varianzanalyse mit der abhängigen Variable Verschwörungsmentalität und dem Faktor Angabe zur Erwerbstätigkeit war nicht signifikant, F (6,908) = 1,75, p = , 11.

10 Sie geben sich auf die Frage »Wie beurteilen Sie Ihre eigene wirtschaftliche Lage?« mit M = 2,58 (SD = 0,90) durchschnittlich pessimistischer als Befragte, die Verschwörungsmentalität ablehnen (M = 2,24, SD = 0,81), t = 5,62, p < ,001.

11 M = 2,69 (SD = 1,07) vs. M = 2,29 (SD = 0,87), t = 5,70, p < ,001.

12 M = 2,61 (SD = 0,92) vs. M = 2,15 (SD = 0,75), t = 7,86, p < ,001.

Tabelle 7.2

überhaupt nicht zu	eher nicht zu	teils/teils	eher zu	voll und ganz zu
20,7	13,9	19,7	22,1	23,6
24,0	17,0	26,3	16,6	16,1
30,1	20,8	24,9	12,6	11,6
9,5	10,8	29,3	19,5	30,9
56,2	18,9	13,4	7,9	3,7

7.7 Verschwörungsglaube und Abkopplung vom demokratischen Diskurs

Wie weiter oben ausgeführt, liegt es nahe, dass Verschwörungsmentalität und demokratiefeindliche Einstellungen zusammenhängen. Verkürzt: Wenn »politische Eliten« Teil einer Verschwörung sind, dann ist es einerseits folgerichtig, ihnen zu misstrauen (Demokratiemisstrauen) und natürlich ebenso anderen Institutionen oder Gruppen feindselig gegenüber zu stehen, die potenziell Teil entsprechender Verschwörungen sind (wir kommen im folgenden Abschnitt auf menschenfeindliche Einstellungen und Rechtspopulismus zurück). Andererseits mag es legitimer erscheinen, wenn andere Gewalt zur Erreichung ihrer politischen Ziele anwenden, die ja nach Verschwörungslogik nicht auf demokratischem Wege zu erreichen sind (Gewaltbilligung). Und schließlich mag sogar die Bereitschaft höher sein, auch selbst gewalttätig zu werden (Gewaltbereitschaft). So kann etwa die Überzeugung, dass ein Ereignis das Ergebnis eines geheimen Plans mächtiger Menschen ist, die kollektive Selbstverteidigung gegen vermeintliche Bedrohungen und die moralische Rechtfertigung von Gewalt fördern (Kofta & Sedek 2005; Krekó 2015). Wenn Menschen glauben, die Regierung sprühe giftige Chemikalien in die Luft oder opfere Menschen bei Terroranschlägen, sollten sie eher bereit sein, die gesellschaftlichen Regeln zu brechen und extreme Mittel zur Verteidigung ihrer eigenen Gruppe einzusetzen (s. Bartlett & Miller 2010). Empirisch wurde dieser Zusammenhang bisher allerdings kaum untersucht: Tatsächlich ist die Zustimmung zu allen drei Konzepten – Demokratiemisstrauen, Gewaltbilligung und Gewaltbereitschaft – deutlich höher unter jenen Befragten, die auch eher zu Verschwörungsmentalität neigen (➡ s. Tab. 7.3): Wer an Verschwörungen glaubt, neigt eher dazu, sich vom demokratischen Diskurs abzukoppeln.[13]

Zustimmung zu Demokratiemisstrauen, Gewaltbilligung und -bereitschaft in Abhängigkeit von Verschwörungsmentalität (Angaben in Prozent) **Tabelle 7.3**

	Verschwörungsmentalität	
	Ablehnung (n = 569)	**Zustimmung** (n = 356)
Demokratiemisstrauen	48,3	74,7
Gewaltbilligung	2,5	11,4
Gewaltbereitschaft	7,7	23,9

7.8 Verschwörungsmythen, Gruppenbezogene Menschenfeindlichkeit und Rechtspopulismus

Verschwörungstheorien spielen schon seit jeher eine wichtige Rolle in terroristischen oder extremistischen Diskursen. Der zu Beginn des Kapitels ausführlicher dargestellte um den »Reichsbürger« Wolfgang P. ist nur einer aus einer Reihe von Fällen, die in den letzten Jahren Aufmerksamkeit erregt haben. Er verdeutlicht stellvertretend, dass es ein verhängnisvoller Fehler sein kann, Verschwörungstheoretiker_innen als harmlose Spinner_innen abzutun. Ganz im Gegenteil scheint es unter ihnen einen nicht unerheblichen Anteil zu geben,

13 Die hier berichteten Zusammenhänge finden sich als Korrelationen zwischen den Skalen zu Verschwörungsmentalität und Demokratiemisstrauen, Gewaltbilligung und Gewaltbereitschaft unter Verwendung der letzten drei in den 4er- bzw. 5er-Split-Versionen: In der genannten Reihenfolge: $r = ,38$ bzw. $r = ,44$; $r = ,25$ bzw. $r = ,17$ und $r = ,26$ bzw. $r = ,32$, alle $ps < ,001$. Der Anschaulichkeit halber sind in Tabelle 7.3 Zustimmungswerte zu den drei Konstrukten dargestellt für Befragte, die außerdem zu Verschwörungsmentalität neigen (Zustimmung) oder nicht (Ablehnung). Ein Vorteil dieser Vergleiche ist, dass Daten aller Befragten eingehen, die entsprechende Antworten geliefert haben. Auch auf diese Weise verglichen, zeigen sich die beschriebenen Zusammenhänge als signifikant unterschiedliche Zellenbesetzungen: Chi^2 (1, 925) = 62,81, für Demokratiemisstrauen; Chi^2 (1, 918) = 31,43, für Gewaltbilligung; Chi^2 (1, 925) = 47,56, für Gewaltbereitschaft, alle $ps < ,001$.

der Gewalt billigt oder selbst bereit ist, Gewalt auszuüben, wie wir im vorangegangenen Abschnitt gesehen haben. Auch der Verfassungsschutzbericht wies 2017 zum ersten Mal Delikte aus, die »Reichsbürger_innen« oder »Selbstverwalter_innen« zugerechnet wurden. Darunter fanden sich 783 extremistische Straf- und 30 Gewalttaten, sowie 36 antisemitische Straftaten (BMI 2018).

Diese letzte Kategorie an Delikten ist insofern bemerkenswert, als dass sie sich statt gegen das abstrakte Feindbild »des Staats« oder »der Mächtigen« gegen eine klar definierte Gruppe richtet, nämlich Jüd_innen. Ähnlich wie der oben beschriebene Zusammenhang mit demokratiefeindlichen Einstellungen ist allerdings auch ein Zusammenhang zwischen Verschwörungsmentalität und menschenfeindlichen Einstellungen wie Antisemitismus letztlich nur folgerichtig. So unterstellt quasi jede Verschwörungstheorie eine einflussreiche Gruppe, die ihre Interessen durchsetzt, in der Regel im Verborgenen und gegen die Interessen der Allgemeinheit. Eingangs wurde bereits auf die historisch mindestens seit dem Mittelalter bestehende Verquickung von Antisemitismus und Verschwörungsglaube hingewiesen. Verschwörungsmentalität ist aber neben antisemitischen auch unmittelbar anschlussfähig an fremden- und muslimfeindliche Diskurse bzw. die Abwertung asylsuchender Menschen (»Asylmafia«) und nicht zuletzt auch an Sexismus und die Abwertung von Transgender (»Gender-Ideologen«). In allen genannten Diskursen werden regelmäßig abstrakte oder konkrete Gruppen benannt, die angeblich eigene Interessen durchzusetzen versuchen (wahlweise in aller Regel Unterdrückung, »Austausch« oder »Abschaffung« der deutschen Bevölkerung, oft in Kombination mit finanziellen Interessen).

Tatsächlich finden sich Zusammenhänge von Verschwörungsmentalität mit sämtlichen in Kapitel 3 ausführlich dargestellten GMF-Facetten.[14] So korreliert Verschwörungsmentalität etwa mit klassischem Antisemitismus[15] und 10 % der

14 Dies gilt für sämtliche Korrelationen von Verschwörungsmentalität mit allen GMF-Facetten: Für die Hälfte der Befragten, die die GMF-Skalen auf einer 4er-Skala beantwortete, rangieren die Korrelationen zwischen $r = ,24$ für die Abwertung obdachloser Menschen und $r = ,48$ für Muslimfeindlichkeit; für die Hälfte der Befragten, die auf einer 5er-Skala antwortete, rangieren die Korrelationen zwischen $r = ,15$ für die Abwertung von Menschen mit Behinderung und $r = ,44$ für Muslimfeindlichkeit. Alle 28 Korrelationen sind signifikant auf einem Niveau von $p < ,01$.

15 $r = ,44$ für 4er- bzw. $r = ,27$ für 5er-Skalen, beide $ps < ,001$.

Befragten, die zu Verschwörungsmentalität neigen, stimmen klassisch-antisemitischen Aussagen zu, während dies nur auf 2 % der Befragten zutrifft, die Verschwörungsmentalität ablehnen.[16] In Tabelle 7.4 sind einige der stärksten Zusammenhänge zwischen Verschwörungsmentalität und GMF-Facetten beispielhaft dargestellt. Menschenfeindliche Einstellungen werden jeweils deutlich stärker von denjenigen Befragten geteilt, die Verschwörungsmentalität eher zustimmen als von jenen, die diese ablehnen.

Zustimmung zu ausgewählten GMF-Facetten in Abhängigkeit von Verschwörungsmentalität (Angaben in Prozent) **Tabelle 7.4**

	Verschwörungsmentalität	
	Ablehnung (n = 569)	**Zustimmung** (n = 356)
Muslimfeindlichkeit	8,4	37,5
Fremdenfeindlichkeit	9,9	38,3
Israelbezogener Antisemitismus	13,9	38,3
Abwertung Sinti & Roma	15,1	38,0
Sexismus	4,2	16,5
Abwertung asylsuchender Menschen	44,2	67,9
Abwertung von Trans*Menschen	8,1	19,3

Spätestens hier wird klar, dass sich eine inhaltliche Anschlussfähigkeit an das Konzept der in Kapitel 5 ausführlich dargestellten rechtspopulistischen Orientierungen ergibt: Im vorherigen Abschnitt haben wir die Abkopplung vom demokratischen Diskurs diskutiert, also den Zusammenhang von Verschwörungsmentalität und u. a. Demokratiemisstrauen. In diesem Abschnitt haben wir nun Zusammenhänge mit ausgewählten GMF-Facetten dargestellt, die sich inhaltlich mit denjenigen decken, die auch in die Skala zu rechtspopulistischen Orientierungen eingehen. Rein technisch haben wir damit bereits eine konzeptuelle Überlappung auf Ebene der Korrelate von Verschwörungsmentalität gezeigt. Konsequenterweise findet sich zwischen beiden Konstrukten ein starker Zusammenhang: Von denjenigen Befragten, die Verschwörungsmentalität eher

16 $Chi^2 (1, 890) = 27,52, p < ,001$.

zustimmen, neigen 40,3 % auch zu rechtspopulistischen Einstellungen. Unter den Befragten, die Verschwörungsmentalität eher ablehnen, trifft das lediglich auf 8,6 % zu.[17]

Wie bereits weiter oben beschrieben, werden in der Psychologie drei politische Ideologien unterschieden: Soziale Dominanzorientierung, rechtsgerichteter Autoritarismus und Verschwörungsmentalität. Alle drei reflektieren eine Ideologie der Ungleichwertigkeit und hängen deswegen auch untereinander zusammen[18], unterscheiden sich aber in Bezug auf die dahinter liegenden Weltbilder und die Zielgruppe der mit ihnen assoziierten Vorurteile. Dieser ideologische Kern zeigt sich auch in unseren Daten: Befragte mit ausgeprägter Verschwörungsmentalität neigen generell stärker zu sämtlichen GMF-Facetten, insbesondere zu Muslimfeindlichkeit, Fremdenfeindlichkeit und Antisemitismus. Um zu bestimmen, was der spezifische Anteil der drei generalisierten politischen Einstellungen an den GMF-Facetten ist, verwenden wir Regressionsanalysen. Mithilfe von Regressionsanalysen lässt sich quantifizieren, wie hoch die Vorhersagekraft unterschiedlicher Prädiktoren (in diesem Fall generalisierte politische Einstellungen) für spezifische Formen der Abwertung bei gleichzeitiger Berücksichtigung der jeweils anderen Prädiktoren ist. Die Zusammenhänge können dabei ähnlich wie Korrelationen Werte bis 1 erreichen und sind für ausgewählte GMF-Facetten, für die sich ein besonders deutliches Muster ergibt, in Abbildung 7.1 (➟ s. S. 220) illustriert.

Unter Kontrolle der Anteile anderer politischer Einstellungen hängt in den dargestellten Fällen vor allem noch jeweils eine politische Einstellung mit ausgewählten Vorurteilen zusammen. Es zeigt sich also ein ähnliches Muster wie

---

17 Hierfür wurde das in Kapitel 5 (➟ s. S. 147 ff.) definierte strengere Kriterium herangezogen (d. h. als Zustimmung zu rechtspopulistischen Einstellungen gilt nur $M \geq 3$ für Befragte, die auf 4er-Skalen geantwortet haben bzw. $M \geq 3{,}5$ für diejenigen, die auf 5er-Skalen geantwortet haben). Es ergibt sich die Verteilung wie im Text berichtet, die signifikant über Gruppen hinweg variiert, Chi^2 (1, 926) = 133,82, $p < {,}001$. Auch die Korrelationen zwischen Verschwörungsmentalität und dem Index für rechtspopulistische Orientierungen sind signifikant, $r = {,}55$ bei Verwendung von 4er-, $r = {,}56$ bei Verwendung von 5er-Skalen, beide $ps < {,}001$.

18 Verschwörungsmentalität korreliert mit sozialer Dominanzorientierung – $r = {,}13$ bzw. $r = {,}29$ – und mit rechtsgerichtetem Autoritarismus – $r = {,}47$ bzw. $r = {,}39$ – während diese auch untereinander korrelieren – $r = {,}20$ bzw. $r = {,}25$ (Reihenfolge der Angaben jeweils 5er- bzw. 4er-Skalen, alle $ps < {,}01$).

Generalisierte politische Einstellungen als Prädiktoren von spezifischen GMF-Facetten (Angabe von Regressionsgewichten) **Abb. 7.1**

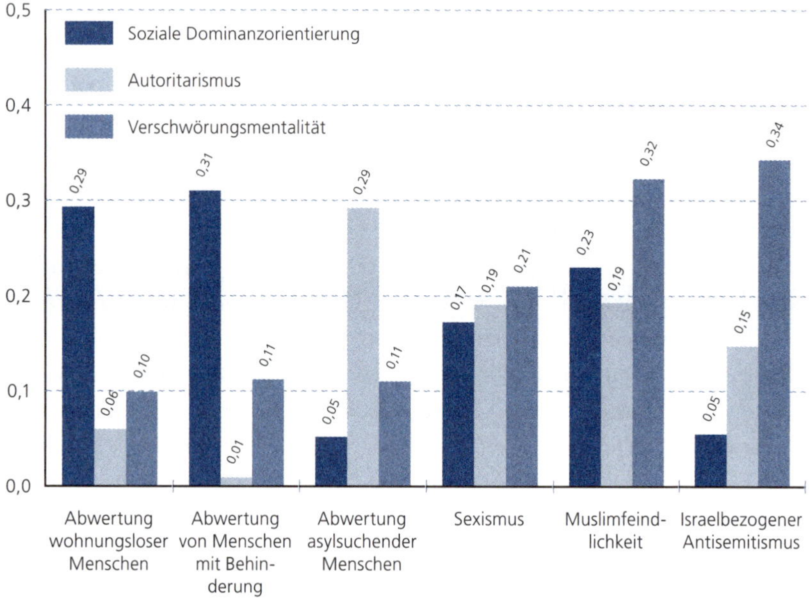

jenes, das wir in Tabelle 7.1 (➟ s. S. 210) beschrieben haben: Menschen mit ausgeprägter Sozialer Dominanzorientierung neigen eher zur Abwertung von wohnungslosen Menschen und Menschen mit Behinderung. Dieses Muster leuchtet ein, denn beiden Gruppen wird klassischerweise ein niedriger sozialer Status zugesprochen. Autoritarismus scheint hingegen insbesondere mit der Abwertung von Asylsuchenden assoziiert zu sein, was nahelegt, dass diese zuletzt vor allem als »Abweichler« erlebt werden. Im Fall von Sexismus hingegen scheinen alle drei politischen Einstellungen eine ähnlich prominente Rolle zu spielen. Das ist insofern bemerkenswert, als dass sich diese GMF-Facette offenbar sowohl mit der Abwertung einer immer noch als schwächer erlebten Gruppe (Soziale Dominanzorientierung) erklären lässt, als auch mit Furcht vor Veränderung traditioneller Gesellschaftsformen (rechtsgerichteter Autoritarismus) und Verschwörungsmythen einer »Gender-Ideologie« (Verschwörungsmentalität). Eine ähnliche Mischung ideologischer Prädiktoren findet sich im Fall von Muslimfeindlichkeit, wobei Verschwörungsmentalität hier tendenziell eine stärkere

Rolle spielt. In der Vergangenheit waren Muslime eher mit Machtlosigkeit assoziiert und damit selten Akteure in Verschwörungstheorien. Dieses Bild hat sich im Zuge des verstärkten Zuzugs von Geflüchteten ab dem Jahr 2015 gewandelt. Seitdem steigt auch die Anzahl an Verschwörungsmythen rund um die Migrationsbewegung: Eine »Flüchtlingsinvasion« sei organisiert, um Europa zu destabilisieren und zu kontrollieren. Zuletzt glaubten beispielsweise 20 % der Deutschen, 24 % der Schweden und 18 % der Ungarn, dass die Einwanderung Teil eines größeren Plans sei, um die Muslime zu einer Mehrheit der Bevölkerung des jeweiligen Landes zu machen (YouGov 2018). Das Muster der Prädiktoren von Antisemitismus entspricht schließlich den klassischen Befunden in der Verschwörungsforschung und validiert diese auch für den deutschen Kontext.

7.9 Fazit und Ausblick

Der Glaube an Verschwörungstheorien stellt auch in einem vermeintlich aufgeklärten Land wie Deutschland im Jahr 2019 keine reine Minderheitenmeinung dar, sondern findet starke Verbreitung. Insgesamt 38,5 Prozent der Befragten bewegten sich über alle Aussagen hinweg betrachtet durchschnittlich auf der zustimmenden Seite. Einzelne Anteile von Verschwörungsmentalität fanden sogar noch stärkere Zustimmung, etwa der Glaube an geheime Organisationen, die großen Einfluss auf politische Entscheidungen haben. Auch, dass knapp über die Hälfte der Befragten für wissenschaftsfeindliche Haltungen empfänglich scheint, sollte aufhorchen lassen. Eine so weite Verbreitung ist deswegen problematisch, weil es sich bei Verschwörungsmentalität um ein Glaubenssystem handelt, das nicht nur mit einer Abkopplung vom demokratischen Diskurs und menschenfeindlichen Vorurteilen wie Antisemitismus und Muslimfeindlichkeit, sondern auch mit der Billigung von Gewalt sowie der Bereitschaft einhergeht, selbst Gewalt auszuüben. Dies zeigt auch empirisch, dass die Verbreitung von Verschwörungstheorien eine Bedrohung für demokratische Gesellschaften darstellen kann.

Verschwörungstheorien werden dabei auch durch das »exklusive Wissen«, das sie beinhalten, für ihre Anhänger_innen attraktiv, weil es sie besonders macht. Gleichzeitig werden sie gegen Widerlegung »immunisiert«: Jede Information und alle, die versuchen, eine Verschwörungstheorie infrage zu stellen, werden schlicht zu einem Teil der Verschwörung erklärt. Aufgrund ihrer Popularität und Anschlussfähigkeit sollten solche Theorien nicht unterschätzt werden. Es ist davon auszugehen, dass sie im digitalen Zeitalter als kulturelles Phänomen nicht nur sichtbarer werden, sich leichter und weiter verbreiten. Sie werden auch zunehmend in gesellschaftliche Diskurse und Erklärungen für alltägliche und nicht alltägliche Ereignisse einsickern.

Es scheint dabei eine interessante Beobachtung, dass Anhänger_innen von Verschwörungstheorien zwar oft kritisch mit der »offiziellen« Version der Wahrheit sind, aber selten mit der »alternativen«. Eine gesunde Skepsis gegenüber Autoritäten und Institutionen – auch das hat sich etwa im Zuge des massiven Behördenversagens rund um die NSU-Morde oder des durch Edward Snowden aufgedeckten Überwachungsskandals immer wieder gezeigt – ist für eine funktionierende Demokratie nicht nur angebracht, sondern notwendig. Wenn eine solche Skepsis jedoch in generelles und grundsätzliches Misstrauen kippt, dann wird Verschwörungsmentalität zur Belastung im alltäglichen Miteinander.

Wann kippt also begründete, gesunde Skepsis in pauschales und destruktives Misstrauen? Eine Daumenregel mag sein, dass Erstere faktenbasiert und demokratisch bleibt, während Letzteres oft auf zynische Art stigmatisiert und unter Umständen sogar verbale oder körperliche Gewalt legitimiert. Kommen zum generellen Misstrauen Gewaltbilligung und Gewaltbereitschaft hinzu, entsteht ein explosiver Cocktail, der nicht nur den gesellschaftlichen Zusammenhalt gefährdet, sondern den demokratischen Grundkonsens an sich infrage stellt.

8 Zwischen Demokratiebefürwortung und Ungleichwertigkeitsbehauptungen: Einstellungen zur Demokratie

Wilhelm Berghan · Andreas Zick

8.1 Was hält die demokratische Mitte zusammen?

Es ist unübersehbar, dass sich die Demokratien in Europa verändert haben und sich Normalitäten auch durch die Entwicklung des Rechtspopulismus verschoben haben. Parteien, die sich zur Politik machen, was wir in der Mitte-Studie als rechtspopulistische, rechtsextreme, neurechte und vor allem menschenfeindliche Einstellungen fassen, feiern Erfolge, initiieren Demonstrationen und werden bewegungsförmig. Der politische Diskurs über die konfliktentzündlichen Themen Migration und Integration hat sich verschärft und dies, obwohl gleichzeitig ein Großteil der Bevölkerung gerade der Integration von Migrant_innen durchaus positiv gegenübersteht (vgl. Zick & Preuß 2019). Auch lokale Bewegungen gegen Rechts mehren sich, die die anhaltende Gefährdung durch eine Stabilisierung von Menschenfeindlichkeit und Rechtsextremismus in der Mitte der Gesellschaft deutlich ansprechen. Insbesondere in großen Städten wie Berlin, München, Dresden, Leipzig und auch in Chemnitz haben sich nach rechtsextremen Aufmärschen größere Demonstrationen und Gruppen gebildet, die sich »querstellen« und meinen, es hätte sich ausgehetzt. Auch in den sozialen Medien bilden sich Netzwerke für Toleranz und gegen Diskriminierung. Diese Gruppen sind Seismografen eines grassierenden Hasses. Die Beobachtungen lassen eine gewisse Gleichzeitigkeit von antidemokratischen und demokratischen Momenten erkennen und Fragen an den Verlust der Stabilität der Demokratie dringlicher werden. Ist die liberale und plurale Demokratie in einer Krise? Haben die Bürger_innen unter diesen Bedingungen noch Vertrauen in die Demokratie und halten Sie diese für ein wertvolles Gesellschaftsmodell? Bieten die Identifikation mit der Demokratie und die ihr zugrunde liegenden Werte Zusammenhalt, oder wirken auch hier Demokratievorstellungen, die sich mit Ideologien der Ungleichwertigkeit verbinden?

Die Analyse der antidemokratischen Einstellungen der deutschen Bevölkerung in der Mitte-Studie 2018/19 kann vor allem der Erkenntnis dienen, wie stabil die Demokratie ist und dies auch und vor allem daran zu bemessen, inwieweit durch Vorurteile die Ungleichwertigkeit von Gruppen zementiert wird, oder eben für Diskriminierung und Hasstaten eine Grundlage geschaffen wird (➟ s. a. Kap. 3, S. 41 ff.). Dabei geht es nicht »nur« um eine Analyse der Bevölkerungseinstellungen oder daraus abgeleitet um den Schutz von Minderheiten, sondern der Umgang mit stigmatisierten Gruppen berührt zutiefst die demokratische Verfasstheit der Gesellschaft insgesamt. Dabei konnte bereits in früheren Analysen der Studien zur Gruppenbezogenen Menschenfeindlichkeit (GMF) aufgezeigt werden, dass bestimmte Einstellungen zur Demokratie in einem Zusammenhang mit der Abwertung von Gruppen in der Gesellschaft stehen. Schon in der Langzeitstudie GMF konnte gezeigt werden, dass Menschen, die sich politisch entfremdet fühlen, und das Gefühl haben, in der Demokratie nicht anerkannt und berücksichtigt zu werden, weniger bereit sind, Rücksicht auf andere Gruppen zu nehmen. Insbesondere Menschen in unteren Soziallagen schätzen ihre Einflussmöglichkeiten auf politische Entscheidungsprozesse eher gering ein, sie »wenden ihre Unzufriedenheit deshalb gegen schwache Gruppen, weil sie keine politischen Einflussmöglichkeiten sehen« (Klein et al. 2012, 74). In solchen Meinungen, Wahrnehmungen und Erfahrungen überträgt sich ein Konfliktpotenzial von der politischen Ebene auf die soziale Ebene. Dies wird dann in den Abgrenzungen zwischen Gruppen, den Diskriminierungen und Verfolgungen und den destruktiven kommunalen Konflikten sichtbar, wie sie zuletzt beispielsweise in Chemnitz medial bedeutsam wurden. Aber nicht nur Gefühle politischer Entfremdung, auch grundsätzlich mit der bestehenden Demokratie unvereinbare Vorstellungen von basalen Grundwerten und Verfahrensweisen, etwa wenn etablierte Institutionen als Feinde dargestellt werden und das pluralistische Demokratieverständnis aufgeweicht oder infrage gestellt wird, ist eine Gefahr für den gesellschaftlichen Zusammenhalt. »Dieser Dissens über demokratische Grundwerte stellt eine weitaus größere Herausforderung dar als der substanzielle Dissens etwa über die Aufnahme von Flüchtlingen. Denn wenn Vorstellungen von der Demokratie zunehmend weiter auseinandergehen und unvereinbar werden, dann ist der prozedurale Konsens, auf dem diese beruht, gefährdet« (Steiner & Landwehr 2018, 464; siehe auch Landwehr et al. 2017).

Wenn es um die Stabilität der Demokratie geht, kommt dem Zusammenhang zwischen menschenfeindlichen Einstellungen auf einer sozialen Ebene mit politischen Einstellungen zur Demokratie eine hohe Relevanz zu. Daher analysieren wir in diesem Band auch rechtsextreme und -populistische Orientierungen (➡ s. Kap. 4, S. 117 ff., u. 6, S. 173 ff.). Im vorliegenden Kapitel interessieren uns jedoch weniger die radikalen politischen Einstellungen, sondern Einstellungen zur Demokratie selbst und direkt. Denn wir gehen davon aus, dass deren Auswirkungen auf die Demokratie zwar weniger gewaltsam, aber dennoch für den Zusammenhalt der Gesellschaft maßgeblich sein können.

In der Politikwissenschaft wird, wenn demokratische Institutionen und Verfahrensweisen keine breite Unterstützung mehr erfahren und die Demokratie von relevanten Teilen der Gesellschaft infrage gestellt wird, von einer Dekonsolidierung gesprochen. Konsolidiert ist demgegenüber eine Demokratie, »wenn alle politisch signifikanten Gruppen die zentralen politischen Institutionen des Regimes als legitim ansehen und die Spielregeln der Demokratie befolgen« (Merkel & Puhle 1999, 135 f.). Für Foa und Mounk (2016, 15) macht sich eine Dekonsolidierung an drei Aspekten fest: 1. der allgemeinen Ablehnung der Demokratie als Regierungsform, 2. dem Vorhandensein und den Erfolgen von Gruppierungen und Parteien, die gegen das System agieren, sowie 3. am Grad der Akzeptanz demokratischer Normen. Foa und Mounk meinen, ein Optimismus, die westlichen Demokratien seien nicht durch Dekonsolidierung gefährdet, sei nicht länger haltbar, da sich bei einer Reihe von Indikatoren gegenteilige Trends ablesen ließen. Sie zeigen in umfangreichen Auswertungen von Daten aus Europa und den USA, dass der Anteil derjenigen, die es für wichtig halten, in einem demokratisch regierten Land zu leben, in den letzten Jahrzehnten abgenommen hat (vgl. Foa & Mounk 2016, 7; Foa & Mounk 2017). Andere Autor_innen teilen die Dekonsolidierungsthese oder Krisendiagnose nicht oder nur in Teilen (vgl. Alexander & Welzel 2017; Norris 2017; Voeten 2017). Insgesamt scheint es sowohl Anzeichen für als auch gegen eine Gefährdung der Demokratie zu geben (vgl. Wike et al. 2017). Jacobsen und Kroh (2018) kommen unter anderem zu dem Ergebnis, dass die Zufriedenheit mit der Demokratie in Deutschland in den letzten Jahren nicht abnahm und in großen Teilen Konsens über die Ausgestaltung ebendieser vorhanden ist. Beispielsweise hält ein überwiegender Teil der Bürger_innen in Deutschland wie weltweit an freien

Wahlen fest. So verschieden die Interpretationen der aktuellen Lage der Demokratie auch sind[1], so zeigt sich doch die Relevanz, empirisch auf unterschiedlichste Einstellungen in der Bevölkerung zu schauen und diese Analyse als »eine notwendige Ergänzung zur institutionellen Betrachtung, um den Zustand von Demokratien abzubilden« (Jacobsen & Kroh 2018, 234) zu verstehen. Wie sehr die Gruppenbezogene Menschenfeindlichkeit oder Rechtspopulismus sowie Rechtsextremismus den Zustand bedrohen, wurde bereits analysiert. Wir meinen, dass daneben die Analyse von abwertenden Einstellungen gegenüber Gruppen (GMF) im Kontext von Einstellungen zur Demokratie und ihren Grundwerten sinnvoll ist, um Aussagen über den Zustand der Demokratie zu machen.

Daher wird die Analyse um weitere zentrale Elemente demokratischer Einstellungen erweitert. Dazu gehört eine Befürwortung oder Ablehnung basaler demokratischer Normen und Werte, wie dem Ausgleich unterschiedlicher Interessen oder der Würde aller sowie ein Vertrauen in die Demokratie. Dazu gehört auch die Frage, wie liberal oder illiberal die Demokratie sein darf und soll. Eine dritte Facette ist demokratische Partizipation. Darunter fallen Gefühle politischer Machtlosigkeit, aber auch die Befürwortung von zivilcouragiertem Handeln gegen antidemokratische Kräfte. Einige dieser Einstellungen wurden bereits in früheren GMF-Studien erhoben, wodurch sich die Möglichkeit ergibt, die Zustimmung im Verlauf über mehrere Jahre nachzuzeichnen. Mithilfe von Zusammenhangsanalysen kann dann herausgestellt werden, inwiefern bestimmte demokratiebejahende bzw. demokratieverneinende Einstellungsmuster im Zusammenhang mit menschenfeindlichen Einstellungen stehen. Wir können dabei empirisch nachzeichnen, dass insbesondere Menschen, die ein Demokratieverständnis aufweisen, welches durch die Wahrung basaler demokratischer Prinzipien gekennzeichnet ist, weniger anfällig für die Abwertung von anderen

---

1 Für einen Überblick des politikwissenschaftlichen Diskurses hinsichtlich der Krise der Demokratie siehe auch Merkel (2016), welcher zudem einen weiteren Hinweis gibt, warum die Diagnose, dass die Demokratie in der Krise ist, nicht von allen Wissenschaftler_innen geteilt wird: »Es gibt bisher keine theoretische Begründung von Schwellenwerten, die uns generalisiert anzeigen können, wann die Krise eines demokratischen Systems beginnt und wann sie endet« (S. 6). Allerdings wäre unserer Ansicht nach die Verbindung antidemokratischer und durch Ungleichwertigkeit angetriebener Einstellungsmuster in weiten Teilen der Bevölkerung als deutlich demokratiegefährdend anzusehen, insbesondere, wenn diese auf einer Handlungsebene mit rechtsextremer Agitation, Gewalt und Diskriminierung einhergehen.

Gruppen sind. Demgegenüber sind es eben jene Menschen, die kein Vertrauen in die Demokratie und ihre Institutionen haben und die genannten Grundwerte ablehnen, die auch eher bereit sind, Gruppen menschenfeindlich abzuwerten.

8.2 Einstellungen zur Demokratie

Die Einstellungen zur Demokratie wurden in der Mitte-Studie 2018/19 über eine Reihe von unterschiedlichen Items (➟ s. Glossar, S. 305) gemessen (➟ s. Tab. 8.1, S. 230 f.). Teils sind diese bereits in früheren Studien erhoben worden, teils wurden sie für die aktuelle Studie neu entwickelt, um die Einstellungsmuster möglichst differenziert abbilden zu können. Mithilfe explorativer Faktorenanalysen (➟ s. Glossar, S. 304 f.) konnte herausgestellt werden, dass sich diese gut auf unterschiedlichen Dimensionen abbilden lassen. Die Einstellungen zur Demokratie lassen sich also auf der Grundlage der Analyse von Übereinstimmungen im Antwortverhalten der Befragten in bestimmte Facetten gliedern.

Zunächst zeigen sich zwei demokratieablehnende Dimensionen. Hierzu gehört das für den Rechtspopulismus wesentliche *Demokratiemisstrauen* (➟ s. Kap. 6, S. 173 ff.). Es wird in der Umfrage mit drei Aussagen bzw. Items erfasst, die eine Abgrenzung und Abwertung gegenüber politischen Eliten ausdrücken. Daneben zeigt sich eine zweite Dimension, die wir als *illiberales Demokratieverständnis* bezeichnen. Dieses wird mit drei weiteren Aussagen gemessen, von denen zwei für die aktuelle Mitte-Studie 2018/19 neu entwickelt wurden. Das illiberale Demokratieverständnis drückt sich durch eine Ablehnung demokratischer Aushandlungsprozesse sowie über die Zurückweisung gleicher Rechte für soziale Gruppen aus. Dies kann auch als Facette rechtspopulistischer Demokratievorstellungen interpretiert werden (vgl. Steiner & Landwehr 2018). Diese beiden Dimensionen drücken dementsprechend vertikale (oben/unten) und horizontale Grenzziehungen (wir/die) aus, ähnlich wie es beim Rechtspopulismus der Fall ist. Es geht hierbei nicht um legitime Kritik am Funktionieren der bestehenden Demokratie, sondern vielmehr um eine durch Illiberalität gefärbte Abwertung der Demokratie.[2]

2 Dies soll jedoch nicht darüber hinwegtäuschen, dass sich der Rechtspopulismus durchaus als demokratisch verkauft, indem er den Demokratiebegriff selektiv für sich in Anspruch nimmt und beispielsweise unter dem Deckmantel der Meinungsfreiheit Menschenfeindlichkeit propagiert (vgl. Häusler 2012; s. auch ➟ Kap. 6, S. 173 ff.).

Vier weitere Items erfassen die Befürwortung oder Ablehnung einer pluralistischen Demokratie, die sich am unbedingten Festhalten an der demokratischen Verfasstheit Deutschlands sowie dem Anspruch der Würde aller und der Befürwortung demokratischer Konfliktlösung sowie dem Ausgleich unterschiedlicher Interessen festmacht. Damit soll kein naiver Glaube an die Demokratie oder gar eine rein konformistische Befürwortung bestehender Werterahmen ausgedrückt werden, sondern durch die Anerkennung der notwendigen Konflikthaftigkeit demokratischer Aushandlungsprozesse ein Demokratieverständnis, welches die Herausforderungen demokratischer Praxis in einer pluralistischen Gesellschaft anerkennt. Ein solches Demokratieverständnis bildet das Gegenstück zu illiberalen Demokratievorstellungen.

Das *Vertrauen in die Demokratie* ist eine weitere Dimension, die durch drei Aussagen erfasst wird. Es lässt sich über ein Vertrauen in die Funktionsfähigkeit der Demokratie und ihrer Institutionen sowie in die Repräsentativität der deutschen Demokratie messen bzw. operationalisieren.

Eine politische Entfremdung beziehungsweise Gefühle der *politischen Machtlosigkeit* werden mit zwei geprüften und oft verwendeten Items erfasst. Zum einen wird die subjektiv wahrgenommene Sinnlosigkeit eigenen politischen Engagements erfasst, zum anderen das Gefühl, keinen Einfluss auf politische Entscheidungen der Regierung ausüben zu können.

Daneben wird eine weitere Dimension, die eher partizipative Aspekte operationalisiert, erfasst. Diese bezieht sich auf eine wichtige Ziviltugend in der Demokratie, genauer auf eine *zivilcouragierte Orientierung*. Wir haben diese neu entwickelt und zwei Items zur Messung berücksichtigt, die eine Befürwortung oder Ablehnung von Solidarität mit sozialen Gruppen und einer offenen Gesellschaft ausdrücken. Daneben fasst diese Dimension mit zwei weiteren Items auch eine Sensibilität für eine Gefährdung der Demokratie durch Rassismus und Rechtspopulismus.

Um einen Eindruck der Unterstützung demokratischer Werte und Normen sowie über das Ausmaß der Demokratieablehnung in der deutschen Gesellschaft im Erhebungszeitraum 2018/19 zu bekommen, werden im Folgenden deskriptive Kennwerte zu den einzelnen Aussagen der Einstellungen zur Demokratie berichtet, also Verteilungen und Verläufe über die Zeit, soweit wir das nachverfolgen können. In Tabelle 8.1 (➟ s. S. 230 f.) sind die Verteilungen sowie auch die einzelnen Aussagen, mit denen wir die Dimensionen gemessen haben, abgedruckt.

Den Aussagen zum Demokratiemisstrauen wird von einem großen Teil der Befragten zugestimmt. Nimmt man die beiden Antwortkategorien »trifft eher zu« und »trifft voll und ganz zu« zusammen, sind bis zu der Hälfte der Befragten der Meinung, die demokratischen Parteien würden gesellschaftliche Probleme nicht lösen (42,9 %) und werfen Politiker_innen pauschal vor, bestehende Gesetze zu umgehen (46,3 %) oder sich mehr Rechte herauszunehmen als normale Bürger_innen (49,5 %). Gleichzeitig antworten rund 26 % bis 35 % auf der mittleren Antwortkategorie (»teils/teils«) und lassen sich daher nicht eindeutig als klar zustimmend oder ablehnend einordnen. Lediglich ein Viertel der Befragten lehnt demgemäß diese Aussagen ab.

Etwas anders ist das Antwortverhalten bei den Items, in denen sich die Illiberalität über die Ablehnung der gleichen Rechte für unterschiedliche Gruppen ausdrückt. Während 35,6 % der Befragten es für zutreffend halten, im nationalen Interesse könnten »nicht allen die gleichen Rechte gewährt werden« und 22,5 % der Meinung sind, auf Minderheiten werde zu viel Rücksicht genommen, halten zwischen 41,6 % und 54,3 % der Befragten diese Aussagen für unzutreffend. 29,4 % der Befragten meinen, demokratische Aushandlungsprozesse würden nicht funktionieren und rund ebenso viele stimmen zumindest teilweise zu bzw. lehnen dies nur teilweise ab.

Nur ein sehr geringer Teil der Befragten zeigt keine pluralistische Demokratiebefürwortung. Je nach Item sind dies zwischen 3 % und 6 %. Demgegenüber halten es beispielsweise 86,3 % der Befragten für unerlässlich, dass Deutschland demokratisch regiert wird und 92,6 % sind der Ansicht, die Würde und Gleichheit aller sollte in einer Demokratie an erster Stelle stehen. Auch beurteilen lediglich zwischen 4 % bis 11 % die Aussagen anhand der mittleren Antwortkategorie. Zusammengenommen zeigt dies eine große Befürwortung solch allgemeiner und gleichsam für die Demokratie grundlegender Werte, wie der Würde aller

Beurteilung der Aussagen über Einstellungen zur Demokratie im Erhebungszeitraum 2018/19 (Angaben in Prozent) **Tabelle 8.1**

Trifft ... →

Demokratiemisstrauen[a] (M = 3,37; SD = 1,06; n = 977; α = ,784)
Die demokratischen Parteien zerreden alles und lösen die Probleme nicht.
Politiker umgehen die bestehenden Gesetze, wenn es um ihre eigenen Vorteile geht.
Politiker nehmen sich mehr Rechte heraus als normale Bürger.
Illiberales Demokratieverständnis (M = 2,71; SD = ,97; n = 1.886; α = ,537)
Die Demokratie führt eher zu faulen Kompromissen als zu sachgerechten Entscheidungen.
Es wird zu viel Rücksicht auf Minderheiten genommen.
Im nationalen Interesse können wir nicht allen die gleichen Rechte gewähren.
Pluralistische Demokratiebefürwortung (M = 4,53; SD = ,61; n = 1.887; α = ,639)
Es ist unerlässlich, dass Deutschland demokratisch regiert wird.
In einer Demokratie geht es darum, die Interessen unterschiedlicher Gruppen zu berücksichtigen.
In einer Demokratie sollte die Würde und Gleichheit aller an erster Stelle stehen.
Streit in der Sache gehört in einer Demokratie dazu.
Demokratievertrauen (M = 3,39; SD = ,97; n = 1.888; α = ,778)
Die deutsche Demokratie funktioniert im Großen und Ganzen ganz gut.
Ich fühle mich von den Politikern im Bundestag alles in allem gut vertreten.
Alles in allem vertraue ich den staatlichen Institutionen wie Behörden, Gerichten und Universitäten in Deutschland.
Politische Machtlosigkeit[a] (M = 2,68; SD = 1,16; n = 977; α = ,576)
Leute wie ich haben sowieso keinen Einfluss darauf, was die Regierung tut.
Ich halte es für sinnlos mich politisch zu engagieren.
Zivilcouragierte Orientierung (M = 4,05; SD = ,84; n = 1.874; α = ,674)
Ich finde es gut, wenn sich Menschen gegen die Hetze gegen Minderheiten einsetzen.
Wir müssen uns stärker für eine vielfältige und offene Gesellschaft engagieren.
Ich mache mir Sorgen, dass der Rassismus in der Gesellschaft zunimmt.
Der Rechtspopulismus in unserer Gesellschaft bedroht die Demokratie.

Legende **M** = arithmetischer Mittelwert; **SD** = Standardabweichung; **n** = Anzahl der Befragten; α = Cronbachs Alpha | [a] Die Items des Demokratiemisstrauens und der Machtlosigkeit wurden mit der hier verwendeten 5-stufigen Antwortausprägung nur an einer zufällig ausgewählten Hälfte der Befragten erhoben. Dementsprechend fällt auch die Anzahl der Befragten auf Konstruktebene geringer aus. Die Repräsentativität der Ergebnisse bleibt hiervon unberührt (→ s. Kap. 2, S. 41 ff.).

Tabelle 8.1

... überhaupt nicht zu	... eher nicht zu	teils/teils	... eher zu	... voll und ganz zu
9,3	12,7	35,1	19,8	23,1
9,8	16,3	27,5	18,3	28,0
10,4	14,3	25,8	20,9	28,6
20,1	21,0	29,5	18,9	10,5
30,4	23,9	23,2	13,4	9,1
26,0	15,6	22,8	17,7	17,9
3,8	1,9	8,1	13,8	72,5
2,4	2,7	11,4	24,5	59,0
1,7	1,4	4,3	12,5	80,1
1,6	1,3	6,4	17,9	72,9
4,3	7,5	23,4	34,3	30,5
17,4	20,4	34,8	18,0	9,3
8,1	9,6	25,7	30,9	25,7
19,6	15,4	28,9	17,4	18,7
40,0	19,0	20,0	8,8	12,2
4,0	3,1	9,6	21,9	61,3
3,5	6,1	16,4	22,9	51,2
5,8	7,3	11,9	24,0	50,9
9,3	12,0	18,7	21,5	38,6

Menschen oder dem Ausgleich unterschiedlicher Interessen. Auch antworten im Vergleich zu den Verteilungen des Demokratiemisstrauens und der Illiberalität deutlich weniger Befragte mit »teils/teils«, also auf der mittleren Antwortkategorie. Bezüglich der grundsätzlichen Befürwortung dieser Demokratieeinstellungen herrscht dementsprechend wenig Ambivalenz vor bzw. können die meisten Befragten hier eine eindeutige Beurteilung vornehmen.

Insgesamt wird der Demokratie in Deutschland Vertrauen entgegengebracht. Insbesondere auf allgemeiner und abstrakter Ebene zeigt jede_r zweite Befragte Vertrauen in das Funktionieren der Demokratie (64,8 %) und ihrer Institutionen (56,6 %). Allerdings wird den Bundespolitiker_innen deutlich weniger Vertrauen entgegengebracht. Nur rund ein Viertel der Befragten fühlt sich von den Politiker_innen im Bundestag gut vertreten. Insgesamt fallen die Zustimmungen und Ablehnungen beim Demokratievertrauen auch weniger eindeutig aus, denn zwischen einem Viertel und einem Drittel der Befragten tendiert zur Mittelkategorie und zeigt dementsprechend keine klare Beurteilung.

Der überwiegende Großteil der Befragten befürwortet ein zivilcouragiertes Engagement gegen Rechts. Dies ist ein gutes Zeichen für die zahlreichen Engagierten und Initiativen, die sich für eine vielfältige und offene Gesellschaft einsetzen. Auffällig ist jedoch das Antwortverhalten bei der Aussage: »Wir müssen uns stärker für eine vielfältige und offene Gesellschaft engagieren«. Etwas mehr Befragte antworten dabei auf der mittleren Antwortkategorie (16,4 %) als beim eher passiv formulierten Item, es sei »gut, wenn sich Menschen gegen die Hetze gegen Minderheiten einsetzen« (9,6 %). Auch wenn diese Aussagen durch die unterschiedlichen Formulierungen nicht direkt vergleichbar sind, könnte dies dennoch die Haltung ausdrücken, der überwiegenden Teil der Bevölkerung könne und solle sich sozial engagieren. Wenn es allerdings um die Befragten selbst geht, dann gilt das nicht im selben Maße. Bemerkenswert sind daneben auch die Sorgen gegenüber einer Zunahme von Rassismus in der Gesellschaft. Drei Viertel der Befragten teilen diese und rund 60 % meinen, der Rechtspopulismus bedrohe die Demokratie. Rund 13 % bis 21 % der Befragten sehen diese Gefahren für die Demokratie nicht.

Diese Beobachtungen ergänzen die Analysen zur politischen Machtlosigkeit. Über die Hälfte der Befragten hält es für sinnvoll, sich politisch zu engagieren. Rund 21 % stimmen allerdings eher oder voll zu, es sei sinnlos, sich politisch zu engagieren. Gleichsam ist der Anteil derjenigen, die das Gefühl haben, keinen Einfluss auf die Politik zu haben, bedeutend größer. Rund 36 % der Befragten

Verlauf der Einstellungen zur Demokratie 2002–2019[3] (Angaben in Prozent) **Abb. 8.1**

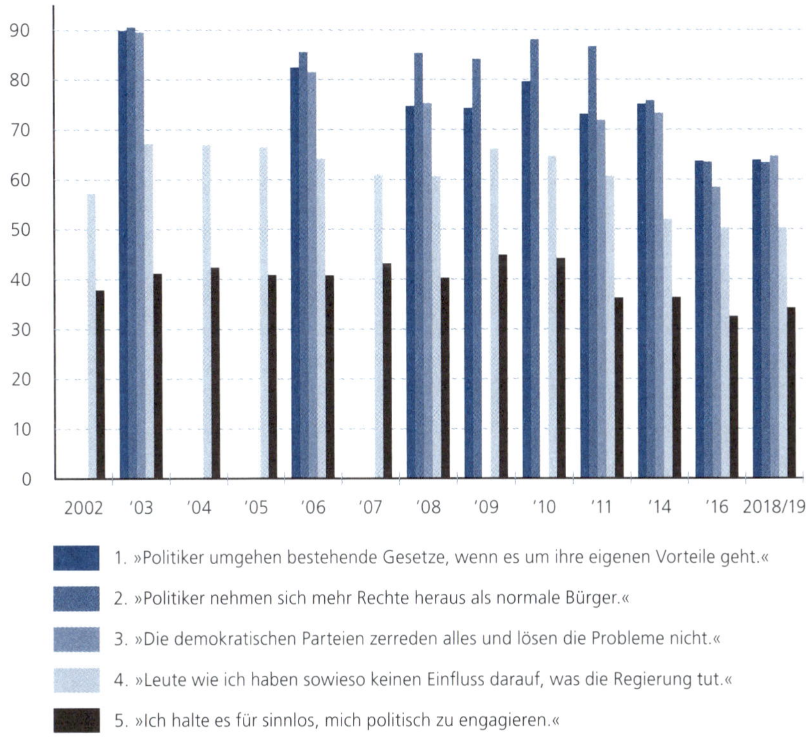

3 Berichtet wird die zusammengenommene Zustimmung aus den Antwortkategorien »trifft eher zu« und »trifft voll und ganz zu«. Für die Vergleichbarkeit über die Jahre wird in Abb. 8.1 im Gegensatz zu den in diesem Kapitel sonst berichteten Ergebnissen (➟ s. Tab. 8.1, S. 230 f.) auf Daten basierend auf den 4-stufigen Antwortskalen zurückgegriffen. Daher fallen die Zustimmungen in Abb. 8.1. auch anders aus als in Tab. 8.1. Während dies in den Jahren 2002–2016 alle Befragten betrifft, sind die 4-stufigen Antwortskalen im Jahr 2018/19 nur an einem zufällig ausgewählten Split der Hälfte der Befragten erhoben worden (für das methodische Vorgehen ➟ s. Kap. 2, S. 41 ff.). Item 1 und 2 wurden im Jahr 2010 ebenfalls nur in einem Split an der Hälfte der Befragten erhoben, ebenso wie Item 4 und 5 im Jahr 2009. Die Ergebnisse zwischen 2002–2011 und 2014–2018/19 beruhen auf einer anderen Stichprobenzusammensetzung, ein direkter Vergleich ist daher nur eingeschränkt möglich: Bis 2011 wurden nur Personen mit deutscher Staatsbürgerschaft und ohne eigene oder familiäre (Eltern oder Großeltern) Migrationsgeschichte einbezogen. Seit 2014 werden alle Personen mit deutscher Staatsbürgerschaft unabhängig von der Migrationsbiografie einbezogen. Ist in einem Jahr keine Zustimmung in der Abbildung angegeben, wurde das dazugehörige Item in diesem Jahr nicht erhoben.

stimmen dem zu und rund ein Drittel zeigt mit einer Beurteilung der Aussage auf der Mittelkategorie eine gewisse Uneindeutigkeit (➡ s. Tab. 8.1, S. 230 f.).

Einen Teil der Einstellungen zur Demokratie können wir über die Jahre vergleichen. Die Items zum Demokratiemisstrauen wie auch die Aussagen zur politischen Machtlosigkeit, wurden in der GMF-Langzeitstudie erhoben. Eine Analyse der Entwicklungen über die Jahre gibt Hinweise auf eine mögliche Dekonsolidierung der Demokratie (➡ s. Abb. 8.1, S. 233).

Es lässt sich insgesamt keine eindeutige Zunahme der demokratieablehnenden Einstellungen oder der politischen Entfremdung erkennen. Lediglich im Demokratiemisstrauen zeigt sich ein Anstieg der Zustimmungen zu der Aussage: »Die demokratischen Parteien zerreden alles und lösen die Probleme nicht«. Diese steigt von 58,3 % in 2016 auf 64,5 % in 2018/19. Allerdings erreicht der Wert nicht das Niveau von 2014 (73,1 %) und den vorhergehenden Jahren. Eine klare Dekonsolidierung der Demokratie ist an der Entwicklung der Zustimmung der hier untersuchten Aussagen nicht erkennbar. Zumindest ist keine Trendentwicklung beobachtbar, die eine Verschärfung des Demokratiemisstrauens oder von politischen Entfremdungsgefühlen zwischen 2002 und 2018/19 anzeigt. Ähnlich wie bei der Entwicklung Gruppenbezogener Menschenfeindlichkeit (➡ Kap. 3, S. 53 ff.) wäre eher eine Stabilisierung der Demokratieeinstellungen zu konstatieren, nachdem die Zustimmung im Vergleich zu dem Niveau zwischen 2002 und 2011 zurückgegangen war. Dennoch tritt mit rund zwei Dritteln der Bürger_innen immer noch ein erheblicher Teil der Bevölkerung sowohl in 2016 als auch 2018/19 dem demokratischen System misstrauisch bis ablehnend gegenüber. Insbesondere, wenn es um Vorurteile gegenüber Politiker_innen und Parteien geht, denen Selbstbereicherung bzw. Unfähigkeit vorgeworfen wird.

Die berichteten deskriptiven Ergebnisse sprechen damit insgesamt nicht für eine sich in den letzten Jahren *verschärfende* Dekonsolidierung der Demokratie in Deutschland. Vielmehr lässt sich mit Blick auf alle in 2018/19 gemessenen Einstellungen zur Demokratie ein Nebeneinander von antidemokratischen und demokratiebefürwortenden Mentalitäten in der Bevölkerung erkennen. Die Befragten scheinen sich zum größten Teil einig, was die Akzeptanz grundlegender demokratischer Werte angeht. Auch die deutliche Befürwortung des Engagements gegen Rechts sowie eine Sensibilität für die Gefahren, welche von Rassismus und Rechtspopulismus für eine Gesellschaft ausgehen, spricht dafür, dass der Großteil der Befragten sich tatsächlich mit freiheitlichen und pluralen Demokratievorstellungen identifiziert. Allerdings tritt gleichzeitig ein nicht unerheblicher Teil der Bevölkerung der Demokratie durchaus misstrauisch bis ablehnend gegenüber und scheint insbesondere bei der Gewährung gleicher Rechte für alle Abstriche zu machen und scheint ein Gefühl der politischen Machtlosigkeit zu verspüren. Dies spricht dafür, dass es falsch wäre, die Gefährdung des demokratischen Zusammenhalts durch den Blick auf eine voranschreitende Dekonsolidierung zu verstellen. Stattdessen würden wir eine Gleichzeitigkeit zwischen Demokratiestärke und Demokratiemisstrauen diagnostizieren (➟ vgl. Kap. 1, S. 15 ff.) und wir raten, die Demokratieeinstellungen auf Zusammenhänge zu anderen antidemokratischen Meinungen zu prüfen. Genauere Auskunft dazu geben Zusammenhangsanalysen zwischen den Demokratieeinstellungen und sozialen Vorurteilen, also der Abwertung sozialer Gruppen, die sich in Gruppenbezogener Menschenfeindlichkeit ausdrückt.

8.3 Gruppenbezogene Menschenfeindlichkeit und Demokratieeinstellungen

Die Zusammenhänge der Dimensionen der Demokratieeinstellungen untereinander sowie mit GMF wurden durch bivariate Korrelationsanalysen ermittelt (➟ s. Tab. 8.2, S. 236, u. Tab. 8.3, S. 238 f.). Dazu wurden vorher die Dimensionen der Demokratieeinstellungen faktorenanalytisch und auf Zuverlässigkeit (Reliabilität) geprüft (➟ vgl. für Cronbachs Alpha Tab. 8.1, S. 230 f.).[4] Die Höhe und Richtung der Korrelationskoeffizienten (➟ s. Glossar, S. 305 f.) zeigen, dass sich die Annahme eines Zusammenhangs zwischen Demokratieeinstellungen und Abwertungen von Gruppen bestätigt.

4 Beachtet werden sollte bei der Interpretation der Ergebnisse jedoch, dass die interne Konsistenz insbesondere für die Konstrukte illiberales Demokratieverständnis und politische Machtlosigkeit relativ gering ausfällt. Dies könnte daran liegen, dass die Skalen kurz ausfallen und dennoch leicht unterschiedliche Aspekte beinhalten. Die Skalen wurden dennoch beibehalten, da sonst wichtige Informationen verloren gegangen wären. In zukünftigen Studien bedarf es unserer Meinung nach einer noch etwas differenzierteren Messung dieser Einstellungsmuster, um die Robustheit der Ergebnisse zu gewährleisten.

Zunächst aber ist festzustellen, dass die Zusammenhänge der Demokratieeinstellungen untereinander (➞ s. Tab. 8.2) für die Zuverlässigkeit sprechen, dass alle Einstellungen eine Präferenz oder Ablehnung von Demokratie ausdrücken; die Einstellungen zur Demokratie korrelieren signifikant miteinander, dies spricht für die Validität (➞ s. Glossar, S. 309 u. 307) der Messinstrumente. Die demokratiebefürwortenden Einstellungsmuster korrelieren dabei wie erwartet negativ mit den demokratieablehnenden sowie positiv untereinander. Das heißt, wer beispielsweise der Demokratie vertraut, ist mit größerer Wahrscheinlichkeit auch zivilcouragiert orientiert, teilt grundlegende demokratische Werte, während mit geringerer Wahrscheinlichkeit illiberale Vorstellungen geteilt werden oder Gefühle politischer Machtlosigkeit aufkommen. Am engsten hängt das Demokratiemisstrauen mit politischer Machtlosigkeit (r = ,39) sowie die pluralistische Demokratiebefürwortung mit zivilcouragierter Orientierung (r = ,40) zusammen. Kein Zusammenhang findet sich überraschenderweise zwischen Demokratiemisstrauen und Demokratiebefürwortung. Das heißt, ob jemand demokratische Werte wie die Würde aller oder die Notwendigkeit der Demokratie an sich anerkennt, sagt wenig darüber aus, ob diese Person nicht gleichzeitig auch eine gewisse Feindseligkeit gegenüber dem politischen System hegt.

Interkorrelationen der Einstellungen zur Demokratie (Korrelationskoeffizient) **Tabelle 8.2**

	Illiberales Demokratieverständnis	(Pluralistische) Demokratiebefürwortung	Demokratievertrauen	Zivilcouragierte Orientierung	Politische Machtlosigkeit
Demokratiemisstrauen	,37 ***	,03 n. s.	–,38 ***	–,13 ***	,39 ***
Illiberales Demokratieverständnis		–,22 ***	–,25 ***	–,30 ***	,32 ***
(Pluralistische) Demokratiebefürwortung			,31 ***	,40 ***	–,18 ***
Demokratievertrauen				,26 ***	–,23 ***
Zivilcouragierte Orientierung					–,19 ***

Legende * p = < ,05; ** p = < ,01; *** = p < ,001.

In Tabelle 8.3. sind die Zusammenhänge zwischen den Einstellungen zur Demokratie und GMF aufgeführt. Die Korrelationsanalysen zeigen, wer demokratische Normen und Werte vertritt, dem demokratischen System vertraut und zivilcouragiert orientiert ist, stimmt weniger generalisierenden negativen Vorurteilen über andere Gruppen zu, ist also weniger antisemitisch, muslimfeindlich, rassistisch usw. eingestellt. Befragte, die Demokratiemisstrauen sowie illiberale Demokratieverständnisse zeigen und eine politische Entfremdung in Form von Machtlosigkeit behaupten, werten marginalisierte Gruppen eher ab. Dies beschreiben wir im Folgenden genauer (➡ s. Tab. 8.3, S. 238 f.).

Eine pluralistische Demokratiebefürwortung korreliert bis auf wenige Ausnahmen signifikant negativ mit Vorurteilen. Die Ausnahmen sind jedoch sehr aufschlussreich: Der Zusammenhang zwischen Demokratiebefürwortung und der Abwertung asylsuchender Menschen ist nicht signifikant, und mit der Abwertung langzeitarbeitsloser Menschen ($r = -,15$) und den Etabliertenvorrechten ($r = -,13$) bestehen nur schwach ausgeprägte negative Korrelationen. Während also die Befürwortung demokratischer Werte generell die Wahrscheinlichkeit verringert, stark normierten Abwertungen zuzustimmen, wie v. a. dem Rassismus ($r = -,43$), hat sie keinen oder nur einen geringen Einfluss auf die Abwertung von Gruppen, die in der Gesellschaft stärker abgewertet werden. Ist die Meinung, bestimmte Gruppen seien minderwertiger, eher die Regel als Ausnahme, wird sie auch weniger wahrscheinlich als Widerspruch zu demokratischen Grundnormen wahrgenommen. Damit zeichnet sich hier ein Prozess der Normalisierung von Menschenfeindlichkeit ab, der durch die Entkopplung von Normen gegen Diskriminierungen von Demokratieeinstellungen getragen wird.

Das Demokratievertrauen hängt ebenfalls signifikant negativ mit einer Reihe von GMF-Elementen zusammen. Der deutlichste Zusammenhang zeigt sich mit Fremdenfeindlichkeit ($r = -,29$). Befragte, die ein Vertrauen in die Demokratie und ihre Institutionen haben, sind weniger wahrscheinlich fremdenfeindlich eingestellt. Das Demokratievertrauen korreliert jedoch bei fast allen Elementen weniger stark, verglichen mit Demokratiebefürwortung, und steht mit Sexismus, der Abwertung wohnungsloser Menschen und der Abwertung von Menschen mit Behinderung in keinem signifikanten Zusammenhang. Wer dem

Interkorrelationen von GMF und Einstellungen zur Demokratie
(Korrelationskoeffizient)

Tabelle 8.3

	Demokratie-misstrauen	Illiberales Demokratie-verständnis
Rassismus	,19***	,36***
Fremdenfeindlichkeit	,34***	,48***
Antisemitismus – klassisch	,15***	,26***
Antisemitismus – israelbezogen	,22***	,24***
Muslimfeindlichkeit	,27***	,45***
Abwertung von Sinti und Roma	,21***	,36***
Abwertung asylsuchender Menschen	,29***	,31***
Sexismus	,17***	,26***
Abwertung homosexueller Menschen	,14***	,30***
Abwertung von Trans*Menschen	,18***	,34***
Abwertung wohnungsloser Menschen	,13***	,27***
Abwertung arbeitsloser Menschen	,27***	,37***
Abwertung von Menschen mit Behinderung	,03 n.s.	,12***
Etabliertenvorrechte	,35***	,47***

Legende * p = < ,05; ** p = < ,01; *** = p < ,001.

Funktionieren der Demokratie und ihrer Institutionen vertraut und sich von Politiker_innen repräsentiert fühlt, ist also in der Tendenz weniger menschenfeindlich eingestellt. Allerdings sind Bürger_innen, die der Demokratie vertrauen, genauso wahrscheinlich sexistisch und abwertend gegenüber Obdachlosen sowie Menschen mit Behinderung eingestellt, wie der Bevölkerungsdurchschnitt.

Wenig überraschend ist, dass eine zivilcouragierte Orientierung und Sensibilität für eine Bedrohung der Demokratie durch Rassismus und Rechtspopulismus von Befragten gezeigt wird, die weniger menschenfeindlich eingestellt sind. Es scheint sich dabei nicht nur um eine oberflächliche Befürwortung einer vielfältigen und offenen Gesellschaft zu handeln, sondern diese Mentalität spiegelt sich im Durchschnitt auch tatsächlich in den Einstellungen gegenüber verschiedensten marginalisierten Gruppen wider. Die stärksten Zusammenhänge

Tabelle 8.3

(Pluralistische) Demokratiebefürwortung	Demokratievertrauen	Zivilcouragierte Orientierung	Politische Machtlosigkeit
–,43 ***	–,17 ***	–,33 ***	,30 ***
–,33 ***	–,29 ***	–,43 ***	,38 ***
–,31 ***	–,11 **	–,20 ***	,19 ***
–,18 ***	–,11 **	–,12 ***	,11 **
–,36 ***	–,31 ***	–,47 ***	,32 ***
–,25 ***	–,21 ***	–,34 ***	,21 ***
–,06 n. s.	–,19 ***	–,25 ***	,29 ***
–,21 ***	–,03 n. s.	–,24 ***	,22 ***
–,36 ***	–,19 ***	–,29 ***	,23 ***
–,26 ***	–,11 **	–,29 ***	,22 ***
–,30 ***	–,01 n. s.	–,23 ***	,19 ***
–,15 ***	–,10 **	–,18 ***	,26 ***
–,30 ***	–,02 n. s.	–,18 ***	,10 **
–,13 ***	–,18 ***	–,32 ***	,34 ***

zeigen sich bei der Fremdenfeindlichkeit (r = –,43) und der Muslimfeindlichkeit (r = –,47). Eine weniger starke Korrelation besteht beispielsweise mit dem israelbezogenen Antisemitismus (r = –,12). Befragte, die eine Befürwortung von Engagement für eine offene Gesellschaft zeigen, sind folglich mit geringerer Wahrscheinlichkeit antisemitisch eingestellt, aber dieser Zusammenhang ist eher schwach und nicht so ausgeprägt, wie bei den meisten anderen GMF-Elementen.

Wird die andere Seite der Demokratieeinstellungen betrachtet, so sind die Zusammenhänge umgekehrt. Demokratiemisstrauen, illiberale Demokratieverständnisse und Gefühle politischer Machtlosigkeit hängen wie erwartet in der Regel deutlich positiv mit den GMF-Elementen zusammen. Je mehr diese Einstellungsmuster vorhanden sind, desto größer ist die Wahrscheinlichkeit, dass die Befragten auch menschenfeindlich sind. Diese Zusammenhänge zeigen einmal mehr, dass es sich bei dieser Form der Demokratieablehnung nicht um eine legitime Kritik am politischen System handelt, sondern um eine illiberale Ablehnung der Demokratie, die mit der Abwertung von Gruppen verbunden ist. Die Zusammenhänge zwischen illiberalem Demokratieverständnis und GMF sind dabei durchweg stärker als zwischen Demokratiemisstrauen und GMF. Deutliche Korrelationen bestehen insbesondere zwischen einem illiberalen Demokratieverständnis mit Muslimfeindlichkeit (r = ,45), Fremdenfeindlichkeit (r = ,48) und Etabliertenvorrechten (r= ,47).

Die Korrelationen zwischen politischer Machtlosigkeit und GMF sind ebenfalls durchweg signifikant, allerdings verglichen mit dem illiberalen Demokratieverständnis etwas geringer ausgeprägt. Alles in allem lässt sich jedoch festhalten, dass Befragte, die der Meinung sind, keinen Einfluss auf das Handeln Regierender ausüben zu können und es für sinnlos halten, sich politisch zu engagieren, anderen Gruppen eher die Gleichwertigkeit absprechen. Es bestätigt sich also die Annahme, dass jene Menschen, die sich politisch nicht anerkannt und entfremdet fühlen, auch anderen Gruppen die Anerkennung versagen.

8.4 Fazit

Um die Frage nach der Stabilität der Demokratie zu beantworten, haben wir das Ausmaß der Einstellungen zur Demokratie in der Bevölkerung beschrieben und die Zusammenhänge zwischen verschiedenen Demokratievorstellungen und Gruppenbezogener Menschenfeindlichkeit ermittelt. Gemessen an den empirischen Beobachtungen wird die Demokratie von der überwiegenden Mehrheit der Bevölkerung befürwortet. Der pluralen und freiheitlichen Demokratie zugrunde liegende Werte sind ein starkes Moment, welches die Mitte der Gesellschaft zusammenzuhalten scheint. Wer die Würde und Gleichheit aller hochhält und anerkennt, dass eine demokratische Gesellschaft durch Aushandlungsprozesse unterschiedlichster Gruppen und Interessen gekennzeichnet ist, widersteht auch eher der Zuschreibung der Ungleichwertigkeit anderer Gruppen. Gleichzeitig konnten wir über die engen Zusammenhänge menschenfeindlicher Vorurteile und demokratieablehnender sowie illiberaler Einstellungen das antidemokratische Potenzial Gruppenbezogener Menschenfeindlichkeit verdeutlichen. Dies scheint auf den ersten Blick kein überaus überraschendes Ergebnis, dennoch zeigt die Analyse, was die Gesellschaft zusammenhält und wo Bruchstellen sind, an denen demokratische Werte verloren gehen. Bestimmte Vorstellungen von Demokratie auf einer politischen Ebene sind eng mit Ideologien der Ungleichwertigkeit auf einer sozialen Ebene – eben Vorurteilen – verbunden. Hier verschränken sich zwei Konfliktebenen miteinander. Dies scheint ein Aspekt zu sein, der durchaus als eine Gefährdung der Demokratie interpretiert werden kann. Ein Konzept illiberaler Demokratie geht eben einher mit Rassismus, Antisemitismus und vielen anderen Markierungen der Minderwertigkeit von Gruppen.

Die vorgestellten Ergebnisse könnten darüber hinaus für die politische Bildung bzw. Demokratiebildung Hinweise geben. Sie bestätigen auf der einen Seite die Relevanz einer grundlegenden und reflexiven Moralbildung bezüglich demokratischer Werte, wie Gleichheit und Würde aller Menschen. Denn diese Werte stehen Gruppenbezogener Menschenfeindlichkeit grundsätzlich entgegen. Sie kennzeichnen deren Immoralität. Doch die Gleichzeitigkeit von demokratischen und antidemokratischen Orientierungen verweist darauf, dass bestimmte Werte zum Teil eher auf abstrakter Ebene verbleiben als in die eigene Lebensrealität und beispielsweise auf die tatsächlichen Beziehungen zu anderen Menschen übertragen zu werden. Bildung müsste Demokratie daher erfahrbar machen, und nicht nur abstraktes Wissen über das politische System vermitteln. Die Ergebnisse unterstützen daher auf der anderen Seite die Bedeutung einer zivilcouragierten Bildung, die wir schon 2016 betont haben (Zick 2016; s. auch → Kap. 10, S. 283 ff.). Auch andere Studien zeigen die Bedeutung der Bildung für die Reduktion von Vorurteilen, wenn diese die Vermittlung von demokratischen Werten und sozialen Kompetenzen ermöglicht (vgl. Hopf 1999; Heyder 2003; Thomsen & Olsen 2016). Gleichsam untermauern die Ergebnisse, am Bildungsideal einer reflexiven Mündigkeit, wie es sich in Anlehnung an Adornos Forderungen an die Erziehung nach Auschwitz (1966) bzw. eben einer Erziehung zur Mündigkeit (1969) formulieren lässt, festzuhalten. Insbesondere, wenn diese als die Selbstständigkeit zur sorgsamen und kritischen Reflexion eigener wie fremder Einstellungen und der Eingebundenheit in soziale Gemeinschaften verstanden wird.

9 Alles nur ein Problem der Ostdeutschen oder Einheit in Wut und Hass? Rechtsextreme und menschenfeindliche Einstellungen in Ost- und Westdeutschland

Beate Küpper · Franziska Schröter · Andreas Zick

9.1 Der »rechte Osten« – zwischen Fakten und Vorurteilen

»Blühende Landschaften« oder »Dunkeldeutschland«, Solidargemeinschaft oder Ellenbogengesellschaft, Aufbruch oder Ostalgie, »wilder Osten« oder rückwärtsgewandt und rückständig? Vor allem aber: Impulsgeber oder Gefahr für die Demokratie? Das Bild auf die neuen Bundesländer, auf Ostdeutschland und die Ostdeutschen ist geprägt von Stereotypen, Vorurteilen, Pauschalisierungen, Vorhaltungen, wie auch einer Verklärung in »Ostalgie«. Stereotype gibt es von beiden Seiten, wie Vorurteile in »Wessi«- und »Ossi«-Bildern. Spätestens aber nach der Serie an medial bekannt gewordener Hasstaten in den neuen Bundesländern, unübersehbaren Wahlerfolgen einer Partei, die offen mit menschenfeindlichen Ressentiments und Appellen an »das Volk« im Osten wirbt, wird die Frage nach oder das Urteil der besonderen Belastung des Ostens mit Rechtsextremismus aufgeworfen. Die Faktenlage scheint dabei eindeutig. Die Anzahl rechtsextremer Gewalttaten, die sich in den vergangenen Jahren vor allem gegen Flüchtlingsunterkünfte, Geflüchtete und ihre Unterstützer_innen richtete, überhaupt auch schon in der Vergangenheit gegen all jene, die als irgendwie »links« gelten, ist im Osten in Relation zur Bevölkerungsgröße besonders hoch.[1] Schon in den 1990er-Jahren fiel der Osten durch die Angriffe gegen Flüchtlingsunterkünfte in Rostock-Lichtenhagen oder Hoyerswerda auf, doch auch in der DDR gab es Rechtsextremismus, selbst fremdenfeindliche Morde. In den 2000er-Jahren erreichte die NPD in etlichen Kommunen ein zweistelliges Ergebnis, in einigen Städten und Kreisen sogar über 20 % Stimmenanteil, und die AfD holte bei der Bundestagswahl 2017 20,5 % der Stimmen, im Westen

1 https://de.statista.com/infografik/15213/rechte-gewalt-in-den-bundeslaendern/ [Aufruf am 3.3.2019].

nur knapp 11 %.[2] Die Mitte-Studien und andere belegen seit Jahren durchweg höhere Zustimmungsraten zu rechtsextremen Einstellungen in den ostdeutschen Bundesländern. Im Osten wuchs der Nationalsozialistische Untergrund (NSU) heran, Pegida formierte sich, es verankerten sich die rechtsextrem dominierten Demonstrationen von Chemnitz und ein Ostflügel der AfD (Partei Alternative für Deutschland), der bei den Bundestagswahlen 2017 mit Parolen wie »Neue Deutsche? Machen wir selber« oder »Burkas? Wir stehen auf Bikini« im Osten an etlichen Orten zweitstärkste oder gar stärkste Kraft wurde und nun droht, die kommende Landtagswahl in Sachsen zu gewinnen. Das Bild des »rechten Ostens« verdichtet sich angesichts der Beobachtungen, hat längst Eingang in die Feuilletons gewonnen und ist vermutlich bei vielen Westdeutschen verbreitet. Die öffentliche Aufmerksamkeit richtet sich naturgemäß auf negative Zahlen und Vorfälle; deutlich weniger Beachtung erfahren die Gegenbewegungen, die sich gerade auch in den neuen Bundesländern mit sehr viel Mut, auch und gerade mit sehr viel mehr Mut, als im Westen nötig ist, gegen den Rechtsextremismus, seine gewaltorientierten Anhänger_innen und für die Demokratie engagieren. Zahlreiche Graswurzelprojekte gibt es seit 1990. An manchen kaum bekannten Orten mühen sie sich seit 30 Jahren mit Kameradschaften ab oder mit einer Bevölkerung, die keine Aufmerksamkeit auf rechtsextreme Gruppen und Strukturen wünscht und engagierte Gruppen als »Nestbeschmutzer« stigmatisiert (vgl. Zick & Hövermann 2013). Das Engagement ist auch daran bemerkbar, wie viele ostdeutsche Gruppen sich jährlich um eine Förderung aus den Bundesprogrammen »Demokratie leben!«, dem »Bündnis für Demokratie und Toleranz«, dem Programm »Zusammenhalt durch Teilhabe«, vielen Landesprogrammen und Förderpreisen bewerben. Nicht nur in Dresden und Leipzig, sondern auch in etlichen kleineren Kommunen, setzen sich tatkräftig Viele für demokratische Zustände und einen Zusammenhalt in Toleranz ein und dies eben oft in einer Stimmungslage vor Ort, die ihnen die Arbeit erschwert, bisweilen unter Anfeindungen bis hin zur Gewaltandrohung oder Gewaltausübung. Auch unter den ehrenamtlich Tätigen ist die Zahl der Gewaltopfer hoch, wenn auch nur in Teilen genau dokumentiert.

2 https://www.boell.de/sites/default/files/boell-brief_bundestagswahl_2017.pdf?dimension1=division_demo [Aufruf am 6.3.2019].

Gerade wenn es um den Rechtsextremismus geht, ist der Fingerzeig auf den Osten für den Westen in mehrfacher Hinsicht recht bequem und willkommen. Er erleichtert es, sich selbst nicht so intensiv mit vor Ort vorhandenem Rassismus und Rechtsextremismus zu beschäftigen und erhöht zugleich das Gefühl, selbst demokratisch zu sein. Der soziale Vergleich ist eine günstige Gelegenheit der Entlastung. Zudem bedient der Verweis auf den »rechten Osten« gängige Stereotype und Vorurteile über den Osten, die unabhängig davon kursieren. Gerade der Rechtsextremismus in Sachsen wird auch medial überproportional, bisweilen auch undifferenziert hervorgehoben, ein sogenanntes »Ost-Bashing«, also eine einseitige Beschuldigung Ostdeutscher, ist teilweise en vogue und es wird bei aller berechtigter Sorge leicht übersehen, dass eine große Mehrheit der Ostdeutschen den im Osten sehr radikalen Flügel der AfD nicht gewählt haben.

Die einfache und pauschale Zuweisung von Rechtsextremismus an den Osten erscheint vielen in Ostdeutschland unfair, ungerecht und unangemessen und treibt einige in die Arme des Populismus und Extremismus. Viele Menschen im Osten fühlen sich neben all den anderen Benachteiligungen nun auch noch als rechtsextrem diffamiert. Dabei sind die Unterschiede zwischen Ost- und Westdeutschland im Ausmaß des Rechtsradikalismus gar nicht so hoch. Einige Ergebnisse haben wir schon in den vorhergehenden Kapiteln des vorliegenden Buches berichtet. In den jeweils gleichen sozialen Milieus ähneln sich Ost- und Westdeutsche in ihren Einstellungen weitgehend, nur sind eben die verschiedenen Milieus in den Regionen Deutschlands unterschiedlich groß. Ist der Osten vielleicht gar nicht rechtsextremer und -populistischer sondern sind nur entsprechende Milieus häufiger vertreten? Unabhängig von den berichteten Ergebnissen der Mitte-Studie, die wir noch vertiefen, gibt es Alltagsrassismus und Rechtsextremismus in all seinen Schattierungen auch im Westen. Es gibt die alltägliche klammheimliche Zustimmung zu ideologischen Versatzstücken des Rechtsextremismus, es gibt die rechtsextremen kleinen Gruppen und Hotspots: Dortmund, Ostwestfalen-Lippe, der Aachener Raum, die Region um den Edersee in Hessen oder die Lüneburger Heide sind solche bekannten Beispiele. Nicht vergessen werden sollte auch, dass etliche heute im Osten bekannte Akteure des radikal rechten Spektrums ursprünglich aus dem Westen kamen. Sie haben im Osten die rechtsextremen Szenen mit aufgebaut, sich dort ihre kleinen Reiche geschaffen und konnten erst im Osten Prominenz erlangen. Dazu gehören neben Vertreter_innen der neuen Rechten auch etliche Führungsfiguren rechtsextremer und rechtspopulistischer Parteien.[3] Auch prominente Eliten der AfD im Osten, die durch radikale Töne auffallen, stammen aus dem Westen.

Der Rechtsextremismus organisiert und manifestiert sich sehr unterschiedlich. Dies hängt sowohl von Zufällen ab, wo sich beispielsweise rechtsextreme Gruppierungen festsetzen, aber auch mit den Strategien von Politik, Polizei und der Zivilgesellschaft. Darüber hinaus zeichnen sich aber auch bemerkenswerte historische Linien ab, wie kürzlich eine Studie nachzeichnen konnte (Cantoni, Hagemeister & Westcott 2019): Dort, wo 1933 (und auch schon 1929) die NSDAP besonders erfolgreich war, sind heute rechtspopulistische Einstellungen weiter verbreitet und auch die AfD ist dort erfolgreicher. Die Befunde sprechen eher für ein kulturelles Fortbestehen und lassen sich nicht allein oder im Besonderen durch ökonomische Entwicklungen erklären. Auch die Aktivität rechtsextremer Gruppierungen zeigt bisweilen eine auffällige lokale Beständigkeit, wie sich dies etwa in einer Studie in Hessen nachzeichnen ließ (Hafeneger & Becker 2008). Einstellungen werden von Generation zu Generation weitergegeben. Sie bilden Traditionslinien und Erinnerungskulturen. Gerade dort, wo wenig Bewegung in der Bevölkerungszusammensetzung ist, ist dies besonders ausgeprägt, in größeren Städten, in die mehr Menschen ein- und abwandern, finden sich diese Linien nicht. So lassen sich in Ost- und Westdeutschland mindestens durch ihre Trennung in zwei Systeme, die DDR und BRD, eben auch politische, ökonomische und kulturelle Prägungen vermuten, die sich gravierend unterscheiden und die in Teilen eben auch an die nachfolgenden Generationen weitergegeben worden sein dürften. Dazu gehört ganz sicher auch die Erfahrung von Transformation, die sich nicht nur bei den Älteren, sondern auch der Nachwendegeneration in Teilen noch zeigt (vgl. u. a. Faus & Storks 2019). Eine Kontrastierung von Ost-West muss auch im Blick haben, dass sowohl der Osten als auch der Westen keineswegs ökonomisch und sozial homogen sind und dort jeweils sehr unterschiedliche Ost- und Westdeutsche leben.

---

3 Einen knappen Überblick, wie die NPD im Osten Fuß fasste, hat u. a. der MDR zusammengestellt: www.mdr.de/zeitreise/npd-im-osten-rechtsextremismus-nsu100.html [Aufruf 19.2.2019].

Bei allem Wider gegen das Bild der besonderen Belastung durch rechtsextreme und menschenfeindliche Tendenzen im Osten, sind die Unterschiede zwischen Ost- und Westdeutschland im Ausmaß des sichtbaren Rechtsextremismus und seiner verwandten Phänomene trotz allem evident, auch wenn nicht immer ganz genau und solide nachgewiesen. Die Beobachtungen der vorangegangenen Kapitel zugrunde gelegt, stellt sich erstens die Frage, welches Bild sich für die Unterschiede zwischen Ost und West abzeichnet und zweitens, warum der Osten im Vergleich zum Westen in einiger Hinsicht so »rechts« ist?

Liegt es an den schlechteren ökonomischen Bedingungen, den Transformationserfahrungen, einem mangelnden oder anderen Verständnis von Demokratie im Osten, dem Erbe der DDR? Liegt es an einer tiefer verwurzelten Kultur, den wenigen Großstädten mit üblicherweise toleranteren Haltungen? Oder haben schlicht all jene, die gemeinhin weniger zu rechtsextremen Einstellungen neigen, also z. B. jene Jüngeren, Mobileren, besser Gebildeten, früh den Osten verlassen, sodass sich rechte Strukturen besser verankern konnten? Oder hat umgekehrt der Westen mehr als der Osten in den letzten Jahrzehnten erfolgreicher in die Prävention und Intervention investiert, ist demokratischer und weniger menschenfeindlich geworden? Hinkt der Osten schlicht und schlechterdings einige Jahre in der demokratischen Entwicklung hinterher? Gibt es überhaupt gut begründete »ostspezifische« Erklärungen, oder sind es in Ost und West nicht vielmehr im Grunde ganz ähnliche Ursachen, die den Rechtsextremismus erklären, die nur im Osten auf besonders befördernde Bedingungen stoßen (z. B. Armut oder regionale Strukturschwäche)?

Das vorliegende Kapitel geht zunächst der Frage nach, inwieweit sich die auffälligen Beobachtungen eines »rechten Ostens« empirisch in den erfassten Einstellungen der Mitte-Studie, also einer breiten Bevölkerung spiegeln. Dazu berichten wir zunächst die aktuellen Befunde zum Ausmaß von menschenfeindlichen und rechtsextremen Einstellungen in Ost- und Westdeutschland. Im zweiten Teil werden eine Reihe gängiger Erklärungen vorgestellt und empirisch geprüft, soweit dies in einer Meinungsumfrage möglich ist. Dabei versuchen wir zunächst, ein kurzes Bild der allgemeinen Stimmungslage in Ost und West zu zeichnen.

9.2 Die Stimmungslage in Ost- und Westdeutschland

Die Befunde der Langzeitstudie Gruppenbezogene Menschenfeindlichkeit und der Mitte-Studien der vergangenen Jahre (➟ s. Kap. 1, S. 15 ff.) reihen sich in ein Stimmungsbild ein, das im Osten von einer insgesamt größeren Unzufriedenheit in vielen Facetten zeugt, wobei zugleich die Unterschiede weniger groß sind, als vielleicht erwartet. So fühlen sich etwas mehr Ostdeutsche im Alter nicht gut abgesichert als Westdeutsche (Ost 54 %; West 45 %; ZDF-Politbarometer vom 31.8.2018). Über drei Viertel (Ost 76 %; West 67 %) werten Einsamkeit als großes Problem und zwar eher als ein gesellschaftliches, um das sich die Politik kümmern solle (Ost 49 %; West 35 %), während sie im Westen eher als persönliches Problem verstanden wird (Ost 44 %; West 61 %; beides ARD-DeutschlandTrend März 2018). Auch bei politischen Themen, die zunächst erst einmal nichts mit Rechtsextremismus zu tun haben, aber dann doch oft mit rechten Tendenzen verknüpft sind, finden sich deutliche Unterschiede: Ostdeutsche halten den öffentlich-rechtlichen Rundfunk für weniger vertrauenswürdig (Ost 19 %; West 11 %) und auch die Tageszeitungen (Ost 18 %; West 10 %) werden kritischer wahrgenommen (Decker et al. 2017). Und Ostdeutsche sind häufiger als Westdeutsche der Ansicht, Deutschland könne die vielen Flüchtlinge nicht verkraften (Ost 52 %; West 35 %), 17 % im Osten, aber nur 10 % im Westen meinen, in ihrer Gegend gäbe es große Probleme mit Flüchtlingen (beide Angaben ZDF-Politbarometer vom 14.9.2018) und mehr Ostdeutsche als Westdeutsche werfen der Regierung vor, Sorgen in Bezug auf Zuwanderung nicht ernst zu nehmen (Ost 66 %; West 46 %; ARD-DeutschlandTrend September 2018). Zugleich betrachten aber noch mehr Ostdeutsche als Westdeutsche Rassismus hierzulande als ein Problem (Ost 71 %; West 62 %; ebd.).

Eine aktuelle Studie der Otto Brenner Stiftung (Faus & Storks 2019) hat die Nachwendegeneration untersucht und kommt zu der Feststellung, die Mauer in den Köpfen sei durchaus auch bei der jungen Generation noch da, auch wenn sie bröckelt. Junge Ostdeutsche betrachten ihre eigene sozioökonomische Lage als recht gut und kaum schlechter als die jungen Westdeutschen. Sie sind auch ansonsten ähnlich zufrieden mit ihrem Leben, der überwiegende Teil blickt optimistisch in die eigene Zukunft. Ähnlich viele sehen sich als soziale Auf- bzw. Absteiger verglichen mit ihren Eltern, in Ost ganz ähnlich wie in West. Doch während fast die Hälfte der Meinung ist, die Wende habe auch für ihre Eltern eher positive Folgen gehabt, lässt sich ein Fünftel als »Wendeverlierer« bezeichnen, wobei dies eben nicht die unmittelbaren eigenen Erfahrungen spiegelt, sondern die der Elterngeneration. In diesen Familien wird nach Auskunft der jungen Ostdeutschen die Wende eher negativ thematisiert. Und noch etwas fällt auf: Junge Ostdeutsche bewerten die wirtschaftliche Lage in ihrer Region häufig schlechter als junge Westdeutsche dies tun und sehen auch weniger eigene Chancen, dort einen guten Job zu finden. Über zwei Drittel der jungen Befragten aus dem Osten ist der Ansicht, Ostdeutsche wurden nach der Wiedervereinigung unfair behandelt (im Westen sieht das nur die Hälfte der Befragten so). Neben dem nicht ganz kleinen Teil derer, der die negativen familiären Erfahrungen der Wende weiterträgt, wird also die allgemeine Lage in der Region deutlich negativer beurteilt als die ganz persönliche. Dies zeichnet sich ähnlich auch in anderen Befragungen wie etwa der Mitte-Studie 2016 ab, in der sich zwar nur wenige Befragte persönlich durch Geflüchtete in ihrer Art zu leben und ihrer finanziellen Situation bedroht fühlten, aber deutlich mehr ein abstrakteres Gefühl der kollektiven Bedrohung des Wohlstands durch Flüchtlinge teilten.

Auch wenn die Demokratie von dem ganz überwiegenden Teil der jungen Generation als Staatsform nicht angezweifelt wird, ist die Unterstützung unter jungen Ostdeutschen etwas geringer, insbesondere gilt dies für die familiären »Wendeverlierer«. Politischen Themen gehen junge Ostdeutsche noch eher aus dem Weg als junge Westdeutsche, weil dies zu privaten Konflikten führen kann; so wird auch eher betont neutral und nivellierend von »ist halt eine andere Meinung« gesprochen. Hier mag sich die DDR-Erfahrung niederschlagen, die die Anforderung, überhaupt eine eigene Meinung zu haben und diese laut zu äußern, zu einem Wert an sich werden lässt, ohne diese Meinung dann weiter kritisch zu hinterfragen. Vielleicht werden aber auch vermeintlich staatlich aufoktroyiertes Denken und Deutungsvorgaben – und dazu gehören dann ggf. auch demokratische Grundwerte – kritischer wahrgenommen. Für die demokratische Auseinandersetzung und den Umgang mit dem Thema Rechtsextremismus ist die Einordnung diskriminierender Einstellungen als bloße Meinung jedoch ein Problem. Immerhin rund ein knappes Viertel der in der Studie der Otto Brenner Stiftung untersuchten jungen Heranwachsenden in Ost und West wünscht sich »einen starken Führer, der sich nicht um Parlamente und Wahlen kümmern muss« (Ost 27 %; West 23 %), unter jungen Männern ist dies verbreiteter als unter jungen Frauen. Besonders hoch ist der Anteil unter jenen, die ihre Eltern als »Wendeverlierer« sehen (was insofern besonders besorgniserregend ist, als es genau das Milieu ist, aus dem dann auch die meisten Straf- und Gewalttaten – allgemein wie rechtsextrem motiviert – verübt werden). Allerdings ist der Anteil derer, die sich eine autoritäre Staatsform wünschen, in der älteren Bevölkerung noch höher, wie u. a. auch die Mitte-Studien zeigen (vgl. dazu auch Decker & Brähler 2018).

Ein weiterer signifikanter Befund ist in dem Kontext relevant: Während fast drei Viertel im Westen der Ansicht sind »Der Rechtsstaat in Deutschland funktioniert alles in allem gut«, sehen dies im Osten nur die Hälfte der Befragten so (Ost 50 %; West 72 %; ARD-DeutschlandTrend September 2018). Ebenfalls fast die Hälfte der Befragten im Osten sind mit dem Funktionieren der Demokratie nicht zufrieden (Ost 46 %; West 32 %; ZDF-Politbarometer vom 14.9.2018). Auch in den bisherigen Mitte-Studien zeigt sich besonders im Osten ein ähnlich kritisches bis misstrauisches Verhältnis zu Demokratie und Rechtsstaat, ein Befund, der sich in der vorliegenden Mitte-Studie 2018/19 bestätigt.

Existiert eine andere Vorstellung von einem Rechtsstaat im Osten im Vergleich zum Westen? Oder sind viele Ostdeutsche Opfer einer von rechts angetriebenen Agitation, der zufolge Grenzen für Flüchtlinge geöffnet worden seien und dies ein Rechtsbruch gewesen sei? Oder geht es vielleicht auch um konkrete Erfahrungen eines Rechts- und Staatsversagens bei Erfahrungen von realem Betrug und Bevormundung nach der Wende, die zum Teil bis heute von einer westdeutschen Dominanz zeugen, oder auch – gefühlt oder tatsächlich – dem Versagen von Justiz und Polizei bei der Durchsetzung geltender Rechtsordnung (z. B. auch, wenn auf der Straße offen der Hitlergruß gezeigt wird)? Für die vorliegende Studie müssen wir bei Vermutungen und Thesen bleiben, weil für eine tiefer gehende Analyse die Anzahl der Fragen, die wir in der Mitte-Studie 2018/19 stellen konnten, begrenzt sind. Dennoch sind sie sehr gut geeignet, einen empirisch verlässlichen Einblick zu gewinnen, jenseits von Debatten und Eindrücken.

9.3 Unterschiede zwischen Ost und West in der Mitte-Studie 2018/19

Öffentliche Debatten stellen vor allem die Eingangsfrage, ob der »Osten« rechtsradikaler und/oder antidemokratischer und/oder menschenfeindlicher ist. Dem gehen wir nun genauer nach. Um dies zu prüfen, wurden für die nachfolgenden Auswertungen die Befragten zunächst anhand ihres derzeitigen Wohnorts in aus »Ost-« bzw. »Westdeutschland« eingeteilt. Befragte aus Berlin wurden danach unterschieden, ob sie überwiegend in Ost- oder Westberlin aufgewachsen sind und entsprechend zugewiesen (in den vorangegangenen Kapiteln wurden die Befragten abweichend zu dem hier gewählten Vorgehen danach unterschieden, in welchem Teil Deutschlands sie überwiegend aufgewachsen sind). Wenn wir im Folgenden von Ost- bzw. Westdeutschen sprechen, meinen wir damit also Personen, die derzeit im Osten bzw. Westen Deutschlands leben.

15 % (n = 286 Personen) der Befragten leben in Ostdeutschland bzw. in Berlin und sind dort überwiegend im Osten aufgewachsen, 85 % (n = 1599) der Befragten in Westdeutschland.[4] Knapp 19 % der Befragten sind überwiegend im Osten aufgewachsen, 78 % der Befragten im Westen, rund 3 % nicht in Deutschland. Nur knapp 6 % der Befragten sind zum Zeitpunkt der Erhebung in den jeweils anderen Teil Deutschlands, in dem sie nicht ursprünglich aufgewachsen sind, umgesiedelt (knapp 6 % der im Westen Wohnenden stammen ursprünglich aus dem Osten, knapp 5 % der im Osten Wohnenden aus dem Westen). Dies sind leider zu wenig, um diese gewanderte Gruppe gesondert zu analysieren, zugleich unterstreicht die geringe Anzahl der von Ost nach West bzw. umgekehrt gewanderten Befragten, dass die im Folgenden berichteten Befunde nicht wesentlich anders aussähen, wenn wir für die Analysen statt des aktuellen Wohnorts den Ort des Aufwachsens gewählt hätten (zum Vergleich siehe die Ergebnisse in den vorangegangenen Kapiteln).

4 Das Statistische Bundesamt rechnet alle Einwohner_innen Berlins als in Ostdeutschland lebende Personen und kommt so auf rund 19,5 % für den Osten. In der ungewichteten Stichprobe der vorliegenden Erhebung liegt der Anteil der Befragten in den ostdeutschen Bundesländern einschließlich Berlin gleichauf bei 19,6 %. Durch die abweichende Einteilung der Befragten aus Berlin und unserem Gewichtungsfaktor für Gesamtdeutschland, der die u. a. durch Wanderung entstandenen demografischen Verschiebungen nicht ausgleicht, liegt der Anteil Ostdeutscher, über den im vorliegenden Kapitel berichtet wird, etwas niedriger.

9.3.1 Rechtsextreme Orientierung

Eine rechtsextreme Orientierung wurde in der vorliegenden Ausgabe der Mitte-Studie wie in den vergangenen Jahren über sechs Dimensionen erfasst (➞ s. dazu Kap. 4, S. 117 ff.), von denen die ersten drei als politische, die weiteren drei als soziale Dimensionen umschrieben werden können: Befürwortung einer rechtsgerichteten Diktatur, Verharmlosung des Nationalsozialismus, nationaler Chauvinismus, Sozialdarwinismus, Fremdenfeindlichkeit und Antisemitismus. Für die Zustimmung zu einer Dimension wurde ein sehr strenges Kriterium verwendet, wonach nur Personen in diese Kategorie fallen, die tatsächlich allen jeweils drei zur Erfassung einer Dimension verwendeten Aussagen eher oder voll und ganz zustimmten. Entsprechend wenige Personen zeigen nach den strengen Kriterien ein manifest rechtsextremes Weltbild, schließlich bedarf dies einer Zustimmung zu allen 18 vorgelegten Aussagen. Deutlich mehr Befragte neigen in der Tendenz dazu, der einen oder anderen Dimension in Teilen zuzustimmen, d. h. rechtsextreme Ideologiefragmente werden durchaus von mehr Personen geteilt; der Schluss, Rechtsextremismus sei nur ein zu vernachlässigendes Problem, ist also etwas zu voreilig. Hinzu kommt, dass diejenigen, die zu einem dogmatischen und engen Rechtsextremismus tendieren, mit ziemlicher Wahrscheinlichkeit nicht an solch einer Meinungsumfrage teilnehmen. Nach Einschätzung des Sozialwissenschaftlichen Umfragezentrums (SUZ), das die Befragungen im Rahmen der Mitte-Studie 2018/19 durchgeführt hat, lassen sich allerdings keine systematischen Verzerrungen vermuten, die die Befunde zum Ost-West-Vergleich beeinflussen könnten.

Im Winter 2018/19 zeigen im Osten Deutschlands genauso wenig Befragte ein manifest rechtsextremes Weltbild wie im Westen, in beiden Teilen Deutschlands liegt der Anteil bei nur 2,4 %. Identisch sieht es aus, wenn man diejenigen vergleicht, die überwiegend im Osten oder Westen aufgewachsen sind (2,3 % Ost; 2,4 % West; ➞ s. Kap. 4, S. 117 ff.). Befragte, für die aufgrund einzelner fehlender Werte kein Gesamtindex für ein manifest rechtsextremes Weltbild erstellt werden konnte (dies ist fast ein Viertel der Befragten), tendieren bei den einzelnen Subdimensionen eher zu Zustimmung als jene ohne manifest rechtsextremes Weltbild. Doch auch dies ist bei Befragten in Ost- und Westdeutschland recht ähnlich. Wirklich aussagekräftige, nach einzelnen Bundesländern differenzierte Auswertungen sind mit der vorliegenden Stichprobe leider nicht möglich, dafür ist sie zu klein. Es deuten sich aber durchaus Unterschiede in der Verbreitung rechtsextremer Einstellungen zwischen den einzelnen Bundesländern sowohl im Osten als auch im Westen an.

Damit setzt sich der Trend einer im Osten verbreiteteren Neigung zu hart rechtsextremen Einstellungen nicht fort, der in den vergangenen 15 Jahren der Mitte-Studie und in vielen anderen Studien beobachtet wurde (mit Blick auf die Mitte-Studien v. a. von Decker et al. 2018). Bei genauerer Betrachtung der Dimensionen rechtsextremer Einstellungen werden dann allerdings doch zwei signifikante Unterschiede erkennbar. Signifikant und auch absolut gesehen deutlich mehr Befragte aus Ostdeutschland »befürworten eine rechtsgerichtete Diktatur« und äußern Fremdenfeindlichkeit (➞ s. Tab. 9.1, S. 254).[5] In der Tendenz, aber statistisch nicht signifikant, tendieren Ostdeutsche zudem geringfügig etwas häufiger zu einer Verharmlosung des Nationalsozialismus. Auf der anderen Seite stimmen Westdeutsche etwas häufiger Antisemitismus, geringfügig auch Sozialdarwinismus zu; auch diese Ergebnisse zeichneten sich z. T. schon in der Vergangenheit ab. Bemerkenswert ist zudem, dass mehr Befragte aus Ostdeutschland als aus Westdeutschland bei vielen rechtsextremen Aussagen die Antwortkategorie »ich stimme voll und ganz zu« wählen und sich damit ganz deutlich rechtsextrem positionieren (dies nivelliert die zusammengefasste Einteilung in »Zustimmung«, die auch jene einschließt, die mit »ich stimme überwiegend zu« geantwortet haben). Deutlich wird dies bspw. bei der Aussage: »Was Deutschland jetzt braucht, ist eine einzige starke Partei, die die Volksgemeinschaft insgesamt verkörpert«, der ein Fünftel der Befragten aus dem Osten »voll und ganz« zustimmen (»lehne völlig ab« Ost 48,4 %; West 55,1 %; »lehne überwiegend ab« Ost 8,6 %; West 12,4 %; »stimme teils zu/teils nicht zu« Ost 13,7 %; West 12,5 %; »stimme überwiegend zu« Ost 7,4 %; West 8,9 %; »stimme voll und ganz zu« Ost 21,8 %; West 11,2 %).

5 Chi^2-Tests zur Bestimmung signifikanter Unterschiede bezüglich rechtsextremer Einstellungen in Ost- und Westdeutschland: Befürwortung einer rechtsgerichteten Diktatur: Chi^2 (1, 1.820) = 16,356, $p < ,001$; Fremdenfeindlichkeit: Chi^2 (1, 1.814) = 6,099, $p < ,05$. Hier angegeben ist die Irrtumswahrscheinlichkeit p. Alle Unterschiede zwischen den Gruppen Ost und West wurden statistisch auf Signifikanz geprüft. Soweit die Prüfungen anzeigen, dass sich die Gruppen signifikant oder nicht signifikant (n. s.) unterscheiden, ist es vermerkt.

Zustimmung zu den Dimensionen rechtsextremer Einstellungen in Ost- und Westdeutschland 2018/19 (Angaben in Prozent) **Tabelle 9.1**

	Gesamt (n = 1.885)	Ost (n = 286)	West (n = 1.599)
Befürwortung Diktatur* **	3,3	7,5	2,6
Chauvinismus	12,5	12,6	12,4
Verharmlosung des Nationalsozialismus	2,5	2,6	2,5
Fremdenfeindlichkeit*	8,9	13,0	8,2
Antisemitismus	3,4	2,4	3,6
Sozialdarwinismus	2,2	1,7	2,3
Manifest rechtsextremes Weltbild	2,4	2,4	2,4

Legende * = p < ,05; ** = p < ,01; *** = p < ,001.

9.3.2 Rechtspopulistische Einstellungen

Ein anderes Bild ergibt die Analyse der weicher gefassten rechtspopulistischen Einstellungen. Diese wurden in Fortführung der Mitte-Studie 2016 über sechs Subdimensionen erhoben: Demokratiemisstrauen, Law-and-Order-Autoritarismus und die Abwertungskomponente zusammengesetzt aus Fremdenfeindlichkeit, der Abwertung von Muslimen, Sinti und Roma sowie asylsuchender Personen (➡ s. ausführlicher dazu Kap. 6, S. 173 ff.). Anknüpfend an frühere Konzeptionen rechtspopulistischer Einstellungen, rückt in der Erhebung 2018/19 auch der Antisemitismus wieder näher an die rechtspopulistischen Einstellungen und wäre empirisch gestützt eigentlich Teil davon. Aus Gründen der Vergleichbarkeit mit den Vorjahren belassen wir es aber bei einer Indexbildung für Rechtspopulismus aus den oben genannten sechs Dimensionen und berichten gesondert über antisemitische Einstellungen. Für die folgenden Analysen wurden die Antworten aus beiden Hälften der Befragten, die die Fragen mit 4-stufigem bzw. 5-stufigem Antwortformat erhalten hatten, zusammengefügt (➡ s. dazu auch Kap. 2, S. 41 ff., und 6, S. 173 ff.).[6]

6 Für Befragte, die für die hier entscheidenden Fragen ein 4-stufiges Antwortformat zur Verfügung hatten, wurde der Cut-off-Punkt im Index Rechtspopulismus, ab dem sie als »in der Tendenz rechtspopulistisch« kategorisiert wurden, bei > 2.5 angelegt bzw. für die Kategorisierung als »klar rechtspopulistisch« bei > = 3. Für Befragte mit 5-stufigem Antwortformat lag der Cut-off-Punkt bei > 3 bzw. > = 3,5.

Zustimmung zu rechtspopulistischen Einstellungen 2018/19
(Angaben in Prozent) **Abb. 9.1**

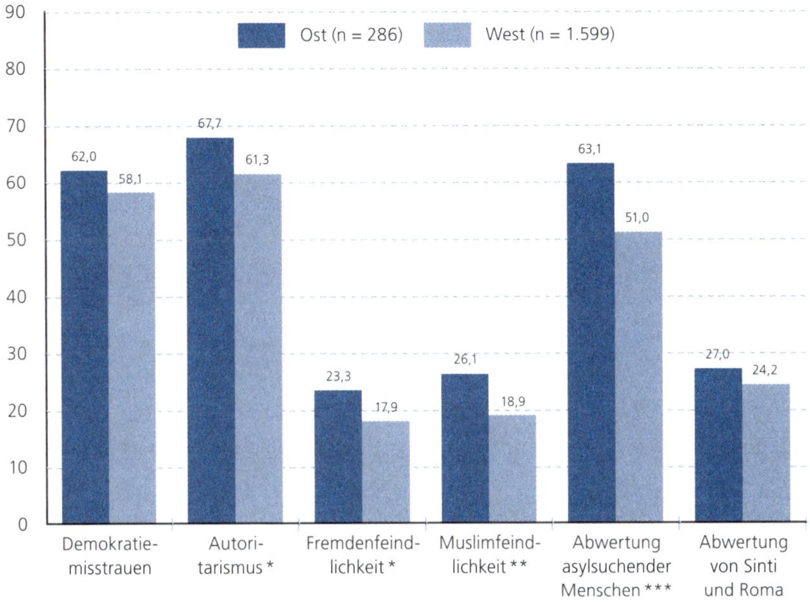

Legende * = p < ,05; ** = p < ,01; *** = p < ,001.

30,3 % der Befragten im Osten, aber nur 19,6 % der im Westen neigen ganz deutlich zum Rechtspopulismus, wenn man ein hartes Kriterium anlegt[7] (zwischen den im Osten bzw. Westen überwiegend Aufgewachsenen ist der Unterschied etwas kleiner). Weicher gefasst tendieren im Osten sogar 48,6 % der Befragten zu rechtspopulistischen Einstellungen, im Westen 41,1 %[8] (hier ist der Unterschied zwischen den im Osten bzw. Westen überwiegend Aufgewachsenen etwas größer). Der Unterschied zeigt sich vor allem in der Abwertungskomponente und ist besonders hoch bei der Abwertung von asylsuchenden Personen, gefolgt von Fremdenfeindlichkeit und der Abwertung von Muslimen (während es bei der Abwertung von Sinti und Roma keine Unterschiede gibt). Hingegen sind die Unterschiede im Autoritarismus geringer bzw. im Demo-

7 Chi² (1, 1.885) = 16,841, p < ,001.
8 Chi² (1, 1.886) = 5,558, p < ,05.

kratiemisstrauen nicht mehr signifikant, wenngleich auch hier in der Tendenz Befragte in Ostdeutschland etwas häufiger zustimmen als in Westdeutschland (➞ s. Abb. 9.1, S. 255).[9]

Die Werte in 2018/19 sind aufgrund des aggregierten 4- und 5-stufigen Antwortformats nur bedingt mit denen in 2016 vergleichbar (zu dem Unterschied zwischen den Antwortformaten ➞ s. Kap. 2, S. 41 ff.). Für den direkten Vergleich mit den Ergebnissen der Mitte-Studie 2016 wurden die Analysen daher noch einmal mit der repräsentativen Hälfte der Stichprobe wiederholt, die ihre Angaben wie auch in 2016 in einem 4-stufigen Format abgegeben haben. So gerechnet, vertreten in der Mitte-Studie 2018/19 33,1 % der Befragten aus dem Osten und 18,6 % derer aus dem Westen klar rechtspopulistische Einstellungen. In der Mitte-Studie 2016 waren dies 24,8 % der Befragten aus dem Osten und 20,2 % der Befragten im Westen. Die Spaltung entlang des Rechtspopulismus zwischen Ost und West vertieft sich in den letzten zwei Jahren also ganz deutlich. Insgesamt war das Muster allerdings bereits in 2016 recht ähnlich zu dem in 2018/19, wenn auch noch weniger ausgeprägt, was die Unterschiede in der Abwertungskomponente betrifft, die Unterschiede im Ausmaß des Demokratiemisstrauens waren damals noch signifikant, heute nicht mehr.

Und noch etwas ist bemerkenswert: Rechtspopulismus ist durch seine Abwertungskomponente gegenüber als »fremd« oder »anders« markierten sozialen Gruppen der Definition nach »rechts« (➞ s. Kap. 6, S. 173 ff.). Eine andere Frage ist, wo sich die Befragten selbst im Spektrum der politischen Orientierung verorten (➞ s. ebenfalls dazu Kap. 6, S. 173 ff.). Es fällt auf, dass im Osten doppelt so viele Befragte, die sich selbst politisch »genau in der Mitte verorten« eindeutig rechtspopulistische Einstellungen vertreten (Ost 40,0 %; West 20 %); dies zeichnet sich in allen sechs Subdimensionen des Rechtspopulismus ab.[10]

---

9 Chi^2-Tests zur Bestimmung signifikanter Unterschiede bezüglich Rechtspopulismus in Ost- und Westdeutschland: Autoritarismus: Chi^2 (1, 1.877) = 4,232, p < ,05; Fremdenfeindlichkeit: Chi^2 (1, 1.877) = 4,536, p < ,05; Muslimfeindlichkeit: Chi^2 (1, 1.856) = 7,717, p < ,01; Abwertung asylsuchender Menschen: Chi^2 (1, 1.871) = 14,457, p < ,001.

10 Chi^2-Test zur Bestimmung signifikanter Unterschiede bezüglich Rechtspopulismus in Ost- und Westdeutschland unter Befragten, die sich selbst politisch »genau in der Mitte« verorten: Chi^2 (1, 1.112) = 31,034, p < ,001. Für die Analyse von Unterschieden zwischen Befragten in Ost und West, die sich links oder rechts der Mitte verorten, reicht die Stichprobengröße leider nicht aus.

9.3.3 Gruppenbezogene Menschenfeindlichkeit und Werthaltungen

In Bezug auf die Gruppenbezogene Menschenfeindlichkeit (➟ s. Kap. 3, S. 53 ff.) finden sich mit Ausnahme der bereits oben bei den rechtspopulistischen Einstellungen dargestellten Elementen Abwertung von Asylsuchenden, Abwertung von Muslimen und Fremdenfeindlichkeit, die von mehr Befragten im Osten vertreten werden, nur noch bei den Etabliertenvorrechten signifikante Unterschiede zwischen Ost und West. Mehr Befragte in Ostdeutschland als in Westdeutschland fordern Vorrechte für Etablierte gegenüber Neuhinzukommenden (Ost 43,2 %; West 35,7 %).[11] In der Tendenz neigen Westdeutsche etwas häufiger zur Abwertung von homosexuellen, trans*- und langzeitarbeitslosen Menschen sowie von jenen mit Behinderung, umgekehrt Ostdeutsche etwas häufiger zu ethnischem Rassismus, zur Abwertung von Sinti und Roma, klassischem Sexismus und zu Antisemitismus, die Unterschiede sind aber gering und statistisch nicht signifikant, d. h. können auch schlicht zufällig sein.

Hingegen unterscheiden sich die Befragten aus Ost und West vielleicht entgegen landläufiger Vorurteile nicht so stark oder sogar in der Tendenz anders als vielleicht erwartet in ihren grundlegenden Werthaltungen zu Pluralität. Nur unwesentlich mehr Befragte im Osten als im Westen lehnen »Diversity« – hier als kulturelle Vielfalt erhoben – ab (Ost 32,5 %; West 25,8 %)[12], umgekehrt meinen zwei Drittel oder mehr in Ost und West, Vielfalt bereichere eine Gesellschaft und schade nicht etwa dem Zusammenhalt. Nahezu gleichermaßen wenig Befragte in Ost (12 %) und West (9,3 %; n. s.) vertreten eine ökonomistische Werthaltung, die Menschen nach ihrer Nützlichkeit bewertet und meint, »menschliche Fehler« könnten wir uns nicht mehr leisten. Diese Werthaltung ist aber eben auch keineswegs im Osten seltener, sondern umgekehrt (und knapp nicht signifikant) in der Tendenz dort eher etwas weiter verbreitet (Groß & Hövermann 2014). Zugleich fühlen sich aber signifikant mehr Befragte im Osten (32,8 %) als im Westen (25 %)[13] orientierungslos[14], d. h. sie finden, »heute [ist] alles so in Unordnung geraten, dass niemand mehr weiß, wo man

---

11 Chi^2 (1, 1.889) = 5,822, $p < ,05$.
12 Chi^2 (1, 1.884) = 5,609, $p < ,05$.
13 Chi^2 (1, 1.876) = 7,255, $p < ,01$.
14 Im Sinne von Anomia, konzipiert nach Durkheim bzw. Merton (dazu ausführlicher Hüpping 2006)

eigentlich steht« und meinen »früher waren die Leute besser dran, weil man wusste, was man zu tun hatte«.

9.3.4 Einstellungen zur und Verständnis von Demokratie

Die Enttäuschung von Versprechungen der Demokratie und das Gefühl politischer Machtlosigkeit gelten vielfach als wesentliche Triebkraft von Rechtspopulismus bzw. Rechtsextremismus (u. a. Jörke & Selk 2017). Sie werden nach Ansicht etlicher Autor_innen ihrerseits durch die neoliberalen Entwicklungen hervorgerufen, die Demokratien aushöhlen, aber auch durch mangelhafte Umsetzung demokratischer Ideen oder Verkrustungen ihrer Institutionen und Prozesse. Sie sind damit also mögliche Ursache wie Ausdruck sozioökonomischer wie gesellschaftlicher Entwicklungen. Daher gehen wir bereits an dieser Stelle und nicht erst unten bei der Diskussion möglicher Ursachen auf das Thema ein, um mögliche Unterschiede zwischen Ost und West in Einstellungen zur Demokratie zu skizzieren (➞ s. dazu ausführlicher Kap. 8, S. 223 ff.).

Im Osten ist das Gefühl, politisch machtlos zu sein, besonders verbreitet, was die Auswertungen der vorliegenden Mitte-Studie 2018/19 bestätigen. Bei den Demonstrationen von Pegida war die Machtlosigkeit mit das am meisten gehörte wie proklamierte Argument. Es drückte sich aus in den Aussagen, die Politik würde nicht auf die Sorgen der Bürger_innen hören. Auch das einigende Motto »Wir sind das Volk«, welches aus dem Widerstand gegen das SED-Regime zur vereinenden Formel von Pegida adaptiert wurde, ist eine Proklamation der Machtlosigkeit, die allerdings mit einem Anspruch von Macht verbunden wird. Rehberg (2016) weist darauf hin, dass dieses Gefühl bereits in der DDR durch die eingeübte »Halbdistanz« zu Eliten und Politik angetrieben wurde, weil Versprechungen der Politik nicht eingehalten wurden und gleichzeitig versucht wurde, Kritik daran autoritär zum Schweigen zu bringen. Nach der Wende setzte sich dies mit einem »Elitentransfer« fort, indem nahezu die gesamte ostdeutsche Führungsriege in Politik und Wirtschaft durch Westdeutsche ersetzt wurde (Bluhm & Jacobs 2016). Demuth (2017) weist zudem auf ein verbreitetes Missverständnis im Osten hin, das »die pluralistische Demokratie mit einem DDR-Eingabewesen verwechselt«. Nach wie vor würden Behörden für diverse Bereiche des Alltags haftbar gemacht, weil zu DDR-Zeiten eben fast alles vom Staat organisiert und kontrolliert wurde. Dazu passt der oben zitierte Befund, nach dem viele Ostdeutsche Einsamkeit als ein vom Staat anzugehendes Problem betrachten. Daraus könnte bei einigen dann auch ein Demokratieverständnis im Sinne eines Lieferservices resultieren, frei nach dem Motto, ich bestelle und bekomme geliefert und wenn die, die ich gewählt habe, nicht genau das machen, was ich möchte, dann ist das keine Demokratie.

Um mehr über das mögliche Demokratieverständnis und auch mögliche Kritik an der Demokratie in Ost und West zu erfahren, haben wir eine Reihe weiterer Fragen rund um »Demokratie« gestellt (➟ s. ausführlicher dazu in Kap. 8, S. 223 ff.). Die Fragen schließen an die politikwissenschaftlich durchaus kontrovers geführte Debatte um Demokratien in der Krise, liberale und illiberale Demokratien bzw. Demokratieauffassungen sowie Kritik am demokratischen Prozedere an, mit ihren unterschiedlichen Positionen dazu, was (noch oder überhaupt) als Demokratie gelten kann (u. a. zur kurzen Übersicht Merkel 2016; Mudde & Kaltwasser 2017; Mounk, 2018; Müller 2016).[15] Die Studien berichteten bislang angesichts der unterschiedlichen politischen Prägungen in Ost und West überraschend wenig Unterschiede in der politischen Kultur, d. h. der Vorstellung, was eine »gute staatliche Ordnung« ausmacht (kurze Übersicht u. a. bei Mannewitz 2015).

Zunächst einmal finden sich auch in der vorliegenden Mitte-Studie 2018/19 recht wenige Unterschiede in den Einstellungen zur Demokratie und zum Demokratieverständnis zwischen Befragten aus Ost und West (➟ s. Tab. 9.2, S. 261). So befürwortet die überwältigende Mehrheit der im Osten wie im Westen lebenden Befragten die pluralistische Demokratie, in der Würde und Gleichheit aller an erster Stelle stehen und zu der die Berücksichtigung der Interessen verschiedener Gruppen und auch Streit gehören, und deren Funktionieren im Großen und Ganzen von den Befragten positiv beurteilt wird. Fast ebenso

15 Für die folgenden Analysen wurden die beiden Hälften der Stichprobe, denen die Fragen zur politischen Machtlosigkeit mit 4- bzw. 5-stufigem Antwortformat vorgelegt wurden, zusammengefasst. Unter »Zustimmung« wurden alle Befragten kategorisiert, die mit »ich stimme eher/überwiegend zu« bzw. »ich stimme voll und ganz zu« geantwortet haben (diejenigen, die beim 5-stufigen Antwortformat mit »teils/teils« geantwortet haben, wurden zusammen mit jenen, die sich nicht zustimmend bzw. ablehnend geäußert haben, unter »Ablehnung« gefasst (zu dem methodischen Vorgehen ➟ s. auch Kap. 2, S. 41 ff.).

viele in Ost und West zeigen sich sensibel für die Bedrohungen der Demokratie durch Rechtspopulismus und Rassismus und fordern Zivilcourage gegen Hetze gegenüber Minderheiten und Engagement für eine vielfältige und offene Gesellschaft.

Allerdings vertritt zugleich rund ein Drittel der Befragten – im Osten tun dies marginal signifikant noch etwas mehr als im Westen – zugleich ein stärker illiberales Verständnis von Demokratie, ausgedrückt in der Meinung, es könnten nicht allen dieselben Rechte gewährt werden, und es werde zu viel Rücksicht auf Minderheiten genommen. Wie oben bereits berichtet, äußert ein erheblicher Teil in Ost wie West Misstrauen in die repräsentative Demokratie, konkret gegen Parteien und Politik. Zugleich ist allerdings im Westen umgekehrt das Vertrauen in die Demokratie etwas weiter verbreitet als im Osten, d. h. etwas weniger Befragte im Osten vertrauen den demokratischen Institutionen und fühlen sich von den Politiker_innen im Bundestag alles in allem gut vertreten. Ganz ähnlich drückten auch in der oben angeführten OBS-Studie über die Nachwendegeneration junge Ostdeutsche häufiger ihre Politikverdrossenheit aus, ihr Vertrauen in Institutionen war etwas geringer als das ihrer Altersgenoss_innen im Westen (Faus & Storks 2019).

Einer auch für den (Rechts-)Populismus so zentralen pauschalen Kritik an den vermeintlich korrupten Eliten (➡ s. dazu auch Kap. 5, S. 150 ff., und Kap. 6, S. 173 ff.) schließt sich in Ost (37,5 %) wie West (33,3 %; p = n. s., also kein statistischer Unterschied) rund ein Drittel an. Und nahezu ebenso viele in Ost (44,7 %) und West (40,7 %; n. s.) folgen der rechtspopulistischen und neurechten Propaganda der »unterdrückten Meinungsfreiheit«, artikuliert zum Beispiel über die Aussage, man könne in Deutschland »nicht mehr frei seine Meinung äußern, ohne Ärger zu bekommen« (➡ s. dazu ausführlicher Kap. 6, S. 173 ff.). Im Übrigen unterscheiden sich Befragte in Ost und West auch nicht in der Häufigkeit des Glaubens an Verschwörungsmythen voneinander, etwa über die Steuerung der Politik durch geheime Mächte (Ost 41 %; West 37,8 %; n. s.; ➡ s. dazu ausführlich Kap. 7, S. 203 ff.).

Ein Unterschied zwischen Ost und West sticht allerdings hervor: Mit 37,9 % Zustimmung fühlen sich viele und signifikant mehr Befragte im Osten Deutschlands politisch machtlos als im Westen mit 27,7 %. Ebenso fällt ein Unterschied in einer Einzelaussage auf: Mehr Ost- als Westdeutsche fordern, die Politik solle auf den »Volkswillen hören« (62,7 % der Ostdeutschen, aber immerhin auch 47,9 % der Westdeutschen finden dies »voll und ganz« zutreffend[16]). Hier spiegelt sich dann schon ein problematisches Demokratieverständnis wider, das im Osten noch weiter als im Westen verbreitet ist und auf das unten noch einmal näher eingegangen wird (→ s. Tab. 9.2).[17]

Einstellungen zur Demokratie und verwandte politische Einstellungen in Ost- und Westdeutschland 2018/19 (Angaben in Prozent) **Tabelle 9.2**

	Gesamt (n = 1.885)	Ost (n = 286)	West (n = 1.599)
Politische Machtlosigkeit***	29,3	37,9	27,7
Demokratiemisstrauen	58,7	62,0	58,1
Illiberales Demokratieverständnis	31,5	36,6	30,7
Pluralistische Demokratiebefürwortung	96,2	97,4	96,0
Demokratievertrauen*	61,6	55,2	62,8
Zivilcourage und Bedrohungssensibilität	84,1	81,8	84,4
Elitenkritik	34,0	37,5	33,3
Aufruf zum Widerstand*	34,1	39,9	32,9
Kollektive Wut**	44,2	51,9	42,9
Einforderung von Meinungsfreiheit	41,2	44,7	40,7
Globalisierungsangst*	38,1	44,4	36,9
Ablehnende Haltung zur Europäischen Union	7,7	4,9	8,1

Legende * = $p < ,05$; ** = $p < ,01$; *** = $p < ,001$.

Ein weiterer Befund fällt auf und ist für die Ausgangsfrage relevant: Während einerseits ein erheblicher Anteil der Befragten angibt, die Globalisierung mache

16 Chi^2 (4, 1.871) = 22,768, $p < ,001$.

17 Chi^2-Tests zur Bestimmung signifikanter Unterschiede bezüglich der Einstellungen zur Demokratie in Ost- und Westdeutschland: Politische Machtlosigkeit: Chi^2 (1, 1.882) = 12,207, $p < ,001$; Demokratievertrauen: Chi^2 (1, 1.883) = 5,865, $p < ,05$; Aufruf zum Widerstand: Chi^2 (1, 1.864) = 5,474, $p < ,05$; Kollektive Wut: Chi^2 (1, 1.881) = 8,031, $p < ,01$; Globalisierungsangst: Chi^2 (1, 1.868) = 5,745, $p < ,05$.

ihm oder ihr Sorgen, im Osten sind das noch mehr als im Westen, ist gleichzeitig die Zustimmung zur Europäischen Union überwältigend hoch und im Osten in der Tendenz sogar noch etwas höher als im Westen (➞ s. Tab. 9.2, S. 261): Insgesamt über 90 % der Befragten befürworten die EU (zusammengefasste Skala). Dies drückt sich aus in der Forderung »der Zusammenhalt in der EU muss gestärkt werden« (dieser Aussage stimmen insgesamt 86 % der Befragten zu, Ost 90,8 %; West 85,1 %), während umgekehrt nur ein kleiner Teil der Ansicht ist »Deutschland wäre ohne die EU besser dran« (Gesamtdeutschland 16,9 %; Ost 14,3 %; West 17,3 %) (➞ s. dazu auch Kap. 6, S. 173 ff.).

9.3.5 Kollektive Wut, Gewalt und Einschätzung der AfD als »normale Partei«

Im Ausmaß der Gewaltaffinität, also der Billigung und Bereitschaft zu Gewalt (vgl. auch ➞ Kap. 3, S. 53 ff.), unterscheiden sich Befragte in Ost und West in 2018/19 nicht signifikant voneinander; auch nicht jene, die überwiegend im Osten bzw. Westen aufgewachsen sind. Selbst der differenzierte Blick auf einzelne Aussagen, die zur Erfassung verwendet wurden, zeigt keine Unterschiede in der Zustimmungshäufigkeit, etwa auch nicht bei der Meinung, Gewalt sei zum Erreichen politischer Ziele gerechtfertigt. Allerdings äußern etwas mehr Befragte im Osten kollektive Wut mit Blick auf Zuwanderung bzw. zeigen Verständnis dafür und schließen sich entsprechenden Forderungen an (Ost 51,9 %; West 42,9 %), in dem sie tendenziell, aber nur marginal signifikant häufiger »die Wut der Bürger über Zuwanderung« verständlich finden bzw. fordern, fremde Einflüsse auf »unsere Kultur« zu begrenzen. Und signifikant häufiger fordern Ostdeutsche Widerstand gegen die aktuelle Politik, auch wenn der Unterschied absolut gesehen nicht sehr groß ist (Ost 39,9 %; West 32,9 %), indem etwa mehr Befragte angeben, man müsse sich gegen die aktuelle Politik wehren und es sei Zeit, Widerstand zu zeigen (➞ s. Tab. 9.2, S. 261).

Rechtspopulistische und neurechte Gruppen (➞ s. dazu Kap. 5, S. 147 ff.) holen die Menschen bei dieser offenbar im Osten noch weiter als im Westen verbreiteten Gefühlslage einer politischen Machtlosigkeit gepaart mit kollektiver Wut ab. Die Wahlerfolge der AfD insbesondere im Osten machen deutlich, wie erfolgreich die radikale Rechte gerade im Osten darin ist, diesen Impetus in ihre Zielrichtung zu lenken, die durchaus mit den rechtspopulistischen Neigungen derjenigen, die abgeholt werden, übereinstimmt. Und es gelingt ihnen, im Osten mehr Menschen davon zu überzeugen, doch eine »ganz normale Partei« zu sein. Signifikant mehr Befragte in Ostdeutschland als in Westdeutschland finden die Argumente der AfD überzeugend (Ost 14,7 %; West 10,2 %) und bewerten sie »als eine Partei wie jede andere auch« (Ost 28,1 %; West 21,1 %).[18] Etwas, aber nicht signifikant, mehr Ostdeutsche als Westdeutsche finden es eine gute Sache, dass die AfD im Bundestag sitzt (Ost 24,2 %; West 20,0 %; n. s.).

Dies liegt allerdings offensichtlich nicht an der in manchen Feuilletons verbreiteten Lesart, die Politik sei in den letzten Jahren zu weit »nach links« gerückt, zumindest wird dies von der großen Mehrheit der Befragten in Ost wie West nicht so gesehen. Nur eine kleine Minderheit in Ost teilt den Eindruck, die Politik sei in den vergangenen Jahren zu weit nach links (Ost 8,7 %; West 11,1 %) gerückt. Vielmehr meint rund ein Drittel, die Politik sei »zu weit nach rechts« gerückt (Ost 30,4 %; West 31,2 %), die Mehrheit ist hier der Ansicht »keines von beidem« (Ost 60,9 %; West 57,7 %). Ost und West unterscheiden sich in dieser Einschätzung nicht signifikant.

9.4 Erklärungsversuche für die Unterschiede zwischen Ost und West

Was bedeuten nun die empirischen Befunde für die Ausgangsfrage, ob der Osten rechtsradikaler und menschenfeindlicher sei? Zunächst ist dies eine Frage des Blickwinkels und der Bewertung der berichteten Unterschiede, die in Teilen zwar vorhanden sind, zugleich aber absolut gesehen nicht sehr groß sind. Die insgesamt doch recht ähnlichen Einstellungen zwischen Ost und West mögen eigentlich fast mehr überraschen, angesichts der doch auf den ersten Blick so unterschiedlichen Erfahrungen und Prägungen. Dennoch fallen im Osten einige Besonderheiten auf: Die Neigung zu rechtspopulistischen Einstellungen, vor allem einer antipluralistischen Komponente der »Fremdenfeindlichkeit«, und ein besonders ausgeprägtes Gefühl politischer Machtlosigkeit gekoppelt mit einer kollektiven Wut und der Forderung von Widerstand gegen

18 Chi^2-Tests zur Bestimmung signifikanter Unterschiede bezüglich der Einstellungen zur Partei AfD in Ost- und Westdeutschland: »Ich finde, die Argumente der Partei Alternative für Deutschland (AfD) sind oft überzeugend«: Chi^2 (1, 1.816) = 4,649, $p < ,05$; »Die AfD ist eine Partei wie jede andere auch«: Chi^2 (1, 1.852) = 7,004, $p < ,01$.

die aktuelle Politik. Zweitens fällt eine nicht generell weiter verbreitete rechtsextreme Orientierung auf, die allerdings von einer von mehr Bürger_innen im Osten geäußerten Befürwortung einer rechtsgerichteten Diktatur mit einigen auffallend extremen Positionierungen begleitet wird. Diese Auffälligkeiten sind interessant, versprechen sie doch, zumindest mag das die Hoffnung sein, nicht nur tiefere Einsichten in das »Wesen« von Ost und West, sondern darüber hinaus in die Wirkmächtigkeit vielschichtiger Bedingungsfaktoren auf gesellschaftliche Stimmungslagen im Allgemeinen.

Eine ganze Reihe überzeugend argumentierender Thesen versucht zu erklären, warum gerade im Osten Rechtspopulismus – dies wird auch jetzt wieder in den Einstellungsmustern deutlich – und Rechtsextremismus, das lässt sich in der vorliegenden Erhebung für die Orientierung so nicht (mehr) bestätigen – so ausgeprägt sind und der Osten deutlich stärker als der Westen bereit ist, Parteien der radikalen Rechten zu wählen. Im Folgenden werden einige der gängigsten Erklärungsversuche in aller Kürze vorgestellt. Etliche der Ansätze werden generell zur Erklärung rechter Entwicklungen (nicht selten kontrovers) diskutiert und dann auch für die besondere Verbreitung von »Rechts« im Osten herangezogen, mit der Begründung, die jeweiligen Bedingungen seien gerade im Osten besonders ungünstig. Einige wenige Erklärungen sind spezifisch auf Ostdeutschland bezogen, manchmal sogar auf besondere ostdeutsche Regionen wie Sachsen.

Die vorgeschlagenen Erklärungsansätze lassen sich im Groben einteilen in sozioökonomische Ansätze einschließlich derer, die auf die durch den Neoliberalismus angestoßenen Entwicklungen der Entsicherung fokussieren, solche, die kulturelle Prägungen und Erfahrungen hervorheben und Erklärungen, die auf die jeweilige soziodemografische Zusammensetzung der Bevölkerung abheben (siehe dazu auch die Einleitung zu diesem Band). Ansätze, die sich unmittelbar auf Demokratie beziehen, sei es, weil ihr Verkrustungen oder mangelnde Repräsentation attestiert werden, gegen die sich Protest regt (seltener wird die Frage gestellt, welches Verständnis von Demokratie denn vorherrscht) wurden bereits in Kapitel 3.4 (➞ s. S. 79 ff.) angesprochen. Mit dem spezifischen Blick auf den Osten werden Transformationserfahrungen diskutiert, die sozioökonomische, kulturelle, demokratiebezogene und soziodemografische Veränderungen und Bedingungen verknüpfen. Wir schlagen vor, die Erklärungen nicht in Konkurrenz zueinander zu diskutieren, sondern sie zu integrieren, hängt die Qualität von Lebensumständen und gesellschaftliche Stimmungslagen – dies ist ein Gemeinplatz, an den es sich aber bei der Debatte lohnt, zu erinnern – doch immer an Ökonomischem, Kulturellem, Politischem und Sozialem, was miteinander in Wechselwirkung steht. Die Frage ist also eher, welcher Art die Wechselbeziehungen sind, sodass sie mancherorts zu Feindseligkeit, anderenorts zu Solidarität und Zusammenhalt führen. Die empirische Prüfung der verschiedenen Erklärungsansätze für den Unterschied zwischen Ost und West erfordert es, nicht da oder dort nur auf mehr oder weniger ausgeprägte Faktoren zu verweisen (z. B. die niedrigeren Löhne im Osten, die Benachteiligung oder die geringe Erfahrung mit Einwanderung), sondern auch zu prüfen, inwieweit diese empirisch dann die im Osten verbreiteteren rechten Tendenzen erklären können (nur dass etwas im Osten höher oder niedriger ausgeprägt ist, heißt noch nicht, dass es die Unterschiede etwa im Rechtspopulismus erklärt).

9.4.1 Sozioökonomische Einflüsse auf antidemokratische Einstellungen

Allen voran werden sozioökonomische Thesen einschließlich der Angst vor dem sozialen Abstieg zur Erklärung von Rechtspopulismus und Rechtsextremismus und den Unterschieden zwischen Ost und West diskutiert. So wird die nach wie vor schlechtere sozioökonomische Lage und die Strukturschwäche gerade der ländlichen Regionen im Osten als Begründung für den dort höheren Rechtsextremismus und seine verwandten Tendenzen verantwortlich gemacht (umgekehrt findet sich auch als Begründung, warum die Demonstrierenden bei Pegida keine Rechtsextremen sein könnten, der Verweis, das könne nicht sein, sie seien ja nicht arbeitslos). Häufig wird zum Beispiel auf die im Osten höhere Arbeitslosigkeit und das Lohngefälle zwischen West und Ost verwiesen, die als Beleg für prekäre Lagen herangezogen werden.

Bereits hier wird deutlich, wie sozioökonomische und kulturelle Bedingungen miteinander verwoben sind: War und ist nicht nur die Arbeitslosigkeit, sondern auch die Erwerbsquote im Osten höher,[19] was ganz wesentlich daran liegt, dass

19 Darstellung des Instituts für Arbeit und Qualifikation auf sozialpolitik-Aktuell, Tabelle V31: http://www.sozialpolitik-aktuell.de/tl_files/sozialpolitik-aktuell/_Politikfelder/Arbeitsmarkt/Datensammlung/PDF-Dateien/tabIV31.pdf [Aufruf am 3.3.2019].

im Osten auch verheiratete Frauen mit Kindern arbeiten möchten, die im Westen häufig nicht oder nur Teilzeit arbeiten. Vielleicht mehr noch als im Westen macht das Erbe der DDR als »Arbeiter- und Bauernstaat« Arbeit eben nicht allein zu einem sozioökonomischen Faktor, sondern zu einem von Selbstachtung, Einbindung und Identität, im Osten dann auch mehr noch für Frauen.

Allerdings, so das Gegenargument, entstammten Wähler_innen der AfD keineswegs nur prekären Lagen, sondern vorrangig der (unteren) Mittelschicht, auch wenn die Partei unter Arbeitslosen einen vergleichsweise hohen und auch steigenden Zuspruch erhält (nach Auswertung der Daten des Sozioökonomischen Panels von Lengfeld & Dilger 2018).[20] Die Zuwanderung von Geflüchteten und eine generelle Unzufriedenheit mit der Demokratie sind, so Lengfeld und Dilger, der wichtigste Beweggrund, die AfD zu wählen. Insbesondere die sozial benachteiligten Wähler_innen der AfD betrachteten Flüchtlinge als Konkurrenz auf dem Arbeitsmarkt. De facto sind sie zwar selten eine echte Konkurrenz, Einwanderung zahlt sich selbst für untere Schichten in der Regel aus (Jean et al. 2010), doch allein die subjektive Wahrnehmung als Konkurrenz reicht, um Feindseligkeit loszutreten, wie Studien zur gefühlten Bedrohung vielfach belegen (Riek, Mania & Gärtner 2006). Die Befunde sprechen insgesamt weniger für sozioökonomische Erklärungsfaktoren als für soziokulturelle. Lengfeld und Dilger betrachten Unterstützer_innen der AfD daher eher als kulturelle Modernisierungsverlierer, deren Weltbild der kosmopolitischen Entwicklung der letzten Jahrzehnte – wozu etwa auch die Akzeptanz sexueller Vielfalt gehöre – fundamental entgegenstehe (s. u.).

Daran schließen zum einen Erklärungen an, die neoliberale Entwicklungen, allen voran die Globalisierung, mit ihren Folgen für den Arbeitsmarkt wie für den Wohlfahrtsstaat für rechte Tendenzen verantwortlich machen. Sie führen, so die verbreitete Annahme, zu einer verbreiteten Entsicherung und beständiger Angst vor dem sozialen Abstieg, ökonomische Krisen werden zu politischen.

---

20 Der Anteil von Personen in prekären sozialen Lagen einschließlich derer, die arbeitslos sind, ist derzeit in Deutschland schlicht nicht so hoch, deutlich mehr Menschen werden anhand von sozioökonomischen Kriterien (vor allem dem Einkommen) zur Mittelschicht gezählt. Das gilt ebenso für den Osten, wenngleich dort die Mittelschicht kleiner ist als im Westen. Entsprechend rekrutiert auch die AfD ihre Wähler_innen vor allem aus der sehr breit definierten Mittelschicht.

Dabei hat die Globalisierung von Geld, Kapital und Menschen nicht nur sozioökonomische Folgen, sondern auch soziale in mehrfacher Hinsicht, macht sie die Auslagerung von Arbeit, aber auch Einwanderung leichter, mit der zumindest die vermeintliche Konkurrenz um Arbeit, Wohnraum, aber auch um Frauen und kulturelle Dominanz, wächst. Hier wird deutlich, wie schwer sich sozioökonomische, kulturelle und soziale Entwicklungen trennen lassen. In der Mitte-Studie 2018/19 geben 38 % der Befragten an, die Globalisierung mache ihnen Sorgen, im Osten noch mehr als im Westen (Ost 44,4 %; West 36,8 %).[21]

Zu der Angst vor Globalisierung und all ihren Folgen gesellt sich im Osten vor dem Hintergrund der Transformationserfahrungen eine spezifische Angst vor weiteren Umbrüchen hinzu, so die Annahme auf Basis politischer Beobachtungen. Doch auch hier geht es keineswegs nur um sozioökonomische Sorgen, sondern auch um Verluste von Vertrautem, von Sicherheiten, von sozialem Status, der sich an der Berufstätigkeit, aber damit verbunden auch am Ansehen festmacht.

Manow (2018) kann zeigen, dass regionale sozioökonomische Entwicklungen den Wahlerfolg der AfD mitbestimmen. Hier ist es weniger die aktuelle Lage, als vielmehr die kollektive – nicht unbedingt die individuelle – Erfahrung in der Vergangenheit, etwa mit Arbeitslosigkeit in der Region. Vor allem in Regionen, in denen vergleichsweise viele Menschen in sozioökonomisch prekären Lagen leben (z. B. viele Empfänger_innen von Sozialleistungen, viele Alleinerziehende, viele Frühverrentete), hat die AfD Erfolg. Dies erklärt zum einen, warum nicht nur Personen, die selbst in prekären Verhältnissen leben, die AfD wählen, sondern durchaus auch Personen aus der Mittelschicht, und es erklärt, warum in Deutschland die AfD nicht nur in abgehängten Regionen, sondern auch durchaus in prosperierenden Erfolg hat, in denen aber entweder in der Vergangenheit Armut ein Thema war oder weil in der Nachbarschaft viel Armut herrscht. Daran wird deutlich, dass es hier nicht nur darum geht, dass es Menschen objektiv oder subjektiv schlecht oder schlechter geht, sondern auch um Abstiegsängste, die zugleich beinhalten, Erworbenes und auch überkommene Privilegien zu verlieren, je nachdem, wie man es lesen möchte.

---

21 Chi^2 (1, 1.868) = 5,745, $p < ,05$.

Die sozialpsychologische Forschung zur sozioökonomischen These macht zudem deutlich (zur kurzen Übersicht siehe Küpper/Zick 2011): Objektive Faktoren der Makroebene (sozioökonomische Bedingungen im regionalen Kontext) und der Mikroebene (beispielsweise das individuelle Einkommen) spielen eine gewisse Rolle, z. B. wenn ärmere Menschen und solche in strukturschwachen Regionen häufiger zu Fremdenfeindlichkeit neigen. Allerdings sind die subjektiven Interpretationen und die Verarbeitung der objektiven Lebenslage wichtiger. Dabei spielt vor allem das Ausmaß der sogenannten Relativen Deprivation eine Rolle. Damit wird der Eindruck der kollektiven Benachteiligung der eigenen Gruppe (wir, »die Deutschen« etc.) im Vergleich zu einer Fremdgruppe (die Anderen, »Ausländer« etc.) bezeichnet. Studien zeigen Einflüsse der Relativen Deprivation auf Vorurteile gegenüber Immigrant_innen (u. a. Rippl & Baier 2005; Pettigrew et al. 2008) als auch gegenüber dem Westen, welche die höhere Zustimmung zu Rechtspopulismus erklären (zu letztem siehe auch Klein, Küpper & Zick 2008). Ganz ähnlich wirkt auch das Gefühl der Bedrohung – weniger die individuelle, als die kollektive, ausgedrückt etwa in der Vorstellung, eine Fremdgruppe bedrohe den Wohlstand und die Werte im Land (Riek et al. 2006).

In der Mitte-Studie 2018/19 bewertet nur ein Bruchteil von unter 8 % der Befragten in Ost und West die wirtschaftliche Lage in Deutschland als eher oder sehr schlecht, im Osten betrachten sogar noch etwas mehr Befragte die Lage als gut oder sehr gut. Auch in der Beurteilung ihrer persönlichen finanziellen Situation unterscheiden sie sich nicht, auch hier sind es nur wenige, die die eigene Lage als schlecht oder sehr schlecht beurteilen (Ost 12,3 %; West 10,2 %), eine beachtliche Mehrheit in Ost wie West bewertet die eigene Lage als gut, einige sogar als sehr gut. Und weniger Befragte im Osten als im Westen haben den Eindruck, die wirtschaftliche Lage der Deutschen sei im Vergleich zu Ausländern in Deutschland eher oder sehr viel schlechter, d. h. nur wenige sehen Deutsche kollektiv benachteiligt (Ost 8,7 %; West 13,4 %)[22], umgekehrt bewerten fast doppelt so viele im Osten die wirtschaftliche Lage der Deutschen im Vergleich zu der von Ausländern als sehr gut. Das dem Osten nicht selten unterstellte pauschale Gefühl der Benachteiligung lässt sich so nicht nachweisen

22 Chi^2 (4, 1.769) = 22,231, $p < ,001$.

(übrigens waren die Befunde auch schon in der Mitte-Studie 2016 dazu recht ähnlich, dies ist also keine neue Entwicklung).

Diese Befunde sind auch für die Suche nach Ursachen für den Ost-West-Unterschied interessant, stellen aber auch die Politik vor Herausforderungen. Es geht offenbar weniger um aktuelle sozioökonomische Bedingungen, sondern wenn, dann eher um kollektive Erfahrungen, die aus der Vergangenheit in das Jetzt hineinwirken. Sicher geht es auch um aktuelle Benachteiligungen im Vergleich zum Westen (die vielleicht manch strukturschwache Region im Westen übersieht), um rückblickende Verletzungen, um an Fakten Festmachbares wie um Gefühltes und enttäuschte Erwartungen auf »blühende Landschaften«, um individuelle sozioökonomische familiäre Erfahrungen wie um regionales Abgehängt-Sein, ökonomisch wie auch sozial, bemerkbar etwa in mangelnder Infrastruktur (fehlende Einkaufsmöglichkeiten, mangelnde Gesundheitsversorgung, eingestellte Buslinien, geschlossene Freizeit- und Jugendeinrichtungen usw.). Bei einigen wenigen geht es vielleicht auch um das Gefühl, das heute Erarbeitete sehr hart erkämpft zu haben und nun mitzuerleben, wie andere – Neuankommende aus der »Fremde« – diese Dinge nun mit scheinbar weniger Entbehrungen direkt bekommen. Hier könnten sich auch Anschlüsse zu etablierten Migrant_innen und Russlanddeutschen in Westdeutschland ergeben, die in Teilen aus ähnlichen Gefühlslagen mit Parteien wie der AfD sympathisieren.[23] Dazu gehören etwa Scheindebatten um Smartphones oder Begrüßungsgeld, die Geflüchtete angeblich geschenkt bekommen, oder reale (politisch richtige) Reaktionen auf die sich wandelnde Situation (Lehrer_innenneueinstellungen, Wohnungsbau, Arbeitsmarktintegration,…). Herauszuhören sind bisweilen Enttäuschungen darüber, dass heute Dinge möglich seien, die früher für die Ostdeutschen nicht getan wurden, auch wenn dabei ausgeblendet wird, dass neoliberale Fehlentwicklungen der vergangenen 20 Jahre inzwischen langsam und mühsam korrigiert werden und nicht die Geflüchteten der Grund für Lehrkräftemangel, Polizeiabbau oder Wohnungsnotstand sind, sondern der Abbau der Infrastruktur in den Jahrzehnten zuvor. Auch hier wird wieder deut-

23 Dafür sprechen einige regionale Wahlergebnisse und Beobachtungen von Journalist_innen; Friedmann, Jan (2017). Rechtsruck in Klein-Moskau. Bericht auf spiegel.de: http://www.spiegel.de/politik/deutschland/afd-warum-die-partei-bei-russlanddeutschen-so-beliebt-ist-a-1166915.html [Aufruf am 26.2.2019].

lich, dass es keineswegs nur um faktische prekäre Lagen geht, sondern um soziale Vergleiche. Und es wird deutlich, dass etliches, was dem Osten unterstellt wird, so nicht stimmt, und wenn, dann nur auf einen kleinen Teil der Ostdeutschen zutrifft, die große, insgesamt auch wirtschaftlich recht zufriedene Mehrheit aber übersehen wird.

9.4.2 Soziokulturelle Einflüsse

»Dunkeldeutschland«, in diesem verächtlichen Schimpfwort für die neuen Bundesländer drücken sich implizit Annahmen aus, die auch zur Erklärung für rechtsextreme Tendenzen diskutiert werden. So wird z. B. implizit die Provinzialitätsthese damit konnotiert, der Osten hinke den modernen Entwicklungen hinterher, hänge reaktionären, kulturellen Vermächtnissen nach, bilde einen Pool der Enttäuschten, Verlierer und Abgehängten. Essayistisch drängt sich das Bild einer Gemeinschaft auf, die kraftmeiernd in Kriege gegangen ist, dann doch stets aufseiten der Verlierer_innen stand, das preußische Erbe tragend, ebenso wie die unaufgearbeitete Zeit des Nationalsozialismus. Die DDR verwies diese einfach an den Westen und erklärte sich einfach für antifaschistisch; die Vorstellung, der Kapitalismus sei schuld am Rechtsextremismus, der Sozialismus per se frei davon, dringt nach wie vor durch etliche Thesen. Dies wurde dann in der DDR-Zeit von Hoffnung auf den neuen Menschen und eine neue, bessere Gesellschaftsordnung getragen, die nach der Wende vom Westen einfach überrollt wurde (dazu u. a. auch Demuth 2017; unten mehr zu Transformationserfahrungen).

Dies alles mag verstärkt worden sein von einer demografischen Verschiebung, die sich v. a. durch die Emigration der jungen, gut ausgebildeten Menschen, insbesondere der Frauen auszeichnete. Auch wenn die Abwanderung aus dem Osten inzwischen gestoppt ist, zeigen sich ihre Auswirkungen nach wie vor in der demografischen Zusammensetzung der Bevölkerung. Hinzu kommt eine nicht zuletzt durch die Zeit des Sozialismus mitverursachte kleinere Mittelschicht. Zurück blieben jene, die nicht weggehen konnten, weil sie zu schwach, arm, unbeweglich oder unmotiviert waren, vielleicht auch die in der Heimat besonders verwurzelten, denen diese Heimat dann aber unter dem Hintern weggezogen wurde (zum Thema Heimat bei Pegida s. auch Rehberg 2018). Dass dies auch überproportional Männer sind, die nun in mehrfacher Hinsicht vor

Herausforderungen stehen (»Frauenmangel«, geringer Bildungsstand, höheres Gewaltpotenzial, Globalisierung und Gleichstellung als Angriff auf weiße männliche Privilegien, wirtschaftliche und kulturelle Deprivation u. v. a. m.), ist sicherlich nicht ostspezifisch, könnte aber das Auftreten von Rechtsextremismus verstärken.

Zudem ist der Osten vor allem durch ländlichere Regionen mit vielen Mittel- und Kleinstädten geprägt, lediglich Leipzig und Dresden erreichen wirklich Großstadtgröße. Gerade in Brandenburg und Mecklenburg-Vorpommern ist die Bevölkerungsdichte niedrig, die Wege weit, die Grenze nach Polen gilt aus deutscher Perspektive vielen als das Ende der Welt. Gerade in kleineren Gemeinden ist die Feindlichkeit gegenüber »Fremden« im Osten deutlich ausgeprägter als im Westen (Petzke, Endrikat & Heitmeyer 2007). In der Tat befördert ein Klima von allgemeiner – eben nicht zwingend auch persönlicher – Desintegration im lokalen Kontext, das nicht zuletzt auch durch Abwanderung mitbestimmt ist, die Gruppenbezogene Menschenfeindlichkeit in diesen Kontexten (ebd.). Hier könnte also doch die These vom »Provinzialismus« (Pettigrew 2011) greifen, nach der generell ländlich geprägte Regionen stärker zu Fremdenfeindlichkeit neigen, weil die Menschen dort stärker in ihrer »kleinen Welt« verhaftet seien und ihnen die multikulturelle Erfahrung fehlt (ebd.). »Fremde« fallen dort schlicht mehr auf und werden abgelehnt, weil sie »fremd« sind, hinzu kommt ein größerer Druck nach Konformität.

Kontakt zu einer »fremden« Gruppe gilt in der sozialpsychologischen Vorurteilsforschung und antirassistischen Praxis als besonders relevanter Faktor, um Vorurteile abzubauen, umgekehrt ist mangelnder Kontakt ein empirisch gut geprüfter Prädiktor für mehr Vorurteile (Pettigrew & Tropp 2006). Im Osten gab es lange kaum Erfahrung mit Einwanderung (umgekehrt wanderten aber auch schon in der Vergangenheit viele Ostdeutsche aus Deutschland aus), bis jetzt Geflüchtete in größerer Zahl gekommen sind. Auch wenn schon zu DDR-Zeiten Kontraktarbeiter_innen z. B. aus Vietnam und Mosambik in den Fabriken arbeiteten, gab es nur wenig private Kontaktmöglichkeiten, sie waren in eigenen Sammelunterkünften untergebracht, Kontakt war von Staatsseite aus nicht gewünscht. Was viele nicht wissen: Es gab nicht nur fremdenfeindliche Vorurteile gegenüber Vertragsarbeiter_innen aus befreundeten Ländern wie Kuba, Vietnam und Mosambik, die angeblich besser versorgt wurden, sondern auch fremdenfeindliche Übergriffe und sogar Morde. Diese wurden jedoch kaum strafrechtlich verfolgt, sodass ggf. in der Bevölkerung der Eindruck entstand, dies sei quasi »normal«, kein Verbrechen und schon gar nicht rechtsextrem. Die Aufarbeitung der Vergangenheit wurde im Westen nur zögerlich und widerstrebend angegangen, im Osten so gut wie gar nicht (Frei et al. 2019). Nach 1989 wurden viele einfach ausgewiesen, ein Teil der vietnamesischen Arbeiter_innen schlägt sich seitdem in der Kleinselbstständigkeit in Gastronomie und auf Märkten durch. Der Anteil von Menschen mit Migrationshintergrund ist im Osten zwar inzwischen angestiegen, lag aber in 2017 mit knapp 7 % immer noch deutlich unter dem im Westen mit 26,5 %.[24] Auch in unserer Stichprobe spiegelt sich dieser Unterschied wieder: Doppelt so viele Befragte im Westen wie im Osten haben einen Migrationshintergrund im engeren Sinne (Ost 10,1 %; West 22,2 %[25], hier abweichend nur Befragte mit deutscher Staatsbürgerschaft, die selbst eingewandert sind oder ihre Eltern bzw. ein Elternteil respektive haben eine nicht deutsche Staatsangehörigkeit). Und deutlich mehr Befragte im Westen als im Osten haben Freunde oder Bekannte mit Migrationshintergrund (viele bis sehr viele Freunde/Bekannte haben einen Migrationshintergrund: Ost 18,2 %; West 34,9 %). Im Osten verfügt sogar rund ein Drittel über gar keine Migrant_innen im Freundes- und Bekanntenkreis, während dies im Westen nur auf jeden sechsten Befragten zutrifft (gar keine: Ost 36,7 %; West 17,4 %; rund die Hälfte in West wie Ost haben »eher weniger« Freunde/Bekannte mit Migrationshintergrund[26]; das gilt im Übrigen in sehr ähnlicher Größenordnung auch für nur die Befragten mit deutscher Staatsangehörigkeit, die selbst keinen Migrationshintergrund haben).

---

24 Das Statistische Bundesamt berechnet den Migrationshintergrund etwas abweichend, kommt aber zu recht ähnlichen Zahlen. In unserer Gesamtstichprobe einschließlich der Befragten ohne deutsche Staatsbürgerschaft liegt der Anteil an Befragten mit Migrationshintergrund bei 24,4 %: Zum Vergleich: https://www.destatis.de/DE/Publikationen/Thematisch/Bevoelkerung/MigrationIntegration/Migrationshintergrund2010220177004.pdf;jsessionid=944B0A378F83AD296DBB68621CBC93D6.InternetLive2?__blob=publicationFile [Aufruf am 2.3.2019].

25 Chi^2 (1, 1.884) = 21,797, p < ,001.

26 Chi^2 (3, 1.880) = 66,424, p < ,001.

9.4.3 Transformationserfahrungen

Die vorangestellten Erklärungsversuche verweisen auf die Bedeutung von Erfahrungen – ökonomisch, politisch und sozial –, für die dann immer auch kollektive Verarbeitungen einschließlich ihrer emotionalen und gruppendynamischen Aspekte von Bedeutung sind. Keiner der Erklärungsansätze greift in sich selbst, sondern nur in der facettenreichen Kombination der Einzeldimensionen. In vielen Gesprächen wird erkennbar, dass die besonderen Transformationserfahrungen in Ostdeutschland, die das ganze Leben mit seinen individuellen wie kontextualen politischen, gesellschaftlichen, sozialen und ökonomischen Dimensionen berührten, eine wichtige Rolle auch für das Verständnis der Affinität zu »rechts« spielen (u. a. auch für die Demonstrant_innen bei Pegida; Rehberg, Kunz & Schlinzig 2016). Ostdeutsche fühlen sich nach wie vor vielfach als Menschen zweiter Klasse (empirisch dazu auch Klein, Küpper & Zick 2008), sie vermissen den Willen zum Zuhören oder auch das Interesse und die Neugier vonseiten Westdeutscher in der Phase zwischen dem Abklingen der ersten Wendeeuphorie und dem Aufkommen von Pegida. Aus ihrer Sicht fußten die an den Osten angesetzten Maßstäbe oder auch Annahmen über den Osten auf falschen (westdeutschen) Erläuterungen. Das Gefühl von verlorener Heimat und die Suche nach Identität werden derzeit in vielen Feuilletons, ostdeutschen Erfahrungsberichten (u. a. Engler & Hensel 2018) und auch von Wissenschaftler_innen thematisiert.[27] Dass die Ost-West-Debatte seit ca. 5 Jahren kontinuierlich an Intensität zunimmt, mag an der nun stattfindenden Emanzipation der Ostdeutschen liegen. Dabei fühlt sich der Großteil der Ostdeutschen (76,4 %) wie der Westdeutschen (78,3 %) in der aktuellen Mitte-Studie 2018/19 als »Deutsche«.

Die provokante These, die z. B. von der Migrationsforscherin Naika Foroutan (2018) vertreten wurde, nach der sich Migrant_innen und Ostdeutsche in der empfundenen Entwurzelung ähnelten (auch wenn die einen ihr Land verließen, während die anderen da blieben und das Land ging), kann man sicherlich an vielen Punkten kritisch betrachten, aber gerade der emanzipatorische Effekt

---

27 Dazu beispielsweise das Interview mit dem Transformationsforscher Raj Kollmorgen »Das begann erst nach der Wende« auf taz.de. http://www.taz.de/!5516855/ [Aufruf am 3.3.2019].

dieser These ist eine nähere Betrachtung wert.[28] Foroutan argumentiert, bei Migrant_innen sei die erste Generation mit dem puren Ankommen und Überleben beschäftigt, die zweite Generation müsse sich erst einmal in der neuen Umgebung einrichten. Die dritte Generation nun frage sich, warum sie, obwohl hier aufgewachsen und sozialisiert, keine oder geringere Teilhabemöglichkeiten und Repräsentation haben. Ähnliches könnte auch gerade in Ostdeutschland passieren. Es kann einfach niemand nachvollziehen, warum die Eliten im Osten auch 30 Jahre nach der Wende weiterhin westdeutsch dominiert sind, egal ob in Wirtschaft, Wissenschaft oder Politik. Der Vorwurf, dass das an der Zaghaftigkeit, dem mangelnden Innovationsdrang oder eben auch weniger unternehmerischem Mut liege, blendet aus, dass unzählige Ostdeutsche in den 1990ern genau das alles an den Tag legten und dabei sehr oft deprimierende Erfahrungen machten, was oft auch fremdverschuldet war. Diese Erfahrung könnte einige der nachfolgenden Generation ausbremsen, weil Ermutigung, Vorbilder und auch materielle Ressourcen fehlen. Die gängige Erzählung von Wendeverletzungen wird von der Elterngeneration übernommen, am Küchentisch verstärkt und reproduziert sich dadurch erneut. Der oben zitierten OBS-Studie von Faus und Storks (2019) zufolge trifft dies längst nicht auf alle der Nachwendegeneration Ost zu, aber doch auf einige. Diese haben dann ein besonders negatives Gerechtigkeitsempfinden und zweifeln eher am Funktionieren des demokratischen Systems. In der Mitte-Studie 2018/19 unterscheiden sich allerdings Ost- und Westdeutsche nicht in dem Gefühl, »im Großen und Ganzen gerecht behandelt zu werden« (Ost 59,2 %; West 63,7 %; n. s.), hier geht es ggf. also wieder eher um kollektive, weniger um ganz persönliche und aktuelle Erfahrungen.

Die Erfahrungen einer »Schocktransformation« nach 1989 erklären möglicherweise auch, wieso in einigen Einstellungsdimensionen durchaus Ähnlichkeiten mit ost- und mittelosteuropäischen Ländern erkennbar sind (u. a. Kollmorgen 2015), sei es in der Zustimmung zu autoritären Strukturen, in dem Wunsch nach sozialer Sicherheit und einem fürsorgend-paternalistischen Staat, aber eben auch in der Sehnsucht nach einem Staat, der sich nicht einmischt und lenkt.

---

28 Naika Foroutan in einem Interview mit der taz am Wochenende vom 13.5.2018 »Ostdeutsche sind auch Migranten«: http://www.taz.de/!5501987/ [Aufruf am 2.3.2019].

Historisch ähnliche kulturelle Prägungen verschwinden nicht von heute auf morgen.

Die Erfahrungen des Kontrollverlustes, des kompletten Umbruchs, prägen und lassen Menschen sensibler auf eine Politik und Eliten reagieren, die gefühlt oder tatsächlich Dinge »von oben herab« entscheiden und wieder über die Köpfe der Betroffenen hinweg. Pegida und AfD stoßen da in eine Sehnsuchtslücke nach Gehörtwerden und Repräsentanz, die vorher teilweise von der LINKEN gefüllt wurde. Oft als Protestpartei des Ostens gewählt, hat sie mit der Regierungsverantwortung in etlichen ostdeutschen Ländern und dem Versuch, sich bundesdeutsch gut aufzustellen, ihren Status als *die* Ostpartei verloren. Inhaltlich ist die AfD auch das erste Mal die Möglichkeit, politisch Wirksamkeit für Ressentiments zu kreieren und sich zugleich mit ähnlich Gesinnten aus dem Westen zusammengehörig zu fühlen – ein gemeinsamer äußerer Feind (alle anderen) schmiedet zusammen. Das Gefühl, nun plötzlich als Ostdeutsche gehört zu werden (durch Pegida und die AfD-Wahlergebnisse) und gesamtdeutsch eine vermeintliche Gestaltungsmacht zu haben, ist eine nicht zu unterschätzende Triebfeder, die sich in Parolen wie »Wir holen uns unser Land zurück« widerspiegelt.

Ein weiterer Aspekt wird oft in der Suche nach Erklärungen übersehen: Die westdeutsche Gesellschaft hat 75 Jahre Zeit gehabt, um sich an das System zu gewöhnen, es zu erlernen und mit zu gestalten. Eine gewisse Betriebsblindheit vor den tatsächlichen Schwächen der westdeutschen Ausprägung der Demokratie mag vorhanden sein und die ostdeutschen kritischen Stimmen mit dem ungeübten oder unverbrauchten Blick – das mag zumindest die Selbstwahrnehmung des Ostens sein – stoßen auf wunde Punkte, hinterfragen kritisch und ziehen ihre Anhängerschaft daraus, dass sie »offen sagen, was ist«.

Als These sei hier die folgende Überlegung, die die Motivationen hinter dieser Kritik am System hinterfragt, in den Raum gestellt: Sind die Ostdeutschen vielleicht (durch das eigene Erleben eines anderen Systems und durch die staatspolitische Bildung in der DDR) geübter in der Metabetrachtung politischer Systeme (und mit Blick auf den Westen auch in Systemkritik), haben daher eher einen kühl-analytischen Blick auf die Fehler oder die Vorstellbarkeit einer

Systemalternative? Sind umgekehrt Westdeutsche, die Demokratie (mühsam und gegen Widerstände) erlernen mussten, mittlerweile aber vielleicht eher als Selbstverständlichkeit betrachten, dafür aber geschulter im praktischen Erleben und Ertragen demokratischer Aushandlungsprozesse in all ihrer Mühseligkeit und Komplexität, aber auch der Zufriedenheit, die Kompromisse mit sich bringen? Das im Osten so weit verbreitete Gefühl politischer Machtlosigkeit, das mangelnde Vertrauen in die demokratischen Institutionen und die kollektive Wut, wie sie in der vorliegenden Mitte-Studie 2018/19 noch einmal zum Ausdruck kommen, könnten ein Indiz sein. Ist Rassismus vielleicht auch die Rache am System, der Punkt – um die Journalistin und Autorin Jana Hensel zu paraphrasieren – an dem »das westdeutsche Toleranzgelaber am effektivsten aufgespießt werden kann, das man für eine Fassade hält«? Rassismus erscheint als besonders wirkungsvoller Weg, um das ganze System infrage zu stellen und es »denen mal so richtig zu zeigen«.[29]

Selbst wenn man einen Rachegedanken nicht ins Feld führt: Das Leben in unterschiedlichen Systemen lässt sich nicht einfach wegwischen. Gab es nach 1945 im Westen eine Orientierung an die westlich-demokratische Welt und ein kapitalistisches System, war dies eben im Osten vor 1989 ein Sehnsuchtsort oder Feindbild, manchmal beides zugleich, in jedem Fall gehörte der Osten erst einmal nicht dazu. Nach dem Umbruch fiel die Definition der neuen deutschen Gemeinschaft zusammen mit einem Globalisierungsschub und einer Orientierung auf europäische Strukturen. Welche Chancen hatten viele Ostdeutsche da, in dieser neuen Heimat anzukommen? Die deutsch-deutsche Wiedervereinigung versprach eine neue gemeinsame Heimat, das Nationale und vielleicht sogar Völkische war in ihrer Begründung angelegt.

9.4.4 Die Prüfung der Einflussfaktoren auf rechtspopulistische Einstellungen

Wir haben einige der oben angesprochenen Erklärungen für oder gegen die These einer Rechtslastigkeit des Ostens empirisch geprüft. Die Prüfung verbleibt allerdings auf der individuellen Ebene, strukturelle Kontextfaktoren auf der Makroebene (Arbeitslosigkeit, Einkommensgefälle, demografische Zusammensetzung etc.) können nicht einbezogen werden, ebenso wenig wie Entwicklungen.

29 https://www.zeit.de/gesellschaft/2019-02/jana-hensel-alles-gesagt [Aufruf am 2.3.2019].

Die Analyse kann trotz dieser Einschränkung für die Erklärungskraft berücksichtigbarer Faktoren aufschlussreich sein. Für die Analyse wurde die Vorhersage rechtspopulistischer Einstellungen gewählt, weil sich nur hier Unterschiede zwischen Ost und West gezeigt haben.

Tabelle 9.3 (➟ s. S. 278 f.) nennt die Ergebnisse einer schrittweisen linearen Regressionsanalyse. Dabei wurden die aufgeführten möglicherweise erklärenden Variablen für rechtspopulistische Einstellungen blockweise eingeführt. Alternativ durchgeführte Berechnungen kommen zu grundsätzlich ähnlichen Ergebnissen. Im ersten Block wurden der Wohnort der Befragten im Osten oder Westen, sowie Indikatoren der Beurteilung der Lebenslage eingeführt und ermittelt, wie gut sie Rechtspopulismus erklären. Hier sind vor allem das Gefühl der kollektiven Benachteiligung von Deutschen im Vergleich zu in Deutschland lebenden Ausländer_innen und Globalisierungsangst erklärungskräftig, weniger die Einschätzung der eigenen wirtschaftlichen Lage bzw. der des Landes. Im zweiten Block wurden weitere Variablen berücksichtigt, die für die Einschätzung sozioökonomischer Bedingungen stehen können, im dritten solche, die als Indikatoren für soziokulturelle Faktoren gelten können bzw. in gewisser Weise auch Transformationserfahrungen (siehe oben) erfassen. Dabei ist vor allem das Gefühl, nicht gerecht behandelt zu werden relevant, schwächer aber auch die Identifikation als »Deutsche_r« und mangelnder engerer Kontakt zu Migrant_innen. Im vierten Block werden Grundwerthaltung bzw. Grundgefühle aufgenommen. Dabei wurden solche Einstellungen nicht berücksichtigt, die in sehr großer inhaltlicher Nähe zu rechtspopulistischen Einstellungen stehen. Hier ist besonders das Gefühl der Orientierungslosigkeit erklärungskräftig, schwächer auch das der politischen Machtlosigkeit und eine ökonomistische Werthaltung. Im fünften Block schließlich werden soziodemografische Indikatoren, von denen lediglich die Schulbildung eine gewisse, aber nicht sehr große Erklärungskraft besitzt, berücksichtigt. Jeder Block trägt jeweils signifikant zur Vorhersage rechtspopulistischer Einstellungen bei. Am Ende helfen diese Variablen auch, einen Teil der vergleichsweise geringen Unterschiede zwischen Ost- und Westdeutschen im Ausmaß rechtspopulistischer Einstellungen zu erklären, es bleibt aber ein Teil unaufgeklärt.

Blockweise lineare Regressionsanalyse zur Prüfung von Einflussfaktoren auf rechtspopulistische Einstellungen (Beta-Werte und Signifikanzen) **Tabelle 9.3**

Prädiktor
Wohnen in Ost/West
Einschätzung der wirtschaftlichen Lage Deutschlands
Einschätzung eigene wirtschaftliche Lage
Relative Deprivation (Benachteiligung von Deutschen im Vergleich zu Ausländern in Deutschland)
Globalisierungsangst
Identität als Deutsche_r
Interkultureller Kontakt
Gerechtigkeitsgefühl in Bezug auf die eigene Person
Politische Machtlosigkeit
Ökonomistische Werthaltung
Orientierungsanomia
Alter
Geschlecht
Bildung
Äquivalenzeinkommen
R^2

Legende * = p < ,05; ** = p < ,01; *** = p < ,001.

Anmerkung Die abgebildeten Beta-Werte geben den Einfluss eines Prädiktors auf das Ausmaß rechtspopulistischer Einstellungen an – je höher der Wert, desto stärker der Einfluss, d. h. je mehr Befragte einem Prädiktor zustimmen, desto ausgeprägter sind ihre rechtspopulistischen Einstellungen (es handelt sich immer um Durchschnittswerte und muss nicht für jeden Einzelfall gelten). Einige Prädiktoren haben ein negatives Vorzeichen, d. h. je stärker Befragte hier zustimmen, desto geringer sind ihre rechtspopulistischen Einstellungen. Die Prädiktoren wurden über die folgenden Aussagen operationalisiert: Wohnen in Ost-/Westdeutschland: nach Bundesland, Berlin geteilt nach wo überwiegend aufgewachsen; West = 1; Ost = 2. Einschätzung der wirtschaftlichen Lage Deutschlands: »Wie beurteilen Sie die aktuelle wirtschaftliche Lage Deutschlands, sehr gut, gut, teils gut/teils schlecht, schlecht oder sehr schlecht?«; Einschätzung eigene wirtschaftliche Lage: »Wie beurteilen Sie Ihre eigene wirtschaftliche Lage? Sehr gut, gut, teils gut/teils schlecht, schlecht oder sehr schlecht?«; Relative Deprivation: »Und wie beurteilen Sie die wirtschaftliche Lage der Deutschen im Vergleich zu den hier lebenden Ausländern. Ist sie sehr gut, eher gut, weder gut, noch schlecht, eher schlecht, sehr

9.5 Sichtbare und unsichtbare Grenzen

Wir sind in der Mitte-Studie 2018/19 der Frage nachgegangen, ob der Osten rechtsradikaler ist als der Westen, oder diese Annahme eher eine Reproduktion

Tabelle 9.3

Model 1	Model 2	Model 3	Model 4	Model 5
,17 ***	,16 ***	,11 **	,04	,05
	,11 ***	,09 *	,00	,00
	,08 *	,04	–,01	–,00
	,25 ***	,22 ***	,13 ***	,12 ***
	,22 ***	,19 ***	,08 **	,08 **
		,13 **	,12 ***	,11 ***
		,14 ***	,08 **	,06 *
		–,22 ***	–,12 ***	–,12 ***
			,26 ***	,24 ***
			,15 ***	,14 ***
			,37 ***	,35 ***
				,02
				–,04
				–,18 ***
				,04
,03 ***	,21 ***	,28 ***	,55 ***	,57 ***

schlecht?; Globalisierungsangst: »Die Globalisierung macht mir Sorgen«, Antwortkategorie (1) stimme überhaupt nicht zu bis (5) stimme voll und ganz zu; Identität als Deutsche_r: »Ich fühle mich als Deutscher/Deutsche«, Antwortkategorie (1) stimme überhaupt nicht zu bis (5) stimme voll und ganz zu; interkultureller Kontakt: Wie viele Ihrer Freunde und Bekannten haben einen Migrationshintergrund? (1) sehr viele, (2) eher viele, (3) eher wenige, (4) gar keine; Gerechtigkeitsgefühl: »Ich fühl mich im Großen und Ganzen gerecht behandelt« Antwortkategorie (1) stimme überhaupt nicht zu bis (5) stimme voll und ganz zu; Politische Machtlosigkeit (→ s. Kap. 8; S. ff.); ökonomistische Werthaltung: »Menschliche Fehler können wir uns nicht mehr leisten« und »Menschen, die wenig nützlich sind, kann sich keine Gesellschaft leisten«, Antwortkategorie (1) stimme überhaupt nicht zu bis (5) stimme voll und ganz zu; Orientierungsanomia: »Es ist heute alles so in Unordnung geraten, dass niemand mehr weiß, wo man eigentlich steht« und »Früher waren die Leute besser dran, weil man wusste, was man zu tun hatte«, Antwortkategorie (1) stimme überhaupt nicht zu, (2) stimme eher nicht zu, (3) teils/teils, (4) stimme eher zu, (5) stimme voll und ganz zu.

eines Vorurteils ist. Hasstaten und die Verbreitung rechtsextremer Gruppen sprechen augenscheinlich dafür, aber Forschung verlässt sich nicht auf den Augenschein. Auch die Wahlerfolge von Parteien müssen sich nicht in den Einstellungen einer breiten Bevölkerung widerspiegeln, sondern vielleicht auf die Bildung extremer radikaler Milieus verweisen, die nicht übertragbar sind auf »den Osten«. Wir haben die Einstellungen von Ost- und Westdeutschen geprüft. Gemessen an ihren Einstellungen ergeben die Analysen kein einfaches, aber ein präzises Bild. In mancherlei Hinsicht sind rechtsextreme, rechtspopulistische und demokratiefeindliche Einstellungen im Osten noch weiter verbreitet als im Westen. Das gilt vor allem für die Abwertung von »Fremden«. Sie ist auch eine zentrale Dimension rechter Orientierungen. Dies gilt auffallend auch für jene im Osten, die sich selbst politisch »genau in der Mitte« verorten, sei es angesichts mangelnder Orientierung zur eigenen politischen Position, oder um die Mitte für sich zu reklamieren. Das muss hier offen bleiben. Wie jedoch schon vorangegangene Studien nahegelegt haben, ist eine Generalisierung auf »den Osten« nicht gerechtfertigt. Vielmehr verstärkt sich der Eindruck, dass erstens die Unterschiede zum Westen weniger gravierend sind und zweitens ein großer Teil der Ostdeutschen sich klar demokratisch, pluralistisch und übrigens auch proeuropäisch positioniert. Die Politik ist gut beraten, diesen Bürger_innen gerade im Osten, die eben – auch das legen die Ergebnisse nahe – nicht laut und wütend auftreten, mehr Beachtung zu schenken.

Es bleibt andererseits ein doch erheblicher Teil an Befragten, der Einstellungen vertritt, die sich mit einer liberalen Demokratie schlecht vertragen. Dieser wird – das zeigen die Befunde der vorangegangenen Kapitel – scheinbar eher erfolgreich von der AfD gebunden. In den neuen Bundesländern gelingt ihr das noch besser, nicht zuletzt vielleicht auch, weil sie dort eher als »eine Partei wie jede andere« wahrgenommen wird. Ein weiterer noch kleiner Teil positioniert sich unter den westdeutschen und etwas verbreiteter bei ostdeutschen Befragten deutlich antidemokratisch, manche vermutlich bewusst, andere unbewusst, wenn sie sich z. B. eine einzige starke Partei mit starkem Führer wünschen, an einen vermeintlich einheitlichen Volkswillen glauben, an dem sich die Politik ausrichten solle und die sich eine rechtsgerichtete Diktatur (zurück)wünschen. Dies sind überproportional Personen, die sich zwar vielleicht nicht unbedingt ganz persönlich, aber kollektiv benachteiligt fühlen, kollektive negative Wendeerfahrungen übertragen in ein verbreitetes Gefühl von Unzufriedenheit und politischer Machtlosigkeit gepaart mit kollektiver Wut und der Forderung nach Widerstand gegen die aktuelle Politik.

Die immer wieder und auch oben dokumentierte deutliche Diskrepanz zwischen der eigentlich recht positiv eingeschätzten eigenen Lebenslage, der deutlich negativeren und negativen Einschätzung, sobald die Einschätzung im Vergleich zu anderen Gruppen erfolgt, der daraus folgenden Stimmungslagen bis hin zu rechtsextremen Protesten, rechtspopulistischen Kampagnen, Hasstaten und -wellen sowie dem Erfolg der radikalen Rechten, macht es der Politik schwer, selbst positive Veränderungen oder Versprechungen zu vermitteln. Die Methode, Menschen ökonomische Absicherung zu versprechen und ihre individuellen Chancen zu verbessern, scheint wenig zu helfen bei der Frage nach der Affinität für antidemokratische Einstellungen, sind es doch weniger persönliche Schlecht- und Schlechterstellung als vielmehr kollektive Erfahrungen, die zum Teil auch in der Nachwende-Vergangenheit liegen.

Es geht also tatsächlich eher um die Gestaltung von Lebenschancen und Lebensperspektiven, die Menschen selbst entwickeln können und die in einem positiven Bezug zur Demokratie und zur Distanz gegenüber Hoffnungen in national befreite Zonen oder Abwertungen von Gruppen gebracht werden können. Auch der kritische Anspruch der Medien – die in Demokratien ja nun eigentlich gewünscht sind –, die kritischen Zustände und gerade extreme und radikale Entwicklungen zu berichten, ist nicht einfach, denn in Teilen müssen sie das Bild von Krisenregionen befördern. Ein medialer Hang zur Skandalisierung ist sowieso ein andauerndes Problem, das den Osten beschäftigt. Es geht dabei nicht nur um die Diskussion kritikwürdiger Entwicklungen, sondern um die Frage, wie sehr dies eine Abwertung von Ostdeutschen befördert. Die Verletzungen sind unnötig. Sie werden auch bei jenen hinterlassen, die gar nicht gemeint waren – nämlich die vielen demokratiefesten und sich engagierenden Ostdeutschen, die mit stigmatisiert werden. Wir raten, die Frage aktiv anzusprechen, wie mit dem Spagat umzugehen ist, dass eine kritische Berichterstattung, ein kritischer Blick zu mehr allgemeiner Unzufriedenheit führt, obwohl die meisten Menschen ganz persönlich recht zufrieden sind, und sich dies dann auch handfest niederschlägt und im schlimmsten Fall die Verhältnisse dann wirklich verschlechtert. Eine herausfordernde Frage ist es, ob und wenn ja wie man diejenigen, die mehr »Gehört-werden« aggressiv einfordern und dabei anderen drohen, tatsächlich hören kann und will. Mehr Beachtung, wie dies mancherorts schon passiert, verprellt die vielen, die gerade nicht laut schreien, sondern häufig unter den Lauten zu leiden haben. Die erlittenen kollektiven Verletzungen sind durch aktuelle Wohltaten nur bedingt zu heilen. Demokratien sollten ihre Bürger_innen befähigen, die Töne hinter den Parolen und Klagen zu hören, eben die Menschenfeindlichkeiten oder die Befürwortung einer illiberalen Demokratie, oder gar einer rechtsgerichteten Diktatur. Sie müssen auch Grenzen ziehen. Und auch der durchschimmernde Wunsch, der Westen solle sich für sie interessieren, erscheint unwahrscheinlich, fühlt sich der Westen doch inzwischen vielleicht nicht nur nicht zuständig, sondern zunehmend irritiert durch einen Osten, dem man nun auch noch den Rechtsextremismus überhelfen kann. Die Frage ist, was tun, wenn der Westen mit diesem Osten gar kein gemeinsames Volk sein will, und das vielleicht nicht erst seit der Trennung, immerhin wurden Disparitäten zuvor schon durch Kriege ausgetragen. Was tun, wenn stattdessen jetzt eine nationale und, gewollt oder ungewollt, auch völkische Erzählung der alten und neuen Rechten Vorschub leistet und dieses Märchen als Hoffnung auf blühende Landschaften weit geteilt wird?

10 Zusammenhalt durch Gleichwertigkeit, Zusammenhalt in Gleichwertigkeit – Leitbilder der Mitte

Andreas Zick

Bereits zu Beginn haben wir auf die Bedeutung der Mitte und ihrer Gefährdungen hingewiesen. Die Mitte verliert sich durch populistische, extremistische und ungleichwertigkeitsorientierte Ausgrenzungen von sozialen Gruppen, die weniger Einfluss und Inklusionskräfte aufweisen. Die Mitte-Studien erforschen einen Ausschnitt, der helfen soll zu klären, wie es um den Zustand der Mitte bestellt ist. Als empirische Studie ist sie begrenzt. Das gilt für die Bestimmung der Mitte. Das gilt für ihre Einstellungen, die die Mitte-Studie im Besonderen interessieren. Die Mitte ist eine unbestimmte Gemeinschaft, Alltagsbegriff wie politischer Kampagnenbegriff. Die Idee der Mitte ist mit Blick auf die Wahrnehmungen und Einstellungen, also die Bewertungen und Erwartungen ihrer Mitglieder, sperrig, anspruchsvoll und Gegenstand von Kritik. Wer soll Mitte »konkret« sein? Klingt Mitte nicht nach Mittelmaß? Wer bestimmt darüber, wer wann zur Mitte gehört? Grenzt nicht die Idee einer Mitte genau jene aus, die am Rande stehen? Nur weil auf dem Buchdeckel »Mitte« steht, nur weil Parteien Stellwände installieren und Politiker_innen sich vor das plakativ abgedruckte Wort »Mitte« stellen, gibt es keine Mitte. Drängen wir nach einer genauen Vermessung, müssen wir feststellen: Es ist jenseits einfacher ökonomischer oder parteipolitischer Verortungen ein »fuzzy term«, also ein Begriff für eine nicht näher bestimmte Gruppe, der eine gesellschaftliche Kategorie markiert, eine Schublade, in der die einen sind, die anderen nicht, ähnlich wie es die Begriffe »Elite« oder »Randgruppe« suggerieren. Wir könnten den Begriff ad acta legen, weil er unpräzise ist. Das mag auch viel besser passen in einer Zeit der Globalisierung, in einer Zeit, wo das Prinzip der aggressiven Durchsetzung eigener Interessen sowie rechtspopulistischer und -extremer Nationalismen die Idee der Mitte mehr als ein Menetekel des Untergangs, denn als Leitbild für die Gesellschaft übrig lassen. Statt der Mitte lieber ein starker Staat? Ein Volk mit klaren Volkskriterien? Eine Diktatur, von wem auch immer? Ein Gebilde, wo die Besten oben sind und bestimmen? Oder gar die Reduktion auf eine Administration von Gemeinschaft? Gesellschaft als bürokratisches Gebilde, welches die Mitte als eine Verwaltungseinheit einrichtet und administriert? Es wäre gut, am Ende zu fragen, von welcher Mitte wir berichtet haben und wohin es mit ihr geht. Vielleicht gelingt eine genauere Einschätzung, wenn zunächst noch einmal geklärt und erinnert wird, was jenseits konkreter Ausgestaltungen die Mitte in einer Demokratie bedeuten kann. Im Anschluss kann erläutert werden, was die Mitte-Studie 2018/19 als besondere Gefährdungen der Mitte entdeckt hat, wo sie an Qualität verloren hat. Diese Qualität bestimmen wir an demokratischen Einstellungen bzw. deren Verlust aufgrund antidemokratischer Einstellungen mitsamt den Affekten, Überzeugungen und Verhaltensabsichten, die z. B. in der Diskriminierung von Minderheiten sichtbar werden. Nehmen diese Einstellungen zu, verschieben sich Normalitäten und die demokratische Mitte geht verloren. Allerdings ist die innergesellschaftliche Debatte, zu der wir auch mit Bezug auf die Ergebnisse der Mitte-Studie 2018/19 raten, nicht hinreichend. Vor und nach der Europawahl, in deren Zeitraum die Publikation des vorliegenden Buches fällt, soll auch daran erinnert werden, dass eine deutsche Mitte sich an Europa orientiert. Das ist für die extremen Ränder ein Drama, eine Katastrophe oder ein willkommenes Horrorszenario. Das ist für eine demokratische Mitte eine Herausforderung wie Chance, weil sie sich als Teil einer europäischen Gemeinschaft nach den Diktaturen überhaupt erst hat bilden können.

10.1 Die Mitte als Gemeinschaft der Demokratie

Die Bundesrepublik Deutschland ist ein Land, welches sich historisch schon vor der Diktatur des Nationalsozialismus, vor allem aber danach, durch die Idee einer starken Mitte gebildet hat. Sie sollte und konnte Zusammenhalt schaffen. Viele historische, politikwissenschaftliche und soziologische Analysen zeichnen das nach (vgl. z. B. die Beiträge bei Schöneck & Ritter 2018). Dabei ging und geht es nicht allein um eine ökonomische oder politische Mitte. Die so verstandene Mitte kann von Parteien angesprochen, aber nicht okkupiert werden. Sie kann als Mittelschicht definiert, aber nicht von ihr vertreten werden. Zur Mitte können prinzipiell alle gehören, die Grundprinzipien, Institutionen, Regeln und Werte teilen. Es ist eine Mitte, die als Ausgleich von Differenzen und Konflikten in Überzeugungen, Ungleichheiten und Ungleichwertigkeiten und als Bezugspunkt für Normen, Werte, ethische wie moralische Fragen wie auch Identitäten, fähig ist, Konflikte zu regulieren. Und zwar so, dass die Gesellschaft sich weiterentwickelt und fähig ist, gute Lebensbedingungen für alle Menschen zu schaffen. Die Mitte bestimmt sich nicht danach, inwieweit sie extremistische, sie gefährdende Ideen oder Gruppen akzeptiert und in sich aufnimmt, sondern in dem Maße, wie sie ausgeschlossenen Gruppen Gleichwertigkeit verschafft. Zur Mitte kann auch gehören, wer Extremismus und die Idee, die Demokratie zu ersetzen, aufgibt. Zur Mitte muss auch gehören, wer sich der Demokratie verpflichtet, aber von Teilhabe und Gleichwertigkeit abgehalten wird.

Diese Idee der Mitte prägt das historische Verständnis der Mitte-Studie. Es ist die Idee einer demokratischen Mitte, die sich eine Verfassung gegeben hat, an die sich alle Mitglieder der Gesellschaft nicht nur zu halten haben, sondern die auch Recht wie Standards für die Gegenwart und Zukunft geben. Aus diesem Leitbild einer demokratischen Mitte werden Kriterien für die nähere Bestimmung von Mitte festgelegt, diese sind jedoch immer nur Konkretisierungen einer Mitte, die immer wieder adjustiert werden müssen. Aus dieser Idee der demokratischen Mitte folgen Fragen an eine wie auch immer in den Gegenwartsgesellschaften definierte politische, soziale, rechtlich und ökonomisch bestimmte Mitte, der damit zugleich auch eine kohäsive und inklusive Funktion und Kraft zugeschrieben wird, und die damit zugleich immer wieder nach diesen Funktionen und Kräften zu befragen ist. Und eben daher fragen wir im Jahr 2019, nach Jahren enormer Hasstaten, enormer innergesellschaftlicher Konflikte, massiver Versuche, die Mitte von extremen Rändern aus neu zu besetzen, ob diese Mitte verloren gegangen ist. Die demokratische Mitte bestimmt sich auch und im Besonderen durch die Frage, wie sehr extreme Gruppen mit ihren Ideologien die Verfasstheit der Mitte gefährden. Diese ergibt sich nicht allein aus dem Regelwerk der Verfassung, sondern wird an dem Grad der Gleichwertigkeit in allen Lebensaspekten bestimmt. Wird die Mitte von radikalen oder extremistischen Kräften bestimmt und verschieben diese ihre Normen, sodass die Gleichwertigkeit verloren geht oder schwerer zu erreichen ist, dann geht der Mitte Kraft verloren, dann schrumpft sie und mit ihr ein Leitbild und Regelwerk für die Demokratie. Genau deshalb sind die ständige Beobachtung und genaue Analyse von antidemokratischen Orientierungen, neben vielen anderen Aufgaben, bedeutsam. Das ist eine Aufgabe von dafür eingerichteten Institutionen. Allerdings überlässt eine demokratische Mitte nie Institutionen allein die Beobachtung von extremistischen Kräften, die sie gefährden, denn auch Institutionen können anfällig sein. Sie entfaltet im besten Falle eigene Kräfte und öffentliche Foren, die den Zustand der Gesellschaft beleuchten, hinterfragen, darüber streiten und im Anschluss an die Selbstreflexion gestärkt sind. Genau dazu möchten die Mitte-Studien einen Beitrag leisten. Die demokratische Mitte ist eine gesellschaftliche Einheit, die es ermöglicht, die Gesellschaft durch Konflikte zu verändern und die stark genug ist, extremistische Kräfte vorbeugend oder dann, wenn sie die Gesellschaft verändern und Normen verschieben, selbst abzuwehren. Die demokratische Mitte hat zahlreiche Gruppen, Regeln und Einrichtungen. Sie ist auch ein Ort der Zivilgesellschaft, aber diese ist nicht identisch mit ihr. Die demokratische Mitte sollte zivil sein, aber eine Zivilgesellschaft kann ein eigenständiger Teil der Mitte sein und sich im Besonderen um die Inklusion von Gruppen, die noch nicht in der Mitte sind, kümmern. Sie hat nicht die Aufgabe, die Mitte zu retten, auch wenn sie vielleicht die Mehrheit der Mitte ausmacht und einen Prototyp der Demokratie darstellt. Anders formuliert: Auch wer sich nicht als Zivilgesellschaft identifiziert, aber Mitte sein möchte, hat sich an demokratische Regeln und Normen zu halten. Auch, wer sich als Elite und etwas Besonders versteht, muss das tun, ebenso wie jene, die mit der Mitte unzufrieden sind und nach Veränderung rufen. Und darüber hinaus heißt dies: Angriffe auf die Zivilgesellschaft sind auch Angriffe auf die Mitte und nicht zu tolerieren.

Die Mitte hat Zentren und Peripherien, aber zu ihr gehören alle, die sich auf sie berufen und dabei als Demokrat_innen verstehen. Das ist ihre Bindekraft, die den gesellschaftlichen Zusammenhalt erzeugt. Die Mitgliedschaft zur Mitte bemisst sich nicht an ihrer Machtverteilung, nicht an bestimmten Personen oder Gruppen, sondern an den demokratischen und – bei aller Differenz – auf Ausgleich orientierten Einstellungen und Verhaltensweisen der Mitglieder. Das ist die Idee der Mitte, die aus der Demokratie geboren ist und nicht umgekehrt.

10.2 Aushöhlungen der Mitte

In den Mitte-Studien definiert immerhin eine absolute Mehrheit ihre politische Meinung als »genau in der Mitte« und die Mehrheit der Befragten gehört einer mittleren Einkommensgruppe an (➟ s. Kap. 3, S. 53 ff.). Politische Positionen oder Einkommensgruppen sind aber nicht absolute Kriterien. Sie dienen als Bezugspunkte. Die Eingrenzung auf eine politische oder ökonomische Mitte wäre aber zu einfach für das Konzept von »Mitte in der Demokratie«. Auch untere und obere Einkommen und rechte wie linke Ränder gehören zur Mitte. Die Zugehörigkeit bestimmt sich nicht nur aus einer Selbstpositionierung oder einer ökonomischen Zuordnung, obgleich es Sinn macht, die Mitte in der Mitte genauer zu analysieren, denn sie hat vielleicht mehr Integrationspotenziale als die Ränder. Noch einmal: Zur demokratischen Mitte gehören zunächst all jene, die sich demokratisch verhalten und demokratische Orientierungen haben, also Grundprinzipien des Systems der Demokratie, Regeln und Normen, wie sie die Verfassung und die demokratischen Gruppen explizit oder implizit vertreten. Die Idee, dass die Mitte normgebend ist, heißt nicht, dass sie einfach bestimmbar ist. Die Mitte ist eine Realisierung der demokratischen Verfasstheit, der Werte und der Grundidee der Gemeinschaft der Demokrat_innen. Sie ist eine Referenz für die Mitglieder der Gesellschaft. Sie gibt eine Orientierung. Ob eine demokratische Gesellschaft Mitte anhand von ökonomischen Kriterien – eben durch eine Orientierung an Mittelschichten – oder politischen Kriterien – Parteien der Mitte – definiert, muss sie aushandeln. Das erzeugt Konflikte, denn die Idee der Mitte in der Demokratie bemisst sich an maximaler Inklusion und nicht einer Verdichtung auf bestimmte ökonomische, politische, soziale oder gar religiöse Gruppen. So schwierig es ist, Mitte nicht an konkreten Gruppen festzumachen und festzulegen, von welchen Gruppen die Normen ausgehen, sodass man sich an diesen Gruppen orientieren kann, so gut ist die Idee der Mitte eine Möglichkeit, Demokratie zu erzeugen, indem die Demokratie die Möglichkeit gibt, sich als Mitte zu identifizieren und damit auch mit den Normen und Werten der Demokratie, welche von der Mehrheit geteilt werden. In diesem Sinne ist die Mitte eine Konflikt- und Konsensgemeinschaft, und vor diesem Hintergrund ist es gut, wenn die Mehrheit ihre Ansichten genau in der Mitte verortet, auch wenn sie liberale, konservative oder linke Parteien wählt. Es ist gut, wenn sich nicht nur ökonomische Mittelschichten als Mitte verstehen. Es ist allerdings ebenso ein Anzeichen für die Auflösung der Mitte, wenn sie selbst extremistisch, menschenfeindlich und ausgrenzend wird. Dann verliert sie ihre eigentliche Qualität und Standards. Die Mitte darf den Konflikt nicht scheuen und Konsens heißt nicht fauler Kompromiss. Die Würde aller Menschen ist keine Kompromissformel, sondern ein Kriterium, um darum zu streiten, wie sie erreicht werden kann.

Die Mitte ist ständig Gefahren, Risiken und Herausforderungen an ihren Zusammenhalt und ihre bindenden Kohäsionskräfte ausgesetzt. Einerseits, weil sie selbst autoritär, rassistisch, diskriminierend und exklusiv wird oder ihre Mitgliedschaftskriterien nach zunächst nicht unbedingt demokratischen oder sogar antidemokratischen Kriterien ausrichtet, wie etwa nach Marktgesetzen, ethnischen Volkskonstruktionen oder religiösen Orientierungen. Die größte Gefahr ist allerdings das Ausmaß, in dem sie grundsätzlich ihre demokratische Orientierung verliert oder zur Disposition stellt, weil es einigen Mitgliedern Vorteile, Macht und Einfluss verschafft oder vermeintlich anderen Nutzen hat. Das geschieht nicht nur durch das Eindringen von antidemokratischen Ideologien in die Mitte, sondern auch durch die Adaption von antidemokratischen Ideen sowie ein Infragestellen von demokratischen Normen und Werten. Je stärker antidemokratische Orientierungen in der Mitte sind und je stärker sich Mitglieder der Mitte oder die Mitte selbst in den Extremismus bewegt, indem sie die Demokratie willentlich oder unwillentlich, bewusst oder unbewusst, offensichtlich oder subtil verlässt, desto stärker geht die Mitte verloren. Dann verschieben sich Normen, Minderwertigkeiten von Gruppen schreiben sich in die Struktur der Mitte ein und der Zusammenhalt schwindet. Ein Durchdringen der Mitte von elitären Ideologien wäre nur ein Anzeichen. Die Zustimmung zu extremistischen und demokratiefeindlichen Ideen ein anderes.

In den Mitte-Studien untersuchen wir solche Indikatoren. Die Mitte-Studie 2018/19 hat dabei sieben mögliche Aushöhlungen des Zusammenhalts der Gesellschaft in ihrer Demokratieorientierung untersucht:

1. Befürwortung der Ungleichwertigkeit von Gruppen
2. Rechtspopulistische Einstellungen
3. Rechtsextreme Einstellungen
4. Neue rechte Mentalitäten

5. Glaube an Verschwörungsmythen
6. Misstrauen und Ablehnung von Demokratie
7. Ost-West-Auseinanderdriften in demokratischen Einstellungen

In allen sieben Feldern kann die Mitte an Orientierung wie Zusammenhalt verlieren. Alle sieben Felder öffnen es radikalen Gruppen, die Mitte zu beeinflussen. In den Feldern kann die Mitte ihre Normen hin zur Akzeptanz von Meinungen, die sie selbst aushöhlen, verschieben. Sie kann die Meinung vertreten, sie müsse rechtspopulistische oder gar -extremistische Orientierungen aufnehmen, um Menschen nicht zu verlieren. Das ist ein riskanter Weg, mit dem sie ihre eigenen Standards absenkt. In allen sieben Feldern beobachtet die Mitte-Studie 2018/19 interessante Zustände und Entwicklungen, von denen nur einige noch einmal besonders hervorgehoben werden.

1. Die Zuschreibung der Ungleichwertigkeit von Gruppen, die der Mitte-Idee zuwiderlaufen und sich in Gruppenbezogener Menschenfeindlichkeit zeigen, scheinen im Vergleich zu den Vorjahren stabil (➞ s. Kap. 3, S. 53 ff.). Insbesondere Vorurteile gegen Asylsuchende und Muslime werden weit geteilt, wie auch der sekundäre und israelbezogene Antisemitismus. Die Meinungen zu Gruppen, die insofern marginalisiert an den weniger wertvollen »Rand« geschoben werden, sind geprägt von einer Ambivalenz, die modern ist. Einerseits stimmt die Mitte absolut und nahezu vollständig der Würde aller Menschen zu, andererseits wertet sie Gruppen ab, sobald das Vorurteil die Abwertung scheinbar rechtfertigt. Das Selbstbild einer Mitte, die Gleichwertigkeit und Würde postuliert, aber bei Gelegenheit Argumente konstruiert oder aufnimmt, die die Abwertungen legitimiert, lässt Ungleichwertigkeitsvorstellungen in die Mitte drängen. Sie macht den Rechtspopulismus, der Größenfantasien von »nationaler Identität« postuliert, stark. Daher ist es kaum verwunderlich, dass auch in 2018/19 jene Befragten, die Sympathien für die AfD haben, die höchsten Zustimmungen zu Vorurteilen aufweisen. Sie werden das Vorurteil wiederum häufig zur »berechtigten Kritik« erklären. Das verstellt zugleich die empirische Beobachtung, dass einerseits die Abwertungen der unterschiedlichsten Gruppen zusammenhängen, also ein Syndrom bilden, und andererseits die Abwertungen mit der Gewaltbereitschaft einhergehen. Die vermeintliche Kritik ist eben eingebettet in Anti-

pathien und Abwertungen, die der Selbstaufwertung helfen. Durch die Akzeptanz des Vorurteils gegen Gruppen in der Mitte geht ihr Qualität verloren und zunehmend auch jene, die das Vorurteil wahrnehmen. Wie sehr sich teilweise betroffene Gruppen wie Muslim_innen, Jüdinnen und Juden, Frauen, Wohnungs- und Arbeitslose nicht mehr als Teil der Mitte verstehen oder auf sie zubewegen, wäre zu diskutieren.

2. Der Rechtsextremismus politisiert die Abwertung und zugleich sind Antisemitismus und Fremdenfeindlichkeit seine Grundlage. Seit 16 Jahren beobachten die Mitte-Studien rechtsextreme Einstellungen. Dringen sie auch nur als Splitter in die Mitte, löst sie sich dort, geht ihr das, was die höchste Qualität der Mitte ist, der Schutz vor Extremismus, verloren. Dabei muss gar nicht »der Rechtsextremismus« eindringen, weder in seiner organisierten Form noch als geschlossenes Weltbild. Die Mitte-Studien 2018/19 zeigen, dass eine harte rechtsextreme Orientierung in der Mitte äußerst wenig Zustimmung findet. Teile dieser Orientierung finden in Form des übersteigerten Nationalgefühls und rassistischer Zuschreibungen zu Gruppen mehr Zuspruch und über diese Einstellungen ist der Rechtsextremismus in die Mitte eingedrungen (➟ s. Kap. 4, S. 117 ff.). Dies ist vor allem am rechten Rand der Mitte und unter Gewerkschaftsmitgliedern – das gilt auch für andere antidemokratische Orientierungen – passiert. Jene Teile der Mitte, die sich selbst »rechts« positionieren und jene, die vielleicht sogar unverdächtig für Arbeitsplätze und gute Arbeit streiten, akzeptieren heute stärker rechtsextreme Orientierungen als vorher. Der rechte Rand der Mitte, auch jener, der über AfD-Sympathien hinausgeht, akzeptiert mehr antidemokratische Einstellungen als zuvor. Hat sich der rechte Rand radikalisiert? Ist es normaler geworden, am rechten Rand und in Teilen der Gesellschaft, rechtsextremen Einstellungen zuzustimmen? Kann man nicht die plurale und liberale Demokratie zeitweilig aussetzen, um den Staat vorwärtszubringen? Sicher ist, die rechte Diktatur wird einhellig abgelehnt, aber es scheint eher, dass ein autoritärer Nationalchauvinismus als Leitbild nationaler Identität und als Betonung wie Verteidigung angestammter Vorrechte die Verhältnisse verschoben hat (vgl. dazu auch mit Bezug zur Mitte-Studie Heitmeyer 2018). Das wäre zumindest zu diskutieren.
3. Neurechte Mentalitäten, die einerseits an den Rechtsextremismus andocken wie andererseits auch rechtspopulistische Anteile aufweisen, haben die Mit-

te-Studien im Jahr 2016 erstmalig untersucht (➟ s. Kap. 5, S. 147 ff.). Sie haben eine wirkmächtige Karriere hinter sich. Dies zeigt sich einerseits in der Möglichkeit, dass neurechte Einstellungen, die mittlerweile auch vom Verfassungsschutz als gefährlich eingestuft werden, in der Mitte modellierbar und anschlussfähiger sind. Andererseits prägen Wahrnehmungen eines Meinungsdiktates und die Ideologie einer Islamunterwanderung die neuen rechtsextremen Einstellungen. Dazu gehört aber nun auch und ganz besonders ein Antifeminismus, der durch einen unterstellten »Genderwahn« weit in die Mitte gedrungen ist. Er ist getragen vom Leitbild einer Nation, die ihre Größe wiedererlangen muss, und andere Völker, so sie denn die Größe akzeptieren, toleriert. Neurechte Einstellungen erleben eine ungeheure Karriere, weil sie zum Beispiel über die Themen »Islam und Gender« rechtsextreme wie rechtspopulistische Gruppen und ihre Mitglieder und Befürworter_innen binden und mit ihren Versatzstücken auch andere in der Mitte ansprechen können. Das geht auch und immer stärker, wie wir in der Studie 2018/19 nun zeigen können, neben antifeministischen Meinungen durch das verlockende Konzept des Ethnopluralismus, also eine Vorstellung einer Volksidentität, die gegenüber anderen »Volksidentitäten« anderer »Völker« tolerant ist, aber die Identität und das Konzept »Volk« erstens ethnisch definiert und zweitens einen Gegenentwurf zur pluralen Demokratie anbietet. Neurechte Meinungen sind in ihrer Konzentration auf Identität und Widerstand, der ständig durch Bedrohungsmythen erzeugt werden muss, in Teilen en vogue, weil sie nicht einfach rassistisch erscheinen, sondern als kulturelle Überzeugungen. Aber solche, an den Zeitgeist angepasste Meinungen, haben Nähen und Überlappungen in den Rechtsextremismus wie Rechtspopulismus und daher bekommen sie immer stärkeres Gewicht. Sie verbinden diese und schlagen so tiefere Löcher in eine Mitte, die Identität sucht und sich von der Idee der Kulturvölker anstecken lässt.

4. Der Rechtspopulismus ist zusammen mit den neuen rechten Mentalitäten, aber auch in Anteilen ohne diese, weiter stark in der Mitte und gewissermaßen verankerter als noch zuvor (➟ s. Kap. 6, S. 173 ff.). Immer stärker wird er dabei durch eine Partei gebunden und zum Ort der Mitgliedschaft. Rechtspopulistische Einstellungen sind bei den Sympathisant_innen der AfD klar verortet und dort Referenzrahmen. Allerdings interessieren die Mitte-Studien nicht primär parteipolitische Positionen (allein), sondern

rechtspopulistische Zustimmungen in der Mitte, also z. B. auch bei Befragten, die eine ganz andere Partei favorisieren oder gar nicht wählen. Es zeigt sich dabei, dass wiederum in der Mitte die Zustimmung zum Nationalchauvinismus besonders ausgeprägt ist. Ebenso sind die menschenfeindlichen Meinungen bzw. Vorurteile ein relevantes bindendes Element des Rechtspopulismus und die Schnittstelle zum Rechtsextremismus wie zu den neurechten Orientierungen. Mit Blick auf die Flügel radikaler rechtsextremistischer wie -populistischer Orientierungen in der Mitte sind die rechtspopulistischen Meinungsmilieus stark verbunden durch Zustimmungen zu menschenfeindlichen Meinungen, insbesondere über Muslimfeindlichkeit und die Abwertungen von Asylsuchenden und Immgrant_innen.

5. Scheinen die antidemokratischen Orientierungen der Menschenfeindlichkeit, des Rechtsextremismus, der neuen Rechten oder des Rechtspopulismus differente wie zusammenhängende Überzeugungen zu bilden, haben sich in die Mitte mit Verschwörungsmythen und Bildern wie Narrativen eines drohenden Untergangs Überzeugungen eingeschlichen, die für eine Abwanderung aus der Mitte ebenso sorgen wie für eine Aushöhlung der demokratischen Mitte (➟ s. Kap. 7, S. 203 ff.). Eine demokratische Mitte orientiert sich nicht an Mythen und Untergangsfantasien, sondern an einem rationalen und begründeten Weltverständnis, welches durch Argumente und wissenschaftliche Fakten gestützt ist. Mit der rasanten Entwicklung rechtspopulistischer alternativer Medien, ihrer parallelen Nachrichten und Propagandawelten im Netz ist es folgerichtig, dass die Mitte-Studien deren Analyse in den Blick genommen haben. Dabei ist es erstaunlich, wie hoch der Anteil jener ist, die an Konspirationen und verzerrte Mythen glauben (➟ s. Kap. 7, S. 203 ff.). Sie bedienen autoritäre wie auch dominanzorientierte Motive und stehen damit eng im Zusammenhang zu Meinungen über gesellschaftliche und soziale Hierarchien. Es macht mit Blick auf die Mitte nicht nur Sinn, sich über bewusste Falschmeldungen und »Meinungsblasen« zu unterhalten, sondern auch über deren Bedeutung für die Herstellung von Ungleichwertigkeit.
6. Verschwörungsmythen wie alle zuvor genannten Orientierungen schwächen die Demokratie, die ihrerseits von all ihren Mitgliedern durch eine klare Zustimmung und Befürwortung zum System der Demokratie und zum Prozess der Demokratieaushandlung zusammengehalten wird. Die Analysen

des Misstrauens und der Ablehnung von Demokratie haben die Mitte-Studien 2018/19 über Einstellung zur Demokratie selbst erfasst (➡ s. Kap. 8, S. 223 ff.). Zwar wird die pluralistische Demokratie von einer absoluten Mehrheit weiterhin als Modell der Mitte befürwortet, allerdings steigt einerseits das Demokratiemisstrauen und andererseits befürwortet ein gutes Viertel der Befragten ein illiberales Demokratiemodell, welches Unterschiede im Einfluss von Gruppen goutiert. Diese Vorstellungen sind eng verbunden mit Zustimmungen zur Ungleichwertigkeit von Gruppen, die eben auch zur Mitte gehören. Weil die Mitte auch sensibel ist für Ungleichwertigkeiten, mag sie sehr eindeutig und klar eine starke Zivilcourage von der Gesellschaft einfordern. Bei allem Demokratiemisstrauen und Einzug von rechtsradikalen Meinungen betrachtet die Mehrheit der Befragten Rassismus, Rechtsextremismus und Rechtspopulismus als Gefahr und fordert, man müsse dem gegensteuern. Staat wie Gesellschaft werden von der Mitte gefordert. Die Notwendigkeit zum Handeln wird aufgrund der wachsenden Angriffe auf den Staat, gegen einzelne Gruppen und die offene Gesellschaft zwar durchaus gesehen, aber eher mit Bezug auf ein abstraktes »man«, nicht auf sich selbst bezogen, also auf die oder eine Mitte.

7. Insbesondere der Osten Deutschlands war zumindest medial mehr präsent bei Hasstaten als der Westen. Das allein aber war nicht das Motiv, als siebten Messpunkt für Verluste in der Mitte die Spaltungen zwischen Ost und West anzulegen. Schließlich könnte der Blick bei Hasstaten im Osten eine verzerrte Wahrnehmung sein bzw. ist er das, wie wir zeigen, tatsächlich (➡ s. Kap. 9, S. 243 ff.). Nach der Zeit des Nationalsozialismus und nach der Zeit des Aufbaus der Demokratie ist der neu zu formende und geforderte Zusammenhalt von alten und neuen Bundesländern, die aus unterschiedlichen Systemen und historischen Nachkriegsgeschichten stammen, die wohl größte Herausforderung für die Demokratie. Die Einheit, unabhängig, ob sie von Einzelnen oder Gruppen gut oder schlecht gefunden wird, ist auch ein Fühler für die Fähigkeit der Demokratie, Zusammenhalt in Differenz zu finden. Der Aufschwung des radikalen Rechtspopulismus im Osten und die Verbreitung eines westlich geprägten Rechtsextremismus wie einer gemeinsam geprägten Menschenfeindlichkeit sind möglicherweise Hinweise auf eine »Einheit in Demokratiefeindlichkeit« und damit wichtiges Indiz für Verluste in der Mitte. Die Einheit hängt ab von der Spaltung und nicht

mehr bunten Bildern blühender Landschaften, die schon früher den Extremismus übertünchten, der sich nach der »Wende« zeigte. Daher ist die Frage nach Ost-West-Differenzen in antidemokratischen Einstellungen keine Frage an den Osten. Die Mitte-Studie 2018/19 bietet hochinteressante empirische Beobachtungen zu den Ost-West-Unterschieden wie Gemeinsamkeiten. Einerseits zeigt sich eine große Einheit in den demokratischen wie antidemokratischen Einstellungen. Andererseits zeigt sich eine größere Affinität im Osten zum Rechtspopulismus, vor allem getragen von Fremdenfeindlichkeit und einem Gefühl politischer Machtlosigkeit, kollektiver Wut und der Forderung von Widerstand gegen die aktuelle Politik. Und auch die – wenn auch wenig verbreitete – Befürwortung einer rechtsgerichteten Diktatur ist im Osten höher. Die Mitte der Republik hat durch die Separation von Ostdeutschen an den rechten Rand wichtige Bevölkerungsteile verloren. Vielleicht wurde das »Mitte-Konzept«, welches Einheit hätte bieten können, auch nicht richtig verstanden. Der Osten hatte eine andere Mitte als der Westen, der mit seinen Vorstellungen den Osten bestimmte bzw. der bewirkte, dass die Menschen in den neuen Bundesländern sich nach einem westlichen Modell von Mitte orientierten und dabei auch und insbesondere einige antidemokratische Einstellungen adaptieren. Die »Fremdenfeindlichkeit ohne Fremde« wäre ein Indiz für diesen Prozess. Dort, wo wir vor Jahren schon eine höhere Menschenfeindlichkeit im Osten festgestellt haben, teils dem geschuldet, dass Erfahrungsräume mit anderen als den gewohnten Gruppen fehlten, teils dem Eindringen eines westlichen Extremismus wie auch dem Verlust von Institutionen und Perspektiven geschuldet, hat der Rechtspopulismus nun Strukturen gebildet. Diesem Rechtsruck sind Teile der Mitte und auch Parteien, die Hoffnungen auf ein Einfangen von Stimmen hatten, ebenfalls mit einem Rechtsruck begegnet. Das hat den Osten destabilisiert, gemessen an einer Befürwortung zur verfassungsorientierten Demokratie.

10.3 Stärkung der Mitte

Die Mitte-Studie 2018/19 gibt Auskunft und zeigt viele weitere Entwicklungen demokratischer und antidemokratischer Tendenzen, antidemokratischer Identitätsbilder und politischer Mentalitäten, die die Mitte herausfordern und zu diskutieren sind. In jedem Kapitel des vorliegenden Bandes sind besondere

Entwicklungen nachgezeichnet und festgehalten. In jedem Beitrag gibt es Hinweise für das, was zu diskutieren und/oder zu stärken oder kurieren wäre. Was nun? Was tun? Wie sind die Löcher in der Demokratie zu stopfen? Was läuft gut? Welche Gruppen sind wie zurückzuholen auf ihrem Weg in die Radikalisierung zum Extremismus? Einige Antworten gibt die Forschung in den Kapiteln, wie andere Studien auch, auf die dort verwiesen wird. Die Antworten hängen allerdings wie immer von der Rezeption der Studie ab. Sie ist ein Angebot. An Politik Interessierte werden andere Schlüsse aus der Studie ziehen, als jene, die in der politischen Bildung tätig sind, in der Politik oder in Projekten zur Prävention bei Diskriminierung, oder Kulturschaffende, oder jene, die sich einfach nur über den Zustand der Gesellschaft informieren möchten. Städte werden andere Konsequenzen ziehen als ländliche Räume. Gegner_innen solcher Studien, oder jene, die sich mit einer Gruppe identifizieren, die sich laut Studie eher extremistisch orientiert, werden motiviert sein, die Ergebnisse als Unwahrheit abzutun, weil nicht sein kann, was nicht sein darf. Das aber ist dann eher ein Symptom als eine solide Grundlage für die Frage nach der Stärkung der Gesellschaft. Wir orientieren uns an jenen, die Interesse an Debatten, Diskussionen und Ideen für die Stärkung der demokratischen Qualität auf der Grundlage von Forschung haben. Sie mögen sich motiviert fühlen, praktische Ideen für die Bildung, sowie die Vermittlung und Stärkung von demokratischen Zuständen zu entwickeln. Wir können und möchten hier nicht bis auf die Ebene einer Praxis Ergebnisse herunterdefinieren. Das ist auch nicht so einfach auf der Grundlage von Umfragen, die Stimmungslagen und Zustände beschreiben und nicht Handlungen.

Am Ende der Mitte-Studie 2016 hatten wir Leitmotive für eine zivilgesellschaftliche Bildung genannt, die wir in 2019 zum Teil nicht ändern, aber ergänzen müssen (Zick 2016). Erstens empfehlen wir, das zivilgesellschaftliche Engagement der Mitte besser anzuerkennen und zu stärken. Die absolute Mehrheit der Befragten in 2018/19 fordert Schutz vor Extremismus und sie fordert Zivilcourage ein. Es erscheint also legitim und notwendig, das Engagement zu stärken und auf den Prüfstand zu stellen, ob die Förderung hinreichend ist. Es gibt immer noch relativ viele Initiativen für die Demokratie, die als solche weniger Unterstützung erfahren als nötig wäre. Kleine Graswurzelprojekte für Demokratie im kommunalen Raum haben es schwer, Förderung zu bekommen, haben nicht die Kapazitäten, Anträge zu schreiben. Sicherlich werden hohe Summen in Bundesprogrammen bereitgestellt, allerdings geht es hier nicht um projekthafte Förderungen, sondern um Regelmaßnahmen und die Förderung von Selbstorganisation. Zweitens tut die Förderung zivilgesellschaftlicher Bildung, wie wir sie schon vor fünf Jahren skizziert haben, weiter Not (Zick & Klein 2014a). Angesichts der Einschätzung der Gefahren durch den Rechtsextremismus, den Rassismus und den Rechtspopulismus, den Mehrheiten und nicht Minderheiten wahrnehmen, kommt die Frage auf, welche Bildung die Gesellschaft eigentlich benötigt, um in allen Bereichen leistungsfähig zu sein. Wenn drei Viertel der Befragten meinen: »Ich mache mir Sorgen, dass der Rassismus in der Gesellschaft zunimmt«, selbst wenn sie dies tun und gleichzeitig selbst rassistische Einstellungen haben, ohne es zu merken, dann fragt sich, welche Bildung eine Gesellschaft braucht, die instabil wird. Dies betrifft alle Bereiche der Bildung, die schulische, die universitäre, die berufliche und die Weiterbildung. Auch das politische Mantra, man müsse die Ängste der Menschen wahrnehmen, wird nicht helfen, wird es doch oft von jenen vorgetragen, die dann sofort definieren, welche Ängste das denn sind. Das katastrophale Untergangsszenario, welches als »Flüchtlingskrise« bezeichnet wurde, ist so schnell verschwunden, wie es aufkam und entpuppt sich am Ende als tiefe Kommunikationskrise des politischen und medialen Raumes. Politik, Bildung und andere sind gehalten, der Mitte Kontrolle zu vermitteln und ihr Kontrollmöglichkeiten zu geben. Dazu muss sie Strukturen einrichten. Sie diskreditiert sich selbst, wenn sie populistische Bilder des Kontrollverlustes auf Kosten der Ausgrenzung von Gruppen erzeugt, um »Menschen einzufangen«, die sie selbst ohnmächtig gemacht hat.

Die notwendige Sozialisation zur Demokratie muss bestimmt werden. Sie umfasst einerseits das Konzept einer lebenslangen politischen Bildung und reflexive Mündigkeit, also die Fähigkeit, menschenfeindliche, rassistische und antidemokratische Orientierungen verstehen zu können und sich selbst zu befragen, wie anfällig wir selbst sind. Dies ermöglicht die Entwicklung einer demokratischen Identität. Sie umfasst aber auch ein Verständnis darüber, welche Mechanismen und Dynamiken Radikalisierungen zum Extremismus erzeugen. Sie umfasst nicht zuletzt die Fähigkeit, Strategien und Praktiken zu entwickeln, die einsetzen, wenn Personen und Gruppen diskriminiert werden, oder extremistische Kampagnen oder Einflüsse in die Demokratie eindringen. Sie umfasst ziviles Denken, Wissen und Handeln und die Kompetenz, Strukturen zu verändern, um dies zu stärken. Mit Blick auf die Ergebnisse der Mitte-Studie 2018/19 haben einige gesellschaftliche Gruppierungen dabei mehr Arbeit und Unterstützung nötig als andere. In der Studie betrifft das bspw. die Gruppe der Menschen mit weniger formaler Bildung, Gewerkschaftsmitglieder, Ältere, untere Einkommensschichten, die nicht nur angesprochen werden müssen, sondern eventuell andere Bildungsformate und Strukturen brauchen, um sich nicht auf Kosten anderer Inklusion zu verschaffen.

Drittens halten wir seit vielen Jahren am Leitbild einer Kultur der Gleichwertigkeit fest. Nach der Immigration von so vielen Menschen und den Spaltungen in Europa gilt dies umso mehr. Das Leitbild muss angesichts der durch alle antidemokratischen Einstellungen ausgedrückten Zustimmungen zur Ungleichwertigkeit von Gruppen weiter ausgestaltet werden. Alle die Mitte gefährdenden antidemokratischen Einstellungen gründen sich auf Abwertungen, Diskriminierungen und Zuschreibungen der Minderwertigkeit von Gruppen (➟ s. Kap. 3, S. 53 ff.). Der Zusammenhalt der Mitte verliert sich, wenn in der Mitte einige Gruppen als höher- und andere als minderwertiger bewertet werden. Bei aller existierenden Ungleichheit und Leistungsunterschieden zwischen Gruppen bemisst sich die Toleranz an der Anerkennung der Gleichwertigkeit. Dies gilt unabhängig davon, wie schwer oder leicht es der Mitte fällt, Populist_innen und Extremist_innen Zuspruch zu geben. Wer Gruppen abwertet, verdächtigt, ausgrenzt oder einfach hasst, verletzt die Gleichwertigkeit (Klein & Zick 2013). In der Bundesrepublik ist das Ausmaß an antisemitischen, muslimfeindlichen, wohnungslosenfeindlichen, rassistischen, sexistischen und anderen Hasstaten auf hohem Niveau stabil! Genügt das? Hasstaten gegen Immigrant_innen nehmen dann nicht ab, wenn die Migration zurückgeht, oder Studien Stabilität verkünden. Dieser Fehlschluss ist fatal. Die Langzeitstudie Gruppenbezogene Menschenfeindlichkeit zeigt, dass Entwicklungen, die Jahre zurückgehen, sich heute auswirken. Heute steigt die Muslimfeindlichkeit und der Antisemitismus kippt immer stärker in manifeste Gewalttaten – drei Jahre nach der vermeintlichen »Asylkrise«, oder eben aufgrund der Proklamation, Migration wäre primär eine Bedrohung. Es trifft dann alle, die als »Andere« etikettiert sind. Das Vorurteil verallgemeinert sich. Es verschwindet auch nicht einfach, wenn die Gruppen, auf die es sich richtet, gar nicht da sind. Der Antisemitismus braucht keine Juden, wie die Fremdenfeindlichkeit nur die Imagination des Fremden benötigt und der Rassismus sich auf wissenschaftlich längst obsolete Wahrheiten, die für Kolonialismus wie Vernichtung verantwortlich sind, beruft. Die Stabilität vieler antidemokratischer Einstellungen sollte angesichts der Idee, dass sich die Mitte kontinuierlich und zivilisatorisch weiterentwickelt, als bedenklich beurteilt werden und dies muss Kräfte mobilisieren. Der Mitte sei geraten, sich ständig danach zu fragen, wen und was sie verliert, wenn sie die Demokratie zum eigenen Vorteil zur Disposition stellt.

Viertens haben wir das Leitmotiv der Entzauberung des Populismus vorgeschlagen. Dabei appellierten wir an eine Versachlichung von Debatten und eine klare Orientierung zur Aushandlung von Konflikten in Interessen, Identitäten und/oder Orientierungen an Sachfragen und auf der Grundlage von Fakten und rationalen Konfliktanalysen. Das müssen wir nun erweitern. Die enorme Zustimmung zu Verschwörungsmythen und der in der Mitte verbreitete Glaube an eine Beeinflussung der Realität ist aus wissenschaftlicher Sicht erschreckend und könnte es aus Sicht einer Demokratie, die an rationalen und kritischen Lösungen von Problemlagen orientiert ist, auch sein.

Zu der Entzauberung von Populismus und Extremismus gehört ein Verständnis und Wissen über die Motive, die impliziten und/oder expliziten antidemokratischen Botschaften, der Kanäle, über die Propaganda, Agitation und Falschnachrichten gesendet werden und es bedarf eines Verständnisses darüber, warum Menschen empfänglich sind. Das ist Aufgabe politischer Bildung, aber ebenso von Menschen, die Bildung gestalten und administrieren. Es bedarf kluger Systeme. Es bedarf dabei aber nicht nur einer politischen Bildung oder Selbstreflexion, sondern auch kommunikativer Fähigkeiten, um die Handlungsfähigkeit zu erhöhen, um nicht auf autoritäre oder machtorientierte Ansprüche hereinzufallen. Bei aller Güte von Reflexionsfähigkeit, sie reicht nicht, wenn das Reflektierte nicht ausgedrückt werden kann. Eines ist am Ende unserer Analysen der Mitte-Studie 2018/19 auch klarer geworden. Die Mitte ist zu einem Konfliktfeld und an manchen Stellen zur Kampfarena der Antidemokrat_innen geworden. Sie wird nicht direkt angegriffen, aber antidemokratische Informationen, Nachrichten wie Einstellungen dringen in die Mitte ein, um sie auf sich zu ziehen oder zu demontieren. Lange wurden die Konflikthaftigkeit und das Motiv von rechtsextremen wie rechtspopulistischen Kräften, die Mitte in schwere Konflikte zu ziehen, übersehen. Menschenfeindliche, rechtsextreme, neurechte und rechtspopulistische Gruppierungen versuchen immer sicht- und spürbarer, imaginierte wie reale Räume zu besetzen und sie gehen bewusst Konflikte ein. Die Grenzen sollen verschoben werden, in Affekten, in der Kommunikation aber auch ganz real jene Grenzen, die die einen einschließen und die anderen ausschließen. Einige Kommunen und Städte sind in schwere Konflikte geraten. Dort sind an einigen Stellen Konflikte, die bislang für regulierbar gehalten wurden, in Polarisationen und Gewalt gekippt. Es fehlt oft nicht an politischer Bildung im klassischen Sinne, sondern an Kommunikationsfähigkeit und der Fähigkeit, Konflikte zu regulieren. Viele Orte haben kein Konfliktmanagement, keine Möglichkeit, Konflikte, ihre Hintergründe und Ziele genau zu analysieren. Wir raten dringend, das kommunale Konfliktmanagement zu stärken mit allen Aspekten, die oben genannt wurden.

Dies muss erfolgen, auch um die heute viel beschworenen Dialoge zu führen. Viele Kommunen und Orte, wo sich Konflikte entzünden, setzen auf Dialog, vor allem den Dialog mit den Rechten. Auch Forscher_innen raten dazu und Handreichungen, Ratgeber und Tipps, wie mit Rechten zu reden sei, sind en vogue. Oft aber stellen wir in Konfliktstudien in Kommunen fest, dass der Dialog da scheitert, wo jene Gruppen, die fest in ihren Einstellungen und Ideologien sind, viel besser aufgestellt sind. Rechtspopulist_innen und Rechtsextreme kennen ihre Wahrheiten und haben sich gebildet in Fragen der Agitation und Propaganda. Sie lieben ihre Feindbilder, wo die anderen den Dialog mit Toleranz eingehen. Die Grundbedingungen des demokratischen Dialogs kennen sie, zweifeln diese jedoch mitten im Dialog an. Demokratische Dialoge mit Rechten ohne eine solide Konfliktanalyse und ein Konfliktmanagement können Bumerangeffekte erzeugen und im schlimmsten Fall Grundnormen aushebeln. Die Würde, Vielfalt und Gleichwertigkeit von Menschen ist nicht verhandelbar, und auch kein Dialog kann da verhandeln. Es gibt auch kein Recht, andere abzuwerten, weil man sich selbst zu den Abgewerteten zählt. Dass dies nicht verhandelbar ist, schützt alle. Von Menschenfeindlichkeit und Exklusion können prinzipiell alle getroffen werden, wie auch prinzipiell alle menschenfeindlich und diskriminierend sein können. Wenn Dialoge den Schutz vor der Diskriminierung erhöhen, dann wäre das meiner Meinung nach ein Gütekriterium.

Hier drängt sich ein weiterer Aspekt auf. Soll die Idee einer Mitte weiter aufrechterhalten bleiben – bei allen Kämpfen und Konflikten um die Mitte, bei allen Rissen, Spaltungen und Verschiebungen einer Normalität, die wir mit den Mitte-Studien nachzeichnen und die andere ebenso feststellen –, braucht die Mitte eine Idee, wie sie Zusammenhalt ohne Ausgrenzung herstellen kann. Dazu braucht sie keine Leitbilder nationaler Identitäten, oder von Heimaten, die am Ende nur dazu führen, dass sich die einen zu Hause fühlen in dem Maße, wie sie feststellen, dass andere dort nicht hingehören. Die demokratische Mitte kann Zusammenhalt ohne den attraktiven Nationalchauvinismus herstellen, indem sie sich mit anderen verbündet und mit ihnen eine andere Mitte bildet. Hier kommt Europa ins Spiel.

10.4 Zusammenhalt durch Europa

Bei all den innergesellschaftlichen Debatten um die Zukunft ist nicht zu vergessen, dass die bundesrepublikanische Gesellschaft ähnlich wie andere Gesellschaften einen wichtigen Zivilisationsschritt gegangen ist, dessen Geschwindigkeit oder Richtung insbesondere Rechtspopulist_innen verändern möchten. Die Bundesrepublik ist Teil einer europäischen Staatengemeinschaft geworden und damit ist sie nicht nur Profiteur von gemeinsamen wirtschaftlichen Interessen, sondern hat sich der Regel unterworfen, Interessen, Identitäten und Werte mit anderen Staatengemeinschaften auszuhandeln und in der Gemeinschaft gegenseitig zu regulieren. Auch wenn dies (noch) nicht gelungen scheint, weil Europa sich auf zentrale Normen und Werte weniger verständigen kann, als es notwendig wäre, war damit auch die Idee verbunden, sich mit einer europäischen Mitte zu verbinden bzw. diese als Richtgemeinschaft zu entwickeln. Ein national orientierter Populismus jedweder politischer Couleur greift insbesondere diese Idee einer europäischen Mitte, die sich bilden kann und sollte und die vom konstruktiven Konfliktausgleich geprägt ist, an. Für die Bildung einer europäischen Mitte ist auch mehr als nur ein Finanzausgleich notwendig. Nationale Disparität, die die Einheit maximal in der Anerkennung nationaler Selbstentwürfe hat, ist nicht die Gründungsidee Europas. Der Rechtsextremismus ist hier so oder so anders, weil er kein Europabild hat, wenn er von Europa spricht bzw. keine Gemeinschaftsidee hat, zumindest sich nur gebrochen europäisch äußert, wenn Rechtsextreme irgendwo mächtig werden. Der Rechtsextremismus verfolgt noch stärker die innergesellschaftliche Machtumverteilung, und ein »völkisches Europa« entwickeln sie nicht, weil der Faschismus das nicht vorsieht. Auch aus diesem Grund wird die neue Rechte als Klammer zwischen Populist_innen und Extremist_innen immer stärker (➟ s. Kap. 5, S. 147 ff.). Sie suggeriert ein Europa der nationalen Völker und bildet so die »neue Mitte der Extremisten«. Was auch immer rechtspopulistische oder rechtsextreme Gruppen als Europa betrachten, es ist ein minimalistisches Konzept des Eigeninteresses, und es widerspricht dem Anspruchsniveau Europas. Dieses Niveau bemisst sich am Ziel, eine europäische Mitte zu bilden, die den Ausgleich der vielen anderen, kulturell, sozial, religiös wie national unterschiedlichen Mitten, sucht. Insofern geht in Deutschland die Mitte auch verloren, wenn Europas Mitte sich verschiebt, oder keine einigende Kraft mehr entfalten kann. Daher muss am Ende auch ein Blick auf die Mitte Europas geworfen werden und die Frage steht an, wie gut es Europa gelingen kann, die Normverschiebungen hier wie da aufzufangen. Dies wiederum kann nur gelingen, wenn Europa eine Identifikationsfläche bietet. Diese Identität Europas ist nicht einfach vorhanden, und sie ist nicht definiert wie ein Rezept. Sie muss genauso wie die Mitte der Bundesrepublik bestimmt werden und sich daran bemessen, wie stark sie darin ist, die Zivilisierung der europäischen Gemeinschaft voranzutreiben, also Gleichwertigkeit ihrer Mitglieder und Mitgliedsstaaten herzustellen. Dies kann nicht darin bestehen, starke und schwache Nationen zu dulden. Dies kann nicht darin bestehen, Finanz- und Währungsausgleiche herzustellen, so wichtig das für die Ökonomie ist. Der Brexit, der das europäische Jahr 2019 vielleicht am allerstärksten prägt, mehr noch als die Europawahl, ist Symptom, nicht Lösung. Das maximale Ziel ist die Gleichwertigkeit von Lebensbedingungen und die Anerkennung der Würde der Menschen. Europa hat sich eine Verfassung geben, die nicht nur Regeln aufstellt, um Konflikte zu vermeiden, sondern Ziele, an denen sich die Gemeinschaft beurteilen lassen muss. Gemessen an ihren maximalen Zielen und ihren eigenen Standards geht Europa derzeit verloren und mit ihr in Teilen die Mitte in Deutschland.

Anhang

Glossar statistischer und methodischer Begriffe

***/**/* Sternchen in Tabellen, Abbildungen oder im Lauftext drücken die Bedeutsamkeit der in der Stichprobe gefundenen Ergebnisse (zum Beispiel Zusammenhänge zwischen zwei Merkmalen in Form von Korrelationen oder Regressionskoeffizienten) aus, unter Berücksichtigung der Wahrscheinlichkeit, mit der sich die Forschenden irren, wenn sie von diesen Ergebnissen auf die Grundgesamtheit, in unserem Fall die deutsche Wohnbevölkerung ab 16 Jahren, schließen. Bei *** liegt diese Irrtumswahrscheinlichkeit nur bei 0,1 %, bei ** liegt sie bei 1 %, bei * liegt sie bei 5 %. Je kleiner die Irrtumswahrscheinlichkeit, desto bedeutsamer sind die gefundenen Ergebnisse für die Grundgesamtheit. Für mehr Informationen siehe auch unter ➞ *statistische Signifikanz.*

CATI-Verfahren (Computer Assisted Telephone Interviewing) Dieser Begriff bezeichnet eine computerunterstützte Befragung per Telefon. Im Gegensatz zum CAPI-Verfahren (Computer Assisted Personal Interviewing) führen die Interviewer_innen die Befragung nicht in direkter Anwesenheit der Befragten durch, sondern von einem Telefonstudio aus. Die telefonische Durchführung der Interviews ist zeit- und kostensparend. Die Ergebnisse liegen direkt nach Ende der Erhebung in digitalisierter Form vor.

Chi²-Test Mit diesem Test – auch Kontingenztest genannt – wird überprüft, ob ein gefundener Unterschied zwischen zwei kategorialen Variablen zufällig besteht oder nicht. Dabei wird ein Vergleich zwischen theoretisch erwartbaren und beobachteten Häufigkeiten vorgenommen.

Cronbachs Alpha Siehe unter ➞ *Reliabilität.*

Faktorenanalyse (explorativ) Eine Methode der Zusammenfassung von direkt gemessenen Einzelitems zu sogenannten *Faktoren* mit dem Ziel, Dimensionen zu reduzieren, Struktur zu entdecken und mit einer Variablen weiter rechnen zu können, die die nicht direkt beobachtbare Einstellung besser repräsentiert als die direkt erhobenen Einzelitems. Faktoren sind also nicht direkt beobachtbare, sogenannte *latente Konstrukte*, die, wenn man sie entsprechend in die Berechnung einfließen lässt, nicht mehr den Messfehler enthalten, den alle nicht latenten, also manifesten Einstellungsmessungen (lediglich direkt über die Fragen im Fragebogen konstruiert) beinhalten. Analysen mit *latenten Konstrukten* statt manifesten Einstellungsindikatoren liefern daher präzisere Ergebnisse. Bei der technischen Durchführung der explorativen Faktorenanalyse werden ein Eigenwert und eine aufgeklärte Varianz ausgewiesen, die angeben, wie viel Varianz aus allen Variablen durch den gemeinsamen, latenten Faktor erklärt wird. In der Interpretation der Faktorenanalyse wird eine Ursache gesucht, die für die Korrelation zwischen den Items und Elementen verantwortlich ist.

Faktorenanalyse (konfirmatorisch) Das sich aus der explorativen Faktorenanalyse ergebende Modell wird mittels der konfirmatorischen Faktorenanalyse überprüft. Anhand statistischer Kennwerte, sogenannter Gütemaße, kann festgestellt werden, wie gut das aufgestellte Modell zu den empirischen Daten passt (Modellfit).

Item Ein Item ist das kleinste Element innerhalb eines Fragebogens, mit dem ein Konstrukt gemessen werden kann. *Items* sind einzelne Aussagen/Fragen/Aufgaben, zu denen die Befragten ihre Zustimmung beziehungsweise Ablehnung auf mehrstufigen Skalen, beispielsweise zwischen »stimme überhaupt nicht zu« und »stimme voll und ganz zu« angeben sollen.

Korrelation/Produkt-Moment-Korrelation/r Die Korrelation (statistischer Ausdruck dafür ist r) gibt an, wie eng der lineare Zusammenhang zwischen zwei Konstrukten oder Merkmalen ist. Sie kann einen Wert zwischen –1 und +1 annehmen. Der Wert 0 zeigt an, dass kein Zusammenhang vorliegt. Der Wert –1 zeigt einen perfekt-negativen, der Wert +1 einen perfekt-positiven Zusammenhang an. Ein positiver Zusammenhang bedeutet konkret: Je höher (bzw. niedriger) die Ausprägung auf Merkmal a ist, desto höher (bzw. niedriger) ist sie auch auf Merkmal b. Umgekehrt gilt bei einer negativen Korrelation: Je höher die Ausprägung auf Merkmal a ist, desto niedriger ist sie auf Merkmal b. Liegt kein Zusammenhang zwischen zwei Merkmalen vor, bedeutet das, Merkmal a tritt nicht gemeinsam mit Merkmal b auf. Eine Korrelation ist nur auf die Grundgesamtheit (hier: deutsche Wohnbevölkerung > 16 Jahre) zurückzuschließen, wenn diese statistisch signifikant ist. Sie lässt jedoch keine Schlüsse über die Richtung des kausalen Zusammenhangs zwischen a und b zu.

Latentes Konstrukt Siehe unter ➟ *Faktorenanalyse.*

Mittelwertskala Eine Zusammenfassung von einzelnen *Items* (➟ s. *Item*), die eine gemeinsame latente Dimension abbilden (➟ s. *Faktorenanalyse*), zu einer Skala (➟ s. *Skala*) über die Bildung eines Mittelwertes der Antworten zu den Einzelitems.

Quasimetrisch Als metrische Werte werden Werte bezeichnet, die mindestens intervallskaliert sind. Intervallskaliert bedeutet, dass der Abstand zwischen allen Werten als gleich groß angenommen werden kann. Zusammen mit der Kardinalskala ist das das höchste Skalenniveau, und man kann nur auf diesen Skalenniveaus die meisten statistischen Verfahren durchführen und bspw. Mittelwerte, Korrelationen oder Regressionen sinnvoll interpretieren. Da dieses Skalenniveau auch in der Meinungsforschung immer angestrebt wird, wird häufig der Begriff quasimetrisch für Einstellungsmessungen mit 4- oder 5-stufigen Skalierungen benutzt. Damit ist in der Regel gemeint, dass auch Skalen mit nur drei, vier oder fünf Skalenpunkten so behandelt werden, als ob die Abstände zwischen den einzelnen Skalenpunkten gleich groß wären, um alle statistischen Verfahren damit durchführen zu können. Leichter zu rechtfertigen ist diese Interpretation bei 5-stufigen Skalen, bei denen die Endpunkte der Skala benannt werden (zum Beispiel 1 »trifft gar nicht zu« und 5 »trifft voll und ganz zu«).

Reliabilität/Cronbachs Alpha Die Reliabilität sozialwissenschaftlicher Messungen von Merkmalen und Einstellungen drückt ganz allgemein die Verlässlichkeit, Genauigkeit und Präzision aus, mit der diese gemessen werden. Präzise und genau ist die Messung dann, wenn sie frei von zufälligen Messfehlern ist und auch in anderen Befragungen unter gleichen Rahmenbedingungen das gleiche Messergebnis erzielt. Einstellungen und Orientierungsmuster, wie sie in der vorliegenden Studie gemessen werden, sind nicht direkt beobachtbar und auch mittels einer einzigen Frage schlecht direkt präzise messbar. Daher werden oft Skalen (➟ s. *Skalen*) benutzt, die die darunter liegende, latente Einstellung besser abbilden können. Im Kontext von Skalen aus mehreren Items drückt die

Reliabilität dann die interne Konsistenz dieser Skala aus zwei oder mehr Items aus, das heißt, inwieweit alle Items zuverlässig das gleiche latente Konstrukt messen. Die Berechnung des Wertes Cronbachs Alpha gilt als Standardmethode zur Schätzung der Reliabilität (Zuverlässigkeit) einer Skala, wobei Werte < ,50 auf eine nicht reliable – eben nicht zuverlässige – Messung hinweisen. Laut Konvention zeigen Werte > ,50 eine ausreichende Reliabilität an. Darüber hinaus ist der Alpha-Koeffizient von der Anzahl der Items abhängig: Je mehr Items verwendet werden, umso höher fällt der Wert aus. Eine hohe Reliabilität ist neben einer hohen Validität (➙ s. unter *Validität*) eines der wichtigsten Gütekriterien für empirische Untersuchungen.

Signifikanz/statistische Bedeutsamkeit Wenn sich zwei Gruppen beispielsweise in ihren Mittelwerten unterscheiden, ist dieser Zusammenhang nicht zwangsläufig statistisch signifikant. Es muss stets überprüft werden, ob der Zusammenhang nicht auch zufällig entstanden sein könnte. In diesem Fall dürfte nicht auf die interessierende Grundgesamtheit zurückgeschlossen werden. Es wird also getestet, mit welcher Wahrscheinlichkeit die Zusammenhänge tatsächlich auf die Grundgesamtheit, die in unserer Studie die deutsche Wohnbevölkerung ab 16 Jahre ist, rückgeschlossen werden können. Diese Wahrscheinlichkeitsberechnungen (Inferenzstatistik) sind nur dann sinnvoll, wenn die Repräsentativität der Stichprobe für die Grundgesamtheit gegeben ist, was in den Mitte-Studien der Friedrich-Ebert-Stiftung gewährleistet ist. Es ist also von signifikanten Zusammenhängen zwischen zwei Merkmalen in der Stichprobe die Rede, wenn diese nach der vorgegebenen Irrtumswahrscheinlichkeit auch tatsächlich in der deutschen Bevölkerung existieren. Die Irrtumswahrscheinlichkeit p wird also dafür berechnet, dass der Zusammenhang möglicherweise zufällig bedingt ist und somit fälschlicherweise auf die deutsche Bevölkerung geschlossen wird. Bei einer Irrtumswahrscheinlichkeit von unter 5 % gilt ein Zusammenhang als statistisch signifikant und wird mit * markiert (➙ s. *Sternchen* oben), liegt sie unter 1 %, so wird sie mit ** markiert und liegt die Irrtumswahrscheinlichkeit bei unter 0,1 %, so ist der Zusammenhang hoch signifikant und wird mit *** markiert. Die Irrtumswahrscheinlichkeit wird in Dezimalzahlen angegeben; sie ist entweder kleiner als bzw. gleich 5 % ($p < ,05$), kleiner als bzw. gleich 1 % ($p < ,01$) oder kleiner als 0.1 % ($p < ,001$). Je nach Art des Unterschiedes (zum Beispiel Mittelwertunterschiede oder sich unterscheidende

Häufigkeiten, Korrelationen oder Regressionskoeffizienten) wird die statistische Signifikanz mit unterschiedlichen Testverfahren berechnet.

Skala/Index Eine Skala oder ein Index ist in der sozialwissenschaftlichen statistischen Analyse die Zusammenfassung von Einzelitems, von der durch Faktoren- und Reliabilitätsanalysen begründet angenommen werden kann, dass sie ein gemeinsames *latentes Konstrukt* (➞ s. unter *Faktorenanalyse*) abbilden kann. Skalen können über die Berechnung von Mittelwerten (Mittelwertskala) oder über die Aufsummierung der Werte über alle Items (Summenindex) gebildet werden. Skalen und Indizes werden in der quantitativen Analyse gebildet, da sie zuverlässigere Informationen bieten als einzelne Aussagen. Durch die Zusammenfassung der Aussagen können Einflüsse zufälliger Fehler oder individueller Missverständnisse bei einzelnen Aussagen ausgeglichen werden.

Skalierung In unserem spezifischen Kontext (Messung von subjektiven Einstellungen in Telefonbefragungen) bedeutet Skalierung die Vergabe von Antwortkategorien bei einer Frage/einem Item im Fragebogen – diese können 4-stufig oder 5-stufig sein, wobei streng genommen nur die 5-stufige Skalierung »quasimetrische« (➞ s. *quasimetrisch*) Variablen produziert, von denen also angenommen werden kann, dass sie kontinuierlich sind und somit alle statistischen Verfahren damit durchgeführt werden können. In der Praxis werden in der Regel aber auch 4-stufige Antwortformate als quasimetrisch angenommen.

Strukturgleichungsmodell Mithilfe der Strukturgleichungsmodellierung können zuvor theoretisch angenommene korrelative multivariate Zusammenhänge zwischen verschiedenen abhängigen und unabhängigen Variablen (einzelne Items und/oder latenten Faktoren; siehe unter ➞ *Faktorenanalyse*) empirisch geprüft werden. Wie bei der *konfirmatorischen Faktorenanalyse* kann dabei anhand statistischer Kennwerte festgestellt werden, wie gut das aufgestellte theoretische Modell zu den empirischen Daten passt (Modellfit).

Summenindex Eine Zusammenfassung von einzelnen Items, die eine gemeinsame latente Dimension (➞ s. *Faktorenanalyse*) abbilden, zu einer Skala (➞ s. *Skala*) über die Addition aller Antworten zu den Einzelitems.

Validität Drückt die Gültigkeit beziehungsweise die inhaltliche Angemessenheit einer Messung aus. Eine valide Messung misst tatsächlich das, was sie vorgibt zu messen. Dies ist in den sozialwissenschaftlichen Messungen von Einstellungen und Ideologien weniger klar als in den Naturwissenschaften. Validität ist neben der Reliabilität (→ s. *Reliabilität*) ein ganz zentrales Qualitätskriterium psychologischer und sozialwissenschaftlicher Messungen.

Varianzanalyse Eine Varianzanalyse überprüft den Einfluss von einem (*univariaten*) oder mehreren (*multivariaten*) kategorialen Faktoren mit mehreren Ausprägungen auf eine oder mehrere abhängige Variablen (mindestens intervallskaliert). Mittels der Varianzanalyse könnte zum Beispiel der Einfluss des Faktors Bildung (niedrig/mittel/hoch) auf die abhängige Variable Rechtsextremismus untersucht werden. Als Ergebnis wird angegeben, wie viel der Abweichung vom Mittelwert durch ein oder mehrere andere Merkmale verursacht wird; in diesem Fall also, ob der Faktor Bildung beziehungsweise die Zugehörigkeit zu einer der drei Bildungsgruppen (niedrig/mittel/hoch) die höheren oder niedrigeren Werte von Rechtsextremismus erklärt. Wie viel von dieser Abweichung durch den untersuchten Faktor erklärt wird, wird in Prozent als Wert der Varianzaufklärung angegeben.

Zufallsstichprobe Vollständigkeit der Auswahlgrundlage, Kenntnis der einzelnen Auswahlwahrscheinlichkeiten der Stichproben und auch der Inklusionswahrscheinlichkeiten von größer null (> 0) für die Aufnahme von Untersuchungseinheiten in eine Stichprobe sind die wesentlichsten Merkmale einer Zufallsstichprobe.

Literatur

ADM (2013). *Stichprobenverfahren in der Umfrageforschung* (2. Aufl.). Wiesbaden: Springer VS.

Adorno, Theodor W. (1966). Erziehung nach Auschwitz. In: Adorno, Theodor W. (1982). *Erziehung zur Mündigkeit* (8. Aufl., 88-104). Frankfurt a. M.: Suhrkamp.

Adorno, Theodor W. (1969). Erziehung zur Mündigkeit. In: Adorno, Theodor W. (1982). *Erziehung zur Mündigkeit.* (8. Aufl., 140-155). Frankfurt a. M.: Suhrkamp.

Akkerman, Tjitske/de Lange, Sarah L./Rooduijn, Matthijs (2017) (Hg.). *Radical right-wing populist parties in Western Europe. Into the mainstream?* London: Routledge.

Alexander, Amy C./Welzel, Christian (2017). The Myth of Deconsolidation. Rising Liberalism and the Populist Reaction. *Journal of Democracy* Web Exchange. https://www.journalofdemocracy.org/sites/default/files/media/Journal%20of%20Democracy%20Web%20Exchange%20-%20Alexander%20and%20Welzel.pdf [Aufruf am 15.3.2019].

Allport, Gordon W. (1954). *The Nature of Prejudice.* Cambridge, MA: Perseus Books.

Altemeyer, Bob (1988). *Enemies of Freedom. Understanding Right-Wing Authoritarianism.* San Francisco: Jossey-Bass.

Bartlett, Jamie/Miller, Carl (2010). *The power of unreason: conspiracy theories, extremism and counter-terrorism.* London: Demos.

Benz, Wolfgang (2004). *Was ist Antisemitismus?* München: Beck.

Bergmann, Werner (2002). *Geschichte des Antisemitismus.* München: Beck.

Biess, Frank (2019). *Republik der Angst: Eine andere Geschichte der Bundesrepublik.* Reinbek bei Hamburg: Rowohlt.

Birsl, Ursula (2011) (Hg.). *Rechtsextremismus und Gender.* Opladen: Barbara Budrich.

Bitterer, Felix/Janzen, Olga/Mazraani, Jasmin/Salentin, Kurt/Tsolak, Dorian/Zick, Andreas (2019). *Dokumentation des Fragebogens »Religionen in Deutschland – Wahrnehmung durch Jugendliche«. Ein Messinstrument des Projekts »Effekte von Moscheebesuchen bei Nicht-Muslimen«.* IKG Technical Report 13. Bielefeld: Universität Bielefeld, Institut für interdisziplinäre Konflikt- und Gewaltforschung.

Bizeul, Yves (2007). Nationalismus, Patriotismus und Loyalität zur offenen Republik. *Aus Politik und Zeitgeschichte 57* (1-2), 30-38.

Bluhm, Michael/Jacobs, Olaf (2016). *Wer beherrscht den Osten? Ostdeutsche Eliten ein Vierteljahrhundert nach der deutschen Wiedervereinigung.* Leipzig: Universität Leipzig/MDR.

Blumer, Herbert (1958). Race Prejudice as a Sense of Group Position. *Pacific Sociological Review 1* (1), 3-7.

Bollen, Kenneth A./Barb, Kenney H. (1981). Pearson´s R and Coarsley Categorized Measures. *American Sociological Review 46* (2), 232-239.

Borchmeyer, Dieter (2017). *Was ist deutsch? Die Suche einer Nation nach sich selbst* (2. Aufl.). Berlin: Rowohlt.

Botsch, Gideon (2012). *Die extreme Rechte in der Bundesrepublik Deutschland 1949 bis heute*. Darmstadt: Wissenschaftliche Buchgesellschaft.

Braun, Stephan/Geisler, Alexander/Gerster, Martin (2009). Die extreme Rechte. Einleitende Bemerkungen. In: Braun, Stephan/Geisler, Alexander/Gerster, Martin (Hg.). *Strategien der extremen Rechten. Hintergründe – Analysen – Antworten* (9-20). Wiesbaden: VS Verlag für Sozialwissenschaften.

Brömmel, Winfried/König, Helmut/Sicking, Manfred (2017) (Hg.). *Populismus und Extremismus in Europa. Gesellschaftswissenschaftliche und sozialpsychologische Perspektiven*. Bielefeld: transcript.

Brotherton, Robert/French, Christopher C./Pickering, Alan D. (2013). Measuring belief in conspiracy theories: the generic conspiracist beliefs scale. *Frontiers in Psychology 4* (279).

Bruder, Martin/Haffke, Peter/Neave, Nick/Nouripanah, Nina/Imhoff, Roland (2013). Measuring individual differences in generic beliefs in conspiracy theories across cultures: Conspiracy Mentality Questionnaire. *Frontiers in Psychology 4* (225).

Bundesministerium des Innern (2018). *Verfassungsschutzbericht 2017*. https://www.verfassungsschutz.de/embed/vsbericht-2017.pdf [Aufruf am 15.3.2019].

Busch, Ulrich/Kollmorgen, Raj (2015) (Hg.). 25 Jahre Deutsche Einheit. Ostdeutschlands fragmentierte Integration. *Berliner Debatte Initial 26* (2).

Cantoni, Davide/Hagemeister, Felix/Westcott, Mark (2019). *Persistence and Activation of Right-Wing Political Ideology* (Discussion Paper No. 143).

Chernivsky, Marina (2017). Biografisch geprägte Perspektiven auf den Antisemitismus. In: Mendel, Meron/Messerschmidt, Astrid (Hg.). *Fragiler Konsens. Antisemitismuskritische Bildung in der Migrationsgesellschaft*. Frankfurt a. M.: Campus.

CNN (2018). *CNN poll reveals depth of anti-Semitism in Europe*. https://edition.cnn.com/interactive/2018/11/europe/antisemitism-poll-2018-intl/ [Aufruf am 7.3.2019].

Costarelli, Sandro/Gerlowska, Justyna (2015). I Am Not Prejudiced Toward »Them« …I Am Ambivalent! The Moderating Roles of Attitudinal Bias and Motivation to Respond Without Prejudice. *Group Dynamics: Theory, Research and Practice 19* (1), 1-14.

De Weerdt, Yves/de Witte, Hans/Castellani, Patrizia/Milesi, Patrizia (2004). *Turning right? Socio-economic change and the receptiveness of European workers to the extreme right. Results of a survey in Europe*. Leuven/Vienna: SIREN-Project (Socio-Economic Change, Individual Reactions and the Appeal of the Extreme Right).

Decker, Frank (2006) (Hg.). *Populismus. Gefahr für die Demokratie oder nützliches Korrektiv?* Wiesbaden: Verlag für Sozialwissenschaften.

Decker, Oliver/Brähler, Elmar (2006). *Vom Rand zur Mitte. Rechtsextreme Einstellungen und ihre Einflussfaktoren in Deutschland.* Berlin: Friedrich-Ebert-Stiftung, Forum Berlin.

Decker, Oliver/Brähler, Elmar (2018) (Hg.). *Flucht ins Autoritäre: Rechtsextreme Dynamiken in der Mitte der Gesellschaft.* Gießen: Psychosozial-Verlag.

Decker, Oliver/Kies, Johannes/Brähler, Elmar (2016) (Hg.). *Die enthemmte Mitte. Autoritäre und rechtsextreme Einstellung in Deutschland.* Gießen: Psychosozial-Verlag.

Decker, Oliver/Kiess, Johannes/Brähler, Elmar (2012). *Die Mitte im Umbruch. Rechtsextreme Einstellungen in Deutschland 2012.* Herausgegeben für die Friedrich-Ebert-Stiftung von Ralf Melzer. Bonn: Dietz.

Decker, Oliver/Schuler, Julia/Brähler, Elmar (2018). Das autoritäre Syndrom heute. In: Decker, Oliver/Brähler, Elmar (Hg.). *Flucht ins Autoritäre: Rechtsextreme Dynamiken in der Mitte der Gesellschaft* (117-156). Gießen: Psychosozial-Verlag.

Decker, Oliver/Yendell, Alexander/Kiess, Johannes/Brähler, Elmar (2017). *Polarisiert und radikalisiert? Medienmisstrauen und die Folgen für die Demokratie* (OBS-Arbeitspapier 27). Frankfurt a. M.: Otto Brenner Stiftung.

Demuth, Christian (2017). Pegida und Sachsen: Was bleibt? *Demokratie gegen Menschenfeindlichkeit 2* (1), 81-96.

Diehl, Paula (2016). Einfach, emotional, dramatisch. Warum Rechtspopulisten so viel Anklang in den Massenmedien finden. *Die politische Meinung 61* (539), 78-83.

Douglas, Karen M./Sutton, Robbie M./Cichocka, Aleksandra (2017). The Psychology of Conspiracy Theories. *Current Directions in Psychological Science 26* (6), 538-542.

Drechsler, Hanno/Hilligen, Wolfgang/Neumann, Franz (1977). *Gesellschaft und Staat. Lexikon der Politik* (4. Aufl.). Baden-Baden: Signal-Verlag.

Duckitt, John/Sibley, Chris (2010). Personality, Ideology, Prejudice, and Politics: A Dual-Process Motivational Model. *Journal of Personality 78* (6), 1861–1894.

Elias, Norbert/Scotson, John L. (1990). *Etablierte und Außenseiter.* Frankfurt a. M.: Suhrkamp.

Engler, Wolfgang/Hensel, Jana (2018). *Wer wir sind. Die Erfahrung, ostdeutsch zu sein.* Berlin: Aufbau.

Entorf, Horst/Lange, Martin (2019). *Refugees Welcome? Understanding the Regional Heterogeneity of Anti-Foreigner Hate Crimes in Germany.* Mannheim: Leibniz Centre for European Economic Research.

Faulbaum, Frank/Prüfer, Peter/Rexroth, Margrit (2009). *Was ist eine gute Frage? Die systematische Evaluation der Fragenqualität.* Wiesbaden: VS Verlag für Sozialwissenschaften.

Faus, Rainer/Storks, Simon (2019). *Im vereinten Deutschland geboren – in den Einstellungen gespalten? OBS-Studie zur ersten Nachwendegeneration* (OBS-Arbeitsheft 96). Frankfurt a. M.: Otto Brenner Stiftung.

Fiske, Susan T. (2010). *Social beings. Core motives in Social Psychology* (2nd Ed.). Hoboken, NJ: Wiley.
Fiske, Susan T. (2012). Managing ambivalent prejudices: The smart-but-cold, and the warm-but-dumb stereotypes. *The Annals of the American Academy of Political and Social Science* 639 (1), 33-48.
Fiske, Susan, T./Taylor, Shelley, E. (2013). Social Cognition. From brains to culture (2. Aufl.). Los Angeles: Sage.
Fiske, Susan T./Xu, Jun/Cuddy, Amy C. (1999). (Dis)respecting versus (Dis)liking: Status and Interdependence Predict Ambivalent Stereotypes of Competence and Warmth. *Journal of Social Issues 55* (3), 473-489.
Foa, Roberto S./Mounk, Yascha (2016). The Danger of Deconsolidation. The Democratic Disconnect. *Journal of Democracy 27* (3), 5-17.
Foa, Roberto S./Mounk, Yascha (2017). The End of the Consolidation Paradigm. A Response to our Critics. *Journal of Democracy* Web Exchange. https://www.journalofdemocracy.org/sites/default/files/media/Journal%20of%20Democracy%20Web%20 Exchange%20-%20Foa%20and%20Mounk%20reply–2_0.pdf [Aufruf am 15.3.2019].
Frei, Norbert/Maubach, Franka/Morina, Christina/Tändler, Maik (2019). *Zur rechten Zeit: Wider die Rückkehr des Nationalismus.* Berlin: Ullstein.
Gabler, Siegfried/Häder, Sabine (1997). Überlegungen zu einem Stichprobendesign in Deutschland. *ZUMA Nachrichten 41*, 45-61.
Gebhardt, Richard (2018). »Mut zur Wahrheit«? Compact, Sezession und Junge Freiheit – das publizistische Netzwerk der AfD. In: Häusler, Alexander (Hg.). *Völkisch-autoritärer Populismus. Der Rechtsruck in Deutschland und die AfD* (109-116). Hamburg: VSA.
Geden, Oliver (2007). *Rechtspopulismus. Funktionslogiken – Gelegenheitsstrukturen – Gegenstrategien* (SWP-Studie 17). Berlin: Stiftung Wissenschaft und Politik.
Gessenharter, Wolfgang (2018). Strategien und Einflusssphären der »Neuen Rechten«. In: Gomolla, Mechtild/Menk, Marlene/Kollender, Ellen (Hg.). *Rassismus und Rechtsextremismus in Deutschland-Figurationen und Interventionen in Gesellschaft und staatlichen Institutionen* (44-60). Weinheim/Basel: Beltz Juventa.
Goertzel, Ted (1994). Belief in conspiracy theories. *Political Psychology 15* (4), 731-742.
Groß, Eva/Hövermann, Andreas (2014). Marktförmiger Extremismus – ein Phänomen der Mitte? In: Zick, Andreas/Klein, Anna (Hg.). *Fragile Mitte – Feindselige Zustände. Rechtsextreme Einstellungen in Deutschland 2014* (102-118). Herausgegeben für die Friedrich-Ebert-Stiftung von Ralf Melzer. Bonn: Dietz.
Groves, Robert M./Fowler, Floyd J./Couper, Mick P./Lepkowski, James M./Singer, Eleanor/ Tourangeau, Roger (2009). *Survey methodology* (2. Aufl.). New York: John Wiley.
Hafeneger, Benno/Becker, Reiner (2008). Die extreme Rechte als dörfliches Alltagsphänomen. Das Beispiel Hessen. *Forschungsjournal Soziale Bewegung 21* (4), 39-44.

Hafeneger, Benno/Schönfelder, Sven (2007). *Politische Strategien gegen die extreme Rechte in Parlamenten. Folgen für die kommunale und lokale Demokratie*. Berlin: Friedrich-Ebert-Stiftung.

Hasebrink, Uwe (2016): Meinungsbildung und die Kontrolle der Medien. Bundeszentrale für politische Bildung unter: http://www.bpb.de/gesellschaft/medien/medienpolitik/172240/meinungsbildung-und-kontrolle-der-medien?p=all [Aufruf am 20.6.2017]

Häusler, Alexander (2012). Selektive Inanspruchnahme des Demokratischen: Rechtspopulistische Politik der Feindbilder im Namen der Meinungsfreiheit. In: Braun, Stephan/Geisler, Alexander (Hg.). *Die verstimmte Demokratie. Moderne Volksherrschaft zwischen Aufbruch und Frustration* (131-139). Wiesbaden: Springer VS.

Häusler, Alexander (2016). Themen der Rechten. In: Virchow, Fabian/Langebach, Martin/Häusler, Alexander (Hg.). *Handbuch Rechtsextremismus* (135-180). Wiesbaden: Springer VS.

Häusler, Alexander (2018). *Völkisch-autoritärer Populismus. Der Rechtsruck in Deutschland und die AfD*. Hamburg: VSA.

Häusler, Alexander (2018b). Völkisch-autoritärer Populismus. Eine kritische Auseinandersetzung mit dem neuen regressiven Aufbegehren gegen die parlamentarische Demokratie. In: Häusler, Alexander/Kellershohn, Helmut (Hg.). *Das Gesicht des völkischen Populismus. Neue Herausforderungen für eine kritische Rechtsextremismusforschung* (78-106). Münster i. Westf.: Unrast.

Hazlitt, William (2017). *Über das Vergnügen zu hassen und andere Essays* (Reihe Was bedeutet das alles?). Ditzingen: Reclam.

Heitmeyer, Wilhelm (2002–2011) (Hg.). *Deutsche Zustände.* Folge 1–10. Frankfurt a. M./Berlin: Suhrkamp.

Heitmeyer, Wilhelm (2018). *Autoritäre Versuchungen. Signaturen der Bedrohung I.* Berlin: Suhrkamp.

Hello, Evelyn/Gijsberts, Mérove/Scheepers, Peer (2002). Education and Ethnic Exclusionism in European Countries. Explanations for Differential Effects of Education Tested. *Scandinavian Journal of Educational Research 46* (1), 5-24.

Herek, Gregory M. (2000). The psychology of sexual prejudice. *Current Directions in Psychological Science 9* (1), 19-22.

Herkenhoff, Anna-Lena (2016). Neurechte Netzwerke und die Initiative »Ein Prozent für unser Land«. In: Häusler, Alexander/Virchow, Fabian (Hg.). *Neue soziale Bewegung von rechts? Zukunftsängste, Abstieg der Mitte, Ressentiments* (73-83). Hamburg: VSA.

Heyder, Aribert (2003). Bessere Bildung, bessere Menschen? Genaueres Hinsehen hilft weiter. In: Heitmeyer, Wilhelm (Hg.). *Deutsche Zustände. Folge 2* (78-99). Frankfurt a. M.: Suhrkamp.

Heyder, Aribert/Iser, Julia/Schmidt, Peter (2005). Israelkritik oder Antisemitismus? Meinungsbildung zwischen Öffentlichkeit, Medien und Tabus. In: Heitmeyer, Wilhelm (Hg.). *Deutsche Zustände. Folge 3* (144-165). Frankfurt a. M.: Suhrkamp.

Hirschmann, Kai (2017). *Der Aufstieg des Nationalpopulismus. Wie westliche Gesellschaften polarisiert werden*. Bonn: Bundeszentrale für politische Bildung.

Holtmann, Everhard (2018). *Völkische Feindbilder. Ursprünge und Erscheinungsformen des Rechtspopulismus in Deutschland*. Bonn: Bundeszentrale für politische Bildung.

Hopf, Wulf (1999). Ungleichheit der Bildung und Ethnozentrismus. *Zeitschrift für Pädagogik 45* (6), 847-865.

Hughes, Conrad (2017). *Understanding Prejudice and Education. The challenge for future generations*. Abingdon/New York: Routledge.

Hüpping, Sandra (2006). Anomia. Unsicher in der Orientierung, sicher in der Abwertung. In: Heitmeyer, Wilhelm (Hg.). *Deutsche Zustände. Folge 4* (86-100). Frankfurt a. M.: Suhrkamp.

Imhoff, Roland/Bruder, Martin (2014). Speaking (Un-)Truth to Power: Conspiracy Mentality as a Generalised Political Attitude. *European Journal of Personality 28* (1), 25-43.

Imhoff, Roland/Lamberty, Pia (2017). Too special to be duped: Need for uniqueness motivates conspiracy beliefs. *European Journal of Social Psychology 47* (6), 724-734.

Imhoff, Roland/Lamberty, Pia (2018). How paranoid are conspiracy believers? Toward a more fine-grained understanding of the connect and disconnect between paranoia and belief in conspiracy theories. *European Journal of Social Psychology 48* (7), 909-926.

Jackob, Nikolaus/Quiring, Oliver/Schemer, Christian (2017). Wölfe im Schafspelz? Warum manche Menschen denken, dass man Journalisten nicht vertrauen darf – und was das mit Verschwörungstheorien zu tun hat. In: Renner, Karl N./Schultz, Tanjev/ Wilke, Jürgen (Hg.). *Journalismus zwischen Autonomie und Nutzwert* (225-250). Festschrift für Volker Wolff. Köln: Herbert von Halem.

Jacobsen, Jannes/Kroh, Martin (2018). Einstellungen zur Demokratie in Deutschland und im internationalen Vergleich. *Gesellschaft-Wirtschaft-Politik 67* (2), 233-241.

Jaschke, Hans-Gerd (2001) (Hg.). *Rechtsextremismus und Fremdenfeindlichkeit. Begriffe, Positionen, Praxisfelder*. Wiesbaden: Westdeutscher Verlag.

Jean, Sébastien/Causa, Orsetta/Jiménez, Miguel/Wanner, Isabelle (2010). Migration and Labor Market Outcomes in OECD Countries. *OECD Journal: Economic Studies*.

Jonas, Klaus/Broemer, Philip/Diehl, Michael (2000). Attitudinal Ambivalence. *European Review of Social Psychology 11* (1), 35-74.

Jörke, Dirk/Selk, Veith (2017). *Theorien des Populismus zur Einführung*. Hamburg: Junius.

Katz, Irwin/Hass, R. Glen (1988). Racial Ambivalence and American Value Conflict: Correlational and Priming Studies of Dual Cognitive Structures. *Journal of Personality and Social Psychology 55* (6), 893-905.

Kellershohn, Helmut (1998). Völkischer Nationalismus und seine Kernideologeme. Eine knappe Begriffserklärung. In: Jäger, Siegfried/Kretschmer, Dirk/Cleve, Gabriele/Griese, Birgit/Jäger, Margarete/Kellershohn, Helmut/Krüger, Coerw/Wichert, Frank (Hg.). *Der Spuk ist nicht vorbei. Völkisch-nationalistische Ideologeme im öffentlichen Diskurs der Gegenwart* (26-30). Duisburg: DISS.

Kellershohn, Helmut (2018). Die »Generallinie« der Jungen Freiheit. In: Häusler, Alexander/Kellershohn, Helmut (Hg.). *Das Gesicht des völkischen Populismus. Neue Herausforderungen für eine kritische Rechtsextremismusforschung* (97-106). Münster i. Westf.: Unrast.

Kite, Mary E./Whitley, Bernard E. (2016). *Psychology of Prejudice and Discrimination* (3rd Ed.). New York: Routledge.

Klein, Anna/Heitmeyer, Wilhelm (2012). Demokratie auf dem rechten Weg? Entwicklungen rechtspopulistischer Orientierungen und politischen Verhaltens in den letzten zehn Jahren. In: Heitmeyer, Wilhelm (Hg.). *Deutsche Zustände. Folge 10* (87-104). Berlin: Suhrkamp.

Klein, Anna/Heitmeyer, Wilhelm/Zick, Andreas (2012). Demokratie als Kitt einer gespaltenen Gesellschaft? In: Braun, Stephan/Geisler, Alexander (Hg.). *Die verstimmte Demokratie. Moderne Volksherrschaft zwischen Aufbruch und Frustration* (69-76). Wiesbaden: Springer VS.

Klein, Anna/Küpper, Beate/Zick, Andreas (2009). Rechtspopulismus im vereinigten Deutschland als Ergebnis von Benachteiligungsgefühlen und Demokratiekritik. In: Heitmeyer, Wilhelm (Hg.). *Deutsche Zustände. Folge 7* (93-112). Frankfurt a. M.: Suhrkamp.

Klein, Anna/Zick, Andreas (2013). Toleranz versus Vorurteil? Eine empirische Analyse zum Verhältnis von Toleranz und Vorurteil. *Kölner Zeitschrift für Soziologie und Sozialpsychologie 65* (2). 277-300.

Kobold, Kevin/Schmiedel, Sven (2018). Wahlverhalten bei der Bundestagswahl 2017 nach Geschlecht und Alter. Ergebnisse der repräsentativen Wahlstatistik. *Statistisches Bundesamt – WISTA 2018* (3), 142-156.

Kofta, Mirosław/Sędek, Grzegorz (2005). Conspiracy stereotypes of Jews during systemic transformation in Poland. *International Journal of Sociology 35* (1), 40-64.

Kollmorgen, Raj (2015). Postsozialistische Transformation des 20. und 21. Jahrhunderts. In: Kollmorgen, Raj/Merkel, Wolfgang/Wagener, Hans-Jürgen (Hg.). *Handbuch Transformationsforschung* (421-440). Wiesbaden: Springer VS.

Krause, Daniela/Zick, Andreas (2013). Gruppenbezogene Menschenfeindlichkeit. Kurzskalen. In: Kemper, Christoph J./Brähler, Elmar/Zenger, Markus (Hg.). *Psychologische und sozialwissenschaftliche Kurzskalen: Standardisierte Erhebungsinstrumente für Wissenschaft und Praxis* (100-136). Berlin: Medizinisch Wissenschaftliche Verlagsgesellschaft.

Krause, Peter/Franz, Christian/Fratzscher, Marcel (2017). Einkommensschichten und Erwerbsformen seit 1995. *DIW Wochenbericht 84* (27), 551-564.

Krekó, Peter (2015). Conspiracy Theory as Collective Motivated Cognition. In: Bilewicz, Michal/Cichocka, Aleksandra/Soral, Wiktor (Hg.). *The Psychology of Conspiracy* (62-76). London: Routledge.

Krosnick, Jon A. (1991). Response strategies for coping with the cognitive demands of attitude measures in surveys. *Applied Cognitive Psychology 5* (3), 213-236.

Krosnick, Jon A./Narayan, Sowmya/Smith, Wendy R. (1996). Satisificing in surveys: Initial evidence. *New Directions of Evaluation 70*, 29-44.

Krosnick, Jon A./Presser, Stanley (2010). Question and Questionnaire Design. In: Marsden, Peter V./Wright, James D. (Hg.). *Handbook of Survey Research* (2. Aufl., 263-313). Bingley, UK: Emerald.

Küpper, Beate (2017a). Wut, Verachtung, Abwertung. Wutbürger und ihre Angst vor Statusverlust. *Politikum 3* (2), 14-22.

Küpper, Beate (2017b). Meinungsbildung, Meinungsmache – Rechtspopulistische Einstellungen in der Bevölkerung, die AfD und die Medien. FJSBplus des Forschungsjournals Soziale Bewegungen – Analysen zu Demokratie und Zivilgesellschaft. http://forschungsjournal.de/fjsb-plus.

Küpper, Beate (2018). Das Thema Gender im Rechtspopulismus – empirische Befunde zur Anschlussfähigkeit bei Frauen und Männern. *Femina Politica 27* (1), 61-75.

Küpper, Beate (2019). Streitfall Populismus. Sammelbesprechung. *Soziologische Revue 42* (2), 220-241.

Küpper, Beate/Häusler, Alexander/Zick, Andreas (2016). Die Neue Rechte und die Verbreitung neurechter Einstellungen in der Bevölkerung. In Zick, Andreas/Küpper, Beate/Krause, Daniela (Hg.). *Gespaltene Mitte – Feindselige Zustände. Rechtsextreme Einstellungen in Deutschland 2016* (143-166). Herausgegeben für die Friedrich-Ebert-Stiftung von Ralf Melzer. Bonn: Dietz.

Küpper, Beate/Radvan, Heike/Chernivsky, Marina (2018). Antisemitismus. Phänomen, Verbreitung und Handlungsempfehlungen für Wohlfahrtsverbände und die Soziale Arbeit. *Theorie und Praxis der Sozialen Arbeit 69* (3), 179-189.

Küpper, Beate/Rees, Jonas H./Zick, Andreas (2016). Geflüchtete in der Zerreißprobe – Meinungen über Flüchtlinge in der Mehrheitsbevölkerung. In: Andreas Zick/Beate Küpper/Daniela Krause (Hg.). *Gespaltene Mitte – Feindselige Zustände. Rechtsextreme Einstellungen in Deutschland 2016* (83-110). Herausgegeben für die Friedrich-Ebert-Stiftung von Ralf Melzer. Bonn: Dietz.

Küpper, Beate/Zick, Andreas (2011). Macht Armut menschenfeindlich? Zusammenhänge in acht europäischen Ländern. In: Heitmeyer, Wilhelm (Hg.). *Deutsche Zustände. Folge 9* (84-105). Frankfurt a. M.: Suhrkamp.

Lamberty, Pia/Imhoff, Roland (2018). Powerful Pharma and Its Marginalized Alternatives? Effects of Individual Differences in Conspiracy Mentality on Attitudes Toward Medical Approaches. *Social Psychology 49* (5), 255-270.

Landwehr, Claudia/Faas, Thorsten/Harms, Philipp (2017). Bröckelt der Verfahrenskonsens? Einstellungen zu politischen Entscheidungen und demokratischen Entscheidungsverfahren in Zeiten des Populismus. *Leviathan 45* (1), 35-54.

Langebach, Martin/Raabe, Jan (2016). Die »neue Rechte« in der Bundesrepublik Deutschland. In: Virchow, Fabian/Langebach, Martin/Häusler, Alexander (Hg.). *Handbuch Rechtsextremismus* (561-592). Wiesbaden: Springer VS.

Lehnert, Esther/Radvan, Heike (2016). *Rechtsextreme Frauen – Analysen und Handlungsempfehlungen für Soziale Arbeit und Pädagogik*. Opladen: Barbara Budrich.

Lengfeld, Holger/Dilger, Clara (2018). Kulturelle und ökonomische Bedrohung. Eine Analyse der Ursachen der Parteiidentifikation mit der »Alternative für Deutschland« mit dem Sozio-oekonomischen Panel 2016. *Zeitschrift für Soziologie 47* (3), 181-199.

Likert, Rensis (1932). A technique for the measurement of attitudes. *Archives for Psychology 22* (140), 1-55.

Lozano, Luis M./García-Cueto, Eduardo/Muñiz, José (2008). Effect of the Number of Response Categories on the Reliability and Validity of Rating Scales. *Methodology 4* (2), 73-79.

Lubke, Gitta H./Muthén, Bengt O. (2009). Applying Multigroup Confirmatory Factor Models for Continuous Outcomes to Likert Scale Data Complicates Meaningful Group Comparisons. *Structural Equation Modeling 11* (4), 514-534.

Mannewitz, Tom (2015). *25 Jahre nach der Wiedervereinigung: Welche Demokratie wollen die Deutschen?* http://www.bpb.de/geschichte/zeitgeschichte/deutschlandarchiv/199207/25-jahre-nach-der-wiedervereinigung-welche-demokratie-wollen-die-deutschen [Aufruf am 15.3.2019].

Manow, Philip (2018). *Die politische Ökonomie des Populismus*. Berlin: Suhrkamp.

Mau, Steffen (2017). *Das metrische Wir. Über die Quantifizierung des Sozialen*. Berlin: Suhrkamp.

Melzer, Ralf (2018). Rechtsextremismus. In: Reinalter, Helmut (Hg.). *Handbuch der Verschwörungstheorien* (216-221). Leipzig: Salier.

Menold, Natalja/Bogner, Kathrin (2014). *Gestaltung von Ratingskalen in Fragebögen* (Version 1.0). Mannheim: GESIS – Leibniz-Institut für Sozialwissenschaften (SDM Survey Guidelines).

Merkel, Wolfgang (2016). Krise der Demokratie? Anmerkungen zu einem schwierigen Begriff. *Aus Politik und Zeitgeschichte 66* (40-42), 4-11.

Merkel, Wolfgang/Puhle, Hans-Jürgen (1999). *Von der Diktatur zur Demokratie*. Opladen: Westdeutscher Verlag.

Minkenberg, Michael (1998). *Die neue radikale Rechte im Vergleich. USA, Frankreich, Deutschland*. Opladen/Wiesbaden: Leske + Budrich.

Mouffe, Chantal (2018). *Für einen linken Populismus*. Berlin: Suhrkamp.

Mounk, Yascha (2018). *Der Zerfall der Demokratie. Wie der Populismus den Rechtsstaat bedroht*. München: Droemer.

Mudde, Cas/Kaltwasser, Cristóbal Rovira (2017). *Populism. A Very Short Introduction*. New York: Oxford University Press.

Müller, Jan-Werner (2016). *Was ist Populismus? Ein Essay.* Frankfurt a. M.: Suhrkamp.

Norris, Pippa (2017). Is Western Democracy Backsliding? Diagnosing the Risks. *Journal of Democracy* Web Exchange. https://www.journalofdemocracy.org/sites/default/files/media/Journal%20of%20Democracy%20Web%20Exchange%20-%20Norris_0.pdf [Aufruf am 15.3.2019].

O'Muircheartaigh, Colm/Krosnick, Jon A./Helic, Armen (2000). Middle Alternatives, Acquiescence, and the Quality of Questionnaire Data. Annual Meeting American Association Public Opinion Research, Fort Lauderdale, FL, 1999.

Ostapczuk, Martin/Musch, Jochen/Moshagen, Morten (2008). A randomized-response investigation of the education effect in attitudes towards foreigners. *European Journal of Social Psychology 39* (6), 920-931.

Pettigrew, Thomas F./Christ, Oliver/Meertens, Roel W./Wagner, Ulrich/van Dick, Rolf/Zick, Andreas (2008). Relative Deprivation and Intergroup Prejudice. *Journal of Social Issues 64* (2), 385-401.

Pettigrew, Thomas F./Tropp, Linda R. (2006). A Meta-Analytic Test of Intergroup Contact Theory. *Journal of Personality and Social Psychology 90* (5), 751-783.

Pettigrew, Thomas, F. (2011). Deprovincialization. In: Christie, Daniel J. (Hg.). *The Encyclopedia of Peace Psychology*.

Petzke, Martin/Endrikat, Kirsten/Kühnel, Steffen (2007). Risikofaktor Konformität. Soziale Gruppenprozesse im kommunalen Kontext. In: Heitmeyer, Wilhelm (Hg.). *Deutsche Zustände. Folge 5* (52-76). Frankfurt a. M./Berlin: Suhrkamp.

Pfahl-Traughber, Armin (2004). Die »Umwertung der Werte« als Bestandteil einer Strategie der »Kulturrevolution«. Die Begriffsumdeutung von »Demokratie« durch rechtsextremistische Intellektuelle. In: Gessenharter, Wolfgang/Pfeiffer, Thomas (Hg.). *Die Neue Rechte – eine Gefahr für die Demokratie?* (73-94). Wiesbaden: VS Verlag für Sozialwissenschaften.

Pigden, Charles (im Druck). Conspiracy Theories and the Conventional Wisdom Revisited. In: Loukola, Olli (Hg.). *Secrets and Conspiracies*. Leiden: Rodopi.

Popper, Karl R. (1945). *Die offene Gesellschaft und ihre Feinde [The Open Society and Its Enemies]*. Teil 2: *Falsche Propheten. Hegel, Marx und die Folgen [The High Tide of Prophecy. Hegel, Marx and the Aftermath]*. London: Routledge.

Pratto, Felicia (1999). The Puzzle of Continuing Group Inequality: Piecing Together Psychological, Social, and Cultural Forces in Social Dominance Theory. *Advances in Experimental Social Psychology 31*, 191-263.

Priester, Karin (2016). Rechtspopulismus – ein umstrittenes theoretisches und politisches Phänomen. In: Virchow, Fabian/Langebach, Martin/Häusler, Alexander (Hg.). *Handbuch Rechtsextremismus* (533-560). Wiesbaden: Springer VS.

Ptak, Ralf (2018). Ménage-à-trois: Neoliberalismus, Krise(n) und Rechtspopulismus. In: Kellershohn, Helmut/Häusler, Alexander (Hg.), Das Gesicht des völkischen Populismus: Neue Herausforderungen für eine kritische Rechtsextremismusforschung. (20-37) Münster i. Westf.: Unrast-Verlag.

Reckwitz, Andreas (2017). *Die Gesellschaft der Singularitäten. Zum Strukturwandel der Moderne.* Berlin: Suhrkamp.

Rehberg, Karl-Siegbert (2016). PEGIDA-Erfolge als Spiegelung eines Gesellschaftszusammenbruchs? In: Klose, Joachim/Schmitz, Walter (Hg.). *Freiheit, Angst und Provokation. Zum gesellschaftlichen Zusammenhalt in der postdiktatorischen Gesellschaft* (385-407). Dresden: Thelem.

Rehberg, Karl-Siegbert (2018). »Abendland« als Fluchtort verlorener Heimatlichkeit? PEGIDA als Exempel. In: Faber, Richard/Briese, Olaf (Hg.). *Heimatland – Vaterland – Abendland. Über alte und neue Populismen* (19-36). Würzburg: Königshausen & Neumann.

Rehberg, Karl-Siegbert/Kunz, Franziska/Schlinzig, Tino (2016) (Hg.). *PEGIDA. Rechtspopulismus zwischen Fremdenangst und »Wende«-Enttäuschung? Analysen im Überblick.* Bielefeld: transcript.

Reinecke, Jost (2014). *Strukturgleichungsmodelle in den Sozialwissenschaften* (2. aktual. und erw. Aufl.). München: De Gruyter Oldenbourg.

Rensmann, Lars (2018). Antisemitismus in bewegten Zeiten. Zur kritischen Relevanz des Konzepts in Wissenschaft und demokratischer Praxis. *Demokratie gegen Menschenfeindlichkeit 3* (1), 93-102.

Reuband, Karl-Heinz (2015). Wer demonstriert in Dresden für Pegida? Ergebnisse empirischer Studien, methodische Grundlagen und offene Fragen. *Mitteilungen des Instituts für Deutsches und Internationales Parteienrecht und Parteienforschung 21*, 133-143.

Riek, Blake M./Mania, Eric W./Gaertner, Samuel L. (2006). Intergroup threat and outgroup attitudes: A meta-analytic review. *Personality and Social Psychology Review 10* (4), 336-353.

Rippl, Susanne/Baier, Dirk (2005). Das Deprivationskonzept in der Rechtsextremismusforschung. Eine vergleichende Analyse. *Kölner Zeitschrift für Soziologie und Sozialpsychologie 57* (4), 644-666.

Rommelspacher, Birgit (2009). Was ist eigentlich Rassismus? In: Melter, Claus/Mecheril, Paul (Hg.). *Rassismuskritik. Band 1: Rassismustheorie und -forschung* (Reihe Politik und Bildung, 25-38). Schwalbach/Ts.: Wochenschau.

Schaefer, Dagmar/Mansel, Jürgen/Heitmeyer, Wilhelm (2002). Rechtspopulistisches Potential. Die ›saubere Mitte‹ als Problem. In: Heitmeyer, Wilhelm (Hg.). *Deutsche Zustände. Folge 1* (123-135). Frankfurt a. M.: Suhrkamp.

Schöneck, Nadine M./Ritter, Sabine (2018) (Hg.). *Die Mitte als Kampfzone. Wertorientierungen und Ausgrenzungspraktiken in den Mittelschichten.* Bielefeld: transcript.

Schönekäs, Klaus (1990). Bundesrepublik Deutschland. In: Greß, Franz/Jaschke, Hans-Gerd/Schönekäs, Klaus (Hg.). *Neue Rechte und Rechtsextremismus in Europa. Bundesrepublik, Frankreich, Großbritannien* (218-349). Opladen: Westdeutscher Verlag.

Schultz, Tanjev/Jackob, Nikolaus/Ziegele, Marc/Quiring, Oliver/Schemer, Christian (2017). Erosion des Vertrauens zwischen Medien und Publikum? *Media Perspektiven* (5), 246-259.

Schwarz-Friesel, Monika/Reinharz, Jehuda (2012). *Die Sprache der Judenfeindschaft im 21. Jahrhundert* (Europäisch-jüdische Studien – Beiträge, Bd. 7). Berlin: De Gruyter.

Sidanius, Jim/Pratto, Felicia (2004). Social Dominance Theory: A New Synthesis. In: Jost, John T./Sidanius, Jim (Hg.). *Political Psychology: Key Readings* (Key Readings in Social Psychology, 315-332). New York: Psychology Press.

Sirries, Steffen/Vallizadeh, Ehsan (2017). Arbeitsmarktintegration von Geflüchteten: Förderung ist notwendig und erfolgversprechend. *Wirtschaftsdienst 97* (9), 676-678.

Sontheimer, Kurt (1962). *Antidemokratisches Denken in der Weimarer Republik. Die politischen Ideen des deutschen Nationalismus 1918–1933.* München: Nymphenburger Verlagsanstalt.

Spiegel Online (2017, 23. Oktober). *Lebenslange Freiheitsstrafe für »Reichsbürger«.* http://www.spiegel.de/panorama/justiz/reichsbuerger-prozess-in-nuernberg-lebenslange-haft-fuer-angeklagten-a-1174210.html [Aufruf am 15.3.2019].

Spier, Tim (2016). Die Wahl von Rechtsaußenparteien in Deutschland. In: Virchow, Fabian/Langebach, Martin/Häusler, Alexander (Hg.). *Handbuch Rechtsextremismus* (257-284). Wiesbaden: Springer VS.

Steiner, Nils D./Landwehr, Claudia (2018). Populistische Demokratiekonzeptionen und die Wahl der AfD: Evidenz aus einer Panelstudie. *Politische Vierteljahresschrift 59* (3), 463-491.

Stöss, Richard (2016). *Die »Neue Rechte« in der Bundesrepublik.* http://www.bpb.de/politik/extremismus/rechtsextremismus/229981/die-neue-rechte-in-der-bundesrepublik [Aufruf am 12.3.2019].

Stöss, Richard (2017). *Gewerkschaften und Rechtsextremismus in Europa.* Berlin: Friedrich-Ebert-Stiftung.

Süddeutsche Zeitung (2016, 19. Oktober). »Reichsbürger« *erschießt Polizisten.* https://www.sueddeutsche.de/news/panorama/kriminalitaet-reichsbuerger-erschiesst-polizisten-dpa.urn-newsml-dpa-com-20090101-161019-99-860165 [Aufruf am 15.3.2019].

Swami, Viren/Papanicolaou, Athena/Furnham, Adrian (2011). Examining mental health literacy and its correlates using the overclaiming technique. *British Journal of Psychology 102* (3), 662-675.

Tajfel, Henri/Turner, John C. (1986). The Social Identity Theory of Intergroup Behavior. In: Worchel, Stephen/Austin, William G. (Hg.). *Psychology of Intergroup Relations* (2nd Ed, 7-24). Chicago, Ill.: Nelson-Hall.

Thieme, Tom (2019). *Dialog oder Ausgrenzung – Ist die AfD eine rechtsextreme Partei?* http://www.bpb.de/politik/extremismus/rechtspopulismus/284482/dialog-oder-ausgrenzung-ist-die-afd-eine-rechtsextreme-partei [Aufruf am 14.3.2019].

Thomsen, Jens P. F./Olsen, Mark (2016). Re-examining Socialization Theory: How Does Democracy Influence the Impact of Education on Anti-Foreigner Sentiment? *British Journal of Political Science 47* (4), 915-938.

Tourangeau, Roger/Rips, Lance J./Rasinski, Kenneth (2000). *The Psychology of Survey Response.* Cambridge: Cambridge University Press.

van Prooijen, Jan-Willem (2017). Why Education Predicts Decreased Belief in Conspiracy Theories. *Applied Cognitive Psychology 31* (1), 50-58.

van Prooijen, Jan-Willem/Acker, Michele (2015). The Influence of Control on Belief in Conspiracy Theories: Conceptual and Applied Extensions. *Applied Cognitive Psychology 29* (5), 753-761.

van Prooijen, Jan-Willem/Douglas, Karen M./De Inocencio, Clara (2018). Connecting the dots: Illusory pattern perception predicts belief in conspiracies and the supernatural. *European Journal of Social Psychology 48* (3), 320-335.

Vehrkamp, Robert/Merkel, Wolfgang (2018). *Populismusbarometer 2018. Populistische Einstellungen bei Wählern und Nichtwählern in Deutschland 2018.* Gütersloh: Bertelsmann Stiftung.

Virchow, Fabian/Langebach, Martin/Häusler, Alexander (2016) (Hg.). *Handbuch Rechtsextremismus.* Wiesbaden: Springer VS.

Voeten, Erik (2017). Are people really turning away from democracy? *Journal of Democracy* Web Exchange. https://www.journalofdemocracy.org/sites/default/files/media/Journal%20of%20Democracy%20Web%20Exchange%20-%20Voeten_0.pdf [Aufruf am 15.3.2019].

Voßkuhle, Andreas (2017, 23. November). *Diskurs ist unverzichtbar. »Ein Populist ist ein Gegner der Demokratie«.* https://www.faz.net/aktuell/politik/inland/bundesverfassungsrichter-vosskuhle-und-sein-rezept-gegen-populismus-15304961.html [Aufruf am 15.3.2019].

Wagner, Ulrich/Zick, Andreas (1995). The relation of formal education to ethnic prejudice: its reliability, validity and explanation. *European Journal of Social Psychology 25* (1), 41-56.

Welt (2017, 29. August). *»Reichsbürger« wollte laut Anklage möglichst viele Polizisten töten.* https://www.welt.de/regionales/bayern/article168099939/Reichsbuerger-wollte-laut-Anklage-moeglichst-viele-Polizisten-toeten.html [Aufruf am 15.3.2019].

Whitson, Jennifer A./Galinsky, Adam D. (2008). Lacking Control Increases Illusory Pattern Perception. *Science 322* (5898), 115-117.

Wike, Richard/Simmons, Katie/Stokes, Bruce/Fetterolf, Janell (2017). *Globally, Broad Support for Representative and Direct Democracy. But many also endorse nondemocratic alternatives.* Pew Research Center.

Wildt, Michael (2017). *Volk, Volksgemeinschaft, AfD.* Hamburg: Hamburger Edition.

Wodak, Ruth (2016). *Die Politik mit der Angst: Zur Wirkung rechtspopulistischer Diskurse.* Wien/Hamburg: Edition Konturen.

Wood, Michael J./Douglas, Karen M./Sutton, Robbie M. (2012). Dead and Alive: Beliefs in Contradictory Conspiracy Theories. *Social Psychological and Personality Science 3* (6), 767-773.

Zick, Andreas (1997). *Vorurteile und Rassismus: Eine sozialpsychologische Analyse* (Texte zur Sozialpsychologie, Bd. 1). Münster i. Westf.: Waxmann.

Zick, Andreas (2016). Polarisierung und radikale Abwehr – Fragen an eine gespaltene Gesellschaft und Leitmotive politischer Bildung. In: Zick, Andreas/Küpper, Beate/Krause, Daniela (Hg.). *Gespaltene Mitte – Feindselige Zustände. Rechtsextreme Einstellungen in Deutschland 2016* (203-218). Herausgegeben für die Friedrich-Ebert-Stiftung von Ralf Melzer. Bonn: Dietz.

Zick, Andreas (2017). Das Vorurteil über Muslime. In: Antes, Peter/Ceylan, Rauf (Hg.). *Muslime in Deutschland. Historische Bestandsaufnahme, aktuelle Entwicklung und zukünftige Forschungsfragen* (39-57). Wiesbaden: Springer VS.

Zick, Andreas/Hövermann, Andreas (2013). Zwischen Widerstand und Befürwortung – zivilcouragierte Einstellungen gegenüber dem lokalen Rechtsextremismus. In: Grau, Andreas/Heitmeyer, Wilhelm (Hg.). *Menschenfeindlichkeit in Städten und Gemeinden* (93-111). Weinheim: Juventa.

Zick, Andreas/Hövermann, Andreas/Jensen, Silke/Bernstein, Julia/Perl, Nathalie (2017). *Jüdische Perspektiven auf Antisemitismus in Deutschland: Ein Studienbericht für den Expertenrat Antisemitismus.* Bielefeld: Universität Bielefeld, Institut für interdisziplinäre Konflikt- und Gewaltforschung.

Zick, Andreas/Klein, Anna (2014b). Bruch- und Nahtstellen eines fragilen Zustands. Zusammenfassung und Vorschläge für eine zivilcouragierte Bildung. In: Zick, Andreas/Klein, Anna (Hg.). *Fragile Mitte – Feindselige Zustände. Rechtsextreme*

Einstellungen in Deutschland 2014 (139-156). Herausgegeben für die Friedrich-Ebert-Stiftung von Ralf Melzer. Bonn: Dietz.

Zick, Andreas/Klein, Anna (2014b). *Fragile Mitte – Feindselige Zustände. Rechtsextreme Einstellungen in Deutschland 2014.* Herausgegeben für die Friedrich-Ebert-Stiftung von Ralf Melzer. Bonn: Dietz.

Zick, Andreas/Küpper, Beate (2005). Transformed Anti-Semitism – a Report on Anti-Semitism in Germany. *International Journal of Conflict and Violence Research 7*, 50-92.

Zick, Andreas/Küpper, Beate (2015) (Hg.). *Wut, Verachtung, Abwertung: Rechtspopulismus in Deutschland.* Bonn: Dietz.

Zick, Andreas/Küpper, Beate (2016). Rechtsextreme und menschenfeindliche Einstellungen. In: Virchow, Fabian/Langebach, Martin/Häusler, Alexander (Hg.). *Handbuch Rechtsextremismus* (83-113). Wiesbaden: Springer VS.

Zick, Andreas/Küpper, Beate (2018). Menschenfeindliche Vorurteile im Kontext von Radikalisierungsdynamiken und rechtsextremen Handlungen. *Monatszeitschrift für Kriminologie und Strafrechtsreform* 101 (2), 140-171.

Zick, Andreas/Küpper, Beate/Heitmeyer, Wilhelm (2011). Vorurteile als Elemente Gruppenbezogener Menschenfeindlichkeit. In: Pelinka, Anton (Hg.). *Vorurteile – Ursprünge, Formen, Bedeutung* (287-316). Berlin/Boston: De Gruyter.

Zick, Andreas/Küpper, Beate/Krause, Daniela (2016) (Hg.). *Gespaltene Mitte – Feindselige Zustände. Rechtsextreme Einstellungen in Deutschland 2016.* Herausgegeben für die Friedrich-Ebert-Stiftung von Ralf Melzer. Bonn: Dietz.

Zick, Andreas/Preuß, Madlen (2019). *Einstellungen zur Integration in der deutschen Bevölkerung. Dritte Erhebung im Projekt »ZuGleich – Zugehörigkeit und Gleichwertigkeit«.* Essen: Stiftung Mercator.

Zick, Andreas/Wolf, Carina/Küpper, Beate/Davidov, Eldad/Schmidt, Peter/Heitmeyer, Wilhelm (2008). The Syndrome of Group-Focused Enmity: The Interrelation of Prejudices Tested with Multiple Cross-Sectional and Panel Data. *Journal of Social Issues 64* (2), 363-383.

Die Autorinnen und Autoren

Wilhelm Berghan M. A. EW, studierte Erziehungswissenschaft und Soziologie an der Universität Bielefeld. Er arbeitet als wissenschaftlicher Mitarbeiter an der Fakultät für Erziehungswissenschaft sowie am Institut für interdisziplinäre Konflikt- und Gewaltforschung (IKG) an der Universität Bielefeld und war Mitautor in der Mitte-Studie 2016. Seine Forschungsschwerpunkte liegen in den Bereichen Vorurteile, Diskriminierung und zivilgesellschaftlicher bzw. politischer Bildung. Derzeit arbeitet er an seiner Promotion zum Schwerpunkt Bildung und Vorurteil.

Frank Faulbaum Prof. Dr., ist Geschäftsführer und wiss. Leiter des Sozialwissenschaftlichen Umfragezentrums Duisburg (SUZ), das aus einer Einrichtung der Universität Duisburg-Essen hervorgegangen ist. Bis 2008 war er Inhaber des Lehrstuhls für Sozialwissenschaftliche Methoden/Empirische Sozialforschung an der Universität Duisburg-Essen. Zuvor war Prof. Faulbaum 15 Jahre als Projektleiter bei ZUMA/GESIS mit der methodischen Betreuung großer Umfragen befasst. Gegenwärtig ist er auch Vorstandsvorsitzender der Arbeitsgemeinschaft Sozialwissenschaftlicher Institute (ASI) e. V. Seine wissenschaftlichen Schwerpunkte liegen unter anderem in Theorie und Praxis der Umfrageforschung sowie komplexen statistischen Analyseverfahren.

Alexander Häusler Dipl.-Soz., ist wissenschaftlicher Mitarbeiter am Forschungsschwerpunkt Rechtsextremismus/Neonazismus (FORENA) der Hochschule Düsseldorf. Seine Arbeitsschwerpunkte liegen in den Forschungsbereichen Rechtspopulismus und aktuellen Entwicklungen in der extremen Rechten. Gemeinsam mit Fabian Virchow ist er Herausgeber der Edition Rechtsextremismus bei Springer VS. Er war Mitautor der FES-Studie »Gespaltene Mitte – feindselige Zustände. Rechtsextreme Einstellungen in Deutschland 2016«. Aktuelle Veröffentlichungen: Antimuslimischer Populismus, Berlin 2019 (i. E.); Das Gesicht des völkischen Populismus. Neue Herausforderungen für eine kritische Rechtsextremismusforschung, Münster i. Westf. 2018 (als Hg. mit Helmut Kellershohn).

Daniela Krause Dipl.-Soz., studierte Soziologie in Potsdam und Bielefeld. Sie ist freiberufliche Soziologin und arbeitete zuletzt als wissenschaftliche Mitarbeiterin am Institut für interdisziplinäre Konflikt- und Gewaltforschung (IKG) an der Universität Bielefeld. Mehrere Jahre hat sie in dem Langzeitprojekt Gruppenbezogene Menschenfeindlichkeit mitgearbeitet, zuletzt forschte sie zum Thema Jugendgewalt. Ihre Schwerpunkte liegen in den Bereichen Vorurteile, Diskriminierung und Rechtsextremismus. Sie war Koordinatorin und Mitautorin der Mitte-Studie 2016.

Beate Küpper Dr. phil., Dipl.-Psych., ist Professorin für Soziale Arbeit in Gruppen und Konfliktsituationen an der Hochschule Niederrhein. Sie arbeitet zu den Themen Rechtspopulismus, Vorurteile und Diskriminierung, Diversity und Integration. Als Mercator Fellow ist sie der Frage nachgegangen, wie sich der Rechtspopulismus im Praxisfeld Integration und Migration bemerkbar macht und welche Handlungsstrategien sich empfehlen. Von 2015–2016 war sie Mitglied im 2. Unabhängigen Expertenrat Antisemitismus des Deutschen Bundestags und ist neu berufenes Mitglied im Bündnis »Demokratie und Toleranz«. Sie ist Teil der Redaktion der Zeitschrift »Demokratie gegen Menschenfeindlichkeit« für Wissenschaft und Praxis (Wochenschau Verlag) und gehört seit 2014 zum Autor_innenteam der Mitte Studie.

Pia Lamberty M. Sc., hat Psychologie an der FernUniversität Hagen und der Universität Köln studiert und promoviert in der Sozialpsychologie an der Universität Mainz. Als Minerva Fellow forscht sie aktuell an der Universität in Be'er Sheva in Israel. Ihre Arbeitsschwerpunkte liegen in den Bereichen Verschwörungsdenken, Antisemitismus und Rechtsextremismus.

Nico Mokros B. A., studierte Erziehungswissenschaft und Psychologie an der Universität Bielefeld. Er ist wissenschaftliche Hilfskraft am Institut für interdisziplinäre Konflikt- und Gewaltforschung (IKG) und in der Arbeitsgruppe Sozialisation der Fakultät für Erziehungswissenschaft an der Universität Bielefeld. Er ist Stipendiat der Friedrich-Ebert-Stiftung und beschäftigt sich schwerpunktmäßig mit Gruppenbezogener Menschenfeindlichkeit und Fragen zivilgesellschaftlicher Bildung und Erziehung.

Jonas H. Rees Dr. rer. nat., Dipl.-Psych., M. Sc., hat Angewandte Sozialpsychologie an der University of Sussex und Psychologie an der Universität Bielefeld studiert, wo er anschließend zur Frage promovierte, warum Menschen sich in der Umweltschutzbewegung engagieren und welche Rolle Emotionen in diesem Kontext spielen. Seine Forschungsschwerpunkte am Institut für interdisziplinäre Konflikt- und Gewaltforschung (IKG) der Universität Bielefeld sind mit Emotionen und Konflikt assoziierte Gruppenprozesse, sowie die sozialpsychologischen Aspekte von Erinnerungskultur und gesellschaftlichem Wandel. Er koordiniert das Institut zur Erforschung des gesellschaftlichen Zusammenhalts am Standort Bielefeld.

Franziska Schröter M. A., hat British Cultural Studies, Politikwissenschaft und Kommunikationswissenschaft an der TU Dresden studiert und ist seit 2005 in verschiedenen Aufgabenbereichen für die Friedrich-Ebert-Stiftung (FES) tätig. Seit 2017 verantwortet sie das Projekt gegen Rechtsextremismus im Forum Berlin der FES und beschäftigt sich darüber hinaus schwerpunktmäßig mit Fragen zu Gender/Gleichstellung und Ostdeutschland.

Andreas Zick Dr. rer. nat., Dr. phil. habil., Dipl.-Psych., ist Direktor des Instituts für interdisziplinäre Konflikt- und Gewaltforschung (IKG) und Professor für Sozialisation und Konfliktforschung an der Universität Bielefeld. Er ist Sprecher des Instituts für die Erforschung des gesellschaftlichen Zusammenhalts am Standort Bielefeld, und er ist Sprecher der Forschungsgemeinschaft des Deutschen Zentrums für Integration und Migration (DeZIM). Andreas Zick hat über Vorurteile und Rassismus an der Philipps-Universität Marburg promoviert und sich zur Psychologie der Akkulturation an der Martin-Luther-Universität Halle-Wittenberg habilitiert. Er hat an den Universitäten Bielefeld, Bochum, Dresden, Jena und Wuppertal gelehrt. Seit den 1980er-Jahren forscht er national und international zu den Themen Vorurteile, Diskriminierung, Radikalisierung und Akkulturation. Im Jahr 2016 hat er den Communicator-Preis des Stifterverbandes für die deutsche Wissenschaft und der Deutschen Forschungsgemeinschaft (DFG) erhalten. Er ist seit 2014 Autor der Mitte-Studien.